Sommaire

Thème 1 Les organisations et l'activité de production de biens et de services

Thème 2 Les organisations et les acteurs

Thème 3 Les organisations et la société

Retrouvez la liste de toutes les vidéos présentes dans l'ouvrage en flashant le QR code suivant.

liennathan.fr/9y8a7w

Quels produits ou quels services pour quels besoins ?

1

Capacité

- Présenter les caractéristiques du marché et les modalités par lesquelles l'entreprise détecte les tendances et besoins

Avant la classe

Vidéo : « Ikea : The book that will change your life »
liennathan.fr/v899wf

▸ **Quel est le message qu'Ikea souhaite faire passer à travers cette publicité ?**

Situation

Ikea a été créée en 1943 en Suède par Ingvar Kamprad. La PME familiale qui vendait des produits par correspondance est devenue une des enseignes de l'ameublement de la maison les plus connues dans le monde.
Le concept d'Ikea est de proposer en libre-service des meubles et des objets de décoration présentés en ambiance. Le client emporte immédiatement ses achats et monte lui-même ses meubles. La culture d'Ikea se base sur l'enthousiasme, le sens de la communauté et une attitude pro-active.

Avec une attention particulière aux besoins des clients, l'enseigne suédoise est constamment à la recherche de nouvelles manières de faire les choses, que ce soit pour concevoir un fauteuil à bascule qui entre dans un paquet plat ou pour créer des ampoules LED abordables pour tous. L'ambition de l'entreprise est d'inventer un meilleur quotidien pour le plus grand nombre.
Ikea compte aujourd'hui 422 magasins dans le monde et réalise un chiffre d'affaires de 41,9 milliards d'euros.

1 Présenter les modalités de détection des tendances et des besoins

DOC. 1 Une attention particulière aux besoins des clients

Selon Christine Scoma Whitehawk, responsable de la communication pour Ikea aux États-Unis, leur stratégie première vise à observer comment leurs clients vivent au quotidien. En d'autres termes, c'est en cernant les besoins de leurs cibles qu'ils parviennent à peaufiner leur offre. Pour la marque suédoise, l'enjeu est de concevoir un produit permettant de faciliter notre quotidien.
Une des stratégies d'Ikea est d'envoyer des ingénieurs en conception chez les clients pour comprendre leurs besoins puis faire des choix marketing fondés sur l'expérience des consommateurs.
Notons que l'entreprise suédoise est également à l'origine de l'enquête intitulée First :59. L'objectif était d'appeler un échantillon de 1 000 personnes pour comprendre ce qui pourrait améliorer leur première heure du matin [...]. À partir des avis recueillis, Ikea a mis en ligne une série de conseils pour mieux organiser ses débuts de journée. [...]
Par sa stratégie de marketing, Ikea a ajusté son image de marque aux besoins des clients. L'expérience d'achat est souvent inoubliable et fidélise un nombre croissant de clients.

www.redacteur.com, « Étude de cas : comment Ikea est devenu le roi du content marketing », juin 2019.

DOC. 2 Les études de marché et la veille commerciale

L'**étude de marché** consiste à collecter et analyser des informations sur les consommateurs, les usagers, les concurrents. Elle peut consister à analyser les caractéristiques d'un marché : ses concurrents (l'offre) ; ses consommateurs actuels ou potentiels (la demande) ; son environnement (PESTEL). Elle peut également être utilisée pour évaluer le potentiel des ventes lors du lancement d'un produit ou d'un futur point de vente.
À côté des études de marché menées ponctuellement, les entreprises mettent en place une **veille commerciale** (intelligence marketing ou veille marketing) qui désigne l'ensemble des moyens qui permettent à une entreprise de se tenir informée en permanence sur l'évolution de son marché.
En se tenant informée, l'entreprise gagne en réactivité pour adapter son offre, voire en pro-activité lorsqu'elle est la première à proposer une nouvelle offre.

Les sources d'information : vendeurs, distributeurs, enquêtes clients, presse, rapports d'information évolution de la réglementation, innovations technologiques, données démographiques et économiques, Internet…

DOC. 3 Le big data

Le **big data** correspond à l'ensemble des données collectées par les organisations sur Internet, sur les sites web des entreprises, sur les réseaux sociaux, lors des passages en magasin…
L'ensemble très volumineux des données recueillies, notamment avec le développement des technologies numériques, enrichit la connaissance des entreprises.

L'application *Place* créée par la firme Ikea permet à ses utilisateurs de visionner simultanément plusieurs produits Ikea dans une pièce au lieu d'un seul à la fois. L'application propose l'intégration d'un flux baptisé *For You Feed* qui suggère de nouveaux produits et collections, ainsi qu'une whislist (liste de souhaits) de produits visionnés en réalité augmentée.
Pour pousser encore plus loin le concept, Ikea propose également des associations de produits par défaut, mais l'utilisateur peut à tout moment choisir les références qu'il souhaite visualiser dans son intérieur. L'app permet de placer des produits dans un espace à partir d'une photo.
La société explique utiliser des technologies d'intelligence artificielle pour générer des conseils et des recommandations basés sur la wishlist, mais également sur les photos, les requêtes et les comportements de navigation. Ikea ne détaille pas précisément la technologie utilisée, mais indique que son outil lui permet d'analyser les tendances lifestyle des foyers. L'enseigne peut donc collecter un certain nombre de données, via l'appareil photo, entre autres. L'enseigne ne donne pas davantage de précision, mais elle évoque des données collectées sur une « plate-forme prototype »... Des datas précieuses pour le retailer, et qui pourraient servir à anticiper les tendances, mais aussi concevoir des produits plus en phase avec les demandes et habitats locaux.

Vidéo : « Ikea lance *Ikea Place* »
liennathan.fr/276ieu

Situation Pour rester un acteur incontournable sur le marché de l'ameublement, la firme Ikea a mis en place des moyens qui lui permettent de connaître les tendances du marché.

1 Quels sont les moyens utilisés par Ikea pour connaître le quotidien de ses clients ? Doc. 1

2 Quelles sont les trois composantes du marché d'Ikea ? Doc. 2

3 Quelle partie du diagnostic stratégique permet de mieux connaître l'environnement et la concurrence d'une organisation ? Doc. 2

4 Outre l'observation chez les gens et les études thématiques, par quels moyens Ikea peut-elle se renseigner sur l'évolution de la demande ? Doc. 2

5 Comment le big data permet-il à Ikea de mieux connaître les besoins de ses clients et d'améliorer son offre ? Doc. 3

6 Pourquoi le big data est-il devenu un enjeu majeur pour les entreprises ? Doc. 3

Faites le point ! STMG_Management_Term_ch01_point_partie1.pdf

2 Décrire la démarche marketing des organisations

DOC. 4 Ikea lance un meuble robotique pour les petits espaces

La population se concentre de plus en plus dans les villes, où les logements sont généralement plus petits. En 2020, Ikea lance en collaboration avec la jeune entreprise Ori, le meuble robotique Rognan, qui permettra de condenser dans dix mètres carrés les fonctionnalités de lit, de bureau, de canapé et d'espace de rangement. L'idée du groupe suédois est de permettre à de nombreuses personnes de créer le logement de leur rêve en optimisant la place dans des espaces de plus en plus réduits. Le prix de ce meuble révolutionnaire qui va intéresser de nombreux étudiants au budget limité n'a pas été communiqué. Partenaire d'Ikea dans cette création, Ori commercialise une solution similaire à partir de 17 000 $. Ikea devra faire baisser la note.

DOC. 5 La démarche marketing et ses différentes approches

Le marketing consiste à identifier les besoins humains et sociaux, puis à y répondre. Une des définitions les plus courtes consiste à énoncer qu'il « répond aux besoins de manière rentable ».

P. Kotler, K. Keller, D. Manceau, A. Hemonnet-Goujot, *Marketing Management*, Pearson France, 16e édition, 2019.

Dans cette recherche de réponse aux besoins, plusieurs types d'approches peuvent être distingués :

Types d'approche	Caractéristiques
Approche réactive	L'entreprise propose une offre qui satisfait un besoin existant et déjà exprimé. L'entreprise dispose d'outils pour observer le marché et détecter les besoins.
Approche anticipatrice	L'entreprise propose une offre qui répond à un besoin non encore exprimé. Cette approche implique de disposer de nombreuses informations sur les consommateurs (*big data*) pour pouvoir appréhender les futures tendances du marché.
Approche médiatrice	L'entreprise associe les clients à la création de la valeur de l'offre soit en les impliquant directement dans cette création (chez Subway, le client compose lui-même son sandwich), soit en prenant en compte leurs avis (Danone fait choisir aux consommateurs de nouveaux parfums de crèmes dessert).
Approche créative	L'entreprise propose une solution innovante qui crée un nouveau besoin. Cette approche suppose que l'entreprise dispose d'une capacité à innover.

DOC 6 Les secrets d'Ikea

Ikea vend des canapés, des fauteuils et des tables pour environ la moitié de ce que font ses concurrents. Mais compte tenu du prix […], la qualité est étonnamment élevée. […] Ikea choisit le prix auquel il veut vendre un produit avant de le concevoir et de le fabriquer, et les designers et fournisseurs travaillent ensemble pour s'assurer que le produit final corresponde à ce prix. Ikea est également en mesure de réduire les coûts et de maintenir les prix bas en raison de la façon dont sont vendus les produits. […] Assembler des meubles vous-même peut sembler pénible, mais cela permet à Ikea de facturer moins cher.

Jessica Tyler, « Voici les secrets d'Ikea pour proposer des prix aussi bas », www.businessinsider.fr.

DOC. 7 La dimension stratégique des choix marketing

Les choix marketing déterminent l'offre de l'entreprise et engagent l'ensemble de l'organisation pour produire et commercialiser l'offre définie. Du fait de leur importance et de leur influence sur l'organisation, ces choix doivent être cohérents avec les finalités de l'entreprise et avec ses orientations stratégiques, en particulier avec ses avantages concurrentiels.

Situation Pour répondre aux attentes des clients qui réclamaient des meubles de style et de qualité, à un prix raisonnable et aisément disponibles, Ikea a développé un concept innovant qui incite les clients à participer eux-mêmes à la création de leurs meubles, en leur confiant des tâches traditionnellement dévolues au fabricant ou au distributeur, comme l'assemblage et la livraison des produits.

7 À quel besoin répond le nouveau meuble robotique Rognan d'Ikea ? ▶ Doc. 4

8 Montrez que le nouveau meuble robotique Rognan est le résultat d'une démarche marketing. ▶ Doc. 4 ▶ Doc. 5

9 Identifiez la ou les approches marketing mises en œuvre par Ikea. Justifiez. ▶ Docs 4 et 5

10 Identifiez l'avantage concurrentiel d'Ikea. ▶ Doc. 6

11 Quelles sont les finalités de l'entreprise Ikea ? ▶ Doc. 1 ▶ Doc. 6

12 La nouvelle offre d'Ikea est-elle cohérente avec ses finalités et son avantage concurrentiel ? Justifiez votre réponse. ▶ Doc. 7

Faites le point ! STMG_Management_Term_ch01_point_partie2.pdf

Applications

1 Testez vos connaissances

Répondez par vrai ou faux aux propositions suivantes.

1. Une étude de marché a pour but de surveiller le marché de manière permanente.
   ☐ Vrai ☐ Faux
2. La veille marketing consiste à surveiller les concurrents.
   ☐ Vrai ☐ Faux
3. Le big data correspond à l'ensemble des données récoltées par les entreprises.
   ☐ Vrai ☐ Faux
4. La démarche marketing a pour but d'identifier les besoins des clients.
   ☐ Vrai ☐ Faux
5. L'approche réactive répond à un besoin existant.
   ☐ Vrai ☐ Faux
6. L'approche créative associe le client à la création de l'offre.
   ☐ Vrai ☐ Faux

2 Identifier les approches marketing

★

Identifiez les approches marketing mises en œuvre par Apple et Dyson. Justifiez vos réponses.

DOC. **Apple et Dyson**

Cas Apple

L'iPhone a répondu au besoin d'un appareil universel qui simplifie la vie de tous les jours, facile à utiliser, avec lequel l'utilisateur s'amuse, seul ou avec ses amis. Il a apporté une bouffée d'air frais en comparaison des modèles présentés par les leaders du marché (Erikson et Nokia) qui étaient compliqués à utiliser, avec des menus en arborescences infinies. Plus encore, il regroupait différentes fonctionnalités et remplaçait à la fois : l'appareil photo numérique, le GPS, l'ordinateur…

Ce besoin existait déjà, mais il était invisible et ressenti de façon inconsciente par la population. Les consommateurs ne parvenaient pas à l'exprimer clairement parce qu'ils n'avaient aucun exemple de solution auquel se référer.

Ce n'est pas parce qu'un besoin est invisible que ce dernier n'existe pas. La mission de l'entrepreneur innovant n'est pas de créer un nouveau besoin (ce qui est impossible), mais d'apporter une réponse à des besoins existants.

« Les besoins du marché ne se créent pas, ils se détectent », www.benoitsarazin.com/fr, 19 février 2019.

Cas Dyson

L'innovation doit avant tout répondre à un problème, selon James Dyson, fondateur de la société. Ainsi, l'aspirateur sans sac est né de la frustration de voir les aspirateurs avec sac se boucher et perdre de l'aspiration. Le ventilateur sans pâles est né de la frustration d'avoir un air haché et des pâles difficiles à nettoyer. Quant au sèche-mains à air pulsé, il répond à un besoin d'efficacité que n'apportaient pas les modèles classiques. Les appareils Dyson ne sont pas conçus pour être beaux, ils sont avant tout conçus pour être utiles.

Floriane Salgues, « Dyson : "L'innovation doit répondre à un problème" », www.e-marketing.fr.

3 Étudier la démarche marketing des musées

1. Quelles sont les attentes des visiteurs des musées ?
2. Identifiez les moyens utilisés par le musée du Louvre et le Van Gogh Museum pour recueillir des informations sur les visiteurs.
3. Quelle est l'utilité pour les musées de recueillir des informations sur leurs visiteurs ?
4. Montrez que le musée du Louvre et le Van Gogh Museum mettent en œuvre une démarche marketing.

DOC. 1 Les nouvelles attentes des visiteurs

Jean-Sébastien Bélanger, chef du service aux membres et à la clientèle au musée des Beaux-Arts de Montréal : « La digitalisation et la tendance à placer le client au centre de sa stratégie marketing ont fait évoluer le monde des services, les musées n'y font pas exception ! Les clients s'attendent à une approche personnalisée, un dialogue continu et une véritable interaction avec les institutions, et cela est rendu possible grâce aux canaux digitaux tels que les réseaux sociaux, les sites web, les applications […]. »

Stéphanie Marius, « La relation client fait son entrée dans le secteur de la culture », www.relationclientmag.fr, 8 janvier 2019.

DOC. 2 Le Louvre relève le défi de l'expérience visiteurs

Un problème des grands musées est la part importante de néo-visiteurs : 60 % des visiteurs du Louvre par exemple n'étaient jamais venus auparavant. Comprendre le comportement de ces primo-visiteurs est essentiel pour mieux les servir et pour les faire revenir. À l'opposé, chaque musée peut compter sur une portion de visiteurs très fidèles dont les attentes et les comportements sont différents de celui des primo-visiteurs.
Proposer des approches différenciées pour chaque type de visiteur, leur offrir des expériences clients spécifiques, sont des vecteurs de satisfaction et de fidélisation.

Comment le Louvre étudie le comportement des visiteurs

Réalisée par une équipe de 7 chercheurs américains, suisse et espagnol, l'étude a permis de quantifier et visualiser les flux de visiteurs à l'intérieur du Louvre. Pour réaliser cette étude, des détecteurs bluetooth ont été utilisés, ce qui permet de suivre les téléphones mobiles dont la fonction bluetooth est activée.
Cette technique, employée pour la première fois dans un musée de grande taille comme le Louvre, livre des informations comportementales intéressantes : comment les visiteurs se déplacent-ils (de manière générale) ? Quels trajets suivent-ils en fonction du temps qu'ils passent dans l'enceinte du musée ? Dans quel ordre parcourent-ils les salles ? Les informations qui résultent d'une telle étude représentent un potentiel extraordinaire pour analyser les différents segments de visiteurs, optimiser les visites, faciliter les déplacements, et comprendre tout simplement comment les visiteurs consomment les œuvres d'art. […]
Aux Pays-Bas, les tablettes prêtées aux visiteurs du Van Gogh Museum pour les guider sont suivies grâce à des beacons. Cette technique permet également de retracer les parcours des visiteurs à l'intérieur du musée.
Les millions de visiteurs qui se pressent (ou se pressaient avant le Covid) dans les grands musées sont une source inépuisable de « mégadonnées » (big data). De multiples initiatives pourraient être mises en place pour répondre à des questions telles que :
– Quels sont les parcours des visiteurs à l'intérieur de l'espace muséal ?
– Quelles sont les œuvres qui « retiennent » les visiteurs le plus longtemps ?
– Comment les supports d'information sont-ils utilisés par les visiteurs ?
– Comment les parcours des primo-visiteurs diffèrent-ils de celui des visiteurs réguliers ?
En un mot comme en cent, comment les visiteurs « consomment-ils » le musée ?
Les dispositifs digitaux sont légion qui permettraient la collecte et l'exploitation des données « culturelles ». Pensés comme des supports à la visite (écrans tactiles, applications mobiles), ces dispositifs pourraient aussi être utilisés pour comprendre le comportement des visiteurs (cf. le projet du Van Gogh museum avec les beacons).

Pierre-Nicolas Schwab, « Repenser l'expérience client au musée grâce aux (Big) data », www.intotheminds.com, 9 septembre 2020.

4 Répondre aux opportunités du marché

1. Identifiez les opportunités sur le marché alimentaire bio en France.
2. Expliquez la volonté de Danone de se développer sur le marché du bio.
3. Montrez que la décision de Danone s'inscrit dans une démarche marketing.
4. Identifiez l'approche marketing de Danone. Justifiez votre réponse.
5. Montrez que la décision de Danone est une décision stratégique.

DOC. 1 Le bio a le vent en poupe

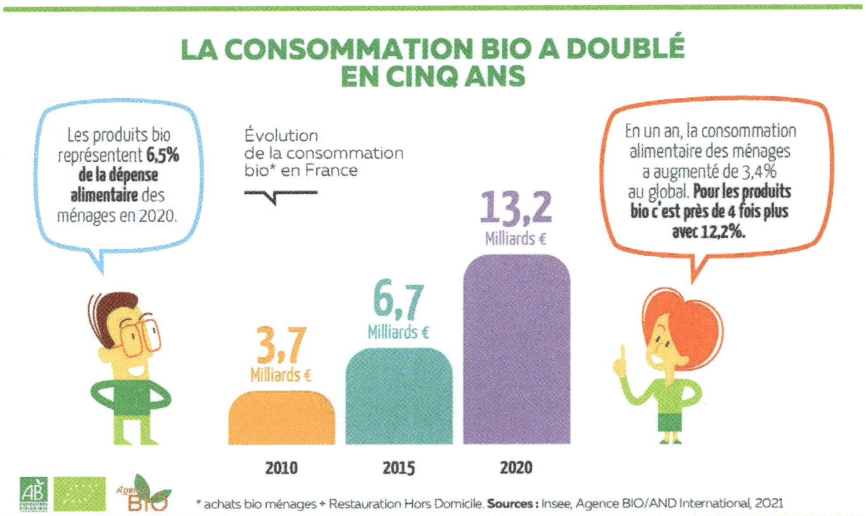

Marquée par la crise sanitaire et le bouleversement des habitudes, l'année 2020 a renforcé les préoccupations des Français sur les questions relatives à la santé et à l'environnement. La qualité de l'alimentation et des produits est particulièrement au cœur de leurs attentes.

Accentuée par les mesures exceptionnelles, la tendance de consommation « fait maison », saine et durable, a engendré un engouement pour les produits issus de circuits courts, de production locale et de saison. Dans ce contexte, le marché du bio enregistre une croissance sans précédent au cours de l'année passée. La consommation de produits bio représente ainsi, en 2020, 13 milliards d'euros d'achats, soit le double de l'année 2015.

www.ecologie.gouv.fr

DOC. 2 Danone à l'assaut du bio

Longtemps trusté par des acteurs économiques exclusivement issus de l'agriculture biologique, le secteur [du bio] a vu venir depuis de nombreuses années des acteurs extérieurs avec de puissants moyens, à l'instar de Carrefour. Ces derniers mois, c'est Danone qui fait parler de lui en coulisse : si son entrée sur le marché s'est faite en demi-teinte, son passé historique dans les produits alimentaires sains et sa culture d'entreprise tournée vers la santé en font l'un des acteurs les plus prometteurs du secteur.

À signaler notamment l'investissement de Danone de 25 millions d'euros dans l'usine Blédina de Steenvoorde dans le Nord, qui doit devenir le site-référence de la marque pour sa production de lait infantile bio. Objectif affiché pour Danone : qu'en 2025, 100 % des produits cultivés en France soient issus d'une agriculture régénératrice. Un choix stratégique qui doit permettre de concilier protection de l'environnement et montée en gamme de ses produits pour écarter ses concurrents et séduire des consommateurs (français ou étrangers) cherchant plus que jamais à mettre du sens dans leurs achats du quotidien, à commencer par leurs achats alimentaires. Dans ce contexte, la stratégie de la multinationale semble être très pragmatique : valoriser le secteur agro-industriel français à la qualité reconnue mondialement et incarner l'entreprise responsable par excellence, toujours à l'écoute des préoccupations écologiques et environnementales des consommateurs.

Edoardo Secchi, www.forbes.fr, « Avec la crise sanitaire, le marché du bio explose », 1er février 2021.

5 Se préparer au bac — Analyser le rôle du big data dans les décisions marketing

Zara est une marque de prêt-à-porter espagnole présente à l'international dans plus de 33 pays. Sa réussite repose sur sa capacité à détecter les tendances de la mode et à proposer rapidement de nouveaux articles en magasin pour satisfaire ses clients en recherche de nouveautés dans « l'air du temps ».

1. Identifiez les flux d'informations qui alimentent le big data du groupe Zara.
2. Expliquez pourquoi le succès de Zara repose sur l'analyse des données.
3. Montrez que les choix marketing de Zara ont un fort impact sur l'organisation de sa production.
4. Expliquez comment le groupe Zara pratique un marketing en temps réel.
5. Identifiez l'approche marketing de Zara. Justifiez votre réponse.

DOC. L'analyse des données : la base du système Zara

Dans une industrie où le délai de production standard – conception, production et livraison de nouveaux vêtements – est d'environ neuf mois, Zara montre l'exemple en seulement deux ou trois semaines. Cependant, le moteur de cette chaîne logistique efficace réside dans son utilisation des données et des analyses pour une prévision et une prise de décision précises. [...]
Les équipes de conception multifonctionnelles de Zara étudient les rapports quotidiens sur les ventes et les stocks, pour voir ce qui se vend et ce qui ne [se vend] pas, et mettent constamment à jour leur vision du marché. Les commandes bimensuelles des directeurs de magasin fournissent des informations supplémentaires en temps réel sur les produits susceptibles de se vendre. [...] Les responsables de vente au détail habilités envoient régulièrement des commentaires de bouche à oreille sur les souhaits et les préférences des clients. Les responsables peuvent également suggérer des modifications à un style existant ou proposer des articles ou des conceptions entièrement nouveaux. [Zara] entretient des liens étroits avec ses 1 400 fournisseurs externes, qui travaillent en étroite collaboration avec ses concepteurs et ses spécialistes du marketing. Sur la base des données du marché, Zara expérimente une grande variété de produits en petites quantités. S'ils s'avèrent être un succès, la production augmente en fonction des conditions locales. [...]
Il y a quelques années, Zara est entré sur le marché virtuel du commerce électronique aux États-Unis, en Europe et au Japon. Avec ce changement, il est entré dans la prochaine génération d'analyses d'utilisation pour la prise de décision et le marketing en temps réel : suivi du comportement de clients individuels à partir de flux de clics Internet, mise à jour de leurs préférences et modélisation de leur comportement probable en temps réel.

www.digitalforallnow.com

6 Se préparer au Grand oral

Dans le cadre de votre préparation au Grand oral, répondez à cette question : « **Comment le marketing répond-il aux besoins des consommateurs ?** »

1. Recherchez les définitions des mots-clés : marketing, besoins, consommateurs.
2. Sur Internet, réalisez des recherches sur la démarche marketing des organisations.
3. Recherchez quels sont les moyens utilisés par les entreprises pour connaître les besoins des consommateurs et anticiper leur évolution.
4. Trouvez des exemples d'entreprises qui ont adapté leur offre en fonction de l'évolution des besoins et des attentes des consommateurs.
5. À travers des exemples, montrez comment certaines entreprises créent des besoins en proposant des offres innovantes.
6. Préparez un plan pour répondre à la problématique étudiée.
7. Construisez un diaporama pour présenter votre exposé.

Synthèse

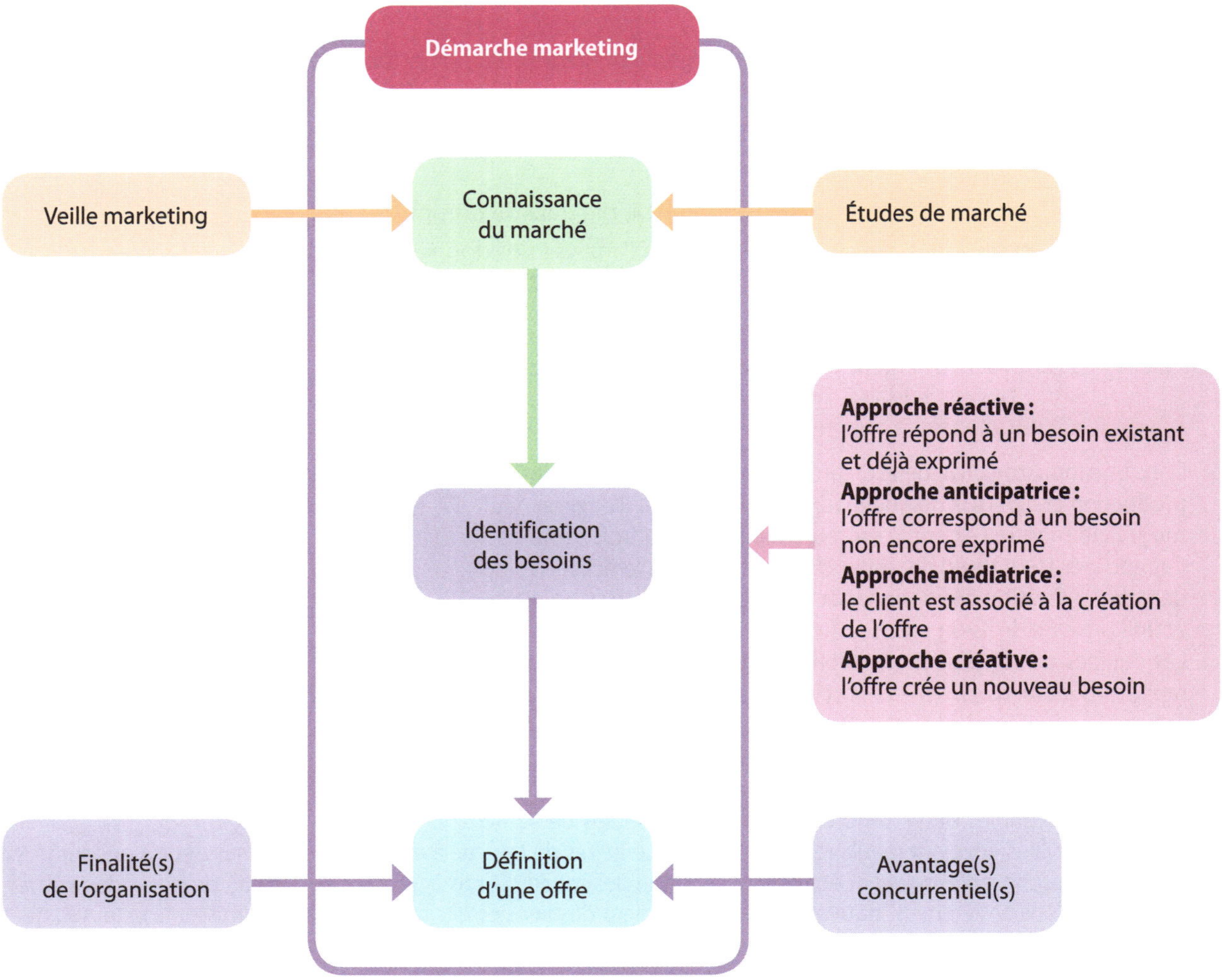

Lexique

- **Approche marketing anticipatrice :** consiste à définir une offre qui répond à un besoin non encore identifié.
- **Approche marketing créative :** consiste à proposer une offre qui crée un nouveau besoin non encore exprimé.
- **Approche marketing médiatrice :** consiste à faire participer le consommateur à l'élaboration de l'offre.
- **Approche marketing réactive :** consiste à proposer une offre qui répond à un besoin exprimé et existant.
- **Big data :** ensemble des données récoltées par les organisations.
- **Démarche marketing :** consiste à concevoir une offre qui répond aux besoins exprimés ou non des clients ou usagers.
- **Étude de marché :** menée ponctuellement, l'étude de marché consiste à récolter des informations sur les caractéristiques du marché.
- **Veille marketing ou commerciale :** ensemble des moyens permettant à l'organisation de collecter de manière permanente des informations sur son marché.

2 Comment créer de la valeur et la mesurer ?

Capacité

• Analyser le modèle économique d'une organisation en identifiant les indicateurs de création de valeur

Vers PIX

D.1.3. – Traiter des données

Avant la classe

Vidéo : « Lime, start-up américaine, lance ses trottinettes électriques à Paris »
liennathan.fr/r6llpw

▶ **Effectuez une recherche sur Internet et identifiez les différents acteurs présents sur le marché de la trottinette électrique en libre-service à Paris.**

Situation

Fondée par Toby Sun et Brad Bao en janvier 2017, l'entreprise Lime est devenue un des leaders mondiaux du marché de la micro-mobilité. La start-up a connu une ascension fulgurante et compte aujourd'hui des millions d'utilisateurs ayant effectué plus de 100 millions de trajets. Présente sur 5 continents (dont 60 villes en Europe) et comptant plus de 2,5 millions d'utilisateurs en France, la start-up, fortement touchée par la crise sanitaire, vient d'être valorisée à 400 milliards de dollars. Lime a démarré avec la location de vélos en libre-service avant de se lancer sur le marché de la location de trottinettes et de scooters électriques.

C'est en juin 2018 que l'entreprise s'introduit sur le marché français à Paris. Le principe est simple : les utilisateurs peuvent, par le biais d'une application mobile, trouver et déverrouiller les trottinettes, puis les garer sur les zones de parking dédiées, indiquées sur l'application. La course coûte 1 € par trajet, puis 0,25 € par minute. La vitesse est limitée à 20 km/h et l'autonomie est de 50 km. Les trottinettes sont ramassées tous les soirs pour être rechargées et réparées. Séduits par le concept, Uber et Google ont investi dans la jeune pousse. Les trottinettes sont désormais disponibles dans l'application Uber et géolocalisables sur Google Maps.

1 Analyser le modèle économique d'une organisation

DOC. 1 L'évolution de la trottinette

La trottinette appelée aussi « patinette » [...] créée dans les années 1930 [...] était essentiellement un jouet fabriqué [...] pour des enfants issus de familles riches [...]. Ne pouvant garer ni voiture ni vélo devant son restaurant préféré, Wim Ouboter, alors banquier en Suisse, [...] réinvente et fabrique en 1996 [...] la première trottinette moderne pliable en s'inspirant des patinettes de son enfance. [...] L'année 2000 marque le boom du marché de la trottinette [...]. Wim Ouboter [...] décide d'aller de l'avant et de se tourner vers l'innovation afin de lutter contre les copies peu scrupuleuses [...]. [Son entreprise] Micro Mobility est l'inventeur de la célèbre Mini Micro et son système de navigation hyper intuitif breveté, de la trottinette valise Micro Luggage (fruit d'un partenariat avec Samsonite), ou encore de la trottinette électrique...

« Comment est née la trottinette ? », www.micro-mobility.fr.

Vidéo : « La trottinette, roulez vieillesse ! »
liennathan.fr/1t6za3

DOC. 2 L'innovation de produits (bien ou service)

Nouveaux produits

Améliorations importantes d'un produit existant

Intégration de services à l'offre de biens

DOC. 3 Des modèles économique innovants

Modèle économique	Description
Le modèle de gratuité	L'offre de produit ou service totalement gratuite est financée grâce à la publicité. Ce modèle a pour objectif d'attirer de nombreux utilisateurs pour vendre de la publicité.
Le modèle « Freemium »	L'offre porte sur un produit ou service gratuit en libre accès destiné à attirer un grand nombre d'utilisateurs. L'objectif est de convertir ces derniers en clients premium avec un service payant et haut de gamme. Freemium est la contraction de free (offre gratuite) et de premium (offre haut de gamme payante).
Le modèle de plateformes	Ce modèle met en relation deux groupes (les producteurs de biens ou services et les consommateurs). L'objectif est de faciliter l'échange entre les utilisateurs de la plateforme afin de créer de la valeur pour tous les participants. La plateforme se rémunère par une commission prélevée sur la vente de biens ou de services.
Le modèle de l'abonnement ou de la location	Consommer sans posséder est la proposition de valeur de ce modèle. Le client paye un abonnement qui lui permet d'utiliser un bien ou un service durant une période déterminée ou paye un montant fixe à chaque utilisation.
Le modèle « low-cost »	La proposition de valeur porte sur une offre simplifiée de produits ou services vendue à un prix inférieur à celui de la concurrence grâce à une rationalisation des coûts de production pour préserver des marges élevées.

DOC. 4 Le modèle économique *(business model)*

Le modèle économique de l'organisation décrit la façon dont elle crée de la valeur et s'organise pour en créer. Il repose sur trois composantes principales.

Quoi ? À qui ?
Proposition d'une offre de valeur aux clients

Pour quelle rentabilité ?
Revenus générés par l'offre proposée
– coûts pour la produire et la distribuer
= valeur captée

Comment s'organiser pour produire et distribuer cette proposition ?
- À partir des ressources internes (chaîne de valeur)
- Grâce à un réseau de partenaires (réseau de valeur)

Situation Les trottinettes électriques viennent peu à peu remplacer les trottinettes mécaniques pour devenir un nouveau moyen de mobilité urbaine permettant aux citadins de se déplacer rapidement sur des trajets courts. Alors que de nombreuses organisations innovent en proposant de nouveaux produits, d'autres innovent en proposant un nouveau modèle économique.

1 Comment Wim Ouboter a-t-il rencontré le succès ? Doc. 1

....

2 Quelle solution a-t-il adoptée pour réagir aux contrefaçons ? Doc. 1

....

3 Caractérisez les innovations de l'entreprise Micro Mobility. Docs 1, 2

....

....

4 Retrouvez le modèle économique proposé par Lime. Doc. 3

....

....

5 Repérez le (ou les) élément(s) du modèle économique concerné(s) par ces situations. Expliquez. Doc. 4

a. Chaque soir, pour recharger les trottinettes, Lime fait appel à des indépendants, les « juicers ». Ils ne sont pas salariés de Lime et sont payés à la tâche.

....

....

b. Pour améliorer sa rentabilité, Lime ajoute des scooters électriques à son offre de mobilités à Paris.

....

....

c. Lime a signé un partenariat avec Moovit, première application de mobilité urbaine au monde, permettant ainsi un accès à son offre à travers 20 pays dont la France.

....

....

d. Les trottinettes électriques répondent aux besoins en micro-mobilité (petits déplacements inférieurs à 6 km) de plus en plus importants et à une volonté des citoyens de respecter l'environnement.

....

....

e. La mairie de Paris a instauré une taxe sur les trottinettes électriques (entre 50 € et 65 € par trottinette et par an). Pour Lime, c'est un coût important qui impacte directement sa rentabilité.

....

....

6 Pourquoi peut-on dire que le modèle économique de Lime est innovant ? Docs 3, 4

....

....

Faites le point ! STMG_Management_Term_ch02_point_partie1.pdf

2 Identifier les indicateurs de création de valeur

DOC. 5 Lime, des levées de fonds successives

La valorisation financière de Lime est spectaculaire et augmente considérablement à chaque levée de fonds jusqu'en 2019. Les investisseurs considèrent qu'elle a des actifs stratégiques essentiellement incorporels (ex. : sa base de données clients) avec un potentiel de croissance considérable. Fortement touché par la crise sanitaire, Lime a vu sa valorisation chuter et conclut un accord avec Uber en récupérant les actifs de Jump, le service de micro mobilité du géant des VTC.

Prix d'achat moyen 334 €

DOC. 6 La création de la valeur et sa mesure

Un produit ne sera mis sur le marché ou proposé à des usagers que s'il permet de créer de la valeur, c'est-à-dire des flux de revenus permettant de garantir une rentabilité pour les entreprises privées ou une couverture des coûts pour les organisations publiques et les organisations de la société civile. La création de valeur financière se mesure à l'aide d'indicateurs extraits de deux documents comptables :

Bilan comptable

ACTIF	PASSIF
Actif immobilisé – Immo. incorporelles – Immo. corporelles – Immo financières	**Capitaux propres** – Capital – Réserves – Résultat
Actif circulant – Stocks – Créances clients – Disponibilités	**Dettes** – Emprunts – Dettes fournisseurs
Total actif	**Total passif**

Valeur basée sur le patrimoine
Valeur du patrimoine = Actif net – Dettes

Compte de résultat

CHARGES	PRODUITS
Charges d'exploitation – Achats de marchandises – Achat de matières premières – Autres achats et charges externes – Impôts et taxes – Charges de personnel – Amortissements	**Produits d'exploitation** (Vente de biens et services)
Charges financières	**Produits financiers**
Charges exceptionnelles	**Produits exceptionnels**
Total des charges	**Total des produits**
Total actif	**Total passif**

Valeur basée sur le revenu
Produits – Charges = Résultat

DOC. 7 Valeur ajoutée d'une location de trottinette

La valeur ajoutée est la richesse créée par l'activité de l'entreprise (richesse qu'elle crée elle-même sans l'aide de ses fournisseurs). Elle correspond à la différence entre les ventes de l'entreprise (chiffre d'affaires) et les consommations intermédiaires (achat de biens et services à d'autres entreprises).

Location (une course)

3,12 €

–

Consommations intermédiaires pour une course

Frais de paiement

0,36 €

Réparation et maintenance

0,45 €

Frais d'assurance

0,22 €

Rémunération *juicers*

1,51 €

=

Valeur ajoutée pour une trottinette

0,58 €

D'après une étude du *Boston Consulting Group*.

Situation Si la start-up américaine est un succès, qu'en est-il de Lime France ? Créée en juin 2018, Lime France compte actuellement dix salariés. Son offre de services est-elle créatrice de valeur ?

7 Dans quel document comptable se trouve l'acquisition des trottinettes ?
Quel est le poste concerné ? Docs 5, 6

8 Dans quel document comptable se trouve la levée de fonds ?
Quel est le poste concerné ? Docs 5, 6

9 Comment est calculée la valeur financière de Lime ? Pourquoi cette valeur augmente-t-elle à chaque levée de fonds ? Docs 5, 6

10 À quoi correspond la valeur ajoutée d'une location de trottinette ?
Quelle est la valeur créée pour une location ? Doc. 7

11 À partir de quel document comptable est calculée la valeur ajoutée ? Docs 6, 7

12 À l'aide d'un tableur et des documents comptables de Lime France (à télécharger), calculez le chiffre d'affaires, la valeur ajoutée, le résultat d'exploitation, la valeur patrimoniale, la rentabilité économique (Résultat d'exploitation/Capitaux engagés*) ainsi que leur évolution entre 2018 et 2019.

* Capitaux engagés pour l'activité de l'entreprise, quel que soit leur origine (fonds propres et capitaux empruntés). Vers PIX 1.3

13 Montrez que le modèle économique de Lime France est créateur de valeur.

Faites le point ! STMG_Management_Term_ch02_point_partie2.pdf

Applications

1 Testez vos connaissances

Répondez par vrai ou faux aux propositions suivantes.

1. Une innovation de produits ne concerne que les biens et pas les services.
☐ Vrai ☐ Faux

2. L'amélioration peu significative d'un produit est une innovation.
☐ Vrai ☐ Faux

3. L'innovation peut porter également sur le modèle économique.
☐ Vrai ☐ Faux

4. La création de valeur se mesure grâce à des indicateurs provenant du compte de résultat.
☐ Vrai ☐ Faux

5. La création de valeur ne se mesure pas à l'aide d'indicateurs issus du bilan.
☐ Vrai ☐ Faux

6. La valeur ajoutée est un indicateur de mesure de la valeur créée.
☐ Vrai ☐ Faux

2 Repérer des modèles économiques innovants à

Dans le tableau, à l'aide du document 3 p. 16, placez chaque organisation en face de son modèle économique

DOC.

Modèle économique	Nom de l'organisation
Le modèle de gratuité	
Le modèle « Freemium »	
Le modèle de plateformes	
Le modèle de l'abonnement ou de la location	
Le modèle « low-cost »	

3 Analyser le modèle économique d'une organisation de la société civile

1. Analysez le modèle économique de Freegan Pony : quelle est sa proposition de valeur ? À qui est-elle destinée ? Comment Freegan Pony s'organise-t-elle pour produire et distribuer sa proposition de valeur ? Pour quelle rentabilité ?
2. Proposez des indicateurs de mesure de la valeur créée par Freegan Pony et montrez que ces indicateurs ont une dimension sociale.

DOC. 1 Dans les coulisses du Freegan Pony

Pour sensibiliser au gaspillage alimentaire, le Freegan Pony, un restaurant alternatif parisien […], sert quatre soirs par semaine des repas végétariens bon marché […] préparés uniquement à partir de fruits et légumes invendus. […] Tous les matins, les bénévoles du Freegan [contraction de « free » et « véganisme »] doivent se rendre à Rungis, le plus grand marché agroalimentaire du monde, pour s'approvisionner […]. Chaque année, 1,2 millions de tonnes de nourriture encore consommable partent à la poubelle en France, soit 20 kg par personne. C'est à ce gâchis que s'attaquent les « Freegan » […].
Aladdin Charni, le fondateur du restaurant […], veut sensibiliser avec son Freegan Pony. Et ça marche […], de nombreux Parisiens, attirés par le concept, commencent à s'installer aux tables et à se presser au comptoir pour passer leurs commandes. Prix du repas : environ 2 euros, juste de quoi couvrir les frais de l'équipe.

www..wedemain.fr

Vidéo : « Le Freegan Pony, une cantine anti-gaspillage et solidaire »
liennathan.fr/3kml9y

DOC. 2 Le gaspillage alimentaire en France et en Europe : quelques chiffres

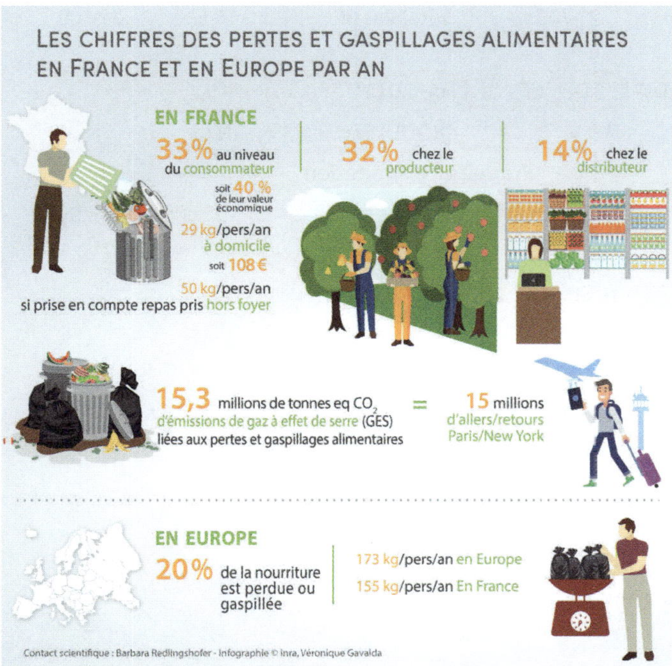

Source : INRAE

4 Mesurer la création de valeur d'une activité productive

★★

Les Délices de Charlotte

Passionnée de cuisine, Charlotte décide de créer avec deux amies une entreprise pour commercialiser ses gâteaux 100 % bio. La fabrication nécessite des matières premières (farine, œufs, beurre, chocolat…) achetées en grande distribution et des emballages cartons achetés sur Internet. Grâce à un emprunt, elles ont pu financer un réfrigérateur pour stocker les produits et un four pour cuire les gâteaux. L'activité se développant rapidement, elles louent un petit atelier et embauchent deux salariés. Les clients sont composés principalement de particuliers, mais également de restaurateurs locaux.

À partir du compte de résultat et des bilans N et N+1, mesurez la valeur créée chaque année en utilisant des indicateurs extraits de ces deux documents.

1. À partir des résultats obtenus, analysez l'évolution de la création de valeur sur deux ans.
2. Le modèle économique des Délices de Charlotte pourrait-il être amélioré ? Justifiez votre réponse.

DOC. **Documents de synthèse Les Délices de Charlotte**

BILAN LES DÉLICES DE CHARLOTTE					
ACTIF	**N+1**	**N**	**PASSIF**	**N+1**	**N**
Actif immobilisé			**Capitaux propres**		
– Immo. incorporelles	–	–	– Capital	1 000	1 000
– Immo. corporelles	1 200	1 600	– Réserves	200	–
– Immo financières	–	–	– Résultat	– 400	200
Actif circulant			**Dettes**		
– Stocks	8 000	8 500	– Emprunts	15 000	20 000
– Créances clients	2 000	2 000	– Dettes fournisseurs	700	500
– Disponibilités	5 300	9 600			
Total Actif	16 500	21 700	**Total Passif**	16 500	21 700

COMPTE DE RÉSULTAT LES DÉLICES DE CHARLOTTE					
CHARGES	**N+1**	**N**	**PRODUITS**	**N+1**	**N**
Charges d'exploitation			**Produits d'exploitation**		
– Achats de marchandises		–	Chiffre d'affaires	105 000	96 000
– Achats de matières premières	9 000	8 500			
– Autres achats et charges externes	11 400	10 800			
– Impôts et taxes	4 000	3 500			
– Charges de personnel	80 000	72 000			
– Amortissements	400	400			
Charges financières	600	600	**Produits financiers**		–
Charges exceptionnelles		–	**Produits exceptionnels**		–
Total des charges	105 400	95 800	**Total des produits**	105 000	96 000
Résultat (bénéfice)		200	**Résultat (perte)**	400	

5 Analyser le modèle économique des Vélib'

★★

1. Quelle est l'offre proposée par la mairie de Paris ? À qui est-elle destinée ?
2. Comment la mairie de Paris s'organise-t-elle pour produire et distribuer son offre ?
3. Expliquez pourquoi le modèle économique du Vélib' n'est pas rentable.
4. Montrez que la valeur créée par le Vélib' a surtout une dimension sociale.

DOC. 1 À propos de Vélib' : le vélo accessible à tout le monde

Créé en 2007, Vélib' Métropole est l'un des premiers services de vélos partagés dans le monde. L'objectif du service Vélib' Métropole est de faciliter le développement des nouvelles mobilités dans la métropole du Grand Paris. Le service Vélib' Métropole met à disposition 20 000 vélos en version classique (vert) ou avec assistance électrique (bleu). Lancés en 2018, les Vélib' électriques rendent les déplacements plus simples : les distances sont raccourcies et les usagers jouent des reliefs sans effort.

Vélib' en chiffres : 1400 stations à Paris et en Île-de-France, **20 000 vélos**, dont 35 % à assistance électrique, **400 000 abonnés** en 2020, **5,5 millions de trajets** réalisés en septembre 2020 (record sur un mois), **215 000 trajets** réalisés le 11 septembre 2020 (record sur une journée).

www.velib-metropole.fr

DOC. 2 Le modèle économique de Vélib' à la peine

Smovengo, l'opérateur de Velib', percevra jusqu'à 6 millions d'euros de plus par an pendant trois ans, a décidé, le 18 février 2021, le Syndicat Autolib' Velib' métropole (SAVM). [...] Estimer le bon modèle économique d'un système de location de véhicules en libre-service n'est pas simple. [...] Après un très difficile déploiement des stations et des vélos, Smovengo [...] serait désormais confronté à [...] un vandalisme important, estimé à 1,8 million d'euros par an (pour un marché total de 40 millions), et à l'engouement des abonnés pour la version électrique du Velib'.

Depuis novembre 2019 et sans discontinuité depuis, les Vélib' électriques représentent plus de la moitié des courses et 59 % des kilomètres parcourus en 2020, alors qu'ils ne constituent que 35 % du parc [...]. Résultat : soumis à rude usage, ils vieillissent prématurément et nécessitent d'importantes dépenses de maintenance. D'où la décision du SAVM, fin 2020, [...] d'adopter un avenant au contrat de marché public. Celui-ci [...] introduit un « dispositif transitoire » sur trois ans avec l'opérateur afin d'accompagner la révolution des usages en faveur du vélo électrique. Ce « dispositif transitoire » est calculé selon la répartition des trajets constatés entre vélo mécanique et vélo électrique avec un impact financier plafonné au maximum à 6 millions d'euros/an. [...] Cette somme, que versera le SAVM à Smovengo, proviendra de deux sources : [...] les communes pourraient voir leur contribution au service légèrement augmenter [...], la facturation des courses en VAE devrait augmenter. [...]

Catherine Bernard,
www.lejournaldugrandparis.fr, 18 février 2021.

DOC.3 Vélib', engagé pour l'emploi local et l'environnement

Smovengo, opérateur de Vélib' Métropole, emploie près de 500 collaborateurs pour la maintenance et la régulation du service public. La fabrication et l'assemblage des Vélib' sont majoritairement réalisés en France.

Parmi nos autres engagements :

– Nous travaillons avec des partenaires spécialisés pour encourager la réinsertion sociale par l'emploi et former nos mécaniciens vélos.
– La flotte de véhicules utilisés pour la maintenance et la régulation est 100 % électrique ou au gaz naturel.
– Les pièces composant les vélib' sont recyclées et transformées : les pneus deviennent des ceintures, les chambres à air des sacs ou des portefeuilles.

www.velib-metropole.fr

6 Analyser le modèle économique de Primark

1. Quelle est l'offre de valeur proposée par Primark à ses clients ?
2. Quels sont les différents moyens mis en œuvre par Primark pour réduire ses coûts de revient ?
3. Pourquoi qualifie-t-on ce modèle économique de « *low-cost* » ?
4. À quelles conditions ce modèle est-il rentable ?

DOC.1 Primark, un modèle économique low-cost

PRIMARK

Les fans de mode et de bonnes affaires ne jurent que par Primark, la marque de référence pour qui veut s'habiller tendance à prix très abordable.
Primark est une enseigne internationale qui propose les dernières tendances en matière de mode, de beauté et de déco à prix mini, ou, plus simplement dit, une mode incroyable à des prix incroyables. Le tout premier Primark voit le jour à Dublin en 1969 sous le nom de Penneys. Aujourd'hui, l'enseigne compte plus de 380 magasins dans treize pays, en Europe et aux États-Unis.

Comment Primark maintient des prix bas ?

Chez Primark, nous sommes fiers de nos prix bas. Quel que soit votre budget, nous vous proposons toute une gamme d'accessoires de mode et d'aménagement de la maison à des prix abordables. Nombreux sont ceux qui aimeraient découvrir notre secret pour arriver à allier des prix bas au respect de normes éthiques au niveau de la chaîne d'approvisionnement. Or, il n'y a pas de secret. Tout simplement, notre modèle repose sur une approche différente des autres enseignes à plusieurs égards, laquelle nous permet de maintenir des prix bas :
- Nous vendons énormément d'articles, ce qui nous permet de faire des économies d'échelle en achetant en gros pour tous nos magasins.
- Nous faisons très peu de publicité.
- Nous créons des vêtements tendance mais n'achetons pas de cintres ou antivols onéreux.
- Nous essayons également de faire en sorte que le transport des produits depuis l'usine jusqu'aux magasins soit aussi rentable que possible. Pour ce faire, nous demandons notamment à nos fournisseurs d'emballer nos t-shirts de façon à ce qu'ils puissent être directement mis en rayonnage. Autant de décisions qui nous permettent de faire des économies à chaque stade de notre chaîne d'approvisionnement. Voilà comment nous arrivons à maintenir des prix bas. Nos exigences n'en sont pas pour autant moins rigoureuses. Chez Primark, nous ne détenons aucune usine et trions sur le volet nos partenaires commerciaux. Nous attachons une grande importance au bien-être des personnes qui fabriquent nos produits. [...]

www.primark.com

Vidéo : « Primark, prendre soin de tout, des fournisseurs jusqu'aux magasins »
liennathan.fr/2p5ih2

DOC. 2 Malgré des ventes en baisse, Primark ne veut toujours pas vendre en ligne

La chaîne britannique de prêt-à-porter low-cost contrainte de fermer ses magasins estime que son modèle économique n'est pas viable sur Internet.
La Covid-19 a frappé durement Primark. La marque textile irlandaise populaire a vu son chiffre d'affaires chuter de 24 % entre octobre 2019 et septembre 2020. Obligé de fermer la plupart de ses 384 magasins [...] Primark a réalisé un chiffre d'affaires de 5,9 milliards de livres sterling (6,5 milliards d'euros) contre 7,8 milliards de livres sterling (8,6 millions d'euros) un an plus tôt. Mais malgré une baisse d'activité, le groupe est resté rentable. [...] Incapable de vendre ses vêtements à prix réduit avec des fermetures de magasins, Primark n'a pas l'intention de se lancer dans le e-commerce comme le font la plupart de ses concurrents comme H&M et Kiabi en France. La marque irlandaise considère que cela n'est pas économiquement viable compte tenu des bas prix de vente. [...]

Morgaine Forestier, www.cosmosonic, 4 novembre 2020.

7 Se préparer au bac — Analyser le modèle économique de Spotify

★★

1. Analysez le modèle économique de Spotify.
2. Repérez des indicateurs permettant de mesurer la création de valeur de ce modèle.
3. Expliquez pourquoi le modèle économique de Spotify n'est pas encore rentable.
4. Quelles actions permettent à Spotify d'améliorer sa proposition de valeur ?

DOC. 1 Les secrets du viking européen du streaming

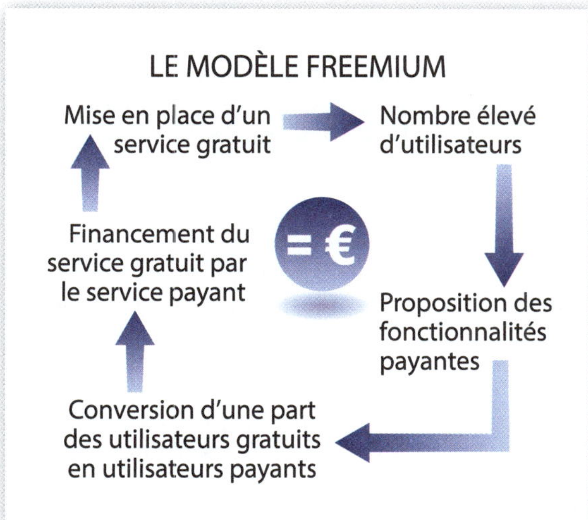

[…] Le géant suédois, aujourd'hui présent dans 92 pays […] avec près de 300 millions d'utilisateurs (dont 138 millions d'abonnés payants) […] et un catalogue de 60 millions de chansons […] tient la dragée haute […] à ses rivaux d'outre-Atlantique, Apple Music, Amazon Music, YouTube Music. […] Une fierté pour cette entreprise […] lancée il y a douze ans […]. Sa recette ? Proposer un accès illimité en ligne à des millions de titres du répertoire musical, mélangeant offre gratuite et payante. Les uns écoutent à titre gracieux, mais doivent composer avec des coupures publicitaires entre les morceaux. Les autres, en contrepartie d'un abonnement mensuel de 9,99 euros, profitent d'une écoute ininterrompue. La formule cartonne : Spotify engrange les abonnés, multipliant les ouvertures de sa plateforme à travers le monde. L'an dernier, le leader mondial du streaming musical a ainsi enregistré un chiffre d'affaires de 6,8 milliards d'euros, en hausse de 29 % par rapport à 2018. Le suédois […] n'est toutefois toujours pas rentable, avec 186 millions de pertes nettes l'an dernier. […]
Spotify, qui reverse près de 70 % du montant de son abonnement aux labels et aux éditeurs, se targue d'avoir payé plus de 15 milliards d'euros de royalties depuis sa création. Pour convaincre les utilisateurs de basculer sur ses formules payantes (90 % de son chiffre d'affaires), bien plus lucratives que les revenus publicitaires de son offre gratuite, le géant tech mise, outre l'étendue de son catalogue, sur la fluidité de son interface et ses multiples fonctionnalités. […] Pour proposer l'accès à sa plateforme au plus grand nombre, le suédois a également eu la bonne idée de conclure des partenariats avec les opérateurs locaux pour intégrer Spotify à leurs offres de forfaits téléphoniques et habilement négocié avec Samsung pour qu'il préinstalle son application sur ses appareils mobiles. […] Aidées de leurs algorithmes, qui permettent de cibler les goûts musicaux des utilisateurs […], les équipes éditoriales du suédois s'affairent chaque jour à mettre en ligne ou à actualiser une ribambelle de playlists. […] Pour affiner ses outils, le groupe consacre chaque année 9 à 10 % de ses revenus à la recherche et au développement pour sa plateforme. […]
Le suédois a amorcé une stratégie du tout-audio en intégrant l'écoute de podcasts, un secteur en plein essor dans lequel il a investi plusieurs centaines de millions de dollars au cours des deux dernières années. Pour frapper fort, il parie sur des productions originales maison et mise sur des exclusivités avec des personnalités. […] L'annonce […] a fait bondir son cours de Bourse […] valorisant la société à plus de 50 milliards de dollars.

Zeliha Chaffin, www.capital.fr, 17 novembre 2020, © Prisma Media.

8 Se préparer au Grand oral — Analyser un modèle économique innovant

En travail individuel ou de groupe, analysez un modèle économique innovant au choix et présentez votre travail à l'oral à l'aide d'un diaporama (durée imposée : 5 minutes).

Internet : « Les nouveaux acteurs de l'économie numérique » liennathan.fr/f456eq

Synthèse

La façon dont l'organisation crée de la valeur est décrite par son modèle économique.

- Proposition d'une offre de valeur aux clients ↔ Grâce à la chaîne de valeur interne et au réseau de valeur
- → Pour capter la valeur et la transformer en profit

L'innovation est une source essentielle de création de valeur pour les organisations. Cette innovation peut porter sur :

- Une **innovation de produits** (biens ou services)
  - Nouveaux produits
  - Amélioration importante de produits existants
  - Intégration de services à l'offre de biens
- Une **innovation de modèle économique** en rupture avec les « standards habituels » (modèle *freemium*, modèle de plateforme, modèle de gratuité, modèle *low-cost*...)

La valeur créée par les organisations est mesurée par :

- des indicateurs financiers extraits du bilan et du compte de résultat dans les entreprises privées (valeur ajoutée, valeur patrimoniale, résultat d'exploitation, rentabilité économique)
- des indicateurs sociaux dans les organisations publiques et les organisations de la société civile (consommation d'énergie, volume de déchets recyclés, taux de satisfaction des usagers)

Lexique

- **Création de valeur :** flux financiers permettant de garantir une rentabilité pour les entreprises privées ou un équilibre budgétaire (couverture des coûts) pour les organisations publiques et les organisations de la société civile.
- **Indicateur de création de valeur :** donnée chiffrée qui permet de mesurer la création de valeur d'une organisation dans le cadre de son activité.
- **Innovation de produits (bien ou service) :** création d'un produit nouveau (bien ou service) ou amélioration importante d'un produit déjà existant ou intégration d'un nouveau service à l'offre de biens.
- **Modèle économique *(business model)* :** a pour fonction de décrire la manière dont l'organisation crée de la valeur pour assurer sa pérennité.
- **Valeur ajoutée :** indicateur économique de création de richesse d'une entreprise qui mesure le supplément de valeur qu'elle est capable d'apporter à un bien ou à un service provenant d'un tiers grâce à son activité.

3

Quelles ressources financières pour produire ?

Capacité

• Identifier les choix de financement possibles

Vers PIX

D.1.3. – Traiter des données

Avant la classe

Vidéo : « Le financement des entreprises »
liennathan.fr/55hp5y

Pour quelles raisons les entreprises ont-elles besoin de financements ? Citez quelques modes de financement.

Situation

La boulangerie, pâtisserie, salon de thé « Au p'tit Gourmand » a été créée il y a dix ans par deux frères originaires de Châteaulun dans le Finistère, sous la forme d'une SARL. Elle fabrique et vend du pain, viennoiseries, pâtisseries et gâteaux et propose également un petit espace salon de thé à l'intérieur du magasin. Les clients sont principalement des habitants de la ville, mais depuis quelques années, la société fournit également en pain et viennoiseries plusieurs hôtels et maisons de retraite. Ces clients professionnels représentent environ 25 % du CA.

Portés par le succès de leur activité, les dirigeants souhaitent développer leur entreprise. Leur futur projet est d'agrandir l'espace salon de thé en aménageant une petite terrasse extérieure. Cela permettrait d'augmenter encore le chiffre d'affaires, notamment pendant la période estivale.

Pour financer ce projet, les deux dirigeants voudraient demander de l'aide à leur banquier, mais ils redoutent un refus de sa part. En effet, depuis quelques mois, l'entreprise a été plusieurs fois à découvert, et même au-delà du découvert autorisé...

1 Identifier les choix de financement de l'exploitation

DOC. 1 Extrait de la convention de compte

Article 8 – Montant du découvert autorisé
Le découvert autorisé est fixé à 3 000 €. Les frais relatifs au découvert se calculent en fonction du nombre de jours de découvert et du montant des découverts. Les frais seront majorés si le découvert autorisé est dépassé.

DOC. 2 L'analyse de l'expert-comptable de l'entreprise « Au p'tit Gourmand »

L'expert-comptable a réalisé un bilan fonctionnel pour comprendre pourquoi la trésorerie est insuffisante.

Bilan fonctionnel			
EMPLOIS	**Montants**	**RESSOURCES**	**Montants**
EMPLOIS STABLES		RESSOURCES STABLES	
Immobilisations incorporelles	16 600	Capitaux propres	11 900
Immobilisations corporelles	4 700	Emprunts et dettes financières	10 900
Total EMPLOIS STABLES	21 300	Total RESSOURCES STABLES	22 800
ACTIF CIRCULANT		PASSIF CIRCULANT	
Stocks	800	Dettes fournisseurs	1 400
Créances (clients professionnels)	5 200		
Total ACTIF CIRCULANT	6 000	Total PASSIF CIRCULANT	1 400
TRÉSORERIE ACTIVE		TRÉSORERIE PASSIVE	
Disponibilités	0	Concours bancaires courants	3 100
Total TRÉSORERIE ACTIVE	0	Total TRÉSORERIE PASSIVE	
Total EMPLOIS	27 300	Total RESSOURCES	27 300

Légende :
- (vert) Cycle d'investissement à long terme
- (rose) Cycle de financement à long terme
- (bleu) Cycle d'exploitation à court terme

L'expert-comptable a calculé trois indicateurs pour nous expliquer la situation financière.
→ FR (fonds de roulement) = Ressources stables – Emplois stables
→ BFR (besoin en fonds de roulement) = Actif circulant – Passif circulant
→ TN (trésorerie nette) = FR – BFR
(ou TN = Trésorerie active – Trésorerie passive)

Le surplus de ressources stables, mesuré par le fonds de roulement, n'est pas suffisant pour couvrir votre besoin en fonds de roulement, c'est pourquoi votre trésorerie est insuffisante. Pour avoir une situation financière saine, l'idéal serait que le fonds de roulement soit supérieur à votre BFR et permette ainsi d'obtenir une trésorerie positive.

DOC. 3 Le financement du cycle d'exploitation

Le cycle d'exploitation correspond aux différentes opérations (achats → stockage → ventes) nécessaires pour assurer l'activité d'une entreprise. Ces opérations entraînent des sorties et des entrées d'argent qui sont parfois décalées dans le temps en raison des délais de règlement. Par exemple, quand l'entreprise paye ses fournisseurs avant que ses clients la règlent, elle peut se retrouver en situation de découvert si elle n'a pas suffisamment de trésorerie.

Vidéo : « Problèmes de trésorerie des PME françaises »
liennathan.fr/8t04vw

C'est le BFR qui permet de mesurer ce besoin d'argent. Lorsqu'il est trop important, l'entreprise doit trouver des solutions pour le réduire : raccourcir les délais de règlement clients, diminuer les stocks et/ou allonger les délais de règlement fournisseurs.

Situation Les dirigeants ont déjà bien avancé dans leur projet et, après avoir étudié plusieurs devis, ils ont arrêté leur choix sur une terrasse en béton décoratif.
Le coût total du projet s'élèverait à 14 000 €. Mais la priorité pour l'instant est de résoudre le problème de trésorerie…

1 Que signifie « être à découvert » ? À quoi sert de négocier un découvert autorisé avec sa banque ? Doc. 1

2 L'entreprise accorde-t-elle des délais de règlement à ses clients ? Docs 2, 3

Quel est le montant des créances non encore encaissées ?

Bénéficie-t-elle de délais de règlement de la part de ses fournisseurs ?

Quel est le montant des dettes non encore décaissées ?

3 Expliquez pourquoi les dettes fournisseurs sont des ressources financières.
Sont-elles suffisantes pour financer l'actif circulant ? Docs 2, 3

Expliquez la notion de « besoin en fonds de roulement ».

4 Calculez le fonds de roulement (FR). Est-il suffisant pour couvrir le besoin du cycle d'exploitation (BFR) ?
Expliquez les conséquences sur la trésorerie. Doc. 2

5 À combien devrait s'élever au maximum le BFR pour que la trésorerie nette de l'entreprise ne soit plus négative ?
Proposez des solutions qui permettraient de réduire le BFR de l'entreprise. Doc. 2

6 Calculez la trésorerie nette de deux façons différentes. L'expert-comptable propose de réaliser plusieurs simulations sur le tableur et de mesurer ensuite l'impact sur le BFR et la TN pour chacune d'elles. Docs 2, 3 Vers PIX 1.3

a. Une réduction des délais clients qui permettrait de réduire les créances de trois quarts.

b. Un allongement des délais fournisseurs qui permettrait de doubler les dettes fournisseurs.
Pourquoi la solution **a.** sera-t-elle retenue ?

Faites le point ! STMG_Management_Term_ch03_point_partie1.pdf

2 Identifier le choix de financement de l'investissement

DOC. 4 Les ressources tangibles et intangibles

Pour fonctionner, l'entreprise a besoin de différentes ressources :
– **des ressources dites tangibles,** qui comprennent les ressources humaines, les ressources financières et les ressources physiques ;
– **et des ressources dites intangibles,** qui comprennent les ressources immatérielles, la recherche et le développement, le savoir-faire, l'image et la notoriété de l'entreprise.

DOC. 5 Le financement à long terme du cycle d'investissement

Les investissements à long terme (emplois stables → cycle d'investissement) doivent être financés par des financements à long terme internes ou externes (ressources stables → cycle de financement).

Mode de financement	Enjeux	Avantages	Inconvénients
Autofinancement	Utiliser la trésorerie de l'entreprise	Aucun coût, pas d'endettement	Diminution de la trésorerie et risque d'en manquer au quotidien
Augmentation de capital	Demander aux actionnaires d'apporter à nouveau des fonds	Pas d'endettement, sommes acquises définitivement, pas de remboursement	Répartition différente des pouvoirs entre les associés
Subventions	Demander une aide financière aux collectivités publiques	Somme acquise, pas de remboursement	Rarement autorisées aux entreprises, conditions strictes
Emprunt bancaire	Demander un emprunt à la banque	Fonds disponible rapidement	Coût élevé des intérêts, augmentation du taux d'endettement
Crédit-bail	Louer le bien à une société de crédit-bail	Pas d'endettement, les loyers diminuent l'impôt	Coût des loyers élevé, l'entreprise n'est pas propriétaire du bien
Financement participatif	Demander des fonds sur Internet (plateforme spécialisée) à plusieurs participants	Coût moins élevé qu'un emprunt bancaire, solution alternative si le banquier refuse de soutenir l'entreprise	Dépend de l'engouement des prêteurs pour le projet de l'entreprise

DOC. 6 L'entreprise « Au p'tit Gourmand » face à des contraintes financières

L'expert-comptable a analysé plus en détail les ressources financières à long terme de l'entreprise.
– Les capitaux propres ne sont pas très élevés : le capital s'élève à 6 000 € et les réserves (part bénéfices antérieurs conservée) à seulement 5 900 €.
– Le taux d'endettement est très important : plus de 90 % (emprunts/capitaux propres × 100).

DOC. 7 Les solutions de financement possibles

Les deux dirigeants hésitent entre plusieurs solutions pour financer leur projet :
– procéder à une augmentation de capital, à savoir 6 500 € pour chacun des deux associés ;
– demander une subvention aux collectivités locales : les dirigeants opteraient dans ce cas pour le PASS Commerce et artisanat (aide aux projets de création, reprise, modernisation ou extension d'entreprises), avec les modalités suivantes : subvention de 30 % des dépenses éligibles et plafonnée à 7 500 €, co-financée par la région et l'EPCI (établissement public de coopération intercommunale). Les entreprises commerciales et artisanales indépendantes, les cafés, les restaurants ou encore les hôtels peuvent en bénéficier ;
– emprunter 14 000 € à la banque ;
– se lancer dans un financement participatif.

Vidéo : « FPF, le cercle vertueux du *crowdfunding* »
liennathan.fr/4m26hl

Situation Trois mois plus tard, les dispositions prises pour régler le problème de trésorerie ont porté leurs fruits : l'entreprise n'est plus à découvert et les responsables peuvent sereinement faire appel à leur banquier pour trouver une solution de financement.

7 Quels postes du bilan correspondent aux ressources tangibles et aux ressources intangibles de l'entreprise ? Donnez un exemple d'une ressource tangible et d'une ressource intangible de l'entreprise « Au p'tit Gourmand ». Docs 2 et 4

....

....

....

....

8 Le financement du cycle d'investissement dégage-t-il un surplus de ressources ? Si oui, comment appelle-t-on ce surplus ? À quoi doit-il servir en principe ? Doc. 2

....

....

....

....

9 Analysez les quatre solutions retenues par les dirigeants.
– Laquelle ne répondra pas en totalité au besoin de l'entreprise ? Pourquoi ?

....

....

....

– Laquelle paraît incertaine ? Pourquoi ?

....

....

....

– Laquelle ne sera pas acceptée ? Pourquoi ?

....

....

....

– Laquelle vous paraît, par conséquent, la plus pertinente ? Pourquoi ? Docs 5 , 6, 7

....

....

....

10 Simulez sur tableur la solution choisie. Mesurez l'incidence de ce nouvel investissement et de son financement sur le fonds de roulement, le besoin en fonds de roulement et sur la trésorerie nette. Doc. 2 Vers PIX 1.3

Faites le point ! STMG_Management_Term_ch03_point_partie2.pdf

Applications

1 Testez vos connaissances

Indiquez la ou les bonnes réponses aux propositions suivantes.

1. **Le bilan fonctionnel :**
   - a. est créé à partir du bilan comptable.
   - b. est obligatoire.
   - c. n'est pas équilibré.
   - d. met en évidence les cycles d'investissement, de financement et d'exploitation.
2. **Le besoin en fonds de roulement :**
   - a. est calculé grâce aux emplois et ressources stables.
   - b. est forcément positif.
   - c. peut être réduit en limitant les créances clients.
   - d. montre le besoin financier du cycle d'exploitation.
3. **Les ressources à long terme :**
   - a. sont composées des dettes fournisseurs.
   - b. doivent financer les investissements.
   - c. peuvent aussi financer le BFR.
   - d. sont forcément des ressources externes.

2 Analyser un choix de financement

1. Expliquez en quoi consiste le crédit-bail.
2. Pourquoi les biens financés par crédit-bail n'apparaissent pas dans le bilan comptable ?
   À quelles conditions une entreprise peut-elle recourir au crédit-bail ?
3. Présentez les principaux avantages et inconvénients du crédit-bail.

DOC. **Le leasing, solution simple pour financer les actifs mobiliers de l'entreprise**

Le leasing est une solution simple pour le financement des actifs mobiliers d'une entreprise.
Également appelé crédit-bail ou LOA (location avec option d'achat), le leasing est un mode de financement de plus en plus plébiscité par les sociétés pour l'acquisition de matériels neufs dans le cadre d'une activité professionnelle.

Le leasing, c'est quoi ?
Le leasing est une formule de crédit par laquelle la banque achète un matériel ou un bien pour le louer, pendant une durée déterminée, au souscripteur, dans le cadre d'une activité professionnelle. Souvent, les entreprises ont recours au crédit-bail pour l'acquisition de véhicules de société. Le contrat de location peut être avec ou sans option d'achat dans le sens où le souscripteur a la possibilité d'acheter le bien à l'échéance du contrat.

À qui le leasing s'adresse-t-il ?
Toute entreprise, quel que soit son statut juridique, peut solliciter un leasing auprès d'un crédit-bailleur. Après examen du dossier du souscripteur, notamment de sa situation financière, ce dernier donne son accord sur le bien financé.

Le principe du leasing
Le locataire devra verser pendant toute la durée du contrat des mensualités ou loyers. […] À l'issue de la location, ou même en cours de contrat chez certains organismes, le souscripteur peut entrer en possession du bien à un prix fixé au début du contrat. Ce prix, désigné sous le nom de valeur résiduelle, tient compte des loyers déjà versés. Si par contre, le locataire renonce à l'option d'achat, il rend le bien qu'il a loué et peut, s'il le souhaite, procéder à une nouvelle location.

Les avantages du leasing
Comparé à un crédit traditionnel, le leasing exige moins de garanties et présente des mensualités moindres. Par ailleurs, le souscripteur peut demander d'ajuster chaque mensualité selon ses besoins. […] Un autre avantage du leasing réside dans le financement intégral de l'investissement.

Les limites du leasing
La première limite du leasing est associée à son coût. Le crédit-bail peut en effet être plus cher que l'achat au comptant ou à crédit, car les charges inhérentes aux différents entretiens obligatoires et aux assurances du bien sont onéreuses. Un retard de paiement des loyers engendre en outre le versement d'indemnités supplémentaires qui peut aller jusqu'à 4 % de la somme initiale. De plus, en cas de panne, de destruction ou de vol du bien, le locataire est toujours tenu de verser les loyers jusqu'à l'échéance du contrat, et ce, même s'il ne dispose plus dudit bien. Enfin, si le souscripteur ne compte pas acheter le bien à l'issue du contrat, il est tenu de rendre celui-ci en bon état, dans les conditions où il l'a reçu.

www.toute-la-franchise.com

3 Identifier les financements d'une association

1. À quelle problématique, les Restos du Cœur se trouvent-ils confrontés ?
2. Recensez les différentes ressources financières des Restos du Cœur.
3. Comment ces ressources financières ont-elles évolué suite à la crise sanitaire ?

DOC. 1 Les Restos du Cœur : présentation

Fondés par Coluche en 1985, les Restos du Cœur sont une association loi de 1901, reconnue d'utilité publique, sous le nom officiel de « les Restaurants du Cœur – les Relais du Cœur ». Ils ont pour but « d'aider et d'apporter une assistance bénévole aux personnes démunies, notamment dans le domaine alimentaire par l'accès à des repas gratuits, et par la participation à leur insertion sociale et économique, ainsi qu'à toute action contre la pauvreté sous toutes ses formes ».

D'après www.restosducoeur.org.

DOC. 2 Les Enfoirés 2021 : explosion du nombre de bénéficiaires, crise sanitaire... Plus que jamais, les Restos du Cœur ont besoin des Français !

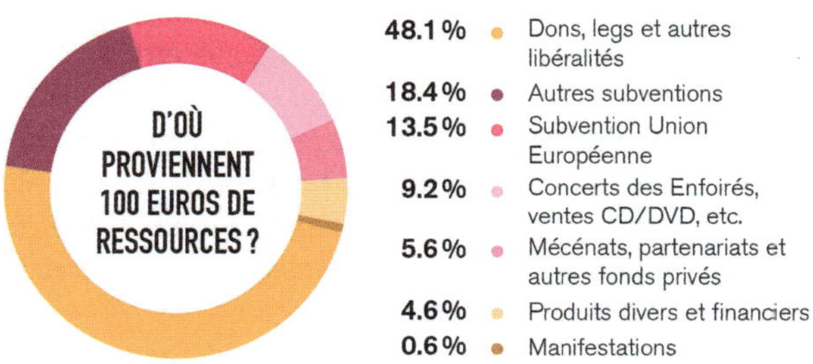

Dans quelles conditions inédites l'édition 2021 des Enfoirés s'est-elle tournée ?

Frappés de plein fouet par la crise sanitaire et l'explosion du nombre de bénéficiaires, les Restos du Cœur comptent sur la solidarité des Français pour venir en aide aux plus démunis. Et cela passe, notamment, par le concert des Enfoirés que TF1 retransmettra le vendredi 5 mars.

« Aujourd'hui encore, on n'a plus le droit, ni d'avoir faim ni d'avoir froid, ne l'oublie pas », chantent Soprano et Patrick Bruel dans *Maintenant*, l'hymne 2021 des Enfoirés. Comme une piqûre de rappel sur la situation dramatique que vivent des millions de Français. Trente-cinq ans après le lancement des Restos du Cœur, l'association imaginée par Coluche a plus que jamais besoin de vous. « On a été percutés par la crise de la Covid-19 dès le mois de mars », confie Patrice Douret, président de l'association. « En 2020, un million de personnes supplémentaires ont eu accès à l'aide alimentaire en France, pour un total de 5,5 millions de personnes accueillies. On a distribué 136,5 millions de repas. On a de plus en plus de jeunes : 50 % de la population qui frappe à la porte des Restos a moins de 25 ans. Et cette triste montée en puissance va se poursuivre quand les aides de l'État vont s'arrêter et le chômage remonter... »

Les Restos du Cœur ont pu compter sur la solidarité des Français. « Ils n'ont jamais autant donné », se félicite Patrice Douret. Grâce (notamment) à un relevé du plafond fiscal autorisé par le gouvernement (passant de 550 euros maximum en 2019, à 1 000 euros en 2020 et 2021), les Restos du Cœur ont vu la part des dons progresser, passant de 82 millions d'euros en 2019 à 90 millions en 2020. Autre bonne nouvelle pour l'association : l'aide européenne a considérablement augmenté. « Dans notre malheur, en février 2020, les dirigeants européens n'avaient pas réussi à se mettre d'accord sur le budget 2021-2027 », explique Patrice Douret. « Puis la crise de la Covid-19 a touché toute l'Europe. Toutes les cartes ont été rebattues. Le budget a fini par être voté et la somme allouée à l'aide alimentaire a augmenté de 48 %. L'Europe finance désormais 1 repas sur 3 ». Mais face à l'accroissement du nombre de demandeurs, les Restos cherchent encore et toujours de l'argent. Et pour cela, ils peuvent compter sur le soutien des Enfoirés.

En janvier 2021, une quarantaine d'artistes s'est retrouvée à Lyon pour mettre en boîte le concert des Enfoirés. Covid-19 oblige, le show s'est joué dans une salle complètement vide. Un nouveau coup dur pour l'association, qui collecte habituellement 4,2 millions d'euros grâce à la billetterie. « On espère que les gens vont encore plus acheter le CD et le DVD pour nous soutenir », explique Sophie Bazou, responsable des Enfoirés au sein des Restos du Cœur. Car là encore, en 2020, le virus a joué les trouble-fête. « Le CD des Enfoirés est sorti dix jours avant le premier confinement. Les ventes ont chuté de 8 %. Mais on ne baisse pas les bras. Les Enfoirés, c'est trop important pour les Restos. En 2019, cela représentait 10 % du budget de l'association [200 millions d'euros] ! ». Au lendemain de la diffusion du concert événement sur TF1, le double CD et DVD des Enfoirés 2021 sera disponible à la vente. Rappelons qu'un CD ou DVD acheté équivaut à 17 repas distribués. [...]

Benjamin Rabier, www.programme-tv.net, le 05 mars 2021.

Vers PIX 1.3

4 Comprendre l'impact d'une décision sur l'équilibre financier

★★

1. Sur tableur, insérez les formules nécessaires permettant de calculer le fonds de roulement, le besoin en fonds de roulement et la trésorerie nette du magasin Casino de Saint-Étienne.
2. Interprétez les résultats obtenus. Expliquez notamment la particularité du BFR de Casino.
3. Quel va être l'impact de la décision du groupe Casino sur son bilan fonctionnel ?
4. En supposant que 20 % des sommes payées actuellement au comptant par les clients seraient payées à 30 jours, quel serait l'impact sur l'équilibre financier du magasin de Saint-Étienne ? Effectuez la simulation sur tableur.

DOC. 1 Un peu juste en fin de mois ? Payez vos courses en plusieurs fois !

Les applications mobiles se sont imposées dans notre quotidien depuis maintenant des années.
Casino a profité de l'impact qu'elles ont de nos jours pour proposer la sienne : Casino Max. Déjà disponible depuis octobre 2017, l'application s'étoffe petit à petit et propose de plus en plus de services. L'un des derniers est la possibilité de payer vos courses en différé et en plusieurs fois, apportant une vraie flexibilité lors du paiement. [...]
Ce qui différencie Casino Max des autres applications est la possibilité depuis le début mai 2018 de régler ses achats en différé ou en plusieurs fois. Attention toutefois, vous devrez déjà être inscrit au groupe de fidélité Casino ainsi qu'avoir déjà effectué des achats dans des magasins de ce groupe.
– Paiement différé : Afin de bénéficier de ce service, votre panier doit être compris entre 20 € et 300 €. Une fois que vous avez choisi l'option « Paiement différé » directement sur l'application, vous aurez à choisir la date à laquelle vous souhaitez être débité. Celle-ci doit être comprise dans les 31 jours suivants l'achat.
– Paiement en plusieurs fois : Votre panier, pour pouvoir profiter de ce service, doit être compris entre 50 € et 300 €. Vous payerez un quart du montant le jour même, puis les trois autres quarts tous les trente jours jusqu'au remboursement complet bien sûr (le 30e jour, le 60e et le 90e).
Ce service est donc pensé pour les personnes pouvant être en difficulté financière en fin de mois ou en période de fêtes par exemple, période pendant laquelle les dépenses alimentaires ont tendance à augmenter et être plus élevées qu'en période « normale ». Ils pourront d'ailleurs avoir un visuel sur le prix de leur panier en direct et au fil de leurs achats, pour bénéficier ainsi d'un contrôle accru sur leurs dépenses.
Il faudra néanmoins faire attention à ne pas utiliser ce service de manière excessive. On imagine malheureusement que certains foyers, peut-être déjà en difficulté financière, vont abuser de cette solution. Il faudra probablement, pour les entreprises proposant ces services de paiement différé des courses, encadrer plus strictement cette méthode. Par exemple, limiter le nombre d'utilisation de ces services par mois pourrait éviter à certains de s'enfoncer encore plus dans leurs dettes, et épargnerait au commerce de devoir faire face à des impayés trop régulièrement.

www.synalcom.fr, 14 février 2019.

DOC. 2 Bilan fonctionnel Casino Saint-Étienne

EMPLOIS	Montants	RESSOURCES	Montants
EMPLOIS STABLES		**RESSOURCES STABLES**	
Immobilisations incorporelles	5 500	Capitaux propres	10 369 900
Immobilisations corporelles	21 800	Provisions	318 700
Immobilisations financières	17 477 500	Emprunts et dettes financières	7 691 070
Total EMPLOIS STABLES	17 504 800	Total RESSOURCES STABLES	18 379 670
ACTIF CIRCULANT		PASSIF CIRCULANT	
Stocks	14 870	Dettes fournisseurs	1 131 500
Créances	1 415 300	Dettes fiscales et sociales	85 500
		Autres dettes	272 800
		Comptes régularisation passif	0
Total ACTIF CIRCULANT	1 430 170	Total PASSIF CIRCULANT	1 489 800
TRESORERIE ACTIVE		**TRESORERIE PASSIVE**	
Disponibilités	934 500	Concours bancaires courants	0
Total TRESORERIE ACTIVE	934 500	Total TRESORERIE PASSIVE	
Total EMPLOIS	19 869 470	Total RESSOURCES	19 869 470
FR			
BRF			
TRESORERIE NETTE			

5 Se préparer au bac

L'intervention du gouvernement dans le financement des entreprises

1. Identifiez et présentez le mode de financement utilisé par Petit Bateau pour réaliser son projet.
2. Expliquez pourquoi l'entreprise Petit Bateau a été retenue pour bénéficier de cette aide.
3. Montrez l'intérêt pour l'État de créer ce type d'aides.

DOC. 1 Les entreprises du Grand Est Petit Bateau, Petitjean et New Bath sont lauréates du plan France Relance

29 projets industriels retenus dans le Grand Est

Le gouvernement compte s'appuyer sur le maillage des plus petites entreprises dans le cadre du plan baptisé « France Relance » afin de soutenir l'économie après la crise sanitaire du coronavirus : 12 millions d'euros seront investis déclenchant 110,3 millions d'euros d'investissement productifs à l'échelle du Grand Est.

L'objectif : « faire du Grand Est une région de référence au cœur de l'Europe. L'industrie fait partie intégrante de l'ADN de notre Région et je crois fermement à la capacité de rebond de nos entreprises. C'est un message de soutien fort à notre industrie que je souhaite apporter et qui se concrétise par notre contribution financière et une collaboration sans faille avec l'État » souligne le Président de la Région Grand Est. À la clé, 254 emplois créés et 500 emplois confortés.

Petit Bateau, Petitjean et New Bath Allibert sont lauréats

Dans l'usine de Troyes, Petit Bateau va pouvoir monter une plate-forme totalement automatisée et connectée. Elle sera mutualisée avec les autres acteurs de la maille à Troyes, réunis dans le club « Maille 4.03 ». Un projet estimé à 2,5 M qui participera à la transition écologique. [...]

Les entreprises pourront ainsi diversifier leur activité, moderniser leurs procédés de fabrication et pérenniser leur présence en Grand Est.

www.smart-appart.fr, 16 décembre 2020.

DOC. 2 Petit Bateau se dote d'un nouveau centre de production entièrement robotisé et connecté

La mesure

Doté de 400 millions d'euros d'ici à 2022, le Fonds de soutien à l'investissement industriel dans les territoires vise à soutenir les projets d'investissement industriel qui participent à la dynamique économique d'un territoire. Avec l'ambition de maintenir ou créer des emplois, de gagner en compétitivité ou encore de contribuer à la transition écologique, ce fonds assure notamment le financement de création ou d'extension de sites industriels et de modernisation d'outils de production.

Vidéo : « 700 millions d'euros consacrés au financement des projets industriels dans les territoires »
liennathan.fr/ei9t26

La belle histoire

La bonneterie Petit Bateau, fondée à Troyes en 1920, fabrique et commercialise des vêtements pour bébés, enfants et adultes. Aujourd'hui, Petit Bateau emploie 1 650 personnes en France, dont 500 personnes à l'usine de Troyes. Ses vêtements sont tricotés et teints pour 45 % à Troyes et pour 55 % à Marrakech, tandis que la majorité de la confection est réalisée au Maroc et en Tunisie.

La direction de Petit Bateau souhaite aujourd'hui transformer le site de Troyes en plateforme de fabrication à la demande : au lieu de planifier la production sur l'année, Petit Bateau souhaite fabriquer de plus petites quantités, mieux adaptées aux ventes en temps réel. Cette approche évite les invendus et le gâchis de ressources, mais nécessite de réorganiser toute la production.

Le nouveau centre de production, entièrement robotisé et connecté, s'appuiera sur des techniques de coupe et d'impression numériques, auxquelles les ouvriers seront graduellement formés, en complément de leur savoir-faire traditionnel. L'investissement de plus de 2 millions d'euros est soutenu à hauteur de 650 000 euros par le plan France Relance.

www.gouvernement.fr, 15 avril 2021.

6 Se préparer au Grand oral

Recherchez des arguments montrant les difficultés de financement des PME par rapport aux grandes entreprises.

Synthèse

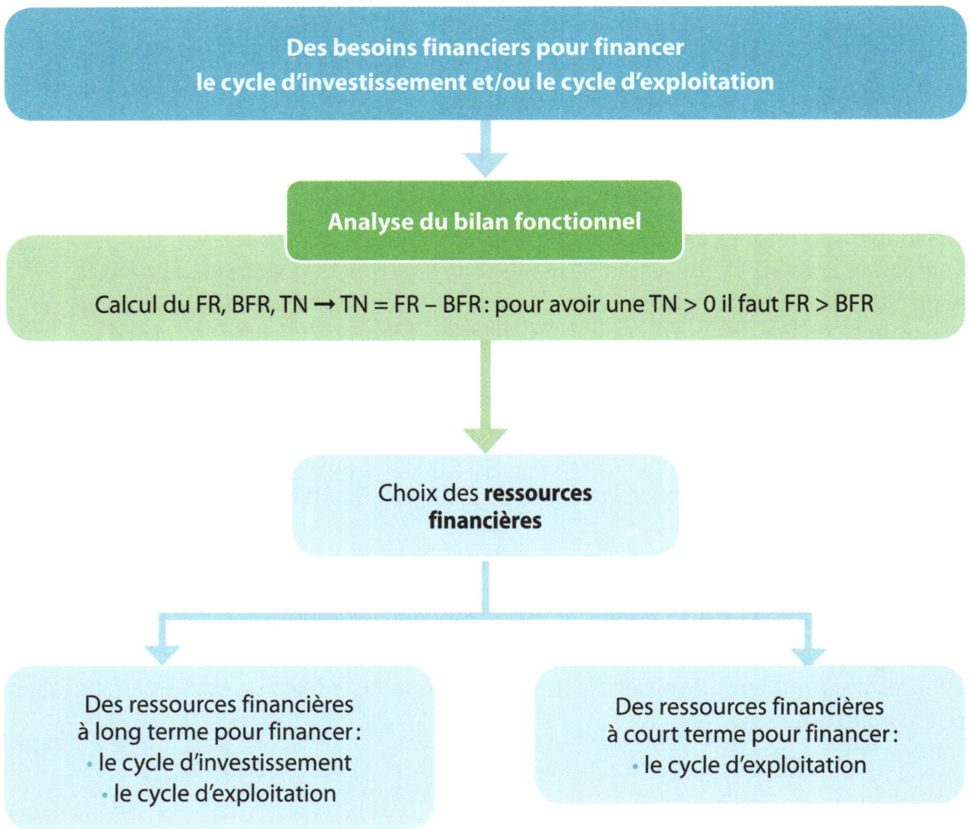

Lexique

- **BFR :** besoin en fonds de roulement = actif circulant – passif circulant. Si le BFR est négatif, c'est une ressource en fonds de roulement.
- **Bilan fonctionnel :** créé à partir du bilan comptable, le bilan fonctionnel fait apparaître les cycles d'investissement, de financement et d'exploitation de l'entreprise.
- **Cycle d'investissement :** biens matériels et immatériels qui vont rester durablement dans l'entreprise dans le but d'améliorer son activité.
- **Cycle de financement :** financement supérieur à un an qui provient de l'entreprise ou d'un agent extérieur.
- **Cycle d'exploitation :** ensemble des opérations relatives à l'activité de l'entreprise (des achats à la vente).
- **FR :** fonds de roulement.
- **Ressources intangibles :** ce sont les ressources immatérielles.
- **Ressources tangibles :** ce sont les ressources matérielles, humaines et financières.
- **TN :** trésorerie nette = FR – BFR ou trésorerie active – trésorerie passive.

Quelles ressources humaines pour produire ?

4

Capacité

- Repérer les moyens d'une politique de management des compétences et d'adaptation aux besoins de l'organisation

Vers PIX

D.1.1. – Mener une recherche et une veille d'information

Avant la classe

Vidéo : « La politique RH de CNP Assurances »
liennathan.fr/4h9a8b

Quelles démarches ou actions CNP Assurances met-elle en place pour attirer ses futurs collaborateurs ?

Situation

Avec un chiffre d'affaires de 27 milliards d'euros et plus de 5100 collaborateurs, CNP Assurances est une société d'assurances de personnes en Europe et en Amérique latine qui conçoit des solutions de prévoyance et d'épargne innovantes distribuées à plus de 50 millions d'assurés dans le monde. Elle distribue ses solutions grâce à un réseau physique ou 100 % *online* en fonction des besoins des clients de chaque pays.

Son ambition est d'être l'assureur numérique de référence à travers le déploiement d'une stratégie digitale. Cette transformation passe par la mobilisation de l'ensemble des acteurs du groupe. En effet, les métiers de l'assurance semblent voués à un vaste mouvement de recomposition des activités et des compétences.

Dans cette perspective, le groupe CNP Assurances s'est engagé à accompagner ses salariés avec comme objectifs :

- de permettre aux collaborateurs d'être acteurs de leur évolution ;
- de mettre en œuvre les outils au service d'une gestion dynamique des carrières et des compétences ;
- et de déployer des dispositifs de formations conséquents pour accompagner chaque collaborateur.

1 Prévoir les ressources humaines sur le plan quantitatif pour produire

DOC. 1 La gestion des emplois et des parcours professionnels (GEPP)

La Gestion des Emplois et des Parcours Professionnels (GEPP), anciennement appelée GPEC (Gestion Prévisionnelle des Emplois et des Compétences), est une démarche qui permet à l'entreprise d'anticiper en fonction de ses choix stratégiques ses besoins en ressources humaines sur le plan quantitatif (effectif) et sur le plan qualitatif (qualifications-compétences) pour les comparer à ses ressources prévisibles et analyser les écarts afin de procéder aux ajustements nécessaires.
Elle implique plusieurs étapes :

Ressources prévisionnelles
Prévision des RH sur trois à cinq ans à partir des RH actuelles en tenant compte des départs prévisibles

Besoins anticipés
Anticipation des besoins en RH sur trois à cinq ans en fonction des choix stratégiques et des évolutions du marché

Comparaison des besoins par rapport aux ressources sur le plan quantitatif (effectif) et qualitatif (qualifications/compétences)

Mesures d'ajustement :
mobilité, promotion, formation, recrutement, licenciement, mobilité…

DOC. 2 Les ressources humaines quantitatives de CNP Assurances

Le groupe CNP Assurances est confronté à un déséqulibre de sa pyramide des âges. Au 31 décembre 2020, l'âge moyen des collaborateurs en CDI de CNP Assurances s'élevait à 47,4 ans. Près de 10 % des collaborateurs en CDI avaient moins de 35 ans tandis que 23,8 % avaient 55 ans ou plus.

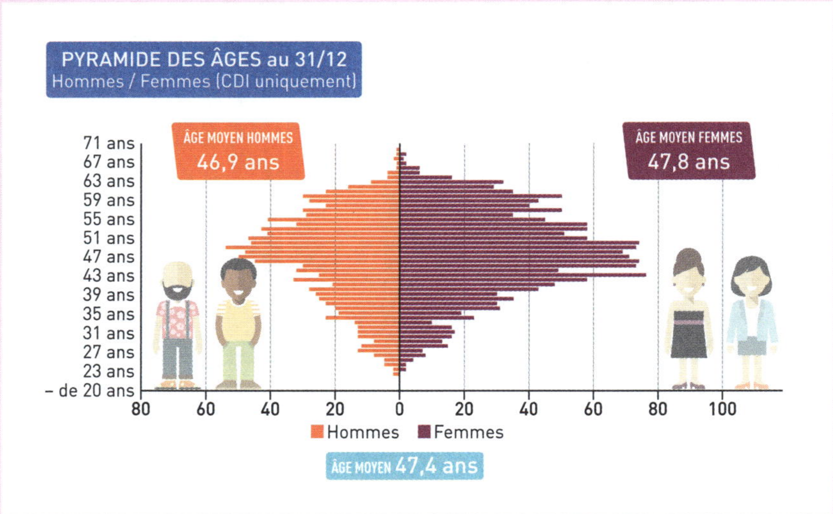

Pyramide des âges au 31 décembre 2020, bilan social 2020, CNP Assurances.

- Si les effectifs de la tranche d'âge 18-35 ans sont supérieurs à ceux de la tranche d'âge des + 50 ans, alors le renouvellement est assuré.
- Si les effectifs de la tranche d'âge 18-35 ans sont inférieurs à ceux de la tranche d'âge des – 50 ans, alors le renouvellement n'est pas assuré.

DOC. 3 L'évolution quantitative du métier « secrétariat/assistanat » de CNP Assurances

Le métier « secrétariat/assistanat » du groupe CNP Assurances est concerné depuis plusieurs années par une évolution en profondeur. Sur le plan quantitatif, ses effectifs ont décru sur les cinq dernières années, en raison surtout d'une pyramide des âges conduisant à de nombreux départs en retraite.

Situation Dans un environnement en constante évolution, CNP Assurances a pour ambition d'être l'assureur digital de référence avec le déploiement d'une nouvelle stratégie digitale. Dans ce contexte de transformation digitale, les métiers de CNP Assurances sont voués à un vaste mouvement de transformation. Le développement de CNP Assurances et ses orientations stratégiques nécessitent de mettre en place un pilotage maîtrisé de ses effectifs afin de prévoir le remplacement des départs naturels et de rajeunir la pyramide des âges.

1 Précisez l'objectif stratégique que s'est fixé le groupe CNP Assurances. ▶ Situation

....

....

2 Relevez les évolutions de l'environnement qui impactent le groupe CNP Assurances. ▶ Situation

....

3 Pourquoi le groupe CNP Assurances doit-il anticiper ses besoins en ressources humaines ? ▶ Doc. 1

....

....

Situation Signé en 2016, le premier accord GPEC du groupe CNP Assurances avait permis de pérenniser une politique d'alternance et d'initier un rajeunissement de la pyramide des âges. En 2019, le deuxième accord de GPEC de CNP Assurances permet de rajeunir la pyramide des âges et d'accompagner la transformation digitale des métiers du groupe.

4 Repérez l'outil mis en œuvre par le groupe CNP Assurances pour prévoir ses besoins quantitatifs en ressources humaines. ▶ Doc. 2

....

5 La répartition des salariés dans la pyramide des âges de CNP Assurances permet-elle d'assurer naturellement le renouvellement des effectifs ? ▶ Doc. 2

....

6 Présentez la situation actuelle des ressources humaines du groupe CNP Assurances sur le plan quantitatif. ▶ Doc. 2

....

....

7 Expliquez les évolutions quantitatives du métier « secrétariat/assistanat ». ▶ Doc. 3

....

8 Quels sont les besoins en ressources humaines sur le plan quantitatif mis en évidence par la démarche de GPEC du groupe CNP Assurances ? ▶ Doc. 2

....

Faites le point ! STMG_Management_Term_ch04_point_partie1.pdf

2 Prévoir les ressources humaines sur le plan qualitatif pour produire

DOC. 4 Anticiper les besoins en ressources humaines sur le plan qualitatif

Avec les nouvelles technologies, les métiers de l'assurance semblent voués à un vaste mouvement de recomposition des qualifications et des compétences. Les dimensions technologiques du digital (objets connectés, *big data*, intelligence artificielle…) se conjuguent aux évolutions réglementaires (normes comptables) et redessinent les contours de l'activité d'assurance.
Ces mouvements recomposent les métiers autour de trois groupes de compétences :
– des compétences d'expertise liées aux nouvelles technologies digitales ;
– des compétences techniques métiers (autres que digitales) nouvelles dans leur contenu [(comme les métiers du risque avec le renforcement des réglementations)] ;
– des compétences transverses (*soft skills*), relationnelles qui concernent désormais tous les métiers et impliquent des postures nouvelles (par exemple, l'agilité, le collaboratif ou l'autonomie).

Accord GPEC, www.wk-rh.fr.

DOC. 5 Les qualifications et les compétences individuelles

La qualification correspond à l'aptitude d'un salarié à exercer un emploi selon ses fonctions, ses diplômes et son expérience. Le terme de qualification se réfère essentiellement au poste de travail. La compétence correspond à la combinaison du savoir, du savoir-faire et du savoir-être dans une situation donnée. La compétence renvoie à la prise d'initiative et de responsabilité du salarié en situation de travail.

DOC. 6 Cartographier les métiers et les compétences en évolution chez CNP Assurances

Pour assurer la mise en œuvre de ses orientations stratégiques et anticiper les compétences dont elle aura besoin, CNP Assurances a réalisé une cartographie repérant les métiers en évolution au sein du groupe. Elle a ainsi identifié des métiers en transformation, en tension et en émergence. Les métiers en tension sont des métiers sur lesquels les recrutements sont difficiles.

Accord GPEC, www.wk-rh.fr.

Métiers en transformation
- relation client/marketing
- juridique
- pilotage économique et financier
- secrétariat/assistanat
- ressources humaines
- communication…

Métiers en tension
- métiers de la donnée et du digital

Métiers en émergence
- maîtrise des risques
- gestion des actifs et du patrimoine…

DOC. 7 L'évolution qualitative du métier « secrétariat/assistanat » de CNP Assurances

Sur le plan fonctionnel, le contenu des emplois est amené à être durablement revisité au regard de l'impact du digital et des nouvelles modalités de travail. Pourtant, au sein d'un monde professionnel mouvant et éclaté, sa raison d'être au sein d'une équipe est néanmoins réaffirmée : communication, coordination, interface, assistanat technique ou métier, telles sont quelques-unes des fonctions clés à assurer.

Situation L'Observatoire de l'évolution des métiers de l'assurance (OEMA), qui a pour mission d'informer les acteurs de l'assurance sur les facteurs susceptibles de faire évoluer leurs métiers, a constaté que des transformations majeures impactent le métier d'assureur.

9 Repérez les éléments de l'environnement qui ont un impact sur les compétences des collaborateurs du groupe CNP Assurances. ▶ Docs 4 et 5

....

....

....

10 Présentez les compétences individuelles dont le groupe CNP Assurances aura besoin pour réaliser son métier d'assureur. ▶ Docs 4 et 5

....

....

....

Situation Pour pouvoir prévoir les compétences dont il aura besoin, le groupe CNP Assurances a fait le point en réalisant une cartographie des métiers. Cette cartographie a permis d'obtenir une vision globale des métiers de l'entreprise et a ainsi mis à jour les métiers dits « en tension », « en transformation » ou « en émergence ». En 2020, la famille professionnelle « Système d'information » a été créée.

11 Identifiez l'outil mis en œuvre par le groupe CNP Assurances pour évaluer ses besoins en compétences. ▶ Doc. 6

....

12 Présentez les résultats de la cartographie des métiers du groupe CNP Assurances. ▶ Doc. 6

....

....

....

13 Expliquez les intérêts de réaliser une cartographie des métiers pour le groupe CNP Assurances. ▶ Doc. 6

....

....

....

14 Expliquez les évolutions qualitatives du métier « secrétariat/assistanat ». ▶ Doc. 7

....

....

....

15 Que se passerait-il si le groupe CNP Assurances n'anticipait pas ses besoins en compétences ?

....

Faites le point ! STMG_Management_Term_ch04_point_partie2.pdf

3 Adapter les ressources humaines à la stratégie

DOC. 8 Besoins de recrutement, besoins de formation

Dans la démarche de GPEC, l'organisation analyse les écarts entre ses besoins en ressources humaines et ses ressources prévisibles afin de mettre en œuvre un plan d'actions et ainsi ajuster ses ressources humaines :
– sur le plan quantitatif : mobilité géographique, recrutement, licenciement, flexibilité du temps de travail et des effectifs… ;
– sur le plan qualitatif : promotion, formation, tutorat, flexibilité des compétences…
Le recrutement permet de répondre à un besoin de ressources humaines de l'organisation.
La formation permet de maintenir et de développer les compétences de ses collaborateurs.

DOC. 9 Adapter les ressources humaines sur les plans quantitatif et qualitatif

Liaisons sociales : Quels objectifs avez-vous assignés à votre nouveau texte ?
Bérengère Grandjean, DRH CNP Assurances : [...] L'un des enjeux de cette nouvelle GPEC est de rééquilibrer la pyramide des âges en lien avec la transformation digitale de nos métiers. Ainsi, nous avons prévu de recruter dès cette année 50 nouveaux collaborateurs de moins de 35 ans en CDI, puis 20 chaque année de la période d'application de l'accord. À cela, s'ajoute notre politique résolument tournée vers l'alternance où nous avons en permanence une centaine d'alternants dans nos murs. [...] Pour les seniors, nous reconduisons les mêmes dispositifs que dans l'accord précédent avec toutefois une nouveauté : une majoration de l'indemnité de départ de + 30 % est proposée à tout salarié âgé de 65 ans et plus, dont la date de départ intervient cette année. Pour chaque départ dans ce cadre, l'entreprise s'engage à recruter un jeune en CDI, recrutement qui n'intervient pas forcément sur le poste libéré. C'est une sorte de contrat de génération !

Jean-François Rio, « Interview – Bérangère Grandjean, DRH, Virginie Oget, responsable des relations sociales, CNP Assurances : "Notre nouvel accord de GPEC est encore plus engageant" », www.wk-rh.fr, 1er mars 2019.

Avec ce deuxième accord GPEC, CNP Assurances renforce ses engagements pour accompagner sa transformation en développant les compétences de ses collaborateurs. [...] Pour développer les compétences de ses collaborateurs, CNP Assurances étend sa politique de tutorat en créant notamment un nouveau poste de tuteur au poste de travail qui s'inscrit dans la logique de l'élargissement de la formation en situation de travail, en référence à la loi Avenir professionnel. Ce nouvel accord permet au tutorat de couvrir l'intégralité des métiers désormais tous identifiés pour accompagner la transformation.

« CNP Assurances signe son deuxième accord GPEC pour accompagner sa transformation », www.cnp.fr, 4 mars 2019.

DOC. 10 Adapter les ressources humaines à la stratégie digitale de CNP Assurances

Liaisons sociales : *Comment votre accord va-t-il accompagner la stratégie digitale de votre groupe ?*
Bérengère Grandjean : Accompagner les salariés dans la transformation digitale, c'est aussi leur permettre d'accéder à certaines formes de mobilité, par exemple en travaillant temporairement sur un projet qui fait appel à des compétences transversales ou bien en élargissant leurs savoir-faire au sein de start-up partenaires de CNP Assurances ou au sein de nos filiales. Nous allons également développer une forme nouvelle de mobilité « par mission* ».

* Il s'agit pour un collaborateur de quitter son poste pour un temps limité et d'effectuer une mission dans une autre entité : missions dans les filiales du groupe CNP Assurances, missions dans les start-up, notamment celles dans lesquelles CNP Assurances investit.

Jean-François Rio, « Interview – Bérangère Grandjean, DRH, Virginie Oget, responsable des relations sociales, CNP Assurances : "Notre nouvel accord de GPEC est encore plus engageant" », www.wk-rh.fr, 1er mars 2019.

DOC. 11 Des nouvelles formes de relations de travail pour accroître la flexibilité

Pour s'adapter à leur environnement, les organisations mettent en place de nouvelles relations de travail dans lesquelles le numérique va être un facilitateur en rendant possible le travail à distance.

- **Flexibilité du temps de travail :** temps partiel, heures supplémentaires, annualisation du travail
- **Flexibilité de la localisation du travail :** travail à domicile, travail mobile, télétravail alterné
- **Flexibilité des compétences :** développement de la polyvalence des salariés, mobilité professionnelle…
- **Flexibilité des effectifs :** recours aux CDD, intérimaires, partage de poste de travail, contrat de travail avec détachement chez un tiers, sous-traitance, franchise, auto-entrepreneur…

Situation L'accord de GPEC mis en place par CNP Assurances permet de rééquilibrer la pyramide des âges et d'accompagner la transformation digitale de l'entreprise. En effet, tous les métiers du groupe sont impactés par la digitalisation. Face à ce constat, CNP Assurances souhaite mettre à jour les compétences de ses collaborateurs à travers la formation des managers. Cela repose notamment sur un programme de « *managers coachs* » déployé au sein du groupe.

16 Justifiez le recours au recrutement mis en place par le groupe CNP Assurances. Docs 8 et 9

....

17 Quelle autre action le groupe CNP Assurances met-il en place pour ajuster ses ressources humaines sur le plan quantitatif ? Docs 8 et 9

....

18 Quelles actions le groupe CNP Assurances envisage-t-il pour ajuster ses besoins en ressources humaines sur le plan qualitatif ? Situation Doc. 9

....

....

Situation Dans l'accord de GPEC mis en place par CNP Assurances, des expériences nouvelles sont proposées aux salariés, comme la mobilité par mission dans le groupe ou dans des start-up partenaires. La mobilité par mission permet de développer des compétences individuelles (acquisition de nouvelles compétences par le salarié) et collectives (enrichissement des pratiques d'équipe par l'intégration de collaborateurs extérieurs). D'une durée maximale d'un an, ces missions ont pour ambition de faire circuler les compétences. Le groupe CNP Assurances expérimente notamment le télétravail depuis 2017. Le nouvel accord sur la qualité de vie au travail signé en 2020 permet aux collaborateurs qui le souhaitent de télétravailler jusqu'à trois jours par semaine.

19 Quelles sont les mesures prises par CNP Assurances pour répondre à l'impact de la digitalisation sur les métiers ? Doc. 10

....

....

20 Présentez les intérêts de la mobilité par mission : Doc. 10

– pour les salariés de CNP Assurances : ....

– pour le groupe CNP Assurances : ....

21 Montrez que ces dynamiques de mobilité permettent d'accroître la flexibilité du travail du groupe CNP Assurances. Docs 10 et 11

....

22 Précisez comment le numérique peut faciliter ces nouvelles relations de travail. Doc. 11

....

....

Faites le point ! STMG_Management_Term_ch04_point_partie3.pdf

Applications

1 Testez vos connaissances

Retrouvez la définition correspondant à chacun des mots suivants : GEPP ou GPEC, compétences, qualifications, polyvalence, formation.

1. Aptitude d'un salarié à exercer un emploi selon ses fonctions, ses diplômes et son expérience.
2. Aptitude d'un salarié à effectuer des activités différentes au sein d'une même organisation.
3. Combinaison du savoir, du savoir-faire et du savoir-être dans une situation de travail donnée.
4. Investissement immatériel réalisé par une organisation pour maintenir et développer les compétences de ses collaborateurs.
5. Démarche d'anticipation des besoins en ressources humaines sur le plan quantitatif et sur le plan qualitatif afin de pouvoir ajuster les écarts avec les ressources prévisibles.

2 Testez votre maîtrise des outils de GEPP

★

Pour chaque situation de gestion prévisionnelle des emplois et des compétences, précisez l'outil retenu et les mesures d'ajustement mises en œuvre par l'organisation en cochant la ou les réponses appropriées.

Situation	Mesures d'ajustement des ressources humaines et outil de GEPP ou GPEC
 Fin 2020, l'entreprise Sandoz, groupe pharmaceutique, a mis en place un accord de GPEC pour activer certaines mutations à la suite de la crise sanitaire. Dans ce contexte, l'entreprise doit repenser son organisation, faire évoluer ses métiers et accompagner le changement auprès de ses salariés pour conserver sa compétitivité. Cet accord met en particulier l'accent sur le recrutement de contrats en alternance, sur des dispositifs de mobilité géographique et professionnelle. Il est aussi proposé aux salariés qui souhaitent avoir un nouveau parcours professionnel en dehors de l'entreprise, un congé de mobilité externe, qui débouche sur un départ volontaire du salarié de l'entreprise. L'entretien de développement professionnel, qui consiste à faire le bilan sur les compétences du salarié et définir conjointement entre le salarié et son responsable une direction de carrière, est un outil privilégié de cette démarche.	☐ Mobilité ☐ Promotion ☐ Formation ☐ Recrutement ☐ Licenciement Outil de GEPP ou GPEC
 L'Établissement Public Industriel et Commercial *La Monnaie de Paris* a signé en 2020 un quatrième accord de GPEC. Cet accord a pour objectif d'accroître la performance collective de l'entreprise, de détecter les collaborateurs à potentiels afin de les fidéliser et de responsabiliser les managers sur la gestion des compétences. Pour cela, une cartographie des métiers sera réalisée pour identifier les postes existants et requis, au travers de trois filières (technique, projet, management). Cet accord prévoit l'intégration des nouveaux entrants, la mobilité fonctionnelle et géographique en interne et des dispositifs de formation professionnelle.	☐ Mobilité ☐ Promotion ☐ Formation ☐ Recrutement ☐ Licenciement Outil de GEPP ou GPEC

3 Analyser l'évolution des ressources humaines

1. Montrez l'intérêt pour l'assocation AFPJR de mettre en œuvre une démarche de GPEC.
2. Présentez l'état des lieux des resources humaines effectué par l'association.
3. Expliquez les moyens utilisés pour adapter ses ressources humaines à ses besoins.

Vidéo : « L'AFPJR en image »
liennathan.fr/h8z88c

DOC. 1 L'AFPJR, une association au service de personnes fragilisées par un handicap

Créée en 1966, l'AFPJR (Association de Formation et de Promotion pour jeunes et adultes en Recherche d'insertion) accompagne, chaque année, plus de 1 000 personnes en situation de handicap qui sont orientées par la Commission Départementale pour l'Autonomie des Personnes Handicapées (CDAPH) sur l'un de ses 20 établissements ou services. […] Ce sont plus de 400 professionnels (éducatifs, thérapeutes, administratifs…) qui chaque jour font la preuve que toute personne possède en elle des potentialités d'évolution. […] Le secteur médico-social vient de connaître une profonde mutation. Des réductions de moyens sans précédent et une évolution réglementaire peu favorable ont nécessité une rapide et efficace adaptation. […] Face à ces réalités, l'AFPJR doit anticiper les besoins en compétences indispensables à l'amélioration du fonctionnement des établissements et services et à son développement tout en aidant ses salariés, acteurs de leur évolution professionnelle, à accroître leurs compétences et à sécuriser leur parcours professionnel.

www.droits-salaries.com

DOC. 2 Un accord de GPEC pour l'association AFPJR

Afin de mieux comprendre la pertinence d'une Gestion Prévisionnelle des Emplois et des Compétences, il semble opportun de dresser un état des lieux au sein de l'AFPJR. Ce dernier se compose de 5 éléments :
- la cartographie des emplois effectuée à ce jour ;
- la répartition des métiers ;
- la pyramide des âges ;
- la prévision des départs à la retraite sur 3 ans (2018) ;
- la répartition Hommes/Femmes.

[…] Les statistiques sur la pyramide des âges font apparaitre un besoin en recrutement nécessaire pour pallier les projections de départ à la retraite dans les années à venir. En effet, la proportion de salariés âgés de moins de 29 ans au sein de l'AFPJR représente 7,05 % de l'effectif total, soit un total de 26 salariés en CDI sur 368 au 1er décembre 2020. […] Le présent accord traduit notamment l'importance accordée par les établissements de l'Association à la gestion intergénérationnelle à travers :
- la recherche d'un équilibre de la pyramide des âges par l'intégration de jeunes de moins de 29 ans ;
- la qualité d'intégration des jeunes au sein de l'Association et le développement de leurs compétences, tout particulièrement par le recours à l'alternance ;
- la bonne transmission des savoirs et des compétences.

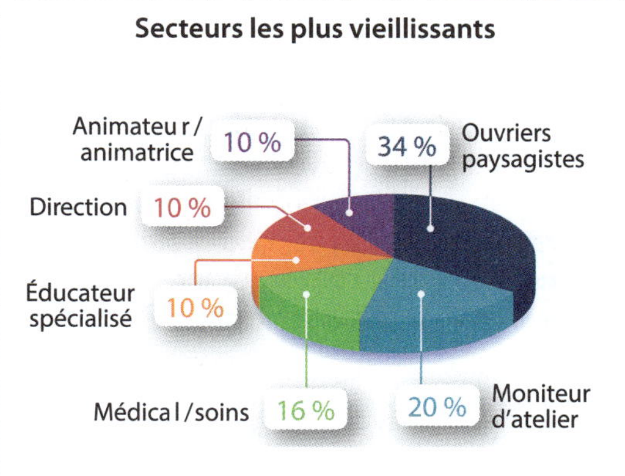

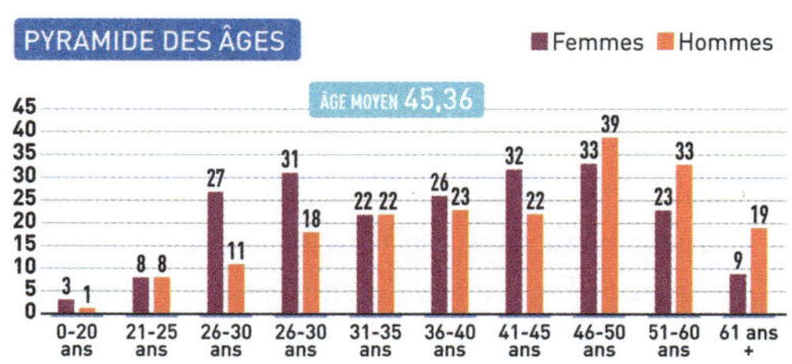

Moyens :
- Augmenter le recrutement de salariés de moins de 29 ans parmi l'ensemble des recrutements annuels réalisés en CDI. En effet, l'AFPJR se fixe comme objectif d'augmenter de 1 % le pourcentage de jeunes salariés âgés de moins de 29 ans en CDI dans le total des embauches effectuées pendant la durée de l'accord.
- Promouvoir les contrats en alternance pour permettre aux jeunes de bénéficier d'une formation complète.

www.droits-salaries.com

4 Adapter les ressources humaines à la stratégie

★★

1. Quels sont les objectifs stratégiques du groupe SEB ?
2. Repérez les actions mises en place par le groupe SEB pour adapter ses ressources humaines à ses besoins.
3. Quels avantages le développement des compétences numériques peut-il procurer au groupe SEB ?

DOC. 1 Le groupe SEB inaugure son pôle mondial d'innovation à Écully

Le groupe SEB [...inaugure] son nouveau pôle mondial d'innovation dédié au petit électroménager. L'occasion de découvrir un nouveau bâtiment d'une surface de 2 500 m². [...] Près de la moitié de la nouvelle surface est dédiée à différents laboratoires pour « capturer les nouvelles tendances et intégrer les nouvelles technologies » : « Le groupe SEB doit intégrer l'ère du temps et les technologies à venir dans sa recherche », estimait mercredi Vincent Rouiller, directeur général Recherche au sein du Groupe SEB. Le but étant d'accélérer le développement et le lancement de nouveaux produits en observant les habitudes des consommateurs. Pour cela, des laboratoires d'observation (Living Labo...) ont été installés, véritables appartements témoins pour capter les comportements des consommateurs avec les produits SEB [...]. Depuis le début d'année, le centre de recherche accueille 200 chercheurs au niveau mondial.

www.leprogres.fr, 28 octobre 2021.

Vidéo : « Un centre mondial de l'innovation à Ecully »
liennathan.fr/7veu98

DOC. 2 Un nouvel accord sur l'emploi et les compétences

Le groupe SEB et les principales organisations syndicales [...] ont renouvelé pour 3 ans (2021 à 2023) l'accord de Gestion prévisionnelle des emplois et des compétences (GPEC) au sein du groupe [...] avec quelques nouveautés en 2020 qui intéressent notamment les jeunes. À savoir la poursuite de l'intégration de jeunes avec un objectif de recrutement en CDD ou CDI de 40 % des stagiaires et alternants et le maintien d'un taux de 5 % d'alternants *a minima* pour l'ensemble du groupe en France, à l'issue des 3 ans de l'accord renouvelé. Par ailleurs, les jeunes de moins de 27 ans (ou 30 ans pour les travailleurs handicapés) doivent représenter 25 % minimum des recrutements en France en CDI et à plein temps. Pour les ouvriers, le taux est porté à 35 % pour anticiper les départs en retraite. [...]
L'accent est mis également sur le développement des compétences numériques avec la formation de l'ensemble des salariés des premiers niveaux de qualification au « B2i adultes » (brevet informatique et internet), afin de renforcer leur employabilité avec une prime de 175 € à la clé. Idem, pour encourager la réussite d'une VAE (validations des acquis de l'expérience) ou d'un Certificat de qualification professionnelle – CQP –, l'accord prévoit une prime de 500 €. Autre nouveauté de l'accord, la formation et l'accompagnement de jeunes non-qualifiés en recherche d'emploi de moins de 27 ans, afin de préparer l'obtention d'une qualification, d'une certification ou d'un diplôme.
« Cet accord a pour ambition d'anticiper l'évolution des métiers et de se préparer aux nouveaux métiers, en lien avec la stratégie long terme du groupe, explique Dan Abergel, Directeur des ressources humaines France du groupe SEB. La crise sanitaire a bouleversé le marché de l'emploi, notamment pour les plus jeunes. D'où l'importance de les former, de donner un diplôme à ceux qui n'en ont pas et de monter en compétences pour les salariés avec l'idée que tout le monde y gagne ».
Cet accord concerne les 6 000 salariés du Groupe SEB en France (35 000 dans le monde) dont 4 000 en Rhône-Alpes (1 500 à Ecully au siège, 1 600 à Rumilly en Haute-Savoie chez Tefal, 750 à Pont-Evêque chez Calor et 200 à Mions autour de la plateforme logistique). « Il y a 100 postes en CDI à pourvoir en ce moment sur le Campus d'Ecully et une quarantaine de postes d'ouvriers de production à Rumilly », précise Dan Abergel. Le Groupe SEB a recruté en moyenne 300 personnes en France, chacune de ces trois dernières années, et accueilli 287 alternants entre 2017 et 2019. Leader mondial du petit équipement domestique, SEB a réalisé 7,3 milliards € de chiffre d'affaires en 2019 avec une présence dans 150 pays.

Jean-Pierre Vacher,
www.lyondecideurs.com, 16 décembre 2020.

5 Se préparer au bac — Repérer les moyens d'une politique de management des compétences

1. Repérez la mesure mise en place par Europe 1 pour ajuster ses ressources humaines par rapport à ses besoins.
2. Analysez les objectifs de cette mesure d'ajustement des ressources humaines.

DOC. 1 Europe 1 veut supprimer une quarantaine de postes

Europe 1 va devoir subir une cure d'amaigrissement. En pertes depuis plusieurs années, la station a annoncé lundi aux organisations syndicales l'ouverture de discussions en vue de négocier un projet de rupture conventionnelle collective (RCC) d'ici à l'été.

« Le travail engagé depuis deux ans sur la grille d'Europe 1 a permis de stabiliser les audiences mais le déficit annuel de la radio, accentué par la crise sanitaire, impose une réflexion sur l'organisation », précise la radio du groupe Lagardère dans un communiqué. Cette RCC « a pour objectif de permettre à l'entreprise de se réorganiser sans départs contraints », a-t-elle précisé.

Selon des sources internes, le projet concernerait une quarantaine de postes, principalement à la rédaction et à la direction des technologies (c'est-à-dire les équipes techniques), sur quelque 300 salariés permanents – un chiffre non confirmé par la direction.

Les organisations syndicales s'inquiètent du risque que la RCC pourrait faire peser sur le rebond d'Europe 1. « Tailler dans les effectifs, c'est se priver d'une partie des forces vives qui fabriquent l'antenne au quotidien. Avec quarante salariés en moins, la radio pourra-t-elle continuer à couvrir l'actualité comme elle le fait aujourd'hui ? À se distinguer dans le traitement de l'information ? À offrir à ses auditeurs les moyens d'écouter le monde changer ? » s'interrogent-elles.

En difficulté depuis plusieurs années, la station aurait affiché un déficit de 30 millions d'euros en 2019. La pandémie a aggravé la situation. Le chiffre d'affaires aurait été divisé par deux en cinq ans, à 29 millions d'euros.

Si les audiences de la station ont fini par être stabilisées après un fort recul, elles peinent à remonter. Selon la vague Médiamétrie de novembre-décembre, Europe 1 a reculé d'un point en audience cumulée à 5 % par rapport à l'an dernier et de 0,6 point, à 3,9 %, en part d'audience. La radio progresse toutefois légèrement sur le critère de l'audience cumulée par rapport à la vague de rentrée.

Marina Alcaraz, Les Echos, 12 avril 2021.

6 Se préparer au Grand oral

– Comment développer les compétences des ressources humaines ?
– Quelles compétences sont recherchées par les organisations ?

Vers PIX 1.1

À partir de ces questions :
– réalisez une veille informationnelle ;
– effectuez des recherches sur le métier de « responsable développement des talents ».

Internet : « Les soft skills, c'est quoi ? Nos conseils pour les développer et les valoriser »
liennathan.fr/z998ym

Synthèse

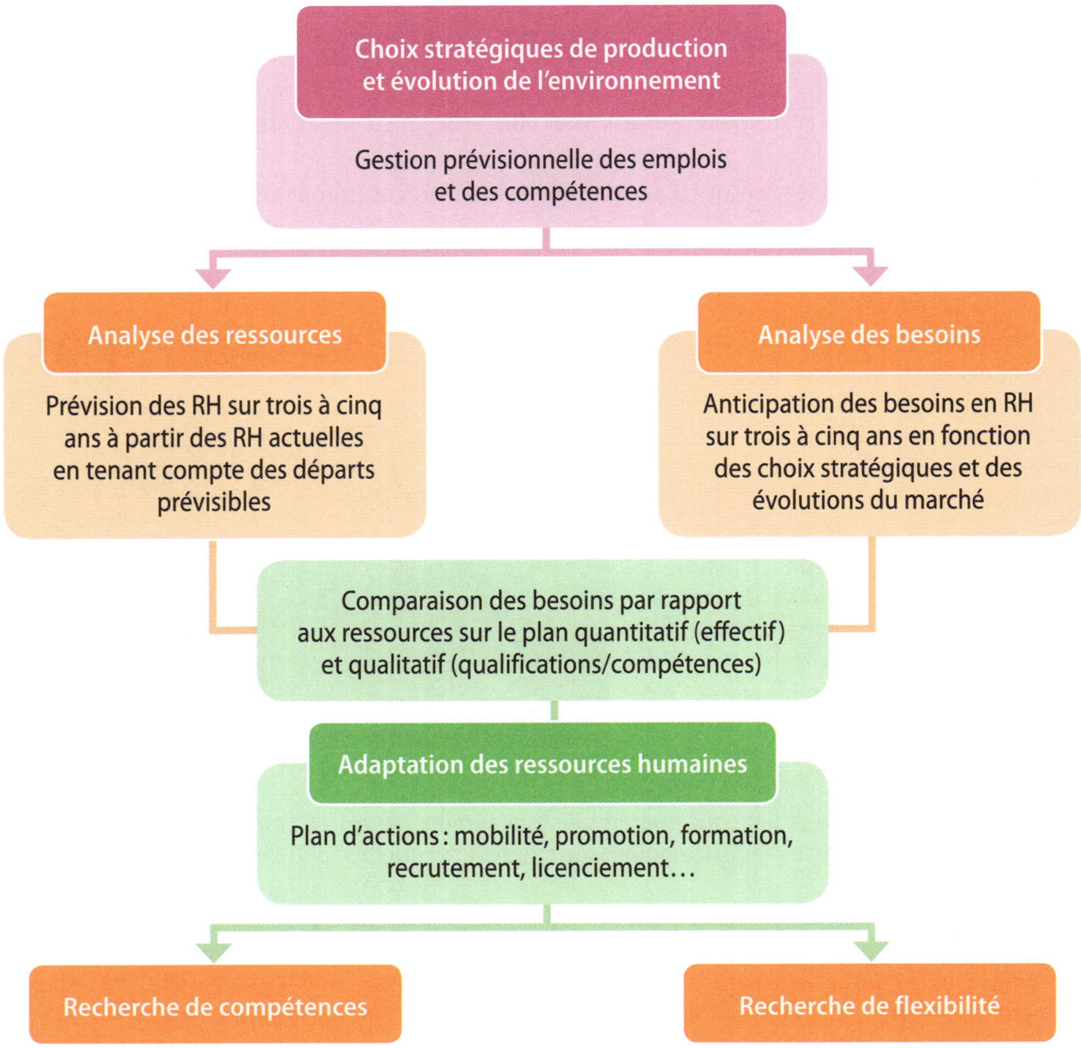

Lexique

- **Compétences :** combinaison du savoir, du savoir-faire et du savoir-être dans une situation de travail donnée.
- **Flexibilité du travail :** mode de gestion des ressources humaines permettant à l'organisation d'adapter rapidement ses ressources humaines aux variations de son activité et à son environnement.
- **Formation :** investissement immatériel réalisé par une organisation pour maintenir et développer les compétences de ses salariés.
- **Gestion des emplois et des parcours professionnels (GEPP), anciennement appelée GPEC :** démarche qui vise à adapter les ressources humaines aux besoins des entreprises.
- **Mobilité :** changement apporté aux conditions de travail du salarié (catégorie professionnelle, fonction, lieu de travail…).
- **Polyvalence :** aptitude d'un salarié à effectuer des activités différentes au sein d'une même organisation.
- **Qualifications :** aptitude d'un salarié à exercer un emploi selon ses fonctions, ses diplômes et son expérience.
- **Recrutement :** permet de répondre à un besoin quantitatif ou qualitatif de ressources humaines de l'organisation.

Quels choix d'organisation de la production pour concilier productivité, flexibilité et qualité ?

5

Capacité

• Identifier et justifier le mode de production choisi par une organisation

Avant la classe

Vidéo : « Usine de Sochaux »
liennathan.fr/3oec09

Sur ce site de production de l'ancien groupe PSA, quelles sont les différentes étapes de fabrication d'une voiture ?

Situation

En 2021, les groupes PSA (Peugeot, Citroën...) et FCA (Fiat, Chrysler, Jeep, Alfa Romeo...) ont fusionné et donné naissance au groupe Stellantis, le 4e groupe automobile au niveau mondial avec plus de 300 000 collaborateurs. La nouvelle feuille de route du groupe Stellantis reposera sur une stratégie globale d'électrification avec un plan d'investissement de plus de 30 milliards d'euros. Stellantis souhaite proposer des véhicules attractifs 100 % électriques avec 500 à 800 km d'autonomie pour ses 14 marques à l'horizon 2030. En attendant la mise en œuvre de ce nouveau plan stratégique, tirant parti des changements- clés pour l'automobile de demain, le groupe Stellantis s'appuie sur :

- l'innovation et la technologie pour répondre aux besoins des clients et offrir des automobiles plus attractives sur le plan de la qualité ;
- un outil industriel performant depuis l'activité de production jusqu'à celle de distribution avec une démarche d'amélioration permanente, un engagement qualité et l'objectif de transformer son outil de production avec des usines « excellentes » : modernisées, autonomes, flexibles et performantes.

1 Repérer une innovation de procédés

DOC. 1 La plateforme modulaire de Stellantis

Avec uniquement deux plateformes pour de multiples silhouettes, il a fallu créer des unités modulaires et flexibles. [...] La nouvelle CMP [...] apporte [...] la possibilité [...] de grands diamètres de roues et, surtout, trois modules arrière permettant de [...] répondre aux différentes silhouettes (VP, VU, SUV, etc.) [...]. Stellantis a ajouté un premier atout de taille à sa CMP : elle est capable d'accueillir des motorisations thermiques (essence ou diesel), mais également une chaîne de traction 100 % électrique. [...] Second atout de taille [...] : elle permet donc d'industrialiser sur une même ligne de montage n'importe quelle motorisation : essence, diesel ou électrique.

lignesauto.fr

Vidéo : « *CMP : Common Modular Platform*, la plateforme modulaire et multi-énergies »
liennathan.fr/855eku

DOC. 2 L'innovation de procédés

Une **innovation de procédés** est la mise en œuvre d'une nouvelle méthode de production ou de distribution qui implique des changements significatifs dans les techniques, le matériel et/ou le logiciel utilisés. *Exemples : culture des tomates hors sol (Savéol) ; bornes de commande (McDonald's).*
En s'appuyant sur de nouveaux outils (machines, technologies...), l'innovation de procédés a pour objectif de réduire les coûts et les délais pour rendre l'organisation plus productive et/ou plus flexible.

- Une organisation est **productive** quand elle utilise au mieux les ressources dont elle dispose pour fabriquer des biens et des services.
- Une organisation est **flexible** quand elle est capable de répondre rapidement aux fluctuations de la demande et aux évolutions de l'environnement.

DOC. 3 La plateforme CMP : un enjeu majeur pour la production

En utilisant une plateforme modulaire, le constructeur produit plusieurs modèles de véhicules sur une même chaîne de production. Cette organisation lui permet d'optimiser l'utilisation de ses capacités de production et de produire des véhicules à des coûts optimisés en raison d'une mutualisation des achats et de la production qui entraînent des économies d'échelle.

DOC. 4 Les acheteurs doutent, les ventes des marchés automobiles en baisse

Le candidat acheteur est aujourd'hui de plus en plus hésitant. Outre les interminables délais de livraison, l'un des gros freins à l'achat est la hausse de prix. [...] Enfin, beaucoup se disent perdus face au choix de leur prochain véhicule. Faut-il passer à l'électrique ? L'hybride est-il encore une solution ? « Ce n'est pas étonnant, la réglementation et la communication sont illisibles pour le consommateur, déclare un porte-parole du CNPA. Annonces européennes bannissant le moteur thermique après 2035, instauration dans les trois ans de zones à faibles émissions dans les villes françaises de plus de 350 000 habitants, réduction des bonus écologiques. Tout cela crée beaucoup de confusion. » Face à ces interrogations, ils sont nombreux à reporter à plus tard un achat lourd pour le budget du ménage.

Éric Béziat, « Production en chute, clients dans le doute : les marchés automobiles déboussolés », www.lemonde.fr, 7 octobre 2021.

Situation

De multiples éléments doivent être assemblés pour fabriquer une voiture (carrosserie, moteur, roues...). Ces éléments viennent s'ajouter à une « plateforme » automobile ou structure de base. Dans un souci de rationalisation, les constructeurs cherchent à réduire le nombre de plateformes nécessaires à la production de leurs modèles, et donc le nombre de lignes de montage différentes. En 2019, l'ancien groupe PSA a innové en mettant au point une nouvelle plateforme modulaire. En 2021, la production de l'ensemble des véhicules particuliers du groupe, toutes marques (Peugeot, Citroën, DS, Opel et Vauxhall) et tous pays confondus, repose uniquement sur deux plateformes distinctes.

1 Que produit le groupe Stellantis ? Quelles ressources interviennent dans cette production ? Doc. 1

....

....

2 Repérez les principales caractéristiques de la plateforme modulaire CMP du groupe Stellantis. Doc. 1

....

....

....

3 Pourquoi cette plateforme permet-elle une nouvelle organisation de la production des véhicules particuliers du groupe Stellantis ? Doc. 1

....

....

4 Montrez que cette plateforme apporte une innovation de procédés. Docs 1 et 2

....

....

....

5 Expliquez comment cette innovation permet au groupe Stellantis de gagner en productivité. Docs 1, 2, 3

....

....

....

6 Quelle incertitude pèse sur le marché des véhicules automobiles ? Doc. 4

....

....

7 Montrez que la plateforme CMP permet à la production du groupe Stellantis d'être plus flexible. Docs 1, 2, 4

....

....

....

Faites le point ! STMG_Management_Term_ch05_point_partie1.pdf

2 Caractériser un processus de production

DOC. 5 Le processus de production et les modes de production

La production est un processus : un enchaînement d'opérations qui vont conduire à la réalisation du produit fini. Le processus peut suivre différents modes de production selon la nature du produit, la quantité à produire et les méthodes de fabrication à mobiliser.

Les différents modes de production	
Le produit à fabriquer est-il différencié ou standardisé ?	**Le processus peut-il être interrompu ?**
– Fabrication à l'unité : réalisation d'un produit unique ou en très faible quantité (ex. : un yacht). – Fabrication en petites et moyennes séries : lots de produits identiques (ex. : sacs Vuitton). – Fabrication en grande série (production de masse) : produits standardisés fabriqués en très grande quantité pour réduire les coûts unitaires et être plus productif (ex. : stylos Bic).	– Fabrication en continu : pas d'interruption possible avant d'aboutir au produit fini (ex. : raffinerie de pétrole). – Fabrication en discontinu : interruption et reprise possible (ex. : smartphone).

DOC. 6 *Self-réception* : du nouveau pour le service après-vente de l'ancien groupe PSA

1. Prise de RDV en ligne ou par téléphone
Vous recevez un SMS de confirmation avec votre code personnel.

2. Dépôt 24 h/24 du lundi au dimanche
Déposez vos clés, votre carte grise et votre véhicule sur notre parking.

3. Confirmation de réception des éléments
Vous recevez un SMS de confirmation.

4. Vidéos et devis des interventions à prévoir
Recevez par SMS ou par e-mail une vidéo et un devis des interventions à prévoir que vous pourrez valider en ligne.

5. Paiement sécurisé en ligne
Directement de chez vous ou de votre lieu de travail. Vous recevez une confirmation de paiement et un nouveau code personnel.

6. Récupération 24 h/24 du lundi au dimanche
Récupérez vos clés, votre carte grise et votre véhicule sur notre parking.

Des bornes en libre-service [...] à proximité des concessions permettent aux clients [...] de détailler le problème ou de mentionner la nature de l'intervention à réaliser sur la voiture. Celle-ci est ensuite déposée dans une aire délimitée et sécurisée [...] tandis que les clés sont laissées dans la borne. [...] Un réceptionnaire atelier récupère les clés ainsi que les informations laissées par le client. Une fois les travaux terminés, le véhicule est restitué dans l'aire de « *self-reception* ».

Benoît Landré, « PSA Retail veut capter 20 à 30 % du flux après-vente avec des bornes », pro.largus.fr.

Vidéo : « Citroën Service 24/7 »
liennathan.fr/4h54sc

DOC. 7 Les caractéristiques de la production de services

Un service est un produit immatériel (non stockable). Un service ne peut pas être produit sans la participation du client (coupe de cheveux, restauration, dépannage, soutien scolaire...).
Avec les nouvelles technologies et la dématérialisation des documents, certaines étapes de la production d'un service peuvent être automatisées dans le cadre d'un *workflow* (flux de travaux). C'est le cas par exemple lorsqu'une demande de rendez-vous pour faire installer la fibre est automatiquement confirmée dès que les disponibilités des techniciens sont compatibles.

Situation Opel, la quatrième marque de l'ancien groupe PSA, a pris l'engagement d'ici à 2024 d'offrir une version électrifiée de chaque modèle de sa gamme. Pour cela, le groupe a d'abord conçu un prototype, le GTX Experimental, possédant une motorisation électrique et un design élégant grâce à la présence de nombreux vitrages. Le processus de production du verre des vitrages nécessitera une fabrication dans des fours allumés à une température constante et permanente de 600 °C. La fabrication des moteurs électriques est réalisée dans une usine en Lorraine. En 2022, cette usine a atteint une capacité de production de 180 000 moteurs.

8 Identifiez et justifiez le mode de production (unitaire, en continu, en série ou en discontinu) de chacun des biens ou produits utilisés par l'ancien groupe PSA : Doc. 5

1. Le verre des vitrages

....

2. Le prototype GTX Expérimental

....

3. Les moteurs électriques

....

Situation La filiale PSA Retail lance un service après-vente inédit sur le concept de *self-reception*. Pour le client qui doit déposer un véhicule à entretenir ou réparer puis le récupérer, l'avantage est de gagner en fluidité. Côté atelier, les équipes se coordonnent pour mener à bien le projet d'intervention (diagnostic, devis, réparation, facture) dans l'objectif de restituer au client son véhicule dans les meilleurs délais possible.

9 Présentez le nouveau service *self-reception* de l'ancien groupe PSA. Doc. 6

....

....

10 Identifiez les différentes caractéristiques de la production de ce service. Docs 6 et 7

– Comment le client participe-t-il ?

....

....

– Quels échanges sont automatisés ?

....

....

– Pourquoi peut-on dire que le fonctionnement de l'atelier repose sur une coordination de ses membres ?

....

11 Montrez que ce service permet de concilier productivité et flexibilité. Doc. 6

....

....

Faites le point ! STMG_Management_Term_ch05_point_partie2.pdf

3 Identifier le mode de pilotage de la production

DOC. 8 Le pilotage de la production au sein de l'ancien groupe PSA

Au sein des usines PSA, pour satisfaire les clients en attente de véhicules de plus en plus personnalisés, chaque commande passée déclenche en temps réel l'ordre de fabrication du véhicule. C'est au centre de pilotage de l'usine que son ordre et sa date de passage sont programmés. Le client recevra une notification de la date de livraison prévisionnelle de son véhicule. La commande des pièces est automatiquement envoyée aux fournisseurs et leur réception est programmée en fonction de la date de livraison prévue.

www.groupe-psa.com

DOC. 9 Le pilotage des flux de production

Il existe deux façons de piloter les flux de production sur une chaîne de fabrication.

Flux poussés (ou pilotage par l'amont)	Flux tendus (ou pilotage par l'aval)
La production est anticipée. Des stocks sont constitués afin que le client n'attende pas. La productivité est favorisée au détriment de la flexibilité et des risques d'invendus.	Production à la commande du client. Cela permet de réduire les stocks et d'améliorer la flexibilité de l'outil industriel, au détriment parfois de la productivité.

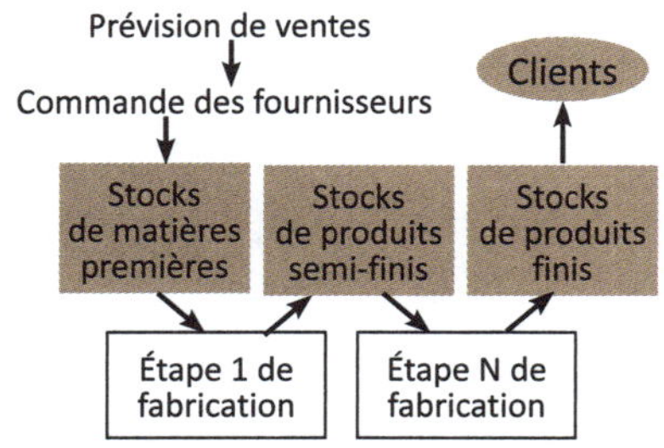

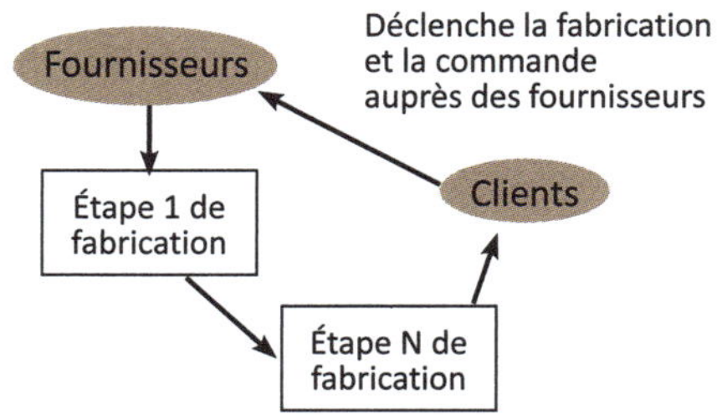

DOC. 10 La gestion de la chaîne logistique *(supply chain management)*

Le pilotage de la production repose sur la logistique qui prend en charge l'ensemble des transferts (flux) d'informations et de produits, y compris avant et après la fabrication. La **gestion de la chaîne logistique** mobilise des ressources et des méthodes destinées à piloter le plus efficacement possible la chaîne globale d'approvisionnement, du premier fournisseur jusqu'au client final (délais, coûts, traçabilité…). Pour l'organisation, l'optimisation des flux logistiques (d'informations et physiques) est une source de création de valeur.

- **Flux d'informations :** transferts d'informations dans l'entreprise et avec ses partenaires (bon de commande, bon de livraison…).
- **Flux physiques :** transport et stockage des produits.

DOC. 11 L'ancien groupe PSA automatise sa logistique grâce au TractEasy, un tracteur autonome connecté

Un tracteur sans conducteur d'une capacité de traction de 25 tonnes […] communique avec les infrastructures telles que les feux, les portes et les passages à niveau empruntés et effectue un circuit de 3 km aller-retour entre la zone fournisseurs et l'atelier de montage PSA […] pour livrer des pièces […].

L'évolution des technologies et des attentes des clients, couplée à la pression des marchés, conduit à rechercher l'optimisation permanente des processus industriels. Améliorer la performance de la *supply chain* et des usines est un impératif absolu pour réduire les coûts et offrir, au plus grand nombre, des véhicules innovants, de qualité et livrés dans les délais.

www.groupe-psa.com

Situation L'usine PSA de Sochaux est la plus grande usine automobile de France avec 515 000 véhicules produits en 2019 et 310 000 en 2020 compte tenu de la crise sanitaire. Cet exploit industriel s'explique par l'important succès commercial des Peugeot 3008, le SUV de Peugeot, monté uniquement dans l'usine de Sochaux. Pour répondre à la demande des clients et réduire les délais de livraison en dessous de six mois, le groupe PSA a mis en place trois équipes de production.

12 Identifiez le mode de pilotage de la production adopté par l'ancien groupe PSA. ▶ Docs 8 et 9

....

....

13 Présentez les intérêts et les risques de ce choix de pilotage de la production pour le groupe. ▶ Docs 8 et 9

....

....

....

14 Montrez que ce choix permet à l'ancien groupe PSA de mieux adapter la production aux besoins de ses clients. ▶ Docs 8 et 9

....

....

....

Situation L'usine PSA de Sochaux a automatisé une partie de ses flux logistiques grâce à Tract-Easy, un tracteur industriel qui circule au sein du site de manière 100 % autonome grâce à ses roues connectées. Cette pratique, une première dans le monde industriel, rejoint l'objectif de PSA de transformer son outil de production avec des usines « excellentes », c'est-à-dire modernisées, autonomes, flexibles et performantes.

15 Repérez comment l'ancien groupe PSA gère ses flux physiques sur le site industriel de Sochaux. ▶ Docs 10 et 11

....

....

16 Quel est l'intérêt de ce choix de gestion de la chaîne logistique pour l'ancien groupe PSA ? ▶ Docs 10 et 11

....

....

....

17 Montrez que la logistique est une source de création de valeur pour l'ancien groupe PSA. ▶ Docs 10 et 11

....

....

....

Faites le point ! STMG_Management_Term_ch05_point_partie3.pdf

4 Repérer les enjeux de la qualité

DOC. 12 La qualité, une priorité pour l'ancien groupe PSA

L'ancien groupe PSA a lancé fin 2020 une campagne de rappel de véhicules des marques Citroën, DS Automobiles et Peugeot produits entre mars 2013 et avril 2017 et dotés du moteur 1.2 l PureTech. Ces véhicules sont victimes d'une usure anormale de la courroie de distribution et vont bénéficier d'une « mise à jour du calculateur moteur afin d'améliorer le diagnostic du système d'assistance au freinage et éviter tout risque de réduction ou de perte de freinage ».

La première qualité incontournable est la fiabilité du véhicule, le « 0 défaut » de fabrication et le bon fonctionnement de l'ensemble des systèmes. Les prestations doivent être conformes aux attentes des clients : performance, style, qualité perçue, confort et agrément. Un niveau de qualité élevé et maintenu dans le temps est un prérequis, qu'il s'agisse de garder intact le plaisir de conduire ou de préserver la valeur de revente. Le groupe PSA s'est engagé dans un programme « Neuf à 3 ans » pour garantir que le véhicule sera toujours perçu comme neuf après trois ans d'utilisation. C'est ainsi que 250 référentiels techniques de conception ont été revus pour améliorer la résistance des véhicules au temps et que le niveau d'exigence des tests d'endurance est plus exigeant.

« Notre engagement qualité », www.groupe-psa.com.

Vidéo : « La qualité chez PSA vue de l'intérieur : l'exemple 308 »
liennathan.fr/Oudl8n

DOC. 13 Qu'est-ce que la qualité ?

La qualité peut être abordée sous plusieurs angles qui se complètent :
– produit, en développant ses caractéristiques propres et en obtenant un produit sans défaut technique. Le coût de cette qualité produit est élevé ;
– fabrication, en appliquant les normes et procédures de la profession ou en allant au-delà. On mesure la qualité en la comparant à des standards de production ;
– satisfaction des attentes du client : s'il est satisfait, le produit est de qualité ;
– ressources humaines : on sensibilise, implique et forme l'ensemble du personnel aux démarches de qualité pour obtenir un produit ou service de qualité ;
– valeur créée par le produit : le produit de qualité est alors celui qui permet le meilleur compromis entre ce qui satisfait le client à un prix acceptable et ce qui est conforme aux règlements à un coût acceptable pour l'entreprise.

Le contrôle qualité
La recherche de la qualité repose sur un contrôle qualité rigoureux afin de savoir si les produits sont conformes aux exigences du marché, à la demande des clients et à la législation.

DOC. 14 Le processus d'amélioration continue

Après des années compliquées, PSA a décidé de mettre en place un service client irréprochable [...]. Améliorer la relation client, cela passe chez PSA par plusieurs points à retravailler. Le constructeur voulait améliorer la prise de rendez-vous [...]. Pour ce faire, PSA a misé sur l'animation continue de ses équipes, via la plateforme InsideBoard, qui crée une émulation ludique autour des projets. Concrètement, la solution propose des systèmes de challenges individuels et collectifs avec un classement, des points et des leviers de motivation axés sur la performance. [...] Des modules de formation en ligne et des partages de bonnes pratiques sont aussi disponibles sur la plateforme.

Aude David, « PSA mise sur le jeu pour améliorer l'adoption de son CRM », www.actionco.fr, 8 juillet 2019.

La recherche de la qualité repose sur un processus permanent d'amélioration continue qui met en œuvre des actions pour réduire les dysfonctionnements, les insatisfactions des clients, et améliorer les produits et le fonctionnement global de l'organisation.

Situation La qualité est un élément essentiel de la stragégie de l'ancien groupe PSA. Pour Carlos Tavares : « *Mettre la qualité en priorité n° 1, sans compromis, c'est garantir la satisfaction des clients, mais c'est aussi protéger l'entreprise sur le long terme. Il ne peut y avoir de performance économique à terme si la qualité n'est pas au rendez-vous. Tous les comportements, tous les processus, toutes les décisions doivent être orientés client.* »

18 Repérez le problème lié au moteur 1.2 Pure Tech auquel l'ancien groupe PSA doit faire face. Doc. 12

19 Quelles peuvent être les conséquences d'un défaut de qualité pour l'ancien groupe PSA ? Doc. 12

20 Comment l'ancien groupe PSA met-il en œuvre un contrôle de la qualité de ses produits ? Docs 12 et 13

21 Repérez le processus d'amélioration continue mis en place par l'ancien groupe PSA pour améliorer la qualité de son service client. Doc. 14

22 Identifiez l'intérêt pour l'ancien groupe PSA d'améliorer la qualité de sa relation client. Docs 13 et 14

23 Montrez que la qualité est un enjeu concurrentiel crucial pour les organisations.

Faites le point ! STMG_Management_Term_ch05_point_partie4.pdf

Applications

1 Testez vos connaissances

Pour chaque situation, cochez la ou les réponses appropriées. Justifiez votre réponse.

Situation		Mode de production du bien
	L'acier qui permet la fabrication des pièces de monnaie est produit dans des hauts fourneaux qui fonctionnent sans interruption de 1 250 °C à plus de 1 600 °C. Il est ensuite livré en bandes.	☐ Production unitaire ☐ Production en série ☒ Production en continu ☐ Production en discontinu
	Charles & Alice est un industriel français producteur de compotes et de desserts frais qui dispose de deux sites de production situés dans la Drôme et dans le Vaucluse.	☐ Production unitaire ☒ Production en série ☐ Production en continu ☒ Production en discontinu
	La Fondation Louis-Vuitton est un ouvrage d'art imaginé par l'architecte Frank Gehry et construit par VINCI avec l'aide de nombreux partenaires.	☒ Production unitaire ☐ Production en série ☐ Production en continu ☒ Production en discontinu

2 Identifier le rôle de la logistique

★

1. Présentez la chaîne logistique de Médecins Sans Frontières.
2. Expliquez l'importance pour Médecins Sans Frontières de maîtriser sa chaîne logistique.

DOC. **Pas de médecine efficace sans une logistique de pointe**

Derrière chaque médecin MSF se tient une équipe logistique qui aura préalablement installé la structure de soins, acheté et transporté le matériel médical nécessaire. Sans cette indispensable logistique, aucun médecin ne peut sauver des vies.
Médecins Sans Frontières Logistique est l'un des plus importants pôles d'acheminement d'aide humanitaire à travers le monde.
Basé à Mérignac (33), Médecins Sans Frontières Logistique assure la fiabilité de la supply chain de Médecins Sans Frontières :

- achat ;
- approvisionnement ;
- stockage ;
- assemblage en kits ;
- préparation de commandes ;
- transport jusqu'au terrain.

Au fil des années, et au regard de l'évolution de nos enjeux, notre structure s'est professionnalisée, passant d'un fonctionnement sur la base de volontaires de retour de mission à des salariés permanents au service des missions. Aujourd'hui, c'est plus de 172 salariés qui, chaque année, achètent, stockent, préparent, et expédient environ 5 000 tonnes de matériel médical et non médical.

Vidéo : « Préparation et expédition d'une commande : l'exemple de l'Irak 2017 »
liennathan.fr/93xmk7

www.msflogistique.org

3 Analyser la qualité des services de la Caf de l'Hérault

1. Caractérisez le mode de production des services de la Caf de l'Hérault.
2. Comment la Caf de l'Hérault a-t-elle amélioré ses résultats et la qualité de ses services ?
3. Pourquoi est-il important d'impliquer le personnel dans la démarche qualité ?

DOC. 1 La Caf de l'Hérault

Dans l'Hérault, 621 400 habitants sont couverts par au moins une prestation légale versée par la Caf [Caisse d'allocations familiales], soit 55 % de la population totale. [...] Les aides versées par la Caf visent à soutenir le niveau de vie des familles et à réduire les inégalités de revenu.

Caf de l'Hérault, *Portrait social*, novembre 2020.

DOC. 2 La norme ISO 9001

L'obtention de la certification ISO 9001 atteste que l'entreprise ou l'administration a mis en place une politique qualité et une démarche de satisfaction du client ou de l'usager qu'elle fait vivre et qui sont contrôlées par un organisme tiers. [...] La certification fait l'objet d'une visite annuelle par un auditeur.

« La démarche qualité appliquée aux services publics », www.carrieres-publiques.com.

DOC. 3 La CAF de l'Hérault à nouveau certifiée ISO 9001 pour les trois années à venir !

Depuis 2018, la Caf de l'Hérault est certifiée Iso. Cette labellisation a consacré la démarche qualité déployée au sein de l'organisme, la maîtrise des risques et les excellents résultats. Avec la certification Iso, un nouveau système de pilotage des activités a été déployé au sein de l'organisme afin de développer une culture d'amélioration continue des services.

Afin de renouveler la labellisation, un audit de renouvellement a eu lieu pendant trois jours début mai 2021, du 3 au 6 mai. À cette occasion, les auditeurs ont signifié leur impression très positive du système de management de la qualité et aucun écart n'a été identifié. Un bilan très favorable qui consolide l'efficience de la démarche qualité au sein de la Caf de l'Hérault et son caractère vertueux !

Les points forts de la certification

15 points forts ont été relevés par les auditeurs dans 3 grandes catégories : le contexte et les parties intéressées (allocataires, partenaires, agents), la structuration et le pilotage du système de management ainsi que la dynamique d'amélioration.

À titre d'illustration, les auditeurs ont relevé la bonne gestion de la crise sanitaire au sein de l'organisme et en particulier la continuité de service et la mise en œuvre de projets innovants en lien avec les partenaires de territoire. Le système de gouvernance de la Caf de l'Hérault, l'encouragement à la créativité qui favorise l'implication du personnel, la méthode d'amélioration de la qualité ainsi que les outils managériaux innovants ont également été très appréciés lors de l'audit.

Exemples d'outils managériaux innovants

Les ateliers KATA : Il s'agit d'une méthode collective de résolution de problèmes ayant pour objectif d'identifier et de diffuser les meilleures pratiques de traitement. Des ateliers collectifs d'amélioration de la qualité appelés KATA ont été mis en place avec des petits groupes d'agents afin de déterminer les meilleures pratiques à retenir dans un objectif de qualité et d'amélioration de la productivité. Ces ateliers, initialement prévus par la Cnaf sur des thèmes de supervisions, ont été « détournés » à la Caf de l'Hérault afin de les adapter aux problématiques locales. Ces derniers sont très appréciés des agents.

Le management visuel : Cet outil permet de pouvoir piloter visuellement un atelier et d'impliquer l'ensemble des collaborateurs autour d'objectifs communs.

Quelques chiffres en 2021

- 97 % des demandes ont été traitées en moins de 15 jours, soit un résultat supérieur de 4 points par rapport à la moyenne nationale.
- Avec plus de 340 000 appels téléphoniques reçus en 2020, la Caf de l'Hérault se maintient avec un taux d'efficacité téléphonique supérieur de 6 points à la moyenne nationale.

www.caf.fr, CAF de l'Hérault.

4 Repérer l'innovation de procédés de Carrefour

★★

1. Identifiez l'innovation de procédés mise en place par Carrefour.

2. Montrez que cette innovation permet à Carrefour d'augmenter sa productivité.

DOC. Le magasin autonome Carrefour Flash ouvre ses portes à Paris

Carrefour a inauguré son premier magasin autonome dans le 11e arrondissement de Paris ce mercredi 24 novembre 2021. « *Un magasin très technologique, mais où la technologie ne se voit pas* », clame Élodie Perthuisot, directrice exécutive e-commerce, data et transformation digitale du groupe Carrefour. Nommé Carrefour Flash, il est pensé pour tout le monde et pour accélérer les courses du quotidien. Il n'est pas nécessaire de télécharger une application ou de s'identifier, tout le monde peut entrer dans ce magasin pour faire ses courses car c'est le magasin lui-même qui est connecté.

Caméras et balances connectées

Dans cet espace de 55 m^2, ce sont 60 caméras qui ont été installées au niveau du plafond. Les rayonnages quant à eux sont composés de 250 étagères dotées de huit capteurs de poids chacune (soit 2 000 capteurs en tout). Ces derniers peuvent supporter jusqu'à 30 kg et sont précis à 10 g près.
Une fois que le client pénètre dans le magasin, il est converti en avatar anonyme et représenté par une couleur. […] « Les caméras permettent de suivre les personnes en temps réel », glisse Ying Zheng, cofondatrice et présidente d'AiFi, la start-up californienne à l'origine de cette technologie. Toutes ces données issues des caméras et des étagères connectées sont fusionnées pour déterminer en temps réel le panier du client. […]

Un système de paiement en un clic

La troisième innovation, après les capteurs et l'algorithme, est au niveau du paiement. Carrefour a laissé une caisse traditionnelle sur laquelle les articles doivent être scannés par le client. Cette caisse doit être utilisée pour les paiements en espèces et peut également l'être pour les clients qui préfèrent passer par cette étape. Sinon, deux autres caisses permettant de vivre l'expérience de magasin autonome jusqu'au bout ont été implémentées. Concrètement ce sont deux tablettes contenant la solution de paiement mise au point en partenariat avec Samsung et Market Pay, la fintech de Carrefour. Lorsque le client s'approche, son panier s'affiche sur la tablette. Il est alors possible d'utiliser une solution de paiement sans contact. Si cela n'est pas possible, ou que le panier dépasse les 50 euros maximum fixés pour ce mode de paiement, l'utilisateur doit entrer son code de carte sur la tablette après avoir simplement « scanné » la puce comme lors d'un paiement sans contact. Le ticket de caisse n'est pas produit sous format papier mais peut être récupéré à l'issu du paiement via un QR Code.

Trois ans de R&D

Près de trois ans de R&D ont été nécessaires pour mettre au point cette technologie qui était testée en conditions réelles dans le magasin Carrefour, utilisé par ses employés, à Massy. « Il a fallu un peu de temps pour mettre au point cette technologie, mais cela a permis d'aboutir sur un parcours sans friction », commente Frank Jansen, le manager Europe d'AiFi. Le développement de l'algorithme a été l'une des étapes les plus compliquées. Le logiciel a été entraîné pour suivre plusieurs cas complexes : lorsque les bras de deux clients se croisent pour attraper des produits ; le fait qu'un produit est pris puis remis par un client. Toutefois, il est nécessaire qu'une seule personne remplisse un panier. Le logiciel n'est pas entraîné pour suivre le fait que deux personnes distinctes remplissent un unique panier. Carrefour est le premier à utiliser cette solution développée par la start-up californienne.

Léna Corot, www.usine-digitale.fr, 24 novembre 2021.

5 Se préparer au bac — Repérer les choix d'organisation de la production du leader mondial des arts de la table

★★

1. Identifiez et justifiez le choix du mode de production des biens du groupe Arc.
2. Analysez la manière dont le groupe Arc gère la qualité.

DOC. 1 Le groupe Arc, un géant français du verre

Fondée en 1825 dans le Pas-de-Calais, l'ancienne Verrerie d'Arques maintient, depuis des décennies, sa suprématie mondiale des arts de la table. Chaque jour, la maison produit, sous la chaleur intense des fours sur son site français de 205 hectares grand comme une ville, des millions de verres. Pour les professionnels comme pour le grand public. […] 7 500 collaborateurs dans le monde, 3 sites de production (France, États-Unis, Chine), 4 500 salariés en France, un chiffre d'affaires de 811 millions € en 2019… Aujourd'hui, le groupe racheté par un groupe de fonds d'investissement familial, réunit dans son catalogue 5 marques (3 pour le grand public et 2 pour les professionnels) et collabore avec différentes grandes enseignes de la décoration, des spiritueux et de la bière.

Laurence Marot, www.barmag.fr/arc-international, 2021.

DOC. 2 Un mode de production optimisé

Produit de base pour la fabrication de verre, le sable, dont on extrait la silice, […] arrive de Belgique par péniche directement dans l'atelier de composition, situé au bord du canal. Les fours, chauffés à 1 600 °C, en avalent 1 000 tonnes chaque jour ! Le gaz, lui, arrive directement par un gazoduc privé, indépendant du réseau communal. Car il n'est pas question de manquer d'approvisionnement ! À l'allumage, les fours mettent des heures à remonter en température. Ils sont donc condamnés à fonctionner 24 heures sur 24 et 7 jours sur 7. « Nous avons démarré le four D en 2003 et ne l'avons arrêté que trois fois depuis, pour des réparations partielles », relate Mathieu Lignier, son responsable. Le verre coule donc en continu et est acheminé vers les différents postes de formage à travers un réseau de tuyaux et de canalisations surplombant le bâtiment.

© PRISMA MEDIA – Laure Delangeai – Capital – 4 avril 2019.

DOC. 3 Un contrôle qualité rigoureux

Plus loin, pour pénétrer dans la zone […] qui produit les verres Amora et Nutella, la charlotte est de rigueur : on y applique, en effet, les mêmes normes d'hygiène que dans l'industrie agroalimentaire. L'usine a investi 150 000 euros dans des caméras qui contrôlent la qualité des produits sous tous les angles, en particulier leurs dimensions : pas question que le couvercle ne s'adapte pas au bocal. L'unité de décoration, qui traite environ 20 % des produits, doit, elle aussi, respecter des exigences qui vont au-delà des réglementations : pas de peinture métallisée, pas de décor en contact avec l'aliment, etc. C'est ici que sont reproduits par sérigraphie, pulvérisation ou tampographie les motifs propriétaires d'Ikea, mais aussi ceux de la majorité des verres de brasserie, les éditions spéciales Coupe du monde, par exemple, ou encore les verres Coca-Cola offerts chez McDonald's.

© PRISMA MEDIA – Laure Delangeai – Capital – 4 avril 2019.

6 Se préparer au Grand oral

– Comment une organisation peut-elle améliorer sa productivité ?

– Comment une organisation peut-elle améliorer la qualité de ses produits ?

À partir de ces questions :

– réalisez une veille informationnelle ;

– effectuez des recherches sur le métier d'« acheteur ».

Internet : Fiche métier « acheteur industriel »
liennathan.fr/83h7ny

Internet : « Qu'est-ce que le *lean purchasing* ? »
liennathan.fr/mrh997

Synthèse

Les organisations opèrent des choix d'organisation de la production en déterminant comment produire les biens ou les services :

Innovations de procédés : méthode de production ou de distribution nouvelle

Modes de production

Fabrication de biens :
– à l'unité ou en série
– en continu ou en discontinu

Production de services :
– participation du client
– automatisation des flux
– mode projet

Gestion de la chaîne logistique

Pilotage des flux :
– flux tendus ou flux poussés
– flux physiques et flux d'informations

Qualité

- Contrôle qualité
- Amélioration continue

Pour concilier productivité, flexibilité et qualité.

Lexique

- **Flexibilité :** capacité de l'organisation du travail à s'adapter pour mieux répondre aux sollicitations de son environnement.
- **Flux d'informations :** transfert d'informations aux différents acteurs internes et externes de l'organisation.
- **Flux poussés :** pilotage de la production à partir de prévisions de demande favorisant la constitution de stocks aux différents stades de la production.
- **Flux physiques :** transfert de matières, de fournitures, de biens ou services aux différents acteurs internes et externes de l'organisation.
- **Flux tendus :** pilotage de la production qui réduit les stocks et les délais de fabrication pour satisfaire la demande au moment où elle se manifeste et dans la quantité demandée.
- **Innovation de procédés :** méthode de production ou de distribution nouvelle ou sensiblement améliorée.
- **Logistique :** ensemble des activités qui gèrent les flux physiques et les flux d'informations tout au long de la chaîne de production.
- **Mode de production :** méthode de fabrication selon la nature du produit qui consiste à produire à l'unité, en série, de manière continue ou en discontinu.
- **Productivité :** organisation de la production qui permet à une entreprise d'utiliser au mieux les ressources dont elle dispose pour fabriquer des biens et des services.
- **Qualité :** capacité d'un bien ou d'un service à satisfaire les besoins des clients ou usagers.
- ***Supply chain management*** **:** ensemble des ressources et méthodes destinées à piloter le plus efficacement possible la chaîne globale d'approvisionnement du fournisseur jusqu'au client final.

Pourquoi contrôler les coûts ?

6

Capacités

- Déterminer la pertinence d'un contrôle des coûts
- Appréhender la gestion du cycle de vie des produits dans la détermination des coûts

Vers PIX

D.1.3. – Traiter des données

Avant la classe

Vidéo : « Jus de fruit : les Français consomment moins mais mieux »
liennathan.fr/4r3j4e

▸ **Expliquez pourquoi la consommation de jus de fruits a baissé de 4,3 % en 2018 et que le chiffre d'affaires du secteur, lui, n'a baissé que de 1,2 %.**

Situation

La société Zélie a été créée il y a deux ans par deux jeunes diplômés d'une école de commerce parisienne. Grands consommateurs de jus de fruits depuis leur enfance, Zélie et Hugo, les associés et dirigeants de l'entreprise, ont décidé de se lancer dans la fabrication de jus 100 % naturels.
La gamme de jus proposée par l'entreprise répond donc à la tendance du marché : des jus de fruits sans additifs, sans colorants, sans sucres ajoutés, proposant des variétés originales mariant des fruits classiques avec des fruits exotiques ou avec des légumes.
Le succès est au rendez-vous mais la concurrence est rude, à des prix plus attractifs. Pour revoir sa politique de fixation des prix, la société Zélie doit tenir compte de la contrainte de ses coûts de production.

1 Comprendre la formation d'un coût

DOC. 1 Le positionnement de la marque Innocent

Le positionnement de la marque est clair, un **positionnement haut de gamme** qui véhicule des valeurs en accord avec le naturel, très tendance. Innocent mise sur la qualité et cible principalement les CSP+, les jeunes actifs ne disposant pas de beaucoup de temps pour consommer plus équilibré, les familles qui souhaitent consommer différemment et les enfants. Pour se différencier de ses concurrents, la marque innove constamment en proposant des goûts différents.

https://ciliabule.fr

DOC. 2 Nomenclature Zélie Fraise-Pastèque

Nomenclature		
Bouteille de jus Fraise-Pastèque 1 L		
Composition produit	**Qté**	**% Ingrédients**
Ingrédients		
Fraise Darselect	1 000 g	45,5 %
Fraise Charlotte	600 g	27,3 %
Pastèque Sugar baby	600 g	27,3 %
Emballage		
Bouteille recyclable	1	
Bouchon à vis	1	
Étiquette produit	1	

DOC. 3 Gamme et nomenclature

Une **gamme de fabrication** est le mode opératoire décrivant la succession des étapes nécessaires à la réalisation d'un produit. Elle est liée à la **nomenclature,** qui est la liste et la quantité des composants à mettre en œuvre aux différentes étapes de la gamme.

http://flconsultants.fr

DOC. 4 Gamme de fabrication du jus Zélie Fraise-Pastèque

Gamme de fabrication du jus Fraise-Pastèque : heures de main-d'œuvre directe annuelle

	Approv^{t} Matières	Production					Distribution	Total
	→	Tri, lavage, calibrage →	Extraction du jus →	Raffinage du jus →	Pasteurisation flash →	Conditionnement →		
Ingrédients		Fraises Pastèques				*Bouteille Bouchon*	*Étiquette*	
Main-d'œuvre directe	0	4 h	2 h	2 h	1 h	1 h	0	**10 h**

DOC. 5 Les charges directes

Ces charges sont rattachées de façon directe à une activité ou à un produit ou service de l'entreprise. Le calcul de ces charges est simple. Celles-ci peuvent être directement intégrées dans le calcul des coûts.

On peut citer dans cette catégorie :
– des matières premières utilisées exclusivement pour produire un produit donné ;
– le salaire des ouvriers affectés à la fabrication d'un seul produit de l'entreprise.

www.petite-entreprise.net

DOC. 6 Les charges indirectes

Les charges indirectes sont les charges qui ne **sont pas directement affectées à un produit**, elles concernent plusieurs, voire tous les produits. Par exemple :
– les amortissements ;
– les salaires et charges sociales des fonctions supports ;
– les loyers et charges locatives.

Il faut une **clé de répartition** afin d'affecter ces charges à un produit. L'affectation se fait dans un tableau de répartition des charges indirectes.

www.creer-gerer-entreprendre.fr

Situation Le responsable commercial de Zélie observe que le concurrent direct de l'entreprise, les jus Innocent, propose un jus Framboise-Pastèque à 2,66 € le litre ; Zélie vend un produit similaire, Fraise-Pastèque, à 2,95 € le litre. Il demande au comptable s'il est possible de s'aligner sur les tarifs de la concurrence tout en gardant une marge nette suffisante. Pour lui répondre, le comptable doit contrôler le coût complet du produit.

1 Pourquoi les jus de fruits Innocent sont-ils vendus dans la fourchette haute des prix du marché ? Doc. 1

Les jus de fruits sont vendus dans la fourchette haute des prix du marché car Innocent mise sur la qualité de leur produit, la marque innove en proposant des goûts différents.

2 Justifiez alors que le responsable commercial de Zélie souhaite aligner ses prix sur ceux d'Innocent. Doc. 1

3 Qu'est-ce qu'une nomenclature ?
Démontrez que les jus de fruits Zélie sont bien 100 % naturels. Doc. 2

4 Combien d'étapes sont nécessaires pour produire le jus Fraise-Pastèque ?
Quel lien pouvez-vous faire entre nomenclature et gamme de fabrication ? Docs 3 et 4

5 À quel moment, dans le processus, les ingrédients sont-ils intégrés ? Docs 3 et 4

6 À quoi correspondent les heures de main-d'œuvre précisées dans la gamme ?
Pourquoi le jus d'orange n'aura-t-il pas forcément le même nombre d'heures ? Docs 4 et 5

7 Quels autres coûts n'apparaissent ni dans les gammes ni dans la nomenclature du jus Fraise-Pastèque et participent néanmoins à la formation du coût de revient de ce jus de fruits ? Doc. 6

Faites le point ! STMG_Management_Term_ch06_point_partie1.pdf

2 Contrôler le coût complet d'un produit

DOC. 7 Extrait du tableau de répartition des charges annuelles indirectes

Tableau répartition charges indirectes Zélie

CHARGES INDIRECTES	Service Approvisionnement	Service Production	Service Distribution
Total charges indirectes	25 000 €	43 000 €	15 000 €
Unité d'œuvre (UO)	kg de fruits achetés	heure de travail	bouteilles vendues
Nombre d'UO	250 000	2 000 h	100 000 bouteilles
Coût UO	0,10 €	21,50 €	0,15 €

DOC. 8 Coût de revient complet d'une bouteille Zélie Fraise-Pastèque

CRC du jus Fraise-Pastèque — 10 % des ventes				
Calculs	**Éléments**	**Quantité**	**PU**	**Total**
	Charges directes d'approvisionnement			
a	– Achat d'ingrédients	25 000	0,68	16 950
b	Charges indirectes d'approvisionnement	25 000	0,10	2 500
A = a + b	**COÛT D'ACHAT DES FRUITS**	**25 000**	**0,78**	**19 450**
	Charges directes de production			
c	– Main-d'œuvre directe	10	22,86	229
c	– Conditionnement	10 000	0,15	1 500
d	Charges indirectes de production	200	21,50	4 300
B = A + c + d	**COÛT DE PRODUCTION**			**25 479**
	Charges directes de distribution			
e	– Étiquetage, collecte	10 000	0,05	500
f	Charges indirectes de distribution	10 000	0,15	1 500
C = B + e + f	**COÛT DE REVIENT COMPLET**	**10 000**	**2,75**	**27 479**

a. Prix d'achat des fraises et pastèques.
b. Une partie des frais de fonctionnement du service « Approvisionnement ». Ex. : une part du salaire de l'acheteur.
c. Coût de fabrication direct pour ce jus Fraise-Pastèque. Ex. : les salaires des employés qui ont travaillé sur ce jus (main-d'œuvre directe) et le coût des bouteilles.
d. Une partie des coûts de fonctionnement des ateliers de production. Ex. : une part du salaire du responsable d'atelier, une part de l'amortissement des machines.
e. Étiquette « Fraise-Pastèque ».
f. Une partie des coûts de fonctionnement du centre « Distribution » (service commercial). Ex. : une part du salaire d'un vendeur.

DOC. 9 Estimations de marge nette

	Tarif habituel		Tarif aligné s/concurrent	
	1 bouteille	**Total**	**1 bouteille**	**Total**
Prix de vente	2,95	29 500	2,66	
Coût de revient complet	2,75	27 479		
Marge nette	**0,20**	**2 021**		
Marge nette en %	6,9 %	6,9 %		

Situation

Le comptable souhaite contrôler le coût de revient complet du jus Fraise-Pastèque, c'est-à-dire le coût qui tient compte à la fois des charges directes prévues dans les gammes de fabrication mais aussi une part des charges indirectes communes à l'ensemble des jus de fruits fabriqués parl'entreprise.

8 Pourquoi les frais de fonctionnement des différents servicesde l'entreprise sont-ils des charges « indirectes » aux produits fabriqués ? ▶ Doc. 7

....

....

9 Combien coûte le fonctionnement du service « Approvisionnement » à l'année ? Le prix d'achat des fruits est-il compris dans ce montant ? Pourquoi ? ▶ Doc. 7

....

....

10 Combien de kilos de fruits Zélie achète-t-elle chaque année ? Combien de bouteilles vend-elle ? Comparez ces données aux quantités de fruits achetées et de bouteilles vendues pour le jus Fraise-Pastèque. Justifiez que ce jus représente 10 % de l'ensemble. ▶ Docs 7 et 8

....

....

11 Dans le calcul du coût de revient du jus Fraise-Pastèque, surlignez les coûts directs que l'on trouvait dans la gamme et la nomenclature. Combien coûtent une bouteille vide et son bouchon ? une étiquette ? ▶ Doc. 8

....

....

12 Repérez la part des frais de fonctionnement des services (charges indirectes) qui a été affectée à ce jus. Est-il cohérent que cela représente environ 10 % des frais de fonctionnement des services de l'entreprise ? ▶ Doc. 8

....

....

13 Quel est le coût de revient complet d'une bouteille de jus Fraise-Pastèque ? L'entreprise réalise-t-elle des bénéfices (marge nette) grâce à la vente de ce jus ? Combien ? ▶ Docs 8 et 9

....

....

14 Quelle sera la marge nette sur les ventes de ce jus si l'entreprise aligne ses prix sur ceux du jus Innocent ? Complétez le tableau (document 9) et commentez. ▶ Docs 8 et 9

....

....

....

Faites le point !

STMG_Management_Term_ch06_point_partie2.pdf

3 Étudier un coût spécifique

DOC. 10 Le calcul du coût spécifique

La **méthode du coût spécifique** (CS) calcule un coût par produit (comme la méthode du coût complet) mais ne tient pas compte de l'intégralité des charges de l'entreprise. Les charges fixes communes qui ne concernent pas un produit particulier mais l'ensemble des produits sont isolées pour ne pas peser sur le coût des produits (salaire de la secrétaire, loyer des bureaux, etc.).

Ainsi : **Coût spécifique < Coût complet.**

Les charges fixes communes ne sont prises en compte que pour calculer le total des coûts de l'entreprise.

Coûts spécifiques de tous les produits + Charges fixes communes = Total des charges de l'entreprise

DOC. 11 Répartition des charges de la comptabilité

Répartition des charges de la comptabilité générale	Jus d'orange	Autres jus	Jus Fraise-Pastèque	TOTAL
Charges variables directes	88 275	54 025	18 950	**161 250**
Charges variables indirectes	7 470	3 735	1 245	**12 450**
Charges fixes directes	571	343	229	**1 143**
Charges fixes indirectes	70 550			**70 550**
TOTAL des charges de la comptabilité générale				**245 393**

DOC. 12 Calcul de marge sur coût spécifique par produit

		Jus d'orange	Autres jus	Jus Fraise-Pastèque	TOTAL
CA	**Chiffre d'affaires***	156 000	80 400	26 600	263 000
a	Coûts variables	95 745	57 760	20 195	173 700
b	Charges fixes spécifiques	571	343	229	1 143
CS = a + b	**Total coût spécifique**	**96 316**	**58 103**	**20 424**	**174 843**
CA – CS	**Marge sur coût spécifique**	59 684	22 297	**6 176**	88 157
–	Charges fixes communes				70 550
=	**Résultat comptable**				**17 607**
	Taux de profitabilité				**6,7 %**

** Hypothèse de vente de jus Fraise-Pastèque à 2,66 €/L.*

DOC. 13 L'intérêt du coût spécifique

La méthode du coût spécifique est utilisée pour juger de la pertinence ou non de maintenir la fabrication et la vente d'un produit.

CA – CS = Marge sur coût spécifique (Ms/CS)

Cette marge n'est pas un bénéfice, mais un gain financier qui permet de payer les charges fixes communes.

Si la marge est positive, il faut conserver le produit car il contribue à payer les charges communes.

Dans le cas contraire, il faut arrêter la fabrication du produit, ce qui augmentera le résultat global de l'entreprise.

Situation Le comptable présente au responsable commercial le coût de revient complet du jus Fraise-Pastèque et la marge nette négative en cas de baisse du prix de vente. Ce dernier conclut que, dans ces conditions, il faut cesser la fabrication et la vente de ce jus de fruits. Mais le comptable lui précise qu'il n'a pas assez d'éléments et qu'il souhaite étudier le coût spécifique de ce produit avant de prendre une décision de cessation de fabrication.

15 Pourquoi le coût « spécifique » d'un produit est-il forcément inférieur à son coût « complet » ? Doc. 10

....

....

....

16 Quel est le total des charges de la comptabilité de Zélie ?

....

Quel est le montant des charges réparties sur les produits avec la méthode du coût complet ? avec la méthode du coût spécifique ? Doc. 11

....

....

17 Quel est le coût spécifique des 10 000 litres de jus Fraise-Pastèque vendus cette année ? Calculez le coût pour 1 litre. Comparez avec le coût de revient complet. Doc. 12

....

....

....

....

18 Quelle sera la marge sur coût spécifique des 10 000 bouteilles si elles sont vendues 2,66 €/L ? Calculez cette marge pour 1 litre. Comparez avec la marge nette. Doc. 12

....

....

....

....

....

19 Le responsable commercial a-t-il raison de vouloir arrêter la fabrication de ce jus de fruits ? Justifiez. Doc. 13

....

....

....

....

....

Faites le point ! STMG_Management_Term_ch06_point_partie3.pdf

4 Mesurer l'impact sur les coûts d'une décision de recyclage des déchets

DOC. 14 Consignes en verre et développement durable

Vidéo : « Pourquoi consigner ses bouteilles en verre ? »
liennathan.fr/cx937u

DOC. 15 L'impact du coût de la bouteille en verre

Les dirigeants de la société réfléchissent à la mise en place de bouteilles en verre consignées. Ils décident de tester le concept avec le jus de fruits Fraise-Pastèque. La bouteille en verre et son bouchon coûteraient 0,55 € de plus que la bouteille en plastique et les frais liés à la consigne (collecte, nettoyage des bouteilles) feraient augmenter de 0,10 € les charges directes de distribution par bouteille.
La consigne payée par le consommateur serait de 0,30 €, rendus au retour de la bouteille.

DOC. 16 Coût de revient complet du jus Fraise-Pastèque en bouteille de verre

CRC du jus Fraise-Pastèque — 10 % des ventes				
Calculs	**Éléments**	**Quantité**	**PU**	**Total**
	Charges directes d'approvisionnement			
a	Achat d'ingrédients	25 000	0,68	16 950
b	Charges indirectes d'approvisionnement	25 000	0,10	2 500
A = a + b	**COÛT D'ACHAT DES FRUITS**	**25 000**	**0,78**	**19 450**
	Charges directes de production			
c	– Main-d'œuvre directe	**10**	22,86	229
c	– Conditionnement	10 000	0,7	7 000
d	Charges indirectes de production	200	21,50	4 300
B = A + c + d	**COÛT DE PRODUCTION**			**30 979**
	Charges directes de distribution			
e	Étiquetage, collecte	10 000	0,15	1 500
f	Charges indirectes de distribution	10 000	0,15	1 500
C = B + e + f	**COÛT DE REVIENT COMPLET**	**10 000**	**3,40**	**33 979**

DOC. 17 Coût spécifique jus Fraise-Pastèque en bouteille de verre

		Jus d'orange	**Autres jus**	**Jus Fraise-Pastèque**	**TOTAL**
CA	**Chiffre d'affaires***	156 000	80 400	26 600	263 000
a	Coûts variables	95 745	57 760	26 695	180 200
b	Charges fixes spécifiques	571	343	229	1 143
CS = a + b	**Total coût spécifique**	**96 316**	**58 103**	**26 924**	**181 343**
CA – CS	Marge sur coût spécifique	59 684	22 297	**-324**	81 657
–				Charges fixes communes	70 550
=				**Résultat comptable**	**11 107**
				Taux de profitabilité	**4,2 %**

** Hypothèse de vente de jus Fraise-Pastèque à 2,66 €/L.*

Situation Un an est passé. Les dirigeants de Zélie veulent inscrire leur entreprise dans une logique de développement durable. Pour cela, ils envisagent d'utiliser un emballage 100 % recyclable.

Ils s'interrogent alors sur l'impact que cela pourrait avoir sur le coût de leurs produits.

20 Démontrez à l'aide de 3 arguments que l'utilisation de bouteilles en verre est avantageuse sur le plan écologique. Doc. 14

....

....

....

21 Quel serait l'intérêt pour Zélie de proposer des bouteilles en verre par rapport à son image ? au concurrent Innocent ? Doc. 14

....

....

....

22 Quel sera l'impact de cette décision sur le coût de revient complet du jus Fraise-Pastèque ? Docs 15 et 16

....

....

....

23 En supposant que les quantités vendues restent identiques, quel sera l'impact de cette décision sur le coût spécifique du jus Fraise-Pastèque ?
Dans ces conditions, faut-il continuer à vendre ce jus de fruits ? Doc. 17

....

....

....

24 Pensez-vous, dans ces conditions, pouvoir justifier une hausse du prix de vente (hors consigne) ? Doc. 17

....

....

....

25 À l'aide d'un tableur, recherchez le prix de vente qui permettra de conserver une marge sur coût spécifique positive. Réalisez d'autres simulations qui vous semblent pertinentes. Doc. 17 Vers PIX 1.3

26 Faut-il prendre cette décision ? Argumentez. Doc. 17

....

....

....

....

Faites le point ! STMG_Management_Term_ch06_point_partie4.pdf

Applications

1 Testez vos connaissances

Indiquez la ou les bonnes réponses aux propositions suivantes.

1. Le coût complet d'un produit :
   a. correspond à son coût de revient.
   b. nécessite un retraitement des charges indirectes.
   c. comprend uniquement les charges directes.
2. Le coût spécifique d'un produit :
   a. est identique au coût complet.
   b. nécessite de distinguer charges variables et charges fixes.
   c. permet de voir la contribution du produit aux charges fixes.
3. La gestion du cycle de vie d'un produit consiste à :
   a. intégrer le développement durable dans le processus de production du produit.
   b. diminuer son coût de revient.
   c. réfléchir à la fin de vie du produit.
   d. pratiquer l'obsolescence programmée.

2 Mettre en évidence les composants d'un coût de revient

1. Repérez les éléments qui composent le coût de production (sortie d'usine) d'un parfum.
2. Expliquez pourquoi le coût de revient d'un parfum est généralement beaucoup plus élevé que son coût de production.

DOC. « Ce qui se cache derrière le prix très élevé des parfums »

Nombreux sont ceux qui ont déposé un flacon de parfum au pied du sapin. Et parmi eux, certains se sont sûrement demandé pourquoi les 10, 20 ou 50 cL d'alcool coloré odorant coûte si cher. Les Français sont de grands passionnés de parfum : pour ceux dits de prestige, non vendus en hypermarchés, le marché s'élevait à 2,2 milliards d'euros en 2018, ce qui fait de la France le premier pays européen en termes de dépenses. [...]
À la clef de ces achats ? « Un accès à des marques qui font rêver », analyse Delphine Dion, professeure à l'Essec Business School.
« Nos clientes achètent avant tout une histoire, un rêve », note-t-on chez Lolita Lempicka. [...]
Mais rêver a un prix. Selon le cabinet spécialisé NPD, le coût moyen d'un parfum, en magasin, est de presque 63 euros. Le sujet du coût réel est en tout cas tabou, et les grandes marques préfèrent renvoyer au processus de création, qui dure parfois des années.
Le secteur évoque aussi des **matières premières** naturelles onéreuses. Ainsi, « le jasmin est extrêmement cher, plusieurs milliers d'euros le kilo », souligne par exemple Marie-Caroline Renault, directrice générale de la maison de parfum Le Couvent.
[...] Toutefois, « il y a énormément d'essences naturelles qu'on ne peut pas utiliser car elles sont interdites par la réglementation européenne, donc il y a beaucoup d'essences de synthèse », observe Gachoucha Kretz, professeure en marketing à HEC, spécialiste du luxe, précisant que celles-ci sont de bonne qualité.

Les **flacons** peuvent aussi représenter un poste de dépense. « Nous n'utilisons que très rarement des standards comme beaucoup de maisons », répond-on ainsi chez Lolita Lempicka.
Mais au cœur des dépenses, **la publicité et le marketing** se taillent la part du lion, essentiels alors que la compétition fait rage, avec 430 nouveaux parfums lancés l'année dernière en France, selon NPD. Si les chiffres sont gardés secrets, des acteurs du secteur parlent d'un coût sortie d'usine représentant quelque 15 % du prix final, et environ 40 % une fois les coûts de marketing ajoutés.
« Dans le modèle économique des grandes maisons de luxe, ce qui contribue au prix de vente du parfum en magasin, ce sont d'énormes coûts de marketing, de lancement, des égéries, de la publicité à la télé », explique Mme Kretz. Sans oublier la marge des distributeurs, puis celle des points de vente.

www.bfmv.com, 25 décembre 2019.

3 Évaluer l'incidence des choix sur les coûts

★★

Louis Sarto, restaurateur, souhaite se lancer dans le burger pour diversifier sa carte et attirer une clientèle plus jeune. Il espère que cette nouvelle offre va booster son chiffre d'affaires. Il se pose des questions quant à la rentabilité de ce nouveau produit...
Son restaurant propose des plats « faits maison » dont la présentation est soignée et actuelle, se situant entre 14 € et 22 €.

1. Expliquez le terme « rentabilité ». Quel calcul doit-on effectuer pour calculer la rentabilité d'un produit ?
2. Calculez le prix de vente d'un burger selon les situations suivantes :
   – un coût de revient de 2,10 € et une marge nette de 7,15 € ;
   – un coût de revient de 3,25 € et un taux de marge de 20 %.
3. Montrez à Louis Sarto que le burger est un produit à forte marge. Conseillez-le sur la stratégie à adopter en termes de coût et de prix.

DOC. « Un burger au restaurant peut vous coûter huit fois plus que son prix de revient »

Selon le documentaire « Quand le burger se met à table », diffusé le dimanche 15 novembre 2020 sur France 5, un restaurateur peut s'en sortir pour 1,07 euros de matières premières (de basse qualité).
Pas besoin d'aller dans un fast-food pour le savourer. Aujourd'hui, le burger s'est fait une place au sein de tous les restaurants, des bistrots et brasseries de quartier jusqu'aux plus grands noms de la cuisine. Si on peut le manger partout, on en trouve aussi à tous les prix. Et, selon le documentaire « Quand le burger se met à table », cela se fait souvent au détriment du consommateur, les marges étant parfois astronomiques pour les restaurateurs.
Les journalistes de ce documentaire, qui s'intéresse plus généralement aux burgers dits gourmets et à la provenance et la qualité des produits, demandent par exemple à un chef cuisiner d'expliquer pourquoi son burger, servi place du Trocadéro à Paris, est vendu 28 euros. Celui-ci est bien incapable de répondre.
« Ils peuvent le revendre jusqu'à huit fois le coût des matières premières », apprend-on dans le documentaire. C'est aussi l'avis de Matthieu Jauniau, chroniqueur pour *Le Fooding*, qui apparaît à plusieurs reprises dans le programme. Celui-ci, goûtant dans un bistrot parisien un burger à 12 euros, apparemment loin d'être fameux, estime son coût réel à environ 1,20 euros.

Un burger pour 1,07 euros

Est-ce possible qu'un restaurateur se fasse une aussi grande marge sur un plat ? C'est ce que les journalistes ont tenté de savoir en se rendant chez un grossiste spécialisé fréquenté par les restaurateurs parisiens, en caméra cachée.

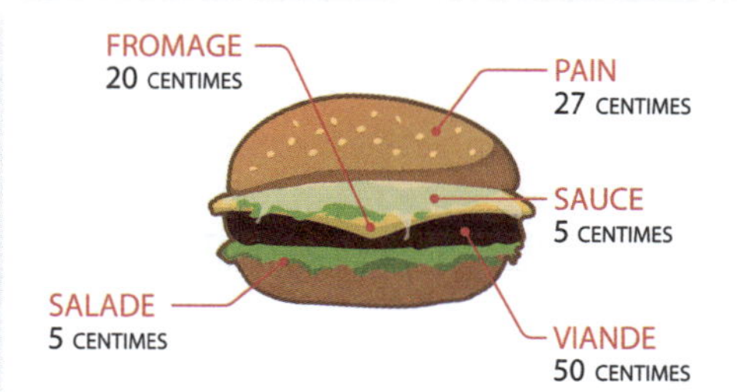

Avec des steaks congelés premiers prix avec « plein de merde dedans », à en croire l'un des employés, à 50 centimes pièce, des tranches de « cheddar » (contenant seulement 60 % de cheddar) à 20 centimes pièce, ou encore des buns à 27 centimes, ce grossiste est le paradis des restaurateurs voulant acheter des matières premières à très bas prix. Résultat des courses : pour 1,07 euros de matières premières, vous pouvez avoir un burger, comme illustré dans l'infographie ci-contre extraite du documentaire.

Évidemment, chaque burger consommé dans un bistrot ou une chaîne qui tente de s'éloigner des codes du fast-food ne se fait pas forcément autant de marge. Mais désormais, vous saurez qu'en principe, il est possible que le burger que vous payez 15 ou 16 euros est peut-être huit fois plus cher que ce qu'il coûte réellement.

www.huffingtonpost.fr, 15/11/2020.

4 Calculer et analyser un coût spécifique

★★

L'entreprise Métalure fabrique trois types de portail : en métal plein, métal ajouré et métal décoré. Les résultats de l'entreprise sont faibles depuis plusieurs années et son dirigeant, M. Régis, s'interroge sur un recentrage de son activité sur un ou deux produits seulement.

1. Calculez le résultat global de l'entreprise. Commentez.
2. Calculez le coût spécifique et la marge sur coût spécifique de chaque produit.
3. Sur quel type de portail M. Régis doit-il recentrer son activité ? Justifiez.
4. Quels sont les risques, pour M. Régis, s'il ne propose plus à ses clients une gamme de portails (document 2) ?

DOC. 1 Données de l'année N

	Métal plein	Métal ajouré	Métal décoré	Total
Chiffre d'affaires	355 000	866 000	1 090 000	2 311 000
Charges variables	188 000	740 000	850 000	1 778 000
Charges fixes spécifiques	198 900	67 890	131 456	398 246
Charges fixes communes				160 000
			Total	**4 647 246**

DOC. 2 La méthode des coûts spécifiques

Il s'agit d'un indicateur très opérationnel pour **juger la rentabilité d'un produit** en évaluant la valeur créée. Il est ainsi possible de décider le maintien ou l'arrêt de sa commercialisation.
Attention toutefois, certains produits peuvent dégager une marge sur coût spécifique faible, mais concourir à couvrir les charges de structure, de même qu'ils peuvent présenter un intérêt stratégique comme par exemple servir de cheval de Troie chez un client pour vendre d'autres produits, eux rentables.
Attention donc aux décisions purement comptables !

Laurent Granger, www.manager-go.com, 1er juillet 2019.

5 Se préparer au bac — Analyser la gestion du cycle de vie d'un produit

★★

Made & More est une entreprise française fondée en 2013 par Stéphanie Fellen, passionnée de mode. À l'origine, elle proposait des vêtements en ligne issus de marques « green ».

En 2015, l'entreprise lance sa propre marque, « By Made & More », afin de proposer des articles de mode durables, fabriqués en Europe, dans le respect de l'homme et de l'environnement.

1. Comparez le coût de revient d'un tee-shirt standard et celui d'un tee-shirt de la marque « By Made & More ».
2. Expliquez ce qui justifie la différence de prix de vente des deux tee-shirts.
3. Montrez comment l'entreprise Made & More gère le cycle de vie de ses produits.

Vidéo : « Coût de revient d'un tee-shirt de la marque "By Made & More" » liennathan.fr/i889se

DOC. Coût de revient d'un tee-shirt « standard »

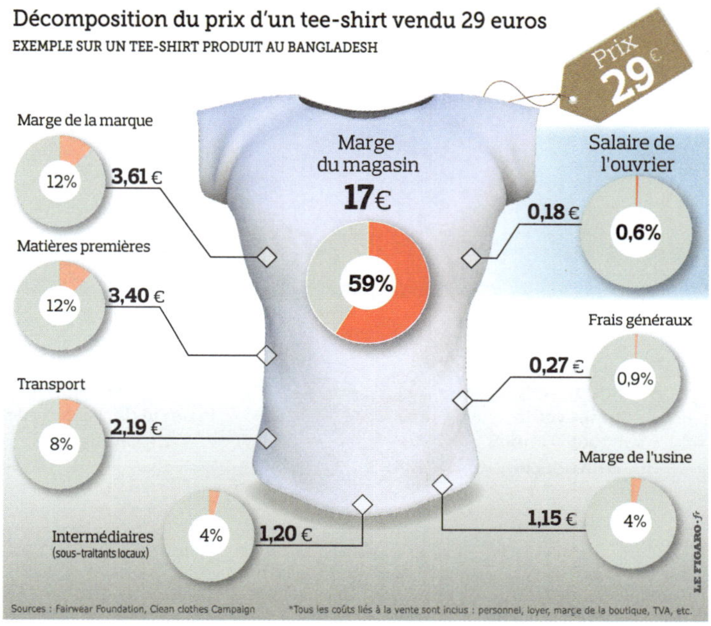

Made & More a décidé, tout comme d'autres marques engagées, de ne pas pratiquer de soldes. Et ce pour une raison très simple : en plus de pratiquer des prix justes toute l'année, nous voulons éviter la surconsommation.
En Europe, sur les 5 millions de tonnes mises sur le marché, près de 4 millions de tonnes de textiles, neufs ou usagés, sont jetées chaque année.
L'industrie textile est la 2e industrie la plus polluante au monde, et une des industries les plus opaques sur ses conditions de fabrication. Pas très surprenant quand on voit un t-shirt vendu 5 € dans une enseigne de fast fashion. [...] 130 milliards de pièces de vêtements sont fabriquées chaque année dans le monde. Cette surproduction, comme on peut l'imaginer, n'est pas sans conséquences pour l'homme ni pour l'environnement. Surtout quand on pense que sur 5 millions de tonnes de vêtements mis sur le marché, 4 millions sont jetés...
Chez Made & More, on fait le choix de **ne pas faire de la surproduction** pour que vous achetiez toujours plus. On ne détruit pas notre stock non plus, contrairement à certaines pratiques douteuses des enseignes spécialisées dans la « mode jetable ». On fait produire nos pièces dans de belles matières, durables, dans des ateliers en Europe que nous connaissons. Ensuite nous mettons tout notre savoir et notre énergie pour le vendre. Nous faisons preuve de grande inventivité chaque jour pour parvenir à vous faire connaître notre marque, sans avoir le budget pour payer David Beckham (puisque nous consacrons notre budget aux belles matières et à la main-d'œuvre).
Selon nous, un vêtement ne doit pas être porté quelques fois puis jeté. C'est pourquoi nous avons décidé d'offrir une garantie à vie sur notre marque by Made & More.
En outre, nous considérons la conception des produits dans sa globalité. Lors de la découpe, il y a souvent des longs morceaux de chutes de tissus qui finissent à la poubelle. Nous demandons aux ateliers de nous les envoyer pour que nous puissions les réutiliser et produire de plus petites pièces comme des chouchous (qui arrivent bientôt). Nous avons une vision circulaire pour notre marque et réfléchissons en permanence à évoluer dans ce sens.

www.madeandmore.com

6 Se préparer au Grand oral

Montrez comment l'analyse des coûts s'intègre dans la prise de décision de l'entreprise.

Synthèse

Contrôler le coût de revient complet (CRC) d'un produit

Supports au calcul du CRC
- Nomenclature
- Gamme fabrication
- Tableau de répartition des charges indirectes

Ordre de calcul du CRC
- Coût d'achat
- Coût de production
- Coût de distribution

Charges de la comptabilité imputées
Toutes les charges, directes et indirectes

Usage
- Vérifier que la marge nette est positive
- Fixer un prix de vente

Contrôler le coût spécifique (CS) d'un produit

Supports au calcul du CS
- Distinction charges variables/charges fixes
- Distinction charges directes/charges indirectes

Ordre de calcul du CS
- Coût variable
- Coût spécifique
- Charges fixes communes

Les charges fixes communes ne sont pas affectées aux produits.

Usage
- Vérifier que la marge sur coût spécifique est positive
- Décider de garder ou non le produit

Mesurer l'impact des décisions sur le cycle de vie des produits dans les coûts

Éléments à prendre en compte
- Recyclage des déchets
- Gestion de la fin de vie des produits

Mesure de l'impact sur les coûts
- Sur coût complet
- Sur coût spécifique

Arbitrage
Prise de décision à partir de simulations

Lexique

- **Charges directes :** charges directement imputables à un coût (ex. : achat de matières premières).
- **Charges fixes :** charges indépendantes de l'activité de l'entreprise. Elles ne varient pas.
- **Charges indirectes :** charges concernant plusieurs coûts qui doivent être retraitées pour être affectées à un coût en fonction d'une unité d'œuvre choisie.
- **Charges variables :** charges dépendantes de l'activité de l'entreprise. Elles évoluent proportionnellement aux quantités vendues.
- **Gestion du cycle de vie des produits :** actions consistant à prendre en compte le développement durable dans le processus de production des produits et lors de la fin de vie des produits.
- **Méthode du coût complet :** méthode consistant à calculer le coût de revient d'un produit à partir des charges directes et indirectes et en mettant en évidence le coût d'achat des matières, le coût de production des produits et le coût de revient des produits vendus.
- **Méthode du coût spécifique :** méthode consistant à mettre en évidence la marge sur coût spécifique puis le résultat d'un produit à partir de la distinction entre charges variables et charges fixes.

Quel est le rôle des technologies numériques dans la production ?

7

Capacité

• Identifier le rôle des technologies numériques dans la production

Avant la classe

Vidéo : « L'industrie 4.0 chez L'Oréal »
liennathan.fr/4x2n0j

- **Qu'est-ce qu'une usine 4.0 ?**
- **Quels sont les changements qui poussent L'Oréal à moderniser son outil de production ?**

Situation

Depuis plus d'un siècle, L'Oréal se consacre à un seul et unique métier, la beauté. Un métier riche de sens, parce qu'il permet à chacun d'exprimer sa personnalité, de prendre confiance en soi et de s'ouvrir aux autres.

L'Oréal s'est donné pour mission d'offrir à toutes les femmes et à tous les hommes de la planète le meilleur de l'innovation cosmétique en termes de qualité, d'efficacité et de sécurité en répondant à l'infinie diversité des besoins et des envies de beauté à travers le monde.

Selon Cristina Monnoyeur, directrice de la Transformation digitale aux opérations chez L'Oréal, les clients de L'Oréal ont plus changé ces trois à cinq dernières années que pendant les trente précédentes. « Ils sont bien plus éco-conscients, ils veulent plus de confiance et de transparence, et ils veulent pouvoir avoir tout, à tout moment, partout ». Pour suivre l'évolution des clients, L'Oréal doit accélérer son développement produit et être bien plus agile en termes de fabrication. Grâce aux transformations numériques, les usines du groupe intègrent un nombre croissant de nouvelles technologies qui doivent garantir la meilleure qualité de produit possible et répondre au mieux aux besoins croissants d'innovation et de personnalisation des clients.

1 Identifier le rôle des technologies numériques pour planifier la production

DOC. 1 L'usine du futur

Les transformations digitales sont en train de changer radicalement la façon dont les industriels conçoivent, fabriquent et distribuent leurs produits, et ce, quel que soit leur secteur. Les sites de production doivent parfaitement intégrer toutes les données liées à la gestion comme les achats, l'administratif, la logistique, le stockage ou la comptabilité qui sont gérés par le PGI. Le PGI et l'usine du futur seront étroitement liés, puisque le PGI coordonnera les échanges d'informations entre l'industriel et son écosystème, de la commande client à la livraison, en passant par toutes les étapes d'approvisionnement et de production, jouant ainsi un véritable rôle de chef d'orchestre dans la construction de l'usine du futur…

« ERP dans l'industrie : comment réussir votre transformation digitale ? », www.tvhconsulting.fr, 11 mars 2019.

DOC. 2 L'Oréal améliore ses échanges avec ses partenaires

Après l'avoir testée et déployée aux États-Unis, L'Oréal a confié à E2Open, un éditeur américain, le soin d'enrichir son PGI d'une plateforme collaborative à laquelle sont aujourd'hui connectés des centaines de fournisseurs. Désormais dématérialisés, les échanges de flux avec les PGI de ses partenaires lui ont permis de gagner en fluidité et en visibilité, notamment sur l'état des stocks de ses fournisseurs, tout en bénéficiant d'indicateurs de performance enrichis. Un gain de productivité appréciable si on le rapproche des dizaines de milliers d'e-mails auparavant échangés chaque année entre ses sites industriels (une quarantaine au total) et ses partenaires.

Henri Bessières, « Comment la révolution numérique a transformé L'Oréal », www.journaldunet.com.

[Le] système d'information [est] capable « d'automatiser » les communications entre le donneur d'ordres et ses partenaires industriels et de lui permettre de piloter les échanges d'informations en temps réel. […] Vice-président solutions clients chez E2Open […], Patrick Lemoine ajoute : « Notre logiciel comprend une brique de connectivité qui permet une très grande rapidité de communication automatique entre le PGI de L'Oréal et les systèmes de ses fournisseurs. Il recèle ainsi beaucoup moins de sources d'erreurs que la communication plus traditionnelle par e-mail ou par téléphone. […] »
Surtout, l'avantage du *cloud* est de pouvoir faire passer toutes les informations par Internet et ainsi de connecter des systèmes informatiques disparates des divers fournisseurs.

Bruno Mouly, « La logistique de L'Oréal dans le *cloud* », www.alliancy.fr.

DOC. 3 Diagrammes de flux de travaux (*workflows*) chez L'Oréal

Le workflow ou flux de travaux est le processus au cours duquel des tâches, des documents et des informations sont traités successivement, selon des règles prédéfinies, en vue de réaliser un produit ou de fournir un service. Le diagramme du flux permet de représenter un processus.

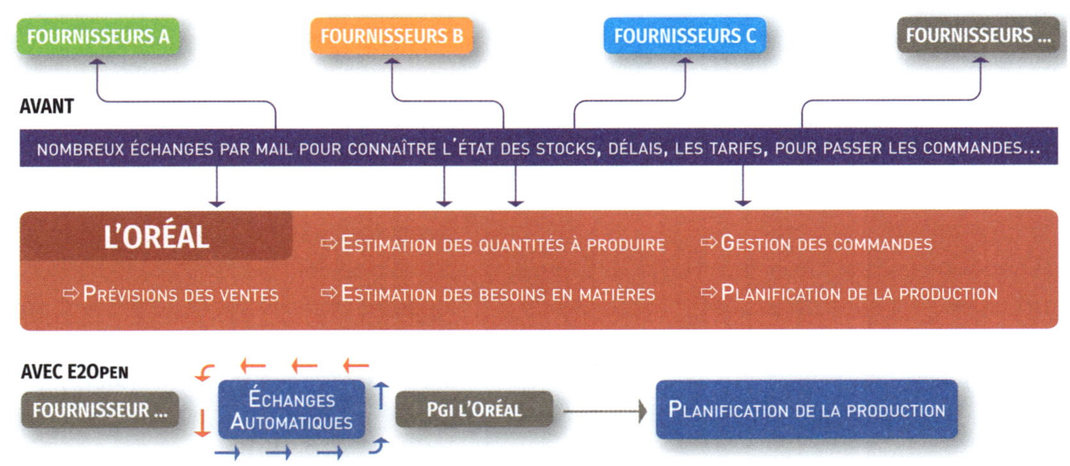

Situation Sur un marché des produits de beauté et cosmétiques très variable, où l'approche commerciale doit évoluer en permanence, L'Oréal ne peut qu'être très réactif pour coller aux caprices de la consommation et gagner des parts de marché. Pour y parvenir, le groupe doit y voir plus clair dans ses prévisions d'approvisionnement et ses plans de production, en facilitant sa collaboration avec l'ensemble de ses principaux fournisseurs et de ses usines à l'échelle mondiale. Pour améliorer son système de production, le groupe L'Oréal a fait appel à un éditeur de logiciels afin de faciliter les échanges avec ses partenaires.

1 Quel est le rôle du PGI au sein du site de production ? Doc. 1

....

....

....

....

2 Par quels moyens s'effectuaient les échanges d'informations entre L'Oréal et ses fournisseurs avec la mise en place d'E2Open ? Docs 2 et 3

....

....

....

....

....

3 Identifiez les flux d'informations qui ont été dématérialisés entre L'Oréal et ses fournisseurs. Docs 2 et 3

....

....

....

....

....

4 Quel est l'intérêt d'automatiser le *workflow* approvisionnement ? Docs 2 et 3

....

....

....

....

5 Montrez que le *cloud computing* facilite les échanges d'informations entre L'Oréal et ses fournisseurs. Docs 2 et 3

....

....

....

....

....

Faites le point ! STMG_Management_Term_ch07_point_partie1.pdf

2 Identifier le rôle des technologies numériques pour optimiser et personnaliser la production

DOC. 4 La maintenance prédictive

Dans les usines L'Oréal, les équipements, notamment les moules d'injection, sont dotés de capteurs connectés. Les données des chaînes de fabrication et de montage sont donc recueillies en temps réel et compilées dans le *cloud*. Elles nourrissent ainsi un module d'analyse, avec un rajout d'intelligence artificielle pour faire du prédictif.

Stéphane Lannuzel, « Conduite du changement : comment L'Oréal réussit la transformation de ses opérations », experiences.microsoft.fr, 14 juin 2018.

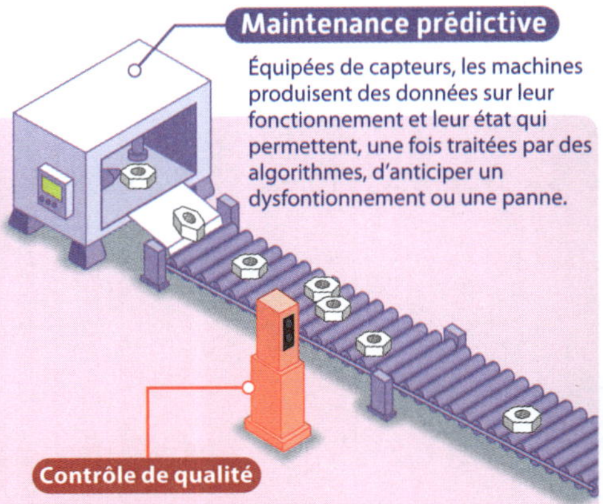

DOC. 5 Comment L'Oréal utilise l'intelligence artificielle

Le groupe L'Oréal utilise l'intelligence artificielle dans de nombreux domaines. Elle lui permet par exemple de développer des produits qui répondent aux besoins des consommateurs, de prévoir les ventes ou de gérer les stocks.
Basée sur des algorithmes qui utilisent des règles de calculs, l'intelligence artificielle simule l'intelligence humaine en donnant aux ordinateurs la capacité « d'apprendre » à partir de données, de résoudre des problèmes, ou encore d'améliorer les performances de l'entreprise.

DOC. 6 La beauté connectée

L'Oréal entre dans la nouvelle décennie avec un appareil connecté et intelligent offrant des solutions de beauté personnalisée depuis son domicile.
Développé par L'Oréal Technology Incubator, Perso ne mesure que 16 cm de haut mais propose des solutions innovantes aux amateurs de beauté grâce à l'intelligence artificielle et à une procédure en quatre étapes.
Tout d'abord, l'application mobile ModiFace propose une analyse cutanée personnalisée grâce à l'intelligence artificielle afin d'évaluer en détail la peau de l'utilisateur/trice. Puis, grâce aux données du Breezometer intégré à l'appareil, Perso évalue les conditions environnementales du jour, comme l'humidité, le temps et l'indice UV, qui pourraient affecter l'état de la peau. Lors de la troisième étape, l'utilisateur partage ses préférences de soins et de produits avec l'application, avant l'étape finale, au cours de laquelle l'appareil prodigue une dose personnalisée mélangeant un soin hydratant, un sérum et un soin contour de l'œil. La technologie ajuste aussi la composition du soin en fonction de l'heure de la journée, que ce soit le matin ou le soir. La marque avance même qu'avec une utilisation fréquente, la plateforme intelligente de Perso pourra recommander à son utilisateur les mélanges les plus adaptés.

On notera que l'appareil ne se limite pas aux soins hydratants, Perso réalise aussi des mélanges de fonds de teint et de rouge à lèvres. L'Oréal prévoit de déployer les fonctionnalités cosmétiques un peu plus tard.
« Nous savons que la personnalisation s'appuie sur les informations concernant votre peau unique et vos préférences personnelles ainsi que sur votre environnement, et cette technologie prend tout cela en compte », a commenté Guive Balooch, en charge du L'Oréal's Technology Incubator, dans un communiqué. « Perso recourt à l'intelligence artificielle pour optimiser les soins et devient de plus en plus intelligent à mesure que vous l'utilisez. »

www.lindependant.fr, 7 janvier 2020.

Vidéo : « Rouge à lèvres sur mesure »
liennathan.fr/4vs92m

Situation Le groupe L'Oréal a digitalisé ses outils de production. Des technologies de pointe (objets connectés, intelligence artificielle, capteurs intelligents) permettent d'optimiser et de personnaliser la production.

6 Comment les capteurs connectés peuvent-ils être utiles à la maintenance des équipements dans les usines ? Docs 4 et 5

....

....

....

....

....

7 Montrez comment l'intelligence artificielle permet d'améliorer la production. Docs 4 et 5

....

....

....

....

8 Qu'apporte le nouvel objet connecté Perso au consommateur ? Doc. 6

....

....

....

9 Comment l'intelligence artificielle permet-elle à L'Oréal de créér une offre personnalisée ? Doc. 6

....

....

....

....

10 Recensez les informations prises en compte par Perso pour alimenter l'intelligence artificielle. Doc 6

....

....

....

....

11 Montrez que les transformations digitales modifient le processus de production d'amont en aval. Docs 6 et 7

....

....

....

....

Faites le point ! STMG_Management_Term_ch07_point_partie2.pdf

Applications

1 Testez vos connaissances

Répondez par vrai ou faux aux propositions suivantes.

1. L'automatisation des processus consiste à faire exécuter des tâches par des machines.
   ☐ Vrai ☐ Faux
2. La dématérialisation consiste à remplacer les hommes par des ordinateurs.
   ☐ Vrai ☐ Faux
3. Le *cloud computing* permet d'accéder à des données via Internet.
   ☐ Vrai ☐ Faux
4. Les objets connectés sont reliés directement aux hommes.
   ☐ Vrai ☐ Faux
5. L'intelligence artificielle utilise des algorithmes puissants.
   ☐ Vrai ☐ Faux
6. Un *workflow* représente l'ensemble des tâches nécessaires pour réaliser un processus.
   ☐ Vrai ☐ Faux

2 Identifier les nouvelles technologies

Identifiez les nouvelles technologies utilisées dans les exemples ci-dessous. Justifiez vos réponses.

Cas Chamatex

Le groupe textile ardéchois Chamatex a inauguré l'usine ASF 4.0 le 16 septembre à Ardoix. Advanced Shoe Factory, un pari de l'industriel Gilles Réguillon, à la tête d'une PME de 25 millions d'euros de chiffre d'affaires, marque le retour en France, historique, de la production de chaussures de sport, depuis longtemps délocalisée en Asie du Sud-Est. […] Dans la nouvelle usine, « où travaillent des machines et des hommes », toute l'information est digitalisée. Les lignes de productions sont reliées entre elles pour communiquer toutes les informations de flux, de rendement et de qualité. Pas un bac sans sa puce RFID, pas une étape qui n'échappe à la vigilance d'un capteur, pas une pièce qui ne soit localisée pour optimiser la marche en avant. Plus d'embouteillage ni de passages à vide. Et si, par exemple, le thermomètre détecte une température insuffisante au pressage, il donne l'alerte pour écarter la pièce défectueuse.

Léa Delpont, Les Echos, « Textile : grâce au numérique, Chamatex ramène la production de baskets en France », 18 octobre 2021.

Cas Spotify

En plus de permettre d'écouter de la musique en streaming, l'une des forces de Spotify est de faire découvrir aux utilisateurs de nouveaux artistes. Ses fonctionnalités de recommandation, comme les « Découvertes de la Semaine » reposent sur l'IA et le Big Data. Grâce à ses dizaines de millions d'utilisateurs, l'entreprise collecte un vaste volume de données au quotidien : quelles sont les chansons les plus populaires, quel style de musique plaît à quel profil d'utilisateur… […]
Spotify est une entreprise qui exploite ces données pour entraîner des algorithmes de recommandations. Le système « Découvertes de la Semaine » permet par exemple à chaque utilisateur de profiter d'une playlist hebdomadaire personnalisée. Grâce à l'intelligence artificielle, le service apprend à connaître les goûts de chaque utilisateur au fil du temps…

www.lebigdata.fr, « Comment Spotify utilise l'IA, Le Machine Learning et le Big Data », 5 août 2021.

Cas Renault

Chez Renault, les fonctions de connectivité sont rassemblées sous l'appellation Renault CONNECT : on y trouve des fonctionnalités telles que l'infotrafic TomTom en temps réel, l'assistant d'aide à la conduite Coyote, Apple CarPlay et Android Auto ou encore l'application mobile MY Renault.
Un véhicule connecté est d'abord un véhicule plus sûr. En cas d'accident, la fonction eCall contactera automatiquement les services de secours, en indiquant sa position.
Le véhicule connecté est capable de signaler un danger (route glissante, ralentissement) avant que l'on arrive dessus. Il est aussi capable de naviguer en évitant au maximum les embouteillages, ce qui permet de gagner du temps et de réduire la pollution.

www.renaultgroup.com, 1er avril 2020.

CHAMATEX textile expertise

RENAULT

Spotify

3 Repérer les opportunités de l'*open data*

1. Quel nouveau service est accessible aux habitants d'Issy-les-Moulineaux ?
2. Repérez les moyens utilisés par la ville pour récolter les données et délivrer ce service.
3. Identifiez les parties prenantes qui se partagent les informations fournies par la ville d'Issy-les-Moulineaux.

DOC. 1 *Open data,* définition : qu'est-ce que c'est ? À quoi ça sert ?

Les *open data,* ou données ouvertes, sont des données auxquelles l'accès est totalement public et libre de droit, au même titre que l'exploitation et la réutilisation. Ces données offrent de nombreuses opportunités pour étendre le savoir humain et créer de nouveaux produits et services de qualité.

Bastien L., « *Open data* définition : qu'est-ce que c'est ? À quoi ça sert ? », www.lebigdata.fr, 5 novembre 2019.

DOC. 2 Les places de stationnement en temps réel et en *open data*

Alors que les épisodes de pollution se multiplient et que la qualité de l'air se dégrade, réduire le temps passé à rechercher une place de stationnement est un objectif atteignable. Or, selon plusieurs études, 20 à 30 % du trafic en ville sont liés à la recherche d'une place.
La ville d'Issy-les-Moulineaux a réfléchi à des outils facilitant la recherche de places disponibles à distance. Cela permettrait de fluidifier le trafic.
Pionnière dans le parking connecté grâce à l'adoption du paiement dématérialisé depuis 2009, la ville a décidé de rendre plus accessible l'information sur le stationnement. Ainsi, depuis avril 2017, dans le cadre du projet So Mobility, les données de disponibilités en temps réel de plus de 1 000 places de stationnement d'Issy-les-Moulineaux sont à la disposition des applications GPS et d'itinéraires via la plateforme data.issy.com.
Pour la mise en œuvre, grâce à Colas, filiale du groupe Bouygues, des capteurs « Aximum » ont été installés dans la chaussée, dans le parking en surface Jean Monnet et en voirie sur une partie de l'île Saint-Germain. Ces capteurs permettent de détecter si une place est libre et transmettent l'information en temps réel, ce qui permet de savoir, à distance, si les places de parking sont disponibles ou pas.
Issy-les-Moulineaux met à disposition les données des capteurs et celles des parkings en ouvrage ouverts par l'exploitant Indigo sur son portail *open data*, date.issy.com, développé par la start-up Opendatasoft.
Ce portail permet aux développeurs d'applications de calculs d'itinéraires d'intégrer ces données dans leurs services, grâce aux fonctionnalités avancées de data.issy.com. En effet, les entreprises ont immédiatement à disposition le code informatique correspondant – appelé API par les techniciens.
La publication de ces données est précieuse, puisqu'elle permet aux conducteurs d'avoir une information à jour. Ce flux de données n'est pas utile uniquement pour les développeurs d'applications, mais également pour les start-up et pour la communication de la ville qui peut aider ses habitants. Par exemple, la ville a créé une carte qui met à disposition toutes les informations en temps réel, mais aussi celles associées à ces parkings.

« Les places de stationnement en temps réel et en *open data* », www.servirlepublic.fr, 2018.

4 Identifier le rôle des technologies digitales

★

1. Quelle technologie utilise Pirelli dans les pneus « Pirelli Cyber Tyre » ?
2. Qu'est-ce qu'une voiture autonome ? Recherchez une définition sur Internet.
3. Montrez que le nouveau pneu Pirelli permettra d'améliorer le système de contrôle et d'aide à la conduite des véhicules autonomes.
4. Expliquez comment, grâce à la technologie 5G et à l'*open data*, le nouveau pneu pourra contribuer à renforcer la sécurité routière.

DOC. Quand les pneumatiques communiquent

Pour la première fois au monde, un nouveau véhicule est équipé en série de pneumatiques dotés de capteurs qui permettent de communiquer avec celui-ci. Cette première mondiale en matière d'équipement d'origine est due au système Cyber Tire de Pirelli, composé d'un capteur dans chaque pneumatique qui collecte des données vitales pour une conduite sûre, reliée à un logiciel intégré à l'ordinateur de bord du véhicule. Le véhicule en question est la McLaren Artura : une supercar hybride hyper technologique pour une expérience de conduite encore plus sûre et immersive. La technologie Cyber Tire offre une pléthore d'informations au véhicule ainsi qu'au conducteur : le « passeport » du pneumatique – le type de produit, s'il s'agit d'une version hiver ou été, la pression prescrite, l'indice de charge [...]. Ces informations – y compris la température et la pression, contrôlées et transmises en temps réel – sont vitales en matière de sécurité. [...]
Dans le cas de la McLaren, certaines de ces fonctions ont été spécifiquement sélectionnées pour être utilisées sur un circuit de course. Par exemple, le Cyber Tire de Pirelli permet au conducteur d'adapter la pression des pneumatiques pour obtenir de meilleures performances sur circuit en fonction de son style de conduite individuel. En conséquence, les alertes que chaque conducteur reçoit sont également modifiées. Les conducteurs peuvent également être informés du moment où les pneumatiques ont atteint la température optimale, ce qui leur permet d'accéder à la fenêtre adéquate pour extraire le maximum de performances de l'ensemble véhicule–pneumatique. En parallèle, les pilotes peuvent être informés du moment où ils doivent refroidir à nouveau... Comme si un véritable ingénieur de cours se situe sur le siège du passager. [...]
Le système Cyber Tire de Pirelli représente l'avenir des pneumatiques : il est capable de donner aux véhicules un sens du toucher en leur permettant d'identifier ou de prévoir des situations dangereuses telles que la perte d'adhérence et l'aquaplaning, permettant ainsi à l'électronique de celui-ci d'intervenir rapidement.
La prochaine étape sera la création de pneumatiques connectés à un réseau avec d'autres véhicules et l'infrastructure environnante. En novembre 2019, Pirelli a été le premier fabricant de pneumatiques au monde à partager des informations relatives à la surface des routes sur le réseau 5G, grâce à des pneumatiques « intelligents » équipés de capteurs. [...]
Ces systèmes sont en constante évolution, de même que les systèmes de conduite autonome sont aussi de plus en plus perfectionnés. Les tâches chargées aujourd'hui au conducteur – évaluer le niveau d'adhérence de la chaussée et des conditions météorologiques – seront de plus en plus chargées aux pneumatiques, ce qui signifie que le véhicule ralentira automatiquement lorsque les conditions deviendront glissantes. Au fur et à mesure que la connectivité entre les véhicules sera mise en place, un véhicule sera en mesure de prévenir les autres véhicules sans conducteur d'un danger potentiel imminent.

www.pirelli.com, « Pirelli Cyber Tyre : quand les pneumatiques communiquent », 28 avril 2021.

Vidéo : « Cyber Tire de Pirelli »
liennathan.fr/vk74n4

5 Se préparer au bac **Étudier une usine intelligente**

★★

Harley-Davidson est une célèbre marque de motos américaine. Souffrant d'une image vieillissante, la légendaire marque a créé une usine intelligente pour s'adapter au marché.

1. Identifiez le niveau de connectivité atteint par Harley-Davidson.
2. Quel est l'intérêt pour Harley-Davidson de connecter ses machines dans son usine de fabrication ?
3. Identifiez les avantages de la transformation numérique de l'usine pour le fabricant et les clients.

DOC. 1 Qu'est-ce qu'une usine intelligente ?

Dans les usines intelligentes, les *workflow* (flux de travaux) sont entièrement numérisés et connectés. Une usine intelligente est définie par son niveau de connectivité.

Le premier niveau est l'intégration verticale intra-entreprise où les systèmes d'une entreprise sont connectés aux systèmes d'atelier grâce au PGI. Au lieu de disposer de systèmes séparés pour la planification, l'exécution, le suivi et la traçabilité de la fabrication, ces processus sont connectés et intégrés aux systèmes d'entreprise afin d'améliorer les indicateurs clés tels que la livraison client, la qualité et les coûts.

Le deuxième niveau est la connexion de machine à machine où les machines intelligentes s'auto-diagnostiquent et se corrigent elles-mêmes. Dans ces usines intelligentes, les machines sont équipées de capteurs intégrés qui leur permettent de « se parler » et d'ajuster les flux de travail.

L'intégration du commerce électronique, ou intégration directe de configurations en ligne, constitue **le troisième niveau** de connectivité. Ce type d'usine intelligente s'adresse au consommateur en fournissant des produits personnalisés et hautement configurables, gérés depuis la saisie des commandes jusqu'à l'atelier.

Le quatrième niveau de connectivité est la collaboration dans la fabrication avec les fournisseurs. Les partenaires peuvent travailler sur des prototypes et tester des conceptions avec une intégration en temps réel aux systèmes de l'atelier.

Le dernier niveau de connectivité se situe lorsque les machines de l'usine sont connectées à un nuage permettant la surveillance à distance, la maintenance prédictive et la gestion de la qualité.

« Manufacturers get smarter for Industry 4.0 », inform.tmforum.org.

DOC. 2 Harley-Davidson se regroupe avec des opérations numérisées

Dans l'usine de fabrication Harley-Davidson, chaque machine est un appareil connecté et chaque variable est continuellement mesurée et analysée. La machine fournit des données de performance que le système de fabrication utilise pour anticiper les problèmes de maintenance avant que les machines ne tombent en panne, minimisant ainsi les interruptions du flux de travail. L'intégration du commerce électronique permet aux clients de personnaliser leurs motos en choisissant des couleurs de peinture, des conceptions de cadre et des tailles de réservoir d'essence. Les concessionnaires se connectent en ligne au processus de fabrication Harley-Davidson et les clients passent leurs commandes personnalisées immédiatement à l'achat.

Harley-Davidson a connu des améliorations incroyables depuis son déménagement dans une usine intelligente. Le plus grand changement est la rapidité d'exécution des commandes. Harley-Davidson est passé d'un calendrier de production fixe de 21 jours pour les nouvelles commandes à seulement six heures.

6 Se préparer au Grand oral

À l'aide de vos connaissances et en prenant appui sur des exemples d'entreprises pour illustrer vos arguments, répondez à la question suivante : « **Les technologies numériques sont-elles une opportunité ou une contrainte pour les entreprises ?** »

Synthèse

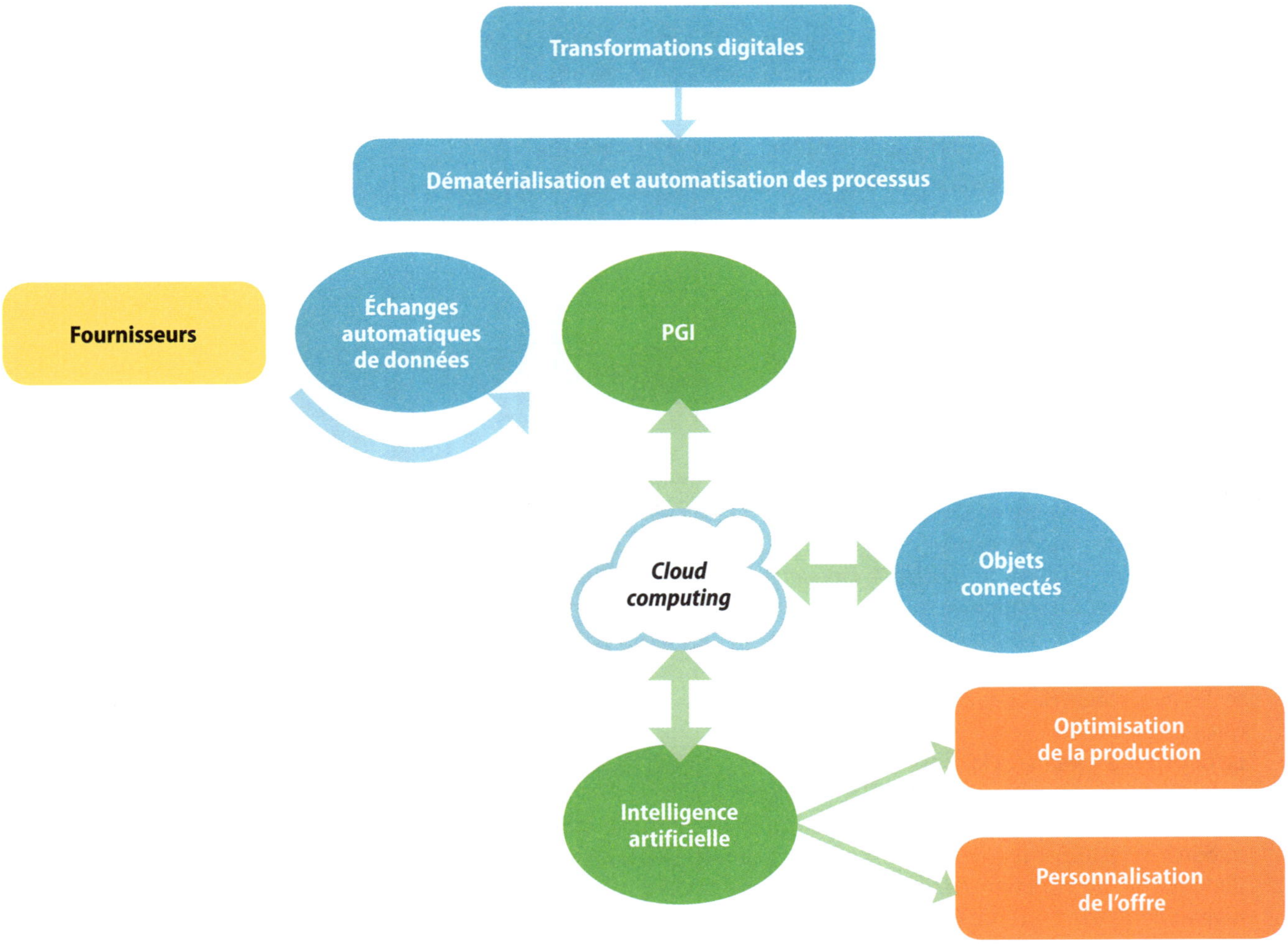

Lexique

- **Automatisation des processus :** consiste à faire exécuter des tâches par des machines avec une intervention humaine nulle ou partielle.
- **Dématérialisation :** consiste à remplacer les supports matériels par des supports immatériels informatisés.
- **Diagramme de flux :** représentation graphique d'un processus.
- **Données ouvertes :** données auxquelles l'accès est totalement public et libre de droit, au même titre que l'exploitation et la réutilisation.
- **Flux de travaux (*workflow*) :** représentent l'ensemble des tâches nécessaires et les acteurs impliqués dans la réalisation d'un processus.
- **Informatique en nuage (*cloud computing*) :** permet d'accéder à un ensemble de données à distance via Internet. Cela désigne le stockage et l'accès aux données par l'intermédiaire d'Internet plutôt que via le disque dur d'un ordinateur.
- **Intelligence artificielle :** ensemble de techniques mises en œuvre pour simuler l'intelligence humaine.
- **Objet connecté :** objet équipé d'un capteur ou d'une puce qui peut recevoir et transmettre des données et/ou des instructions en se connectant à un réseau.
- **Transformation digitale :** consiste pour une organisation à intégrer les technologies digitales dans l'ensemble de ses activités. La transformation digitale se traduit par une automatisation des processus et une dématérialisation.

Comment organiser et coordonner le travail ?

8

Capacités

- Distinguer et justifier le type d'organisation du travail choisi.
- Décrire les mécanismes de coordination mis en place.

Avant la classe

Vidéo : « Comment Netflix est devenu un empire »
liennathan.fr/j373nf

▶ **Expliquez comment l'entreprise Netflix a révolutionné la consommation de films et de séries TV.**

Situation

Leader mondial du divertissement en ligne, l'entreprise Netflix diffuse des programmes dans une multitude de genres et de langues dans plus de 190 pays. Avec un forfait sans engagement, les 208 millions d'abonnés Netflix bénéficient d'un accès illimité aux séries, documentaires et films que propose la plateforme. Ils peuvent regarder, suspendre puis reprendre leur lecture depuis n'importe quel écran connecté à tout moment et sans publicité.

L'aventure Netflix commence en 1997 lorsque Reed Hastings fonde, avec Marc Randolph, l'entreprise spécialisée dans la location de DVD par correspondance, *via* Internet. Selon la journaliste Gina Keating, auteur d'un livre sur l'histoire de Netflix, les fondateurs voulaient être « les Amazon de quelque chose ! ». Reed Hastings raconte que le concept est né lorsqu'il a dû payer des pénalités de retard en rapportant un film à un loueur de DVD. Il est alors convaincu de l'avenir du streaming et de la diffusion de films en ligne. En 2009, son catalogue compte déjà plus de 100 000 références.

Mais le point fort de la plateforme réside dans son puissant algorithme de recommandations mis au point par ses ingénieurs. Le comportement de chaque utilisateur et l'historique de ses visionnages sont analysés afin de lui proposer des programmes adaptés à son profil. L'algorithme permet aussi à Netflix de fabriquer son propre contenu en produisant des films et des séries adaptés aux goûts des utilisateurs. Reed Hastings révolutionne également le mode de consommation en laissant à ses abonnés le choix de regarder leurs séries à leur rythme.

1 Caractériser la division du travail

DOC. 1 La production de séries TV aux États-Unis : du script au tournage de l'épisode

Engager le *showrunner* et les producteurs
Une fois que la chaîne a sélectionné un script pour une nouvelle série, la production engage le showrunner [...] qui [...] suit le bon déroulement de la série [...], écrit le scénario, les épisodes les plus importants [...] et recrute les talents. [...] Il assure la direction artistique de la série. Il doit être aussi un vrai gestionnaire et bon manager capable de superviser l'ensemble du processus : écriture, production, tournage, relations avec les chaînes, promotion...
Le producteur et le *showrunner* forment l'équipe de scénaristes et procèdent à l'embauche des acteurs et de l'équipe technique.

Recruter les acteurs et l'équipe technique
Le *showrunner* et les producteurs peuvent s'adresser à une agence artistique ou à un directeur de casting pour recruter les acteurs. Au sein de l'équipe technique, à la différence du cinéma, le réalisateur est un employé comme les autres, au même titre que le directeur de la photographie, le chef décorateur [...] ou le monteur. Il dépend du *showrunner* et peut changer d'un épisode à l'autre.
Au total, plus de 80 personnes peuvent travailler ensemble à la conception d'un épisode de série TV.

Tourner
Le tournage d'un épisode, très rapide par rapport au cinéma, prend en général 6 à 10 jours. Sur le tournage d'une série, l'équipe de scénaristes [...] peut interrompre le tournage pour réécrire. [...] Pendant le tournage, c'est le *showrunner* qui donne les instructions au réalisateur. Il supervise le montage, et le contrôle du produit final. Le tournage se déroule en flux tendus, l'écriture et la production étant menées ensemble concomitamment.

www.mediamerica.org

DOC. 2 La division du travail dans une organisation

Division verticale du travail

Séparation des tâches d'encadrement et d'exécution

→ Les lignes hiérarchiques peuvent être plus ou moins importantes.

Division horizontale du travail

Répartition des tâches entre salariés d'un même niveau hiérarchique : **définition des postes de travail**

Polyvalence des salariés réalisant des tâches variées
→ Favorise l'**enrichissement des tâches**

ou

Spécialisation des salariés réalisant des tâches réduites et répétitives
→ Le travail est parcellisé.

Situation

Reed Hastings, le PDG de Netflix, mise sur l'excellence et l'envie de révolutionner la télévision. Il estime que l'organisation du travail doit reposer sur deux principes indissociables : « liberté et responsabilité » de chacun. Considérer chaque employé comme un adulte aux commandes de son job, tel est son credo. Cependant, le temps est compté sur le tournage d'une série et l'organisation du travail doit être parfaitement cadrée pour ne pas prendre de retard.

1 Repérez les différents postes présents sur le tournage d'une série TV. ▶ Doc. 1

Le showrunner, le producteur, le directeur de casting, les acteurs, le réalisateur, le directeur de la photographie, le chef décorateur, le monteur, les scénaristes.

2 Comment sont réparties les tâches dans l'équipe technique ?

Le réalisateur qui dirige la série... Il s'agit d'une division du travail, répartition des tâches d'un même niveau

Peut-on dire qu'une spécialisation des postes apparaît au sein de cette équipe ? Justifiez votre réponse. ▶ Docs 1 et 2

Oui car chacun occupe un poste de travail défini et réalise des tâches propres à sa fonction : travail parcellisé.

3 À votre avis, pourquoi cette spécialisation des postes est-elle nécessaire sur le tournage d'une série TV ? ▶ Doc. 1

Chaque poste nécessite des compétences spécifiques qui doivent être parfaitement maitrisées afin que le tournage soit plus efficace possible.

4 Repérez le lien hiérarchique entre le poste de *showrunner* et les autres postes de travail. Justifiez votre réponse. ▶ Docs 1 et 2

Le showrunner supervise l'équipe de scénaristes, les acteurs et l'ensemble de l'équipe technique : Division verticale du travail hiérarchisation.

5 Identifiez les tâches réalisées par le *showrunner*. Montrez que ce poste favorise la polyvalence. ▶ Docs 1 et 2

Le showrunner suit le bon déroulement de la série, écrit le scénario et le supervise, recrute.

6 À votre avis, pourquoi cette polyvalence est-elle nécessaire sur le tournage d'une série TV ? ▶ Doc. 1

La polyvalence permet de s'adapter rapidement aux exigence du tournage d'un épisode de série, d'une écriture et d'une production pouvant être concominante, surtout s'il y a très peu d'épisode en réserve. Elle permet ainsi à l'organisation d'être réactive et flexible.

Faites le point ! STMG_Management_Term_ch08_point_partie1.pdf

2 Distinguer les types d'organisation du travail

DOC. 3 Netflix, un environnement turbulent

[…] Netflix a réalisé presque le double de son bénéfice net de l'an dernier au 2e trimestre 2021, mais ce résultat, […] était en deçà des attentes d'un marché inquiet de voir le géant du streaming perdre peu à peu son avance sur ses nombreux concurrents. […] En 2020, Netflix a largement bénéficié des confinements liés à la crise sanitaire et de son statut de pionnier bien établi du streaming.

Mais la concurrence est devenue féroce avec des anciens comme Amazon Prime Video, et surtout les récents Disney+, Apple TV+, HBO Max ou encore Peacock de NBCUniversal. Sans compter toutes les plateformes de divertissement […], des jeux vidéo aux réseaux sociaux.

www.businessinsider.fr, 21 juillet 2021.

DOC. 4 Des abonnés Netflix en colère

Les abonnés de Netflix ne pourront plus partager leur abonnement […]. Une décision qui a soulevé un tollé sur les réseaux sociaux où des appels au boycottage et à la migration vers la compétition ont été lancés. […] Les membres de Netflix devront saisir un code spécial envoyé sur leur téléphone ou leur courriel […]. Le mot de passe ne serait plus suffisant pour visionner le contenu. […] Les pertes, en 2019, dues au partage du mot de passe sont estimées à 192 millions de dollars. Les « utilisateurs non autorisés » constituent un tiers de l'auditoire des plateformes de diffusion en continu. […] Mécontents de cette décision, des internautes ont appelé au boycottage de Netflix. Certains d'entre eux jugent que cette mesure est injustifiée dans ces temps durs où plusieurs ménages ont perdu leur emploi. […] D'autres soulignent la baisse de qualité du contenu […], la hausse des tarifs d'abonnement.

Zoubeir Jazi, www.rcinet.ca, 13 mars 2021.

DOC. 5 L'évolution de l'organisation du travail

1880

Les Trente Glorieuses 1950-1973

Taylorisme : une « organisation rigide » du travail

1er modèle d'organisation du travail (OST : organisation scientifique du travail) mis en place par l'ingénieur américain Taylor dans un contexte d'essor de l'industrialisation

- Une spécialisation des postes de travail (division horizontale)
- Une forte hiérarchie (division verticale)
- Un salaire au rendement pour plus de productivité

Une organisation du travail adaptée à un environnement stable, prévisible et à un mode de production en grande série avec des produits standardisés

1962 chez Toyota et 1970 en France

Toyotisme : une « organisation souple » du travail

Modèle d'organisation du travail inventé par l'ingénieur japonais Ohno et mis en place chez Toyota dans un nouveau contexte économique

- Une polyvalence des salariés (autonomes et responsables)
- Une production en flux tendus à la demande du client avec moins de gaspillages (*lean management*)

Une organisation du travail adaptée à un environnement instable, complexe, changeant, difficilement prévisible (concurrence accrue, clients plus exigeants) et à un mode de production à l'unité ou en petites séries avec des produits différenciés. Elle permet d'obtenir un haut niveau de **flexibilité** (adaptation aux sollicitations de l'environnement) et de **réactivité** (rapidité de réponse à la demande).

Vidéo : « L'évolution des organisations vers le *lean management* »
liennathan.fr/t133qz

Situation Netflix a non seulement révolutionné le marché de la vidéo en ligne mais a également réinventé la façon de gérer les ressources humaines. Patty McCord, qui a occupé le poste de directrice des ressources humaines pendant 14 ans, a mis en place avec Reed Hastings un management innovant.

7 Montrez que l'environnement dans lequel Netflix évolue est complexe et instable. Docs 3 et 4

8 À partir des situations ci-dessous, repérez le principe du taylorisme en rupture avec l'organisation du travail mise en place chez Netflix. Doc. 5

- Les primes récompensant le rendement des salariés habituellement distribuées dans les organisations traditionnelles sont abandonnées par la direction de Netflix, qui estime qu'elles n'améliorent pas la performance des « adultes responsables ».

- Les managers, plutôt que d'être dans une relation « décideur / exécutant », sont encouragés à définir clairement les rôles dans l'équipe. Les salariés sont responsabilisés et autonomes dans leur travail.

- Netflix favorise le travail en équipe. Le travail doit être inventif et collégial. Les salariés interagissent dans une logique d'enrichissement et d'entraide.

9 En observant l'évolution historique de l'organisation du travail, caractérisez l'organisation du travail de Netflix. Doc. 5

10 Pourquoi cette organisation permet-elle d'être plus flexible et réactive ? Docs 3, 4, 5

Faites le point ! STMG_Management_Term_ch08_point_partie2.pdf

3 Décrire les mécanismes de coordination du travail

DOC. 6 Extrait d'une interview de Reed Hastings, PDG de Netflix

AlloCiné : ***Avant Netflix, vous avez créé une autre société, Pure Software. Avec le recul, […] vous avez appris des choses à ne pas reproduire justement avec Netflix ?***

Reed Hastings : Tout avait bien commencé avec Pure Software. Et plus nous sommes devenus « gros », plus ça s'est gâté. Neil Hunt, notre directeur technique chez Netflix, était déjà à mes côtés. Et il pourra vous en dire un peu plus justement… […] Et précisément peut-être sur le trop grand nombre de règles que nous avions établies à l'époque. Avec Netflix, nous avons essayé d'aborder ces problèmes différemment.

www.allocine.fr

DOC. 7 La culture Netflix : liberté et responsabilité

L'augmentation de la taille d'une entreprise entraîne un fonctionnement plus complexe et une nécessité de faire évoluer les mécanismes de coordination. Par exemple, une entreprise dont le volume d'activité augmente peut avoir tendance à accentuer le contrôle des salariés par le biais de procédures de plus en nombreuses.

Avec le développement de Netflix, Reed Hastings prend le chemin inverse. Selon lui, les talents peuvent fuir des procédures rigides qui nuisent à la créativité. Il aime se référer à la citation d'Antoine de Saint-Exupéry : « Si vous voulez construire un bateau, il est inutile de réunir des hommes, de leur donner des ordres et de répartir les tâches. Donnez-leur simplement l'envie de partir à la découverte des mers lointaines ».

DOC. 8 Les mécanismes de coordination selon Henry Mintzberg

Henry Mintzberg (1939), professeur de management à l'université de Montréal, met en évidence six mécanismes principaux de coordination permettant d'articuler les tâches divisées et réparties entre les membres de l'organisation.

	**L'ajustement mutuel** La coordination du travail est effectuée par simple communication informelle (généralement orale).
	**La supervision directe** La coordination du travail est effectuée grâce à un responsable hiérarchique qui donne des ordres à ses subordonnés et contrôle leur travail.
	**La standardisation des procédés de travail** La coordination du travail est effectuée grâce à des procédures de travail définies avec précision. Ces procédures peuvent être automatisées. Par exemple, chez Pizza Hut en Asie, le robot Pepper a permis d'automatiser certaines tâches répétitives (prise de commande, paiement…).
	**La standardisation des résultats** La coordination du travail est effectuée par la fixation d'objectifs à atteindre. Elle nécessite un système de contrôle (reporting). Par exemple, un commercial doit atteindre un certain montant de chiffre d'affaires mensuellement.
	**La standardisation des qualifications** Cette méthode est utilisée quand le travail nécessite une large autonomie due à la formation spécifique de celui qui exécute le travail. Par exemple, l'expert-comptable a besoin d'un diplôme professionnel spécifique pour exercer son métier. Ses qualifications lui permettent d'exécuter son travail en toute autonomie.
	**La standardisation des normes** Les membres de l'organisation adhèrent à des normes qui sont établies pour l'organisation dans sa globalité. Ces normes correspondent à des valeurs collectives partagées, des croyances qui peuvent provenir de l'histoire de l'organisation, de pratiques communes aux membres de l'organisation. Ce mode de coordination apparaît notamment dans certains ordres religieux.

Situation En 1991, Reed Hastings cofonde Pure Software, société spécialisée dans la détection et la réparation de bugs de logiciels qui connaît un vrai succès. Il la revend pour 750 millions et utilise l'argent pour créer Netflix. Entre les deux entreprises, sa façon d'organiser le travail et de manager les hommes a changé. Surnommé « L'Animal » chez Pure Software, il est déterminé à créer, chez Netflix, une culture favorisant l'épanouissement des salariés.

11 Pourquoi Reed Hastings a-t-il fait évoluer les mécanismes de coordination en créant l'entreprise Netflix ?
Docs 6 et 7

....

....

....

....

12 À partir des situations ci-dessous, repérez les mécanismes de coordination utilisés. Doc. 8

- Chez Pure Software, Reed Hastings préférait la communication à sens unique et imposait ses directives à son personnel. La mise en place de procédures n'a fait qu'augmenter avec la croissance de l'entreprise.

....

- Chez Netflix, l'organisation est horizontale. Il n'y a pas de relation hiérarchique avec des donneurs d'ordres comme dans une organisation pyramidale. L'absence de règles favorise la communication informelle et renforce la créativité des salariés.

....

- La culture de Netflix est unique. On y retrouve de nombreuses valeurs partagées par l'ensemble des membres de l'organisation comme la liberté et la responsabilisation, la franchise et la transparence, l'excellence, la confiance, la réussite...

....

- Les collaborateurs du cabinet Ernst and Young, commissaire aux comptes de Netflix, travaillent en autonomie grâce à leur formation spécifique. Ils sont rémunérés en fonction du nombre de dossiers clients traités.

....

- Chez Decathlon, chaque responsable de rayon est évalué sur plusieurs critères, comme la marge dégagée sur son rayon, le nombre de clients, le panier moyen… Tous ces indicateurs sont regroupés dans un tableau de bord mensuel.

....

13 Identifiez les mécanismes de coordination privilégiés en fonction de l'organisation du travail choisie.
Docs 5 et 8

– dans une organisation du travail rigide :

....

....

– dans une organisation du travail souple :

....

....

Faites le point ! STMG_Management_Term_ch08_point_partie3.pdf

4 Caractériser le degré de centralisation du pouvoir

DOC. 9 Les ingénieurs Netflix spécialisés dans le développement des algorithmes

L'évolution technologique de la plateforme Netflix entraîne une complexification des tâches. Le développement d'algorithmes de plus en plus puissants nécessite de confier des tâches très spécialisées à des ingénieurs. Ces derniers ont besoin d'être autonomes et responsables dans la réalisation de ces tâches complexes. Par conséquent, la direction générale doit déléguer son pouvoir de décision afin qu'ils puissent prendre librement les décisions nécessaires. Reed Hastings, PDG de Netflix, n'hésite pas à déléguer son pouvoir de décision à ses équipes. Cela signifie concrètement que les niveaux intermédiaires de l'entreprise, c'est-à-dire les cadres se trouvant sur la ligne hiérarchique, sont à même de prendre des décisions sans avoir à lui en référer. La délégation de pouvoir accordée nécessite alors de mettre en place un système de contrôle (reporting) qui permet à la direction de s'assurer que les bonnes décisions ont été prises. « Le retour d'information fait partie intégrante de notre façon de communiquer et de travailler », souligne Reed Hastings.

DOC. 10 Comment Netflix réinvente le conseil d'administration

Obsédé par la transparence, le leader du streaming vidéo donne l'accès aux réunions des dirigeants et aux mémos internes de l'entreprise aux administrateurs indépendants.
Les membres du conseil d'administration des entreprises de la Silicon Valley n'ont souvent qu'un rôle de façade. [...] Le leader du streaming a adopté une approche radicalement différente du partage d'information, dans le but d'augmenter la transparence entre le PDG, l'équipe dirigeante et les administrateurs [...]. Le débat alimenté par une meilleure circulation de l'information aide à prendre des décisions difficiles, comme le passage de la vente de DVD au streaming et les investissements dans les contenus originaux. [...] D'abord, tous les membres du conseil d'administration ont le droit d'assister aux réunions mensuelles et trimestrielles organisées par les cadres dirigeants [...]. Ils ont également accès à un mémo trimestriel [...] mis en ligne en amont de la réunion du conseil d'administration [...] et peuvent questionner directement l'équipe dirigeante sur la plate-forme hébergeant le mémo interactif [...]. Cette transparence [...] est centrale à la philosophie d'entreprise de Netflix [...]. La société indique partager « systématiquement » les documents internes avec chaque salarié, de l'audience des contenus aux avancées des concurrents. Cinq cents salariés ont également accès aux rémunérations de tous les employés, indique le *Wall Street Journal*. Reed Hastings tient en horreur la culture du secret d'Apple, où les salariés d'un département ne savent pas sur quoi les autres travaillent. Selon le [...] patron de Netflix, la transparence débouche sur un fonctionnement horizontal responsabilisant chaque employé. « Je suis fier de prendre aussi peu de décisions que possible », déclare-t-il souvent.

Anaïs Moutot, www.Les Echos.fr, 18 janvier 2019.

DOC. 11 Le degré de centralisation du pouvoir

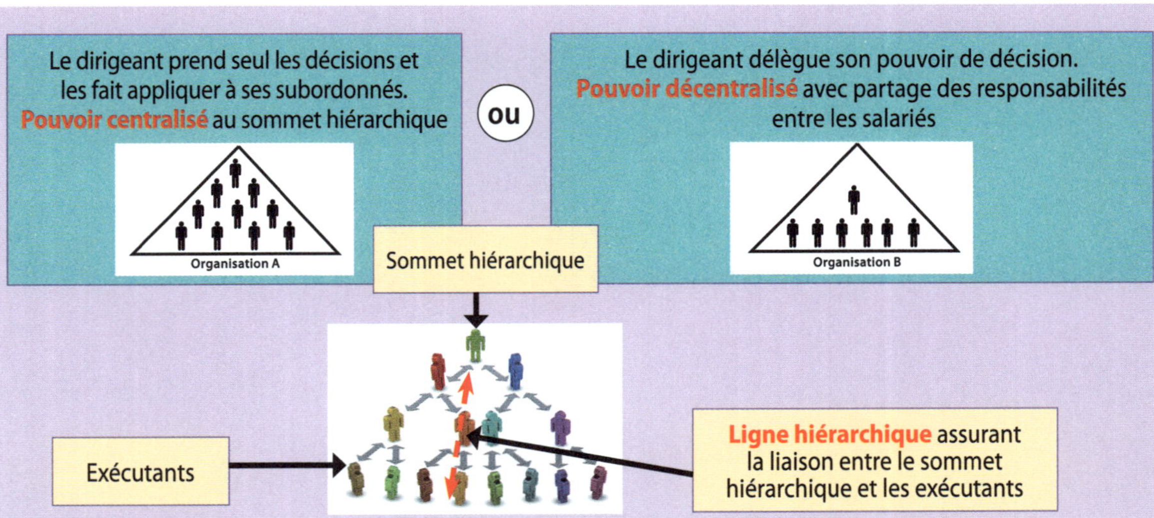

Situation Reed Hastings et Patty McCord (ex-directrice des ressources humaines) ont mis en ligne une présentation de 124 diapositives résumant l'esprit de la culture Netflix. Ce document, consulté plus de 11 millions de fois, met en avant la confiance dans la gestion des équipes, l'absence de contrôle des salariés considérés comme des « adultes responsables ». L'entreprise va même leur offrir des vacances illimitées pour qu'ils soient plus performants dans leur travail. Cette mesure est cependant largement critiquée dans la Silicon Valley, où la culture de l'effort et de la performance est si forte que personne n'oserait abuser des vacances !

14 En vous basant sur l'exemple de l'ingénieur spécialisé dans le développement des algorithmes, expliquez pourquoi Reed Hastings délègue son pouvoir de décision à la ligne hiérarchique. Doc. 9

Car les cadres pourront prendre à leur tour des décisions sans avoir à le consulter, pour améliorer l'entreprise.

15 Pourquoi est-il important de mettre en place un système de contrôle lorsque le pouvoir est délégué ? Doc. 9

Car cela permet à la direction de s'assurer que les bonnes décisions ont été prises « Le retour d'information fait partie intégrante de notre façon de communiquer et de travailler » souligne Reed Hastings.

16 Comment est diffusé le pouvoir de décision chez Netflix ? Justifiez votre réponse. Doc. 10

Le pouvoir de décision est diffusé par la transparence pour que chacun(e) puisse donner son avis (que ce soit le PDG, l'équipe dirigeante et les administrateurs). Tout peut être dit grâce au conseil d'administration mensuels et trimestrielles.

17 Quel est l'intérêt pour Reed Hastings d'augmenter la transparence dans la prise de décision ? Doc. 10

L'intérêt de Reed Hastings d'augmenter la transparence dans la prise de décision est qu'elle débouche sur un fonctionnement horizontal responsabilisant chaque employé. Il évoque « Je suis fier de prendre aussi peu de décisions que possible ». Tout les employé sont important.

18 Caractérisez le degré de centralisation du pouvoir chez Netflix. Docs 9, 10, 11

Le pouvoir chez Netflix est décentralisé ce qui caractérise un partage des responsabilités entre les salariés.

Faites le point ! STMG_Management_Term_ch08_point_partie4.pdf

Applications

1 Testez vos connaissances

Indiquez la ou les bonnes réponses aux propositions suivantes.

1. La flexibilité correspond à la capacité de l'organisation à :
   - **a.** partager le pouvoir de décision.
   - **b.** s'adapter à son environnement.
   - **c.** répondre rapidement aux intérêts des actionnaires.
2. Le taylorisme est :
   - **a.** une forme souple d'organisation du travail.
   - **b.** une forme rigide d'organisation du travail.
   - **c.** un mécanisme de coordination basé sur la confiance.
3. L'ajustement mutuel :
   - **a.** permet aux collaborateurs de se coordonner par de simples échanges.
   - **b.** consiste à désigner un supérieur hiérarchique pour superviser le travail de l'équipe.
   - **c.** consiste à fixer des normes pour assurer la coordination des tâches dans l'organisation.
4. Un salarié polyvalent :
   - **a.** réalise des tâches variées.
   - **b.** réalise la même tâche de façon répétitive.

2 Différencier organisation du travail rigide et organisation du travail souple

Pour chaque situation, précisez s'il s'agit d'une organisation du travail rigide ou souple. Justifiez vos réponses.

1

2

3

4

3 Analyser une organisation du travail

1. Peut-on dire que les salariés de Zara travaillent en équipe et en autonomie ?
2. Identifiez les principes du *lean management* chez Zara ?
3. Montrez que le système du « juste-à-temps » mis en œuvre chez Zara permet à l'entreprise d'être flexible et réactive.
4. À quelle forme d'organisation s'apparente l'entreprise Zara ?

DOC. 1 L'histoire de Zara

Zara, chaîne de magasins de vêtements appartenant au groupe espagnol Inditex (qui possède aussi les marques Massimo Dutti, Bershka, Pull and Bear, Stradivarius, Oysho...), affiche une forte croissance avec 2 000 magasins dans 88 pays et une nouvelle boutique ouvrant toutes les trois semaines. Une belle histoire qui commence en 1963, lorsque Amancio Ortega et sa femme Rosalia Mera ouvrent un atelier de confection spécialisé dans le pyjama et la robe de chambre à La Corogne, en Espagne. Tombés sous le charme de la ville de Zadar à l'occasion d'un voyage en Croatie, ils donnent le nom de Zara à leur marque et ouvrent en 1975 leur première boutique.

Vidéo : « Zara, l'histoire de la marque »
liennathan.fr/2p8k2p

DOC. 2 Le *lean management* chez Zara

La clientèle de Zara est [...] constamment tenue en haleine par le haut niveau de flexibilité et de réactivité que l'entreprise est capable d'atteindre grâce à un système sophistiqué de retour d'information constant de ses points de vente à ses 200 créateurs. En moyenne, un client visite un magasin Zara dix-sept fois par an, contre trois fois seulement pour la plupart des autres points de vente de mode [...] grâce à la mise en œuvre d'une stratégie d'abord employée dans l'industrie automobile chez Toyota, celle de la fabrication juste à temps et [...] d'une production dite « allégée ». En utilisant les principes fondamentaux du *lean management*, modèle de fabrication sans gaspillage, Zara a maintenu sa base d'approvisionnement [...] en Espagne. Son stock est remarquablement bas [...]. Grâce à une approche kanban[1] [...] utilisant des radio-étiquettes RFID (*Radio Frequency Identification*), l'entreprise peut suivre de près son inventaire. Des petites commandes sont passées fréquemment afin que les clients ne soient pas obligés d'attendre, [...] ce qui lui permet alors de livrer de tous nouveaux modèles à ses points de vente en seulement 15 jours. Un flux constant de données concernant les produits les plus populaires permet également d'analyser les tendances actuelles et futures.
À la fin de chaque journée, les directeurs de magasin transmettent électroniquement les commentaires des clients, y compris les retours, les plaintes, les conseils afin de développer un processus d'amélioration continue pour aider les centres de distribution et de conception à corriger rapidement tout problème et à assurer une amélioration continue de la satisfaction des clients.

www.willpoweredediting.com

1. « *Kanban* » est un mot japonais qui signifie « étiquette ».

4 Analyser l'évolution d'une organisation du travail

1. Identifiez le modèle d'organisation du travail mis en œuvre chez Harley Davidson jusqu'aux années 1980.
2. Pourquoi l'entreprise Harley-Davidson a-t-elle fait évoluer l'organisation de son travail ?
3. Quels sont les principaux changements en matière d'organisation du travail ?
4. Montrez que la performance sociale contribue à améliorer la performance économique.

DOC. 1 L'Américaine concurrencée par les Japonaises

« Permettre [aux Américains] d'aller plus vite et plus loin de façon plus confortable que ne le permet une simple bicyclette » : tel était le projet d'association proposé par Arthur Davidson à son ami d'enfance, William Harley. [...] L'entreprise américaine Harley Davidson était alors structurée selon un modèle pyramidal favorisant la silotisation des tâches et une stricte hiérarchie séparant les fameux « cols blancs » et « cols bleus ». La croissance de l'entreprise américaine est rapide : en 1920, elle compte déjà 2 400 ouvriers qui produisent 27 000 deux-roues, ce qui lui permet d'être présente dans environ trente pays et de devenir le numéro un mondial de son secteur.

Mais le succès de Harley Davidson entre les années 1920 et 1960 est subitement freiné par l'arrivée d'un nouvel entrant sur le marché américain : en 1959, l'American Honda Motor Company est créée et fait chuter drastiquement les parts de marché du leader américain. Entre 1960 et 1965, les ventes de Honda aux États-Unis passent de 500 000 dollars à 77 millions de dollars [...]. En 1982, Honda détient 85 % des parts de marché. Le secteur de l'automobile en général et de la moto en particulier figure donc parmi les premiers secteurs économiques ayant subi la confrontation de deux modèles d'organisation : le modèle « *lean* » développé dans les usines japonaises s'avère bien plus efficace que le modèle fordiste qui était alors la norme américaine.

Clara Bader, Quentin Gouttebaron, Dora De Lima et Florian Morandeau, www.managerlenchanteur.org.

DOC. 2 Harley Davidson change son organisation du travail

Tout d'abord, au niveau structurel, le groupe a décidé d'en finir avec les structures verticales rigides ! À la place, des groupes sont créés sur le tas en fonction des projets du moment. Ainsi, des cercles de travail ont été mis en place afin de fonctionner par projet et non selon la position hiérarchique des collaborateurs concernés.
La fin des structures hiérarchiques a permis de remettre les collaborateurs et leurs compétences au centre des décisions managériales [...].

https://changethework.com

En donnant plus de responsabilités à ses salariés, le constructeur Harley Davidson a mieux résisté à la concurrence.
[Dans] les années 1980, l'entreprise [...] a rencontré des difficultés face à la forte concurrence japonaise. En réaction, la direction de l'entreprise a décidé de responsabiliser ses employés, en transformant ses opérateurs-automates en travailleurs intelligents, clé de survie pour cette entreprise en crise.

Lignes hiérarchiques raccourcies
En faisant confiance aux équipes, les résultats ont été spectaculaires (avec des marges d'exploitation supérieures à 30 %), c'est pourquoi la direction a décidé d'aller plus loin dans cette démarche en l'appliquant à l'échelle de toute l'entreprise, y compris en allant jusqu'à la suppression du comité exécutif.

Étienne Roy, Les Echos.

5 Se préparer au bac

Identifier le type d'organisation du travail et les mécanismes de coordination mis en place par Amazon Mechanical Turk

1. Quelle forme d'organisation adopte Amazon Mechanikal Turk ?
2. Retrouvez les principes de cette organisation du travail.
3. Quels sont les mécanismes de coordination mis en œuvre par Amazon Mechanical Turk ? Justifiez votre réponse.

DOC. 1 Amazon Mechanical Turk

Amazon Mechanical Turk est une marketplace[1] de *crowdsourcing* créée en 2005 qui utilise l'intelligence humaine pour réaliser des tâches que les ordinateurs sont actuellement incapables d'effectuer en mettant en relation des start-up, des entreprises, des chercheurs, des artistes, avec des particuliers. Le nom donné par Amazon fait référence au canular du « Turc mécanique », automate joueur d'échecs construit à la fin du XVIIIe siècle, dans lequel se cachait en réalité un être humain !

1. Plateforme sur Internet qui met en relation des acheteurs et des vendeurs.

DOC. 2 Amazon et le *crowdsourcing*

[Par] *crowdsourcing*, on entend le fait de mobiliser l'intelligence d'un très grand nombre de personnes, la foule, pour réaliser des missions sous-traitées par des entreprises, des organisations ou encore des particuliers. [...] Le contexte économique tendu pour les particuliers et le besoin d'optimisation rapide pour les entreprises n'ont fait que renforcer ce qu'on pourrait définir comme une [...] nouvelle forme de travail [...].

Des micro-tâches peu rémunératrices que la machine ne peut réaliser

Concrètement, ces petites missions peuvent consister en [...] de la transcription de sons, de la traduction de courts textes ou encore de la catégorisation de données, du tagging[1], [...] de l'extraction et de la digitalisation d'information depuis un support physique [...] mais aussi de la simple recherche et vérification de données sur le Web (horaires d'ouverture, etc.).

[Par exemple,] on peut se voir proposer de trouver l'URL [identifiant d'accès] d'une image correspondant à une description de boisson alcoolisée. [Cette] tâche auquel l'offreur alloue 5 minutes de temps [...] sera rémunérée 0,04 $. [Si] la tâche n'est pas effectuée dans le temps imparti, la mission est automatiquement remise sur le marché.

Les membres de ces communautés ne disposent pas de contrat de travail. D'ailleurs, le mot « travail » est rarement employé. On parle à la place de contribution, de récompense ou défraiement et non de salaire ou rémunération.

www.atelier.bnpparibas

1. Le tag est un mot-clé qui permet de regrouper une série de pages ou d'articles sous un même thème.

DOC. 3 Les « clickworkers »

Les « clickworkers » ou travailleurs du clic [...] travaillent chez eux, derrière leur ordinateur, à des horaires qui sont dictés par les clients, pour des tâches simples et répétitives [...]. Ces travailleurs se disent « enchaînés » à leur ordinateur. Les tâches peuvent apparaître n'importe quand, et il faut être rapide. Certains se créent des alertes qui les réveillent au milieu de la nuit. Ensuite, le temps pour réaliser le travail étant limité, il ne faut pas traîner. Avec les conséquences que l'on peut imaginer sur la vie familiale. Car, comme ces tâches sont très peu rémunérées, il faut en effectuer beaucoup.

www.franceculture.fr

6 Se préparer au Grand oral

À l'aide de vos connaissances et en prenant appui sur des exemples d'entreprises pour illustrer vos arguments, répondez à la question suivante :

« L'organisation du travail est-elle identique dans une grande entreprise et une PME ? »

Synthèse

Un choix d'organisation du travail adapté à son environnement…

Organisation du travail rigide

- Taylorisme (OST)
  - Division horizontale du travail (spécialisation)
  - Division verticale du travail (ligne hiérarchique)
  - Prime au rendement pour améliorer la productivité

ou

Organisation du travail souple

- Toyotisme
  - Polyvalence favorisant l'enrichissement des tâches
  - *Lean management* pour réduire les gaspillages
  - Production en « juste-à-temps » favorisant flexibilité et réactivité

… qui nécessite de coordonner le travail grâce à :

– des mécanismes de coordination

- Ajustement mutuel
- Supervision directe
- Standardisation des procédés de travail
- Standardisation des résultats
- Standardisation des qualifications
- Standardisation des normes

– un degré de centralisation du pouvoir adapté

- Pouvoir centralisé **ou** Pouvoir décentralisé

Lexique

- **Flexibilité :** capacité de l'organisation du travail à s'adapter pour mieux répondre aux sollicitations de son environnement.
- **Enrichissement des tâches :** le salarié réalise des tâches d'un contenu plus qualifié et responsable.
- ***Lean management* :** (*lean* : « maigre, sans gras ») participation de l'ensemble des salariés à la lutte contre le gaspillage en éliminant toutes les activités non rentables de l'entreprise.
- **Ligne hiérarchique :** cadres assurant la liaison entre la direction générale et les exécutants.
- **Mécanismes de coordination du travail :** modes de répartition des tâches entre les membres de l'organisation visant à assurer la cohérence de l'ensemble du travail.
- **Organisation du travail rigide :** organisation dans laquelle le pouvoir est centralisé avec une division du travail importante et généralement associée à un environnement stable.
- **Organisation du travail souple :** organisation dans laquelle le pouvoir est décentralisé avec un faible nombre de niveaux hiérarchiques et généralement associée à un environnement instable et incertain.
- **Polyvalence :** capacité du salarié à réaliser des tâches différentes et variées.
- **Pouvoir centralisé :** la direction générale prend seule toutes les décisions dans l'organisation.
- **Pouvoir décentralisé :** la direction générale délègue la prise de décision tout au long de la ligne hiérarchique. Il nécessite un système de contrôle (reporting).
- **Réactivité :** capacité de l'organisation du travail à répondre rapidement à la demande.
- **Spécialisation des postes :** le salarié réalise un nombre réduit de tâches répétitives.

Yuka, l'application pour mieux manger

En 2020, 22 millions d'internautes ont utilisé l'application Yuka pour scanner leurs courses et savoir si les produits qu'ils achètent sont sains ou non. Yuka analyse les produits alimentaires, cosmétiques et d'hygiène puis explique leur évaluation dans une fiche détaillée. Pour les produits médiocres ou mauvais, Yuka recommande en toute indépendance des produits similaires, meilleurs pour la santé. Au commencement, en 2015, Benoît Martin, responsable des achats dans le secteur bancaire, cherche à acheter des produits sains pour ses trois enfants. Avec son frère François, informaticien, et une amie, Julie, ils décident de rendre plus transparente la composition des produits pour permettre aux consommateurs de faire des choix plus éclairés. En février 2016, le trio s'inscrit à un *food hackathon*, une compétition où des entrepreneurs passent un week-end à perfectionner leur projet, entourés de coachs. Au bout de quarante-huit heures, ils ont perfectionné leur idée et créent une carotte dotée d'un lecteur de code-barres. Ils lanceront leur application Yuka en janvier 2017.

Aujourd'hui les jeunes dirigeants s'interrogent : avec un modèle économique fragile, comment la start-up Yuka peut-elle assurer son développement tout en maintenant ses valeurs et son indépendance financière ?

Dossier 1 - Yuka, une aventure entrepreneuriale et sociétale

Document à exploiter : 1 et 2

Questions :

1.1 Repérez les finalités de l'entreprise Yuka.

1.2 Analysez le modèle économique de l'entreprise Yuka.

1.3 Décrivez les mécanismes de coordination mis en place au sein de l'entreprise Yuka.

Dossier 2 - Yuka, un développement à l'international

Documents à exploiter : 1, 2 et 3

Questions :

2.1 Analysez les modalités de croissance retenues par l'entreprise Yuka.

2.2 Repérez l'impact des technologies numériques dans le développement de l'entreprise Yuka.

Dossier 3 - Yuka, une indépendance financière

Documents à exploiter : 4 et 5

Questions :

3.1 Analysez l'équilibre financier de Yuka en calculant BFR, FRNG et TN pour 2020.

3.2 Expliquez les choix de financement de l'entreprise Yuka.

DOCUMENT 1 La belle aventure de Yuka

Comment s'y retrouver dans la jungle des produits alimentaires pour choisir les bons produits pour sa santé ? C'est le problème auquel a été confronté Benoit en regardant de plus près la composition des produits pour ses enfants. Avec son frère François et une amie, Julie, ils décident de rendre plus transparente la composition des produits pour permettre aux consommateurs de faire des choix plus éclairés. Ainsi naît Yuka en janvier 2017.

Yuka est devenu un véritable phénomène tant entrepreneurial que sociétal. Comment expliquer une croissance si rapide ?

Julie Chapon – Yuka existe depuis 3 ans et nous venons de passer la barre des 16 millions d'utilisateurs (12,5 millions en France), ce qui est en effet extraordinaire. Nous avons 5,7 millions d'utilisateurs actifs par mois et 5 millions de produits sont scannés tous les jours, soit 57 par seconde. L'application est aujourd'hui disponible dans 8 pays (France, Belgique, Luxembourg, Suisse, Espagne, Royaume-Uni, Canada et USA) et nous prévoyons de poursuivre notre internationalisation au premier semestre 2020 en nous lançant en Italie, au Portugal et en Allemagne. Yuka est arrivé au bon moment, à une période où, suite à de nombreux scandales dans le secteur agro-alimentaire, les consommateurs avaient un réel besoin de transparence. Yuka leur a permis de reprendre le contrôle sur leurs achats et leur santé en leur permettant de comprendre ce que contiennent réellement leurs produits et à faire de meilleurs choix pour leur santé.

Vous êtes un trio à la tête de Yuka, est-ce un avantage ?

J.C. – Nous sommes effectivement trois co-fondateurs à statut égal (il n'y a pas de CEO). Notre complémentarité est essentielle, car elle permet de créer une vision basée sur différents points de vue, plutôt que sur l'avis et la volonté d'une seule personne qui peut se tromper. Elle permet d'avoir des discussions, de s'ouvrir l'esprit sur une autre vision du projet. J'ai une vision très centrée utilisateurs, Benoît et François ont une vision très centrée sur l'efficacité technique, et les deux se rejoignent.

Quelles sont vos sources de revenus aujourd'hui ?

J.C. – Yuka est une application 100 % indépendante et nous ne faisons aucune publicité. Notre projet est aujourd'hui financé via trois sources de revenus : la version payante de l'application, un calendrier des fruits et légumes de saison et un Programme Nutrition en ligne permettant d'acquérir les bases d'une alimentation saine en 10 semaines. Les utilisateurs qui le souhaitent peuvent donc devenir membre et souscrire à l'offre Premium qui propose plusieurs fonctionnalités supplémentaires : une barre de recherche, un mode hors-ligne et des alertes portant sur les préférences alimentaires. Nous sommes pleinement satisfaits de ce business model et sommes à l'équilibre financier depuis 4 mois.

Quelles sont les prochaines étapes de votre développement ?

J.C. – Nous avons commencé l'internationalisation en 2019. L'application est désormais disponible dans 7 autres pays et elle cartonne en Espagne où nous avons près de 2,5 millions d'utilisateurs, 7 mois seulement après son lancement. Nous prévoyons de poursuivre cette internationalisation au premier semestre 2020 en lançant Yuka en Italie, Portugal et Allemagne. Notre autre gros chantier pour 2020 est de pouvoir développer l'analyse de l'impact environnemental des produits.

Comment mesurez-vous l'impact positif de votre appli tant auprès des consommateurs que sur l'industrie agroalimentaire ?

J.C. – Nous avons récemment mené une étude (https://yuka.io/impact/) auprès de 230 000 de nos utilisateurs. Il en est ressorti que 94 % des utilisateurs ont arrêté d'acheter certains produits, 92 % reposent les produits lorsqu'ils sont notés rouges dans l'application, 83 % des utilisateurs achètent moins mais de meilleure qualité, 57 % des utilisateurs déclarent cuisiner davantage et 90 % des utilisateurs sont convaincus que Yuka peut pousser les marques à proposer de meilleurs produits. L'objectif de notre application est d'aider les consommateurs à faire de meilleurs choix pour leur santé mais aussi de pousser les industriels à proposer une meilleure offre de produits. Et c'est ce que nous sommes en train de constater aujourd'hui avec notamment la récente annonce d'Intermarché de modifier 900 produits en supprimant 142 additifs. Mais ils ne sont pas les seuls. Une vingtaine d'industriels (Nestlé, Unilever, Leclerc, Caudalie...) présentent notamment des produits dont les recettes ont été améliorées (baisse de la teneur en sucre/sel/acides gras saturés ou suppression d'additifs controversés) grâce à l'impact direct de Yuka.

Valérie Loctin, www.entreprendre.fr, 07 juin 2020.

DOCUMENT 2 La success story de Yuka

Les applications mobiles d'aide aux achats, qui permettent notamment de rechercher ou d'évaluer des produits selon des critères liés à la santé ou l'environnement, rencontrent un franc succès ces dernières années. Parmi elles, on peut citer Yuka, une application créée en 2017 à l'initiative de trois Français et qui permet de scanner des produits alimentaires pour connaître leurs ingrédients et évaluer leur qualité nutritionnelle. En l'espace de 4 ans, Yuka a séduit 21 millions d'utilisateurs selon le dernier chiffre communiqué par l'entreprise en mars. Et l'appli se développe de plus en plus à l'international : après son lancement en Amérique du Nord et en Italie en 2020, elle a débarqué en Allemagne en février, étendant sa disponibilité dans 11 pays en dehors de ses frontières d'origine.

Forte de son succès, l'application dispose d'une influence grandissante sur l'agroalimentaire et la grande distribution. En septembre 2019, Intermarché avait annoncé le changement de 900 recettes de produits dont elle gère la fabrication afin de les rendre plus sains et de gagner des points sur l'application. Mais l'influence de Yuka pourrait bientôt aller au-delà de l'aspect nutritionnel. Depuis cette année, l'appli de notation intègre un nouvel indicateur qui rend compte de l'impact environnemental des aliments, en réponse notamment à l'intérêt des utilisateurs et à l'une des propositions de la Convention citoyenne pour le climat.

Tristan Gaudiaut, www.fr.statista.com, 26 avril 2021.

DOCUMENT 3 Une base de données d'1,5 million de produits alimentaires

Yuka, application mobile lancée en France en 2017, success story présente dans 11 pays, clame aujourd'hui plus de 20 millions d'utilisateurs dans le monde et plus de 50 produits scannés chaque seconde !

Longtemps critiquée sur la fiabilité de ses informations produits, elle détient maintenant probablement la plus grande base de produits alimentaires, au moins en France. Pas moins d'1,5 million de produits alimentaires, et 800 créations par jour ! À l'origine, Yuka s'appuyait sur Open Food Facts, base de données ouverte dans laquelle les informations produits étaient en grande partie renseignées par des consommateurs. Yuka proposait à ses utilisateurs de signaler et corriger les éventuelles erreurs depuis l'application, modifications qui venaient alors réalimenter Open Food Facts.

Dès 2018, Yuka décide de se constituer sa propre base avec comme maître mot la « fiabilité », pour ne pas perdre la confiance de ses utilisateurs, en sollicitant notamment les marques et distributeurs qui peuvent transmettre leurs informations (en direct ou via la plateforme Alkemics). En parallèle, Yuka met aussi en place des mesures pour fiabiliser les informations corrigées/ajoutées par ses utilisateurs :

- La saisie est automatisée sur la base de photos prises par les utilisateurs (liste d'ingrédients, valeurs nutritionnelles, origines des ingrédients...), puis vérifiée/retranscrite par un service externe.
- Yuka indique que trois ETP sont dédiés à la gestion de la base de données et à sa fiabilité.
- Les fiches produits provenant directement des industriels ne sont plus modifiables par les utilisateurs une fois vérifiées par les équipes Yuka.

[...] Cependant, après s'être attaquée aux informations nécessaires au calcul du score « santé» (liste des ingrédients et additifs/valeurs nutritionnelles disponibles *on pack*), Yuka part à présent à la chasse aux informations pour calculer son score «environnemental», l'Eco-Score disponible sur l'application depuis mars 2021. L'idée est simple et probablement très efficace ! Si l'information n'est pas disponible sur l'emballage, Yuka propose à ses utilisateurs de «*Faire une demande à la marque*». Quand le consommateur clique sur ce lien, un email est automatiquement édité avec l'adresse du service client de la marque ou du distributeur concerné... Malin ! Et plutôt agressif, les services consommateurs étant par conséquent inondés de demandes d'informations sur l'origine de leurs produits.

www.vertone.com, 05 mai 2021.

DOCUMENT 4 Chaque investisseur passe un entretien

Yuka dérange et s'en délecte. En juin 2018, la start-up s'attaque au marché des cosmétiques – « une demande pressante des utilisateurs ». Il faut repenser l'architecture de l'application, établir une base de données et un nouveau système de notation. Sans bousculer les principes de management : surtout ne pas aller trop vite, embaucher seulement au bord du surmenage... « On veut rester une entreprise à taille humaine », précise François. Dans la pratique, cela vire parfois au casse-tête. Il faudrait créer un poste pour pacifier les rapports avec les industriels, un autre pour répondre aux milliers d'e-mails d'utilisateurs plus ou moins mécontents. Il faudrait aussi des locaux plus grands et augmenter la capacité de serveurs. En somme, il faudrait plus d'argent pour tenir le rythme. « On a vraiment repoussé au maximum le moment de lever des fonds, précise François. Ça nous faisait peur. » Pour conjurer leurs craintes, les trois dirigeants ont visé des investisseurs « intéressés par une action responsable et sociale », comme ils disent. Inversion des rôles. Ce sont eux qui font passer des entretiens à leurs futurs argentiers : « J'étais au bout du monde et j'ai dû passer un long call en pleine nuit pour justifier mon parcours et mon expérience dans le digital », se souvient Christophe Courtin, l'un des premiers business angels de Yuka. Le trio fixe ses conditions aux investisseurs : pas de place au conseil d'administration, aucune promesse de rentabilité et même l'interdiction écrite de revendre ses parts à un mastodonte de l'agro-alimentaire. Pour résumer, ils n'auront qu'un rôle consultatif et resteront minoritaires. C'est à prendre ou à laisser.
Résultat ? Ça se bouscule au portillon. Même Xavier Niel met la main à la poche pour le premier tour de table d'à peine 800 000 euros contre une part minoritaire du capital (valorisant ainsi la start-up à 4 millions d'euros). « Julie, Benoît et François auraient pu lever beaucoup plus, confie Marc Ménasé, un autre actionnaire. Mais ils veulent garder le contrôle, en évitant de se développer trop vite. Contrairement à pas mal de jeunes entrepreneurs, ils prennent leurs temps. » Yuka n'est pas une association caritative pour autant. Il faut du cash pour l'expansion internationale et ces trois-là le savent. Depuis mars 2019, Yuka a posé sa carotte dans cinq pays (Belgique, Suisse, Luxembourg, Espagne et Royaume-Uni) et il faut à chaque fois reconstituer une base de données, investir, recruter sur place.

www.vanityfair.fr, 18 mars 2020.

DOCUMENT 5 Bilan fonctionnel de Yuka

EMPLOIS	MONTANTS	RESSOURCES	MONTANTS
EMPLOIS STABLES		**RESSOURCES STABLES**	
Immobilisations incorporelles	6 440	Capitaux propres	457 662
Immobilisations corporelles	18 378	Emprunts et dettes financières	499 000
Immobilisations financières	66 930		
Total emplois stables	91 748	Total ressources stables	956 662
ACTIF CIRCULANT		**PASSIF CIRCULANT**	
Stocks	-	Dettes fournisseurs	178 050
Créances	118 118	Autres dettes	140 106
Charges constatées d'avance	2 958	Produits constatés d'avance	-
Total actif circulant	121 076	Total passif circulant	318 156
TRÉSORERIE ACTIVE		**TRÉSORERIE PASSIVE**	
Disponibilités	1 061 994	Concours bancaires courants	0
Total trésorie active	1 061 994	Total trésorerie passive	0
TOTAL EMPLOIS	1 274 818	TOTAL RESSOURCES	1 274 818

Comment le management prend-il en compte les attentes des acteurs dans l'organisation ?

9

Capacités

- Identifier les différents acteurs dans les organisations et leurs intérêts respectifs
- Apprécier le degré de concentration du pouvoir de décision
- Reconnaître les différents types et styles de direction

Avant la classe

Vidéo : « Les savoir-être chez Decathlon »
liennathan.fr/94i7vl

▶ **Quelles sont les valeurs de Decathlon ?**

Situation

Decathlon est une entreprise française de distribution d'articles de sport et loisirs créée en 1976 par Michel Leclercq qui compte aujourd'hui plus de 2 193 magasins implantés dans 57 pays.
C'est à partir des années 1990 que Decathlon commence à concevoir des modèles d'articles de sport sous différentes marques propres à l'enseigne : Tribord pour les sports aquatiques, Quechua pour la montagne ou encore Kalenji pour le running. Durant toutes ces années, la marque ne cesse d'innover en proposant des produits toujours plus performants, comme la tente Quechua qui se déplie en deux secondes ou le masque facial de plongée qui intègre le tuba et permet de voir et respirer sous l'eau. En 2020, l'enseigne a réalisé un chiffre d'affaires de 11,4 milliards d'euros.

1 Identifier la divergence et la convergence des intérêts entre les acteurs internes de l'organisation

DOC. 1 Les acteurs internes de Decathlon

Decathlon compte, en 2020, 94 000 salariés dans 64 pays qui offrent leur force de travail à travers plus de 300 métiers : responsables de magasin, chefs de rayon, vendeurs, techniciens d'ateliers, mais aussi des ingénieurs, des designers qui conçoivent les produits ou encore des informaticiens et des comptables pour les services administratifs. Les salariés sont représentés auprès de la direction par des délégués du personnel et des syndicats. Les salariés de Decathlon sont aussi des actionnaires, ils détiennent environ 15 % de l'entreprise. Le reste du capital de l'entreprise (85 %) est détenu aujourd'hui par deux groupes d'actionnaires propriétaires de l'entreprise : des membres de la famille du fondateur Michel Leclercq et des membres de la famille Mulliez (groupe Auchan). Leur rôle est de définir les grands objectifs stratégiques du groupe : les nouveaux pays où s'implanter ou les nouveaux produits à développer.
Depuis 2015, le directeur général de l'enseigne est Nicolas Pelletier. Il doit mettre en œuvre toutes les actions qui permettront à l'entreprise d'atteindre les grands objectifs stratégiques et il doit aussi s'assurer de la rentabilité de l'entreprise.

DOC. 2 Comment Decathlon « bichonne » ses salariés

Chez Decathlon, 89 % des salariés estiment qu'« il fait vraiment bon travailler » dans leur entreprise. Un score très élevé, fruit d'un engagement sur le long terme. « Cela fait huit années de suite que Decathlon figure en très bonne position dans notre palmarès », rappelle Patrick Dumoulin [directeur de l'institut Great Place to Work]. Le fait de conjuguer performance économique et attention aux salariés a toujours été un axe stratégique très fort pour [Decathlon]. Les ingrédients qui fondent le bien-être chez l'équipementier sportif, ce sont ses salariés qui en parlent le mieux : 90 % d'entre eux se félicitent de la grande autonomie qui leur est accordée.
La responsabilisation des salariés chez Decathlon se retrouve jusqu'en bout de chaîne : les vendeurs, eux aussi, sont incités à se montrer force de proposition.

Clara Bamberger, « Comment Decathlon bichonne ses salariés », www.lejdd.fr.

DOC. 3 Decathlon reste rentable malgré une baisse du chiffre d'affaires

En 2020, Decathlon enregistre un chiffre d'affaires de 11,4 milliards d'euros, en baisse de 6 %, en raison notamment de la crise sanitaire. Mais malgré cette baisse, le distributeur reste très rentable et ces résultats lui permettent de verser chaque année des dividendes conséquents à ses actionnaires dont une bonne partie sont les salariés même du groupe.

DOC. 4 Crise chez Decathlon

Quechua et B-Twin sont sans doute les plus connues. Mais il existe plus d'une vingtaine d'autres marques « maison » de Decathlon, selon les rayons : Artengo (tennis), Caperlan (pêche), Kalenji (course), Kipsta (sports collectifs), Nabaiji (natation)...
Ces griffes à bas prix sont, avec les innovations, la clé du succès de la chaîne de magasins de sport, elles permettent au groupe de se libérer du diktat des tout-puissants fabricants, qui imposent aux distributeurs des marges très importantes.
Mais Decathlon est peut-être allé trop loin. C'est du moins ce que pense Mathieu Leclercq, président du conseil de surveillance, dont le mandat se terminait fin juin. En désaccord avec la famille Mulliez, avec laquelle il partage le capital, il a décidé de ne pas se représenter, révèle le magazine *Challenges*. En cause, notamment, une politique trop agressive envers les grandes marques. Nike, Adidas ou Puma ont rarement été aussi peu présentes dans les rayons de Decathlon.

Situation Les différents acteurs internes au groupe Decathlon ont parfois des intérêts convergents et parfois des intérêts divergents qui peuvent être sources de conflits.

1 Citez les différents acteurs internes au groupe Decathlon et le rôle de chacun. Doc. 1

2 Quels sont les intérêts des actionnaires de Decathlon ? Docs 2 et 3

3 Quels sont les intérêts des salariés de l'entreprise ? Docs 2 et 3

4 Ces intérêts sont-ils divergents ou convergents ? Justifiez votre réponse. Docs 2 et 3

5 Quel conflit a opposé récemment les différents actionnaires de Decathlon ? Quelle était la divergence d'intérêts entre les différents actionnaires ? Doc. 4

6 Quelles sont les conséquences pour l'entreprise de cette divergence d'intérêts entre les différents acteurs ? Doc. 4

7 Quelles conséquences ce conflit va-t-il avoir sur les intérêts des salariés de Decathlon ? Doc. 4

Faites le point ! STMG_Management_Term_ch09_point_partie1.pdf

2 Montrer comment la culture d'organisation permet d'assurer la cohésion entre les acteurs internes de l'organisation

DOC. 5 L'ADN de Decathlon

Une place pour chacun : les diplômes les plus importants chez nous sont la passion du sport, la passion de l'autre et la passion d'entreprendre... Tu l'auras compris, c'est évidemment ta personnalité qui nous intéresse, ce sont ton envie, ton engagement, ta générosité, ta sincérité qui feront la différence.
Tout comme dans une team sportive, nous sommes convaincus : c'est la mixité de nos coéquipier-e-s, leurs différences, leurs complémentarités qui sont nos atouts et les bases de notre ADN.
On te fait confiance : promis, tu seras bien entouré(e) car tu feras partie d'un collectif ! On t'accompagnera dans tes challenges au quotidien. C'est aussi ça l'esprit Decathlon : l'assurance d'une belle solidarité !
Ose ! : on te prévient, chez Decathlon, tu n'auras pas le temps de t'ennuyer ! Tu as du talent, sers-t'en ! Et ça tombe bien, car on aime les initiatives et on aime encore plus les valoriser. Eh oui, on part du principe que chaque jour est une nouvelle ligne de départ. Tu as le droit d'essayer, de te tromper et de réessayer.
Tu l'as compris, on te poussera à être force de proposition. C'est ce qui te et nous fera avancer.

« L'ADN Decathlon », www.decathlon.fr

La **culture d'organisation** peut être définie comme un ensemble de valeurs, de mythes, de rituels et de symboles qui participent à la cohérence de tous les acteurs internes à l'entreprise en suscitant leur adhésion et leur permettant de se reconnaître et de se mobiliser autour d'objectifs communs.

DOC. 6 Le « sang bleu »

Les salariés de Decathlon disent qu'ils ont le « sang bleu » : ils courent entre eux, mangent entre eux, sortent entre eux et parfois, lorsqu'un chant de supporters retentit dans un magasin Decathlon, ils s'échangent un sourire discret car pour tous les vendeurs, c'est un signe qu'ils ont atteint le chiffre d'affaires qu'on leur avait fixé pour la journée et qu'ils toucheront une prime.

DOC. 7 La méthode Decathlon pour des salariés satisfaits

« À fond la forme » pour les clients et « à fond le bien-être » pour les collaborateurs. Pour la deuxième année de suite, Decathlon a été distinguée par le cabinet Great Place to Work comme entreprise la plus appréciée par ses salariés en France (parmi celles de plus de 5 000 employés).
Dans le détail, 90 % des 23 000 salariés de l'enseigne sportive déclarent être « fiers » d'y travailler, 89 % affirment que l'ambiance est « conviviale » et 88 % estiment que « le management gère l'entreprise de façon honnête et en respectant des règles éthiques ».
Cette confiance accordée aux managers, on la retrouve effectivement dans la bouche des salariés de Decathlon, qu'ils soient restés quelques mois ou quelques années [qu'ils soient en CDD ou intérimaires]. « Il y a vraiment une bonne ambiance comme il y a beaucoup d'étudiants. Les managers sont assez jeunes aussi en général, donc au niveau hiérarchique c'est assez sympa », se souvient Kévin, qui a travaillé cinq ans au magasin de La Défense.

Clément Lesaffre, « C'est quoi la "méthode" Decathlon pour des salariés satisfaits ? », www.europe1.fr, 28 mars 2018.

Situation La culture d'organisation de Decathlon permet à l'entreprise d'assurer la cohésion de ses membres autour de valeurs communes.

8 Quelles sont les valeurs véhiculées par la culture d'organisation de Decathlon ? Doc. 5

....

....

....

....

9 Quels sont les autres éléments de la culture d'organisation de Decathlon (mythes, rituels, symboles) ? Doc. 6

....

....

....

....

10 D'après les témoignages des salariés de Decathlon, peut-on dire que ces valeurs sont partagées par tous au sein de l'entreprise ? Justifiez votre réponse. Doc. 7

....

....

....

....

11 Expliquez comment la culture d'organisation de Decathlon permet d'impliquer l'ensemble des acteurs internes, quel que soit leur statut. Docs 5, 6, 7

....

....

....

....

12 D'après vous, comment la culture d'organisation permet-elle d'éviter les conflits dans l'entreprise ? Docs 5, 6, 7

....

....

....

13 Expliquez comment la culture d'organisation de Decathlon lui permet de se distinguer de ses concurrents. Docs 5, 6, 7

....

....

....

....

Faites le point ! STMG_Management_Term_ch09_point_partie2.pdf

3 Reconnaître les différents styles de direction et les facteurs de la dynamique de groupe

DOC. 8 Les styles de direction

Chaque dirigeant exerce un style de direction qui lui est propre et qui est propre à son entreprise.
Rensis Likert (1903-1981) distingue quatre grands styles de direction :
– le **style autoritaire** : le dirigeant ne laisse aucune autonomie à ses salariés, il donne des ordres et exige qu'on les respecte. Il fonde son pouvoir sur la peur, la menace et la sanction ;
– **le style paternaliste** : le dirigeant est à la fois autoritaire et proche de ses salariés. Il utilise les sanctions et les récompenses comme outil de motivation ;
– le **style consultatif** : le dirigeant fait confiance à ses subordonnés, qui sont régulièrement consultés pour donner leur avis lors de la prise de décision. Il favorise le travail d'équipe et l'implication de tous ;
– le **style participatif** : le dirigeant encourage les salariés à participer activement à toutes les décisions et à la gestion de l'organisation. Les salariés sont totalement impliqués et intéressés aux résultats.

DOC. 9 Le management chez Decathlon

« Nous misons sur un management qui rend les équipes responsables. Les objectifs sont humains avant d'être économiques », avance ainsi Xavier Rivoire, responsable [du recrutement] de Decathlon. Une méthode éprouvée par Kévin alors qu'il portait le célèbre gilet blanc et bleu de l'enseigne, en CDI à temps partiel. « C'était du management de proximité, avec tutoiement de rigueur, pas mal de confiance et d'autonomie », détaille-t-il.

Clément Lesaffre, « C'est quoi la "méthode" Decathlon pour des salariés satisfaits ? », www.europe1.fr, 28 mars 2018.

Chez Decathlon, le système de gouvernance adopté et la forte culture d'entreprise font preuve d'une grande attractivité pour les jeunes talents. Aujourd'hui, Decathlon est la première entreprise visée par les étudiants, l'entreprise a été élue troisième meilleur employeur en France en 2017 selon une étude Glassdoor, et est leader national concernant là où il fait bon travailler d'après l'institut Great Place To Work.

Margaretta El Khoury, « Management responsabilisant : l'extase chez Decathlon ? », www.changethework.com, 23 octobre 2018.

DOC. 10 La dynamique de groupe

La **cohésion du groupe** est l'ensemble des forces qui agissent sur les membres pour les faire demeurer au sein du groupe.

Kurt Lewin, psychologue d'origine allemande (1890-1947) est à l'origine de la théorie de la « dynamique de groupe » à travers laquelle il met l'accent sur l'amélioration de l'efficacité individuelle et sociale par le groupe. Un groupe est une association d'individus entrant en interaction dans un contexte donné et poursuivant des buts communs. Les individus vont se doter de rôles, se soumettre à des normes, partager des valeurs et réaliser des actions dans le cadre du groupe auquel ils appartiennent. La dynamique du groupe réside dans ce système d'interdépendance. […] Le sentiment d'appartenance, la solidarité ou les échanges vont permettre d'orienter l'action du groupe dans deux directions : la pérennité de son existence et l'atteinte des objectifs fixés. […] Lewin a particulièrement étudié l'interdépendance existante entre le leader (le chef [du groupe]) et les membres du groupe. Selon le comportement adopté par le leader, les effets diffèrent sur le travail réalisé et la satisfaction des collaborateurs.

Justine Lefebvre, « Kurt Lewin : qu'est-ce que la dynamique de groupe ? ».

DOC. 11 La gestion d'un rayon chez Decathlon

Laure, passionée de VTT et cycliste confirmée, est responsable du rayon « Cycles » chez Decatlon Gennevilliers. « Un rayon est géré comme une petite entreprise », nous dit-elle. « J'ai la possibilité de recruter mon équipe de vendeurs, en général passionnés de vélo comme moi. Ensemble, on choisit les produits vendus sur le rayon et, avec eux, je décide aussi des animations que l'on va organiser. Les réponses aux attentes des clients, nous les apportons ensemble », précise Laure. Je leur confie de nombreuses tâches, nous formons un groupe très autonome, très solidaire et très soudé. L'an dernier, nous avons dépassé nos objectifs, nous étions très fiers !

Situation Le style de direction chez Decathlon résulte de la combinaison de différents facteurs propres à l'entreprise. Parallèlement, l'enseigne de sport et loisirs cherche à favoriser, au sein de ses équipes, la dynamique de groupe.

14 Quel est le style de direction privilégié par Decathlon ? Justifiez votre réponse. Docs 8 et 9

....

....

15 Expliquez comment le style de direction de Decathlon est adapté à son activité de distribution d'articles de sport et loisirs et à sa culture d'entreprise. Docs 8 et 9

....

....

....

16 Peut-on dire que ce style de direction est efficace ? Justifiez votre réponse. Docs 8 et 9

....

....

....

17 Peut-on dire que Decathlon favorise la dynamique de groupe ? Justifiez votre réponse. Docs 10 et 11

....

....

....

18 Quel est le rôle du responsable de rayon (leader) dans la dynamique de groupe chez Decathlon ? Docs 10 et 11

....

....

....

19 Quelles sont les décisions prises par la chef de rayon chez Decathlon ? et par son équipe ? Docs 10 et 11

....

....

....

20 Montrez que le pouvoir de décision est déconcentré chez Decathlon. Docs 10 et 11

....

....

....

21 Pour quelles raisons les entreprises ont-elles intérêt à favoriser la dynamique de groupe ? Docs 10 et 11

....

....

....

Faites le point ! STMG_Management_Term_ch09_point_partie3.pdf

Applications

1 Testez vos connaissances

Répondez par vrai ou faux aux propositions suivantes.

1. Les syndicats sont des acteurs internes de l'entreprise.
   ☐ Vrai ☐ Faux
2. Développer l'activité de l'entreprise et augmenter son chiffre d'affaires sont dans l'intérêt commun de tous les acteurs de l'entreprise.
   ☐ Vrai ☐ Faux
3. Les intérêts entre salariés et dirigeants de l'entreprise sont toujours divergents.
   ☐ Vrai ☐ Faux
4. La culture d'organisation permet la cohésion entre tous les acteurs internes de l'entreprise.
   ☐ Vrai ☐ Faux
5. La culture d'organisation est un facteur d'aggravation des conflits dans l'entreprise.
   ☐ Vrai ☐ Faux
6. Le tenue vestimentaire des salariés fait partie de la culture d'entreprise.
   ☐ Vrai ☐ Faux

2 Identifier la divergence et la convergence des intérêts entre les acteurs internes de l'organisation

★

1. Quelle est la nature du conflit qui oppose Amazon à deux de ses employés ? Quels sont les intérêts défendus par les deux salariés ? et ceux d'Amazon ?
2. Expliquez comment Amazon a réglé ce conflit. La méthode de règlement de ce conflit s'inspire-t-elle des thèses de Fayol ou de celles de Follet ? Justifiez votre réponse.

DOC. 1 Amazon accusé de faire pression sur des salariés protestataires

« Amazon menace de licencier les employés qui dénoncent le rôle de l'entreprise dans la crise climatique. » Le collectif Employés d'Amazon pour la justice climatique, qui critique depuis plusieurs mois la politique environnementale du leader mondial de l'e-commerce, dénonce, dans un communiqué du jeudi 2 janvier, des mesures de rétorsion. Un avocat d'Amazon a envoyé une lettre à deux membres de ce groupe [leur signifiant] qu'une infraction aux règles de communication externe de l'entreprise pourrait « engendrer une action corrective, allant jusqu'au licenciement ». [...] De son côté, le collectif note que l'e-mail exposant ces nouvelles règles a été envoyé le 5 septembre 2019, le lendemain de l'annonce de la participation d'employés d'Amazon à la marche pour le climat du 20 septembre. Et que la veille de la marche, l'entreprise a fini par s'engager à réduire ses émissions nettes de CO_2 à zéro d'ici à 2040 et à utiliser 100 % d'énergies renouvelables d'ici à 2030 – une « claire victoire » pour la mobilisation des employés protestataires.

Alexandre Piquard, « Après Google, Amazon accusé de faire pression sur des salariés protestataires », www.lemonde.fr, 3 janvier 2020.

DOC. 2 La notion de conflits chez Fayol et Follet

Pour Henri Fayol, les conflits au sein de l'entreprise sont à classer parmi les accidents et catastrophes naturelles, ne relevant pas de la « fonction administrative », mais de la « fonction de sécurité », au même titre que « le vol, l'incendie, l'inondation », il propose de les réprimer durement. Mary Follett a une autre vision des conflits. Elle considère que « ce que les gens entendent souvent par "éliminer les conflits" est en fait "éliminer la diversité". Mais ce n'est pas la même chose. Nous pouvons souhaiter abolir les conflits, mais nous ne pouvons pas supprimer la diversité. [...] Le conflit n'est pas nécessairement l'expression brutale et coûteuse d'incompatibilités, mais un processus normal par lequel des différences précieuses pour la société s'affirment et font progresser tous ceux qui sont concernés. » Donc, le conflit n'est ni bon ni mauvais, c'est la manifestation d'une différence, l'expression naturelle de la diversité indispensable à la vie. Il faut simplement chercher à en tirer le meilleur parti.

D'après Marc Mousli, « Éloge du conflit. Mary Parker Follett et le conflit constructif », *Négociations*.

3 Identifier la divergence et la convergence des intérêts entre les acteurs internes de l'organisation

1. Quel est le statut juridique des Restos du Cœur ?
2. Quels sont les acteurs internes des Restos du Cœur ?
3. Quels sont les intérêts communs à tous les acteurs internes ?
4. Quels sont les intérêts des bénévoles ?
5. Quelles peuvent être les sources éventuelles de conflits entre les différents acteurs internes ?
6. Comment se fait le management d'une association ? Est-il différent de celui d'une entreprise ? Justifiez votre réponse.
7. Peut-on parler d'une culture d'organisation aux Restos du Cœur ? Justifiez votre réponse.

DOC. 1 Les Restos du Cœur

Fondés par Coluche en 1985, les Restos du Cœur est une association loi de 1901, reconnue d'utilité publique, sous le nom officiel de « les Restaurants du Cœur – les Relais du Cœur ». Ils ont pour but « d'aider et d'apporter une assistance bénévole aux personnes démunies, notamment dans le domaine alimentaire par l'accès à des repas gratuits, et par la participation à leur insertion sociale et économique, ainsi qu'à toute action contre la pauvreté sous toutes ses formes ». L'association, dirigée par un conseil d'administration national, compte aujourd'hui 75 000 bénévoles et 2 176 salariés.

www.restosducoeur.fr

DOC. 2 Interview de Brigitte Miché, responsable du service ressources bénévoles aux Restos du Cœur

Comment faites-vous pour motiver les 75 000 bénévoles de l'association ?

[…] Les Restos du Cœur étant l'association préférée des Français, l'image que nous véhiculons apporte de nombreuses candidatures et insuffle la motivation aux bénévoles. D'ailleurs, les résultats d'une étude sur le bénévolat fait ressortir que les motivations d'un engagement associatif sont au nombre de trois : se sentir utile, créer du lien social et développer son épanouissement personnel. Nous cherchons à répondre à chacune de ces trois attentes implicites chez nos bénévoles.
Venir faire du bénévolat parce qu'on veut être utile, c'est la nature même de l'objet social de l'association. Nous répondons à la deuxième motivation de l'engagement, le lien social, en cherchant à favoriser le partage, les échanges et les rencontres autour d'un projet qui va se construire en équipe. En ce qui concerne l'épanouissement personnel, il nous faut pouvoir être capable de garantir un certain confort au bénévole, écouter ses souhaits, respecter ses disponibilités, valoriser son travail et lui apporter de la reconnaissance. Un des freins possibles à faire du bénévolat, c'est la peur d'être submergé, de donner la main et d'avoir à donner le bras, de ne plus avoir de temps libre et de se retrouver piégé. C'est pour cela qu'il est important d'écouter les souhaits des bénévoles et de leur garantir qu'ils seront respectés.

Y a-t-il une différence entre motiver des bénévoles et motiver des salariés ?

Oui, il y a une différence puisque le principe du bénévolat, c'est de donner de son temps sans recevoir de compensation en retour, si ce n'est de la reconnaissance, un merci… Il y a une véritable envie de défendre une cause et de travailler (car cela reste un travail) pour un objet social qui tient à cœur : chez nous, c'est celui d'aider les plus démunis. Les Restos du Cœur, ce n'est pas seulement donner à manger, c'est aussi apporter un accompagnement pour que les personnes se sortent d'une difficulté et retrouvent une inclusion sociale. […] Je pense donc que la motivation est en tout premier lieu la nature de l'objet social : on est sensibilisé par un problème de société qui va permettre de se motiver. Puis en association, et c'est là une grande différence avec le milieu du travail, il n'y a pas de hiérarchie : on ne doit rien à personne, il n'y a pas de sanction ni de pression, aucun rapport de pouvoir.

« Motiver les bénévoles aux Restos du Cœur », www.mieux-lemag.fr.

DOC. 3 Conflit aux Restos du Cœur de Brest

Les Restos du Cœur de Brest sont fermés provisoirement pour cause de conflit interne. Après la pause estivale, ils devaient rouvrir ce mardi, mais la direction départementale des Restos a décidé de retirer l'agrément à la responsable brestoise. Le responsable départemental du Finistère reproche aux Brestois d'avoir fermé pendant l'été, malgré les consignes nationales. Il parle aussi de dysfonctionnements. Alors, par solidarité avec la responsable brestoise désavouée, 70 bénévoles ont démissionné. Le site brestois des Restos est donc fermé pour 15 jours environ. De nouveaux bénévoles seront recrutés.

Benjamin Bourgine, « Conflit aux Restos du Cœur de Brest », www.francebleu.fr.

DOC. 4 Les Restos du Cœur : une association pas comme les autres

Les Restos du Cœur, c'est Coluche avant tout, l'humoriste qui décide en 1985 de créer une association pour fournir des repas aux plus démunis. Mais les Restos du Cœur, c'est aussi la chanson de Goldman que tout le monde connaît : « Aujourd'hui, on n'a plus le droit ni d'avoir faim, ni d'avoir froid », c'est aussi chaque année la tournée du concert des Enfoirés pour financer l'association, c'est le cœur rose avec la fourchette et le couteau, et ce sont surtout tous les bénévoles qui, chaque semaine, donnent de leur temps. Ce sont évidemment aussi les bénéficiaires : 875 000 personnes accueillies et 136,5 millions de repas distribués.

4 Identifier la divergence et la convergence des intérêts entre les acteurs internes de l'organisation

★★

1. Quels sont les acteurs de ce conflit ? Quelle est la particularité de ces acteurs ?
2. Quels sont les intérêts de chacun de ces acteurs ? Sont-ils divergents ou convergents ?
3. Quelles propositions sont faites par le directeur général de l'AP-HP pour sortir de ce conflit ?

DOC. 1 La grève dans le service des urgences

Balafres dessinées sur les joues et pansements sur le visage, les quelques infirmiers et aides-soignants des urgences rassemblés vendredi 19 avril [2019] devant le siège parisien de l'Assistance publique-Hôpitaux de Paris (AP-HP), à l'occasion d'une journée de protestation organisée par les syndicats du groupe hospitalier, sont formels. Le mouvement de grève, qui a débuté au service d'accueil des urgences (SAU) de l'hôpital Saint-Antoine (12e arrondissement) le 18 mars et qui s'est propagé depuis à plus d'une dizaine d'autres sites est d'une ampleur inédite « depuis au moins quinze ans ».
Si ces soignants se sont mis en grève et ont appelé les autres SAU de France à les rejoindre, c'est pour dénoncer la dégradation de leurs conditions de travail et faire reconnaître la violence quotidienne à laquelle ils sont confrontés. La nuit précédente, une rixe entre deux bandes rivales a d'ailleurs eu lieu dans les locaux de l'hôpital Beaujon, à Clichy, dans les Hauts-de-Seine. [...] En début de semaine, Martin Hirsch, le directeur général du groupe, a musclé ses premières propositions. Outre des engagements renouvelés pour renforcer la sécurité dans les services, il a notamment promis seize postes supplémentaires aux quarante-cinq déjà annoncés la semaine précédente pour les vingt-cinq SAU du groupe. Il s'est également engagé à augmenter le nombre de personnels proportionnellement à l'activité.

François Béguin, « La grève s'étend dans les services d'urgences de l'AP-HP », www.lemonde.fr, 20 avril 2019.

DOC. 2 L'AP-HP

L'Assistance publique-Hôpitaux de Paris (AP-HP) est un établissement public de santé et le centre hospitalier universitaire (CHU) de la région Île-de-France. Elle est le premier employeur d'Île-de-France : 100 000 personnes – médecins, chercheurs, paramédicaux, personnels administratif et ouvriers – y travaillent, tous fonctionnaires de l'État. L'AP-HP est dirigée par depuis 2013 par Martin Hirsch, haut fonctionnaire de l'État.

D'après www.aphp.fr

5 Se préparer au bac — Reconnaître les différents styles de direction et les facteurs de la dynamique de groupe

1. Quelles sont les valeurs de la culture d'organisation de BlaBlaCar ? Quels sont les mythes ? les rituels ? et les symboles ?
2. Expliquez comment cette culture d'organisation permet à l'entreprise la cohésion de ses membres.
3. Quel est le style de direction des managers de BlaBlaCar ? Justifiez votre réponse.
4. Peut-on parler de dynamique de groupe chez BlaBlaCar ? Justifiez votre réponse.

Vidéo : « L'état d'esprit dans l'économie collaborative : l'exemple de BlablaCar »
liennathan.fr/dvlc48

DOC. 1 Blabacar, la force de la culture, de l'interne aux consommateurs

BlablaCar, c'est LA plateforme de covoiturage phare en France, mais aussi dans 22 autres pays, à raison de 87 millions de membres dans le monde. Quels sont les mythes qui font, en partie, de cette société un succès mondial ? Ils ne peuvent pas être juste des mots, ils doivent être explicités, incarnés, ritualisés et vivants.

Des mythes explicites :

On retient finalement peu les grandes phrases, il faut que les principes soient actionnables pour être mémorables plus facilement.

Chez BlablaCar, les principes sont les suivants :

- « Be The member » : C'est le fondement même de la plateforme, via l'entraide entre chaque membre. Chacun est acteur de la communauté, y compris en interne chez BlablaCar.
- « Be Lean, Go Far » : Malgré sa forte croissance et son développement international, BlablaCar reste une société avec un ADN profondément lié à la start-up, et conserve une agilité forte pour continuer à être innovant et confirmer sur la distance cette croissance.
- « Share more, Learn more » : Une culture ne doit pas être une culture de la rétention dans une entreprise, sinon elle se politise. Le partage d'informations doit être au cœur de chaque institution, pour apprendre de l'autre en permanence. Ce qui entraîne également une certaine forme d'humilité aussi.
- « Dream, Decide, Deliver » : Chacun de ces trois principes existent à part entière, et il doit convenir d'identifier précisément les temps de chacun.
- « Fail, Learn, Succeed » : Comme nous l'explique Verena « *rater n'est pas une finalité, c'est le début du chemin et cela permet souvent de construire mieux* ». Encore une fois, le partage est au cœur du sujet car c'est en partageant les apprentissages de ces échecs que l'on gagne en expérience.
- « Fun & Serious » : Ce dernier mythe chez BlablaCar englobe l'ensemble des 6 autres évoqués plus haut : s'investir totalement mais dans une dynamique agréable pour tous.

Pour que ces mythes puissent exister et ne se résument pas à des valeurs lointaines, ils doivent être incarnés. Chez BlablaCar ce sont les fondateurs qui les incarnent évidemment, mais aussi au niveau du management dans certaines décisions. Chaque personne recrutée chez BlablaCar adhère à ses valeurs. Il est important d'avoir un suivi du plus haut au plus bas de l'échelle afin que tout le monde se sente concerné.

Autre exemple en interne avec « Share more, Learn More », BlablaCar organise chaque semaine des « BlablaTalk » où chaque équipe doit présenter à l'ensemble de l'entreprise ses enjeux, ses objectifs. Cela permet de tenir au courant l'ensemble des équipes des avancements de chaque entité et donc d'impliquer, mais aussi d'apprendre des autres, y compris sur des sujets qui ne sont pas directement les leurs.

viuz.com, 09 décembre 2020.

DOC. 2 Frédéric Mazzella : fondateur de BlaBlaCar

Frédéric Mazzella a initié et mené l'aventure entrepreneuriale de BlaBlaCar, de l'idée originelle jusqu'à la création de la première communauté mondiale de covoiturage longue distance.
L'idée de BlaBlaCar est née d'un besoin personnel. Il devait rentrer en Vendée depuis Paris pour passer les fêtes de Noël en famille en 2003. Mais tous les trains affichaient complet. C'est finalement sa sœur, habitant alors à Rouen, qui est passée le prendre. Et sur la route, il s'est rendu compte que la plupart des voitures étaient vides. Il a alors réalisé qu'il y avait des places libres pour rentrer chez lui : seulement, elles n'étaient pas dans les trains mais dans les voitures ! C'est ainsi que l'idée de BlaBlaCar est née.

www.blablacar.fr

6 Se préparer au Grand oral

À l'aide de vos connaissances et en prenant appui sur des exemples d'entreprises pour illustrer vos arguments, répondez à la question suivante : « **Quels sont les différents styles de direction ?** »

Synthèse

Les acteurs internes à l'organisation

- **Salariés, représentants des salariés et syndicats**
- **Actionnaires**
- **Dirigeants**

Intérêts convergents
Relations partenariales entre les acteurs internes

Intérêts divergents
Relations conflictuelles entre les acteurs internes

La culture d'organisation : ensemble de valeurs, de mythes, de rituels et de symboles

- **Cohérence de tous les acteurs internes**
- **Adhésion des acteurs autour d'objectifs communs**

Les différents styles de direction

- **Style autoritaire**
- **Style paternaliste**
- **Style consultatif**
- **Style participatif**

Dynamique de groupe : système d'interdépendance entre les membres du groupe assurée par le rôle du leadership, le degré de cohésion du groupe et la prise de décisions communes

Lexique

- **Culture d'organisation :** la culture d'organisation peut être définie comme un ensemble de valeurs, de mythes, de rituels et de symboles qui participent à la cohérence de tous les acteurs internes à l'entreprise en suscitant leur adhésion et leur permettant de se reconnaître et de se mobiliser autour d'objectifs communs.
- **Dynamique de groupe :** Kurt Lewin définit la dynamique de groupe comme un système d'interdépendance entre les membres d'un groupe, dont la cohésion est assurée par un sentiment d'appartenance, des solidarités, des échanges et des décisions communes. Le rôle du leader est essentiel à cette dynamique.
- **Intérêts divergents :** relations conflictuelles entre les acteurs internes.
- **Intérêts convergents :** relations partenariales entre les acteurs internes.
- **Styles de direction :** façon d'exercer le pouvoir pour un dirigeant d'entreprise. Rensis Likert distingue quatre grands styles de direction : autoritaire, paternaliste, consultatif et participatif.

Comment fédérer les acteurs de l'organisation ?

10

Capacités

- Identifier les modalités de coopération dans une organisation
- Distinguer les facteurs de motivation

Avant la classe

Vidéo : « La coopération »
liennathan.fr/176dyo

▸ **À partir de ces trois scènes, expliquez comment la coopération entre les individus permet d'être plus performant.**

Situation

L'Oréal a été créée en 1909 par un jeune chimiste qui invente cette année-là une teinture capillaire qu'il fera breveter. L'entreprise française ne cessera ensuite de se développer pour devenir, aujourd'hui, le premier groupe de cosmétiques mondial.
Le groupe est présent sur le segment grand public avec des marques comme Garnier, Essie ou Ombrelle. Il propose aussi des produits capillaires pour les professionnels avec sa marque Kérastase, et des produits cosmétiques haut de gamme avec les marques Vichy, La Roche-Posay et Biotherm. Mais L'Oréal, c'est aussi la distribution de produits de luxe avec Diesel ou Ralph Lauren.
Le groupe est aujourd'hui implanté dans 150 pays, compte 88 000 collaborateurs et a réalisé un chiffre d'affaires de près de 27,99 milliards d'euros en 2020.

1 Identifier les modalités de coopération dans une organisation

DOC. 1 L'Oréal : travailler ensemble

Comme le disait notre fondateur, Eugène Schueller, « Une entreprise, ce n'est pas des murs et des machines mais des hommes, des hommes, des hommes. ». Rejoindre L'Oréal, c'est rejoindre le leader mondial de la beauté, une entreprise à la pointe de l'innovation. Mais surtout rejoindre une équipe formée de personnes talentueuses et inspirantes.

Nos équipes sont notre force. C'est le fondement de notre manière de travailler. Nos dirigeants croient profondément au pouvoir du travail en équipe, qui nous permet de tester, d'apprendre et d'innover ensemble. Nous croyons en chaque membre de nos équipes, nous encourageons chacun à exprimer sa personnalité, nous soutenons les évolutions internes à l'intérieur de notre entreprise.

Nous croyons en un environnement de travail accueillant qui promeut la diversité, l'accompagnement et le soutien. Nous voulons que, dans nos équipes, nos collaborateurs sentent qu'ils peuvent être eux-mêmes, et qu'ils puissent se réaliser. Nous investissons dans la création d'espaces de travail adaptés. Nous concevons nos bureaux pour vous faciliter la vie. Nous encourageons le réseau, le bien-être, la communication et l'échange entre collègues.

Soyez authentique, sincère. Soyez qui vous êtes. Créez, faites des erreurs et réessayez. Faites partie d'une équipe diversifiée, innovante et flexible. Ensemble, il n'y a rien que nous ne puissions réaliser.

www. loreal.com

- La **coopération** est un mode de relation où les individus participent volontairement à un travail commun dans le but d'atteindre des objectifs en partageant leurs compétences.
- Une **communauté de pratique** est un groupe de personnes qui partagent un domaine d'expertise et échangent des idées en transmettant leurs expériences et leurs connaissances au sein de cette communauté.

DOC. 2 Le MYT (Make Your Technology) de L'Oréal

Le MYT a pour vocation de créer cette même démarche d'incubation en interne, pour identifier, développer et implémenter des idées grâce aux nouvelles technologies 4.0 et aux méthodes agiles (idéation – incubation – accélération).

Installé à Aulnay-sous-Bois, ce nouvel incubateur de 800 m² a été mis en place pour les équipes Industrie et Supply Chain de la région EMEA (Europe – Moyen Orient – Afrique) afin de favoriser la coopération entre les employés, les experts et les universités. Cet espace collaboratif est équipé de technologies de pointe (robots, imprimantes 3D, technologie numérique, réalité virtuelle et augmentée) pour répondre aux différents besoins des participants.

L'objectif du MYT ? Permettre aux équipes de créer, prototyper et transformer leurs idées en réalisations concrètes, pour un déploiement international.

Pour cette première édition, 14 projets sur 160 ont été sélectionnés pour rejoindre l'aventure, rassemblant ainsi dans un même espace 5 nationalités et 12 sites L'Oréal !

www. loreal.com

Situation La coopération entre les salariés est possible chez L'Oréal grâce à des processus qui créent des interdépendances dans le travail et à des outils numériques qui accompagnent ces processus.

1 Quelles sont les actions menées par L'Oréal pour favoriser la coopération entre ses salariés ? Doc 1

2 Quel est l'intérêt pour L'Oréal de favoriser la coopération entre ses salariés ? Doc 1

3 Expliquez comment cette coopération permet aux salariés d'être plus créatifs et plus performants. Doc 2

4 Expliquez comment L'Oréal favorise la communauté de pratiques. Doc 2

5 Montrez comment ces outils numériques permettent de renforcer davantage la coopération entre les salariés. Docs 1 et 2

Faites le point ! STMG_Management_Term_ch10_point_partie1.pdf

2 Distinguer les facteurs de motivation

DOC. 3 Les facteurs internes et externes de motivation

La **motivation** est le fruit d'un ensemble d'actions menées par l'entreprise pour influencer le comportement des salariés et les inciter à s'investir pleinement et efficacement dans la réalisation et l'aboutissement de leurs tâches.
– **Les facteurs internes (intrinsèques) :** le salarié agit uniquement pour son intérêt et le plaisir qu'il trouve à réaliser une tâche, sans attente de récompense autre. Il est motivé par un besoin de reconnaissance, le fait d'être valorisé, le plaisir du travail accompli, le sens du travail bien fait ou de la performance.
– **Les facteurs externes (extrinsèques) :** le salarié agit sous l'influence d'une circonstance extérieure à lui, une punition ou une récompense.

DOC. 4 Les avantages des salariés de L'Oréal

Jusqu'à 11 à 12 jours de congé supplémentaires, télétravail, jusqu'à 7 900 à 19 550 € de primes, intéressement ou participation, bonnes conditions de travail, self, complémentaire retraite, mutuelle, prévoyance, crèche, parking, CE, chèques-vacances, tickets cinéma, subventions vacances, chèques-cadeaux, culture et sport, accord d'égalité hommes/femmes [...].

www.avantage-entreprise.com

DOC. 5 La qualité de vie au travail au cœur de la stratégie RH de L'Oréal

Bertrand de Senneville, Directeur Général des Relations Sociales du Groupe L'Oréal, a fait de la QVT (Qualité de Vie au Travail) une priorité, en mettant tout en œuvre pour que les collaborateurs soient épanouis. « Derrière cette démarche, nous souhaitons coller aux nouvelles aspirations des employés et, bien sûr, fidéliser et attirer les talents. » La politique QVT de L'Oréal se répartit en trois grands piliers : « *Enjoy your Environnement* », « *Enjoy your Work* » et « *Enjoy a Positive Mindset* ».
Le premier pilier, ***« Enjoy your Environnement »***, insiste sur l'importance de l'environnement de travail : bureaux et services proposés aux collaborateurs. À ce titre, un programme spécifique pour l'Île-de-France, « Vision », définit un cadre commun pour l'ensemble des bureaux du Groupe, dont les maîtres mots sont ouverture, espaces collaboratifs, technologie et services contribuant à la balance vie pro/vie perso.
Le deuxième pilier QVT, ***« Enjoy your Work »***, promeut un accompagnement des équipes vers un management plus efficace, se basant sur un management par objectifs et résultats plutôt que sur le management présentiel. « La journée "classique" 9 h 30-19 h 00 n'a plus vraiment de sens aujourd'hui : nombreux sont ceux qui préfèrent aménager eux-mêmes leur planning en fonction de leurs contraintes. [...] » Le Groupe travaille aussi beaucoup sur la formation des managers, notamment sur l'appréhension et la gestion du stress.
Enfin, le troisième pilier, ***« Enjoy a Positive Mindset »***, concerne tout ce qui tourne autour de l'ambiance de travail. « Des apéros entre collègues à la journée de bénévolat internationale Citizen Day, en passant par les summer parties réunissant les équipes autour d'un barbecue, nous multiplions les initiatives pour créer un esprit de corps ». Résultat attendu ? Des collaborateurs plus équilibrés, plus heureux... et plus engagés !
Pour l'instant, à en croire les premiers retours, les collaborateurs sont enthousiastes et se disent bluffés par le niveau et la qualité des services proposés dans les différents sites du Groupe. Parmi eux, les nouveaux bureaux de Hudson Yards brillent d'un éclat particulier. Situés en plein cœur de Manhattan, ils veulent incarner le dynamisme et la créativité entrepreneuriale de L'Oréal USA. Espaces collaboratifs, lumière naturelle, tri sélectif et salles de réalité virtuelle : tout est fait pour que les employés se sentent bien, dans un environnement résolument moderne, écologique et connecté au reste du monde.

www.strategist-global.fr

Situation Un ensemble de facteurs internes et externes permet à L'Oréal de développer la motivation de ses salariés et de favoriser une réelle qualité de vie au travail.

6 Quelles sont les dispositions mises en œuvre par L'Oréal pour favoriser la motivation externe de ses salariés ? Docs 3 et 4

7 Quelles sont les dispositions mises en œuvre par L'Oréal qui sont susceptibles d'agir sur la motivation interne des salariés ? Docs 3 et 4

8 Pour quelles raisons est-il important pour L'Oréal de développer la motivation de ses salariés ? Docs 3 et 4

9 Listez toutes les actions menées par L'Oréal pour améliorer la qualité de vie au travail. Doc. 5

10 Pour quelles raisons L'Oréal cherche-t-elle à améliorer les conditions de vie de ses salariés ? Doc. 5

11 Expliquez comment l'amélioration de la qualité de vie au travail permet à l'entreprise d'être plus performante. Doc. 5

Faites le point ! STMG_Management_Term_ch10_point_partie2.pdf

Applications

1 Testez vos connaissances

Répondez par vrai ou faux aux propositions suivantes.

1. Le groupe-projet est un mode de management favorisant la coopération.
☐ Vrai ☐ Faux
2. Une plateforme collaborative permet aux salariés d'échanger des informations.
☐ Vrai ☐ Faux
3. Le réseau social d'entreprise facilite la coopération des salariés.
☐ Vrai ☐ Faux
4. Travailler pour obtenir une prime correspond à une motivation interne.
☐ Vrai ☐ Faux
5. Des horaires fixes imposés aux salariés permettent d'améliorer la qualité de vie au travail.
☐ Vrai ☐ Faux
6. Une bonne qualité de vie au travail permet d'améliorer les performances de l'entreprise.
☐ Vrai ☐ Faux

2 Identifier les modalités de coopération dans une organisation

1. Montrez comment le numérique peut renforcer la coopération entre les salariés.

DOC. Le numérique accroît l'engagement des salariés au travail

Pour permettre aux collaborateurs de s'épanouir dans leur travail, les entreprises disposent de solutions digitales qui facilitent leur efficacité, leur relation ou leur autonomie pour atteindre la satisfaction et la reconnaissance espérée. Cela passe par des plateformes collaboratives de Digital Workplace, mais aussi par des solutions dématérialisées de carrières, de bulletins de paie, de signature de contrat de travail ou de votes aux élections professionnelles.
L'autonomie, l'utilité sociale, la reconnaissance et la qualité des relations sont les quatre piliers essentiels du bien-être des salariés au travail. Sans ces fondamentaux, le mal-être en entreprise (désengagement socio-organisationnel) se développe avec des répercussions fâcheuses sur la productivité des collaborateurs (maladie, absentéisme, retard, stress, turn-over…) et par conséquent sur la performance même de l'entreprise. […]
L'enjeu pour les DRH est donc de fidéliser leurs collaborateurs en leur simplifiant la vie au travail pour stimuler leur engagement. Pour cela, les entreprises disposent d'outils digitaux qui leur permettent d'être un vecteur de satisfaction de leurs salariés. Ainsi, certains éditeurs de logiciels proposent des Digital Workplace, des espaces de travail numériques, qui correspondent à l'évolution de l'intranet, plaçant le collaborateur au centre des fonctionnalités.
Ces Digital Workplace rassemblent un ensemble de solutions transversales qui permettent de faciliter le travail des salariés. De plus, ils impliquent l'ensemble du personnel, y compris la direction et l'encadrement. Communication interne par intranet, relation clients ou fournisseurs par l'extranet, gestion collaborative des documents, gestion et échange des connaissances par le réseau social d'entreprise, partage des savoir-faire par le social learning, recherche de formation par l'e-learning… sont autant de fonctionnalités qui contribuent à faciliter la qualité du travail des salariés, à accroître leur efficacité et à leur donner la reconnaissance espérée. « *Toutes ces solutions contribuent aux objectifs d'efficacité, de connaissance, de communication et de collaboration, les quatre fondamentaux du bien-être et de l'épanouissement des salariés au travail* », indique Vincent Bouthors, PDG de Jalios, éditeur français majeur sur le marché du Digital Workplace.
De même, l'éditeur de logiciel Insight propose depuis 2018 aux PME et aux grands groupes, sa plateforme de communication et de collaboration Insight Digital Workspace pour améliorer l'engagement des employés. Reposant également sur Microsoft Office 365, la plateforme rassemble les actualités et les mises à jour de l'entreprise tout en donnant à ses salariés un accès rapide et facile à leurs tâches quotidiennes. La plateforme agrège aussi les applications tierces. Elle assure la visibilité des réunions à venir, via Outlook, et par des notifications Microsoft Teams en temps réel. Le tout sous une forme personnalisée pour l'utilisateur, par une technologie d'intelligence artificielle qui tient compte du contexte.

Bruno Mouly, www.gpomag.fr, juin 2020.

3 Distinguer les facteurs de motivation

1. Quelles sont les actions mises en œuvre par Facebook pour améliorer la qualité de vie au travail de ses salariés ?
2. Pour quelles raisons Facebook cherche-t-elle à améliorer les conditions de travail de ses salariés ?
3. Les actions mises en œuvre par Facebook ont-elles pour objectif de favoriser la motivation interne du salarié ou sa motivation externe ? Justifiez votre réponse.
4. La politique de motivation de Facebook est-elle efficace ? Justifiez votre réponse.

DOC. 1 Pourquoi veulent-ils tous travailler chez Facebook ?

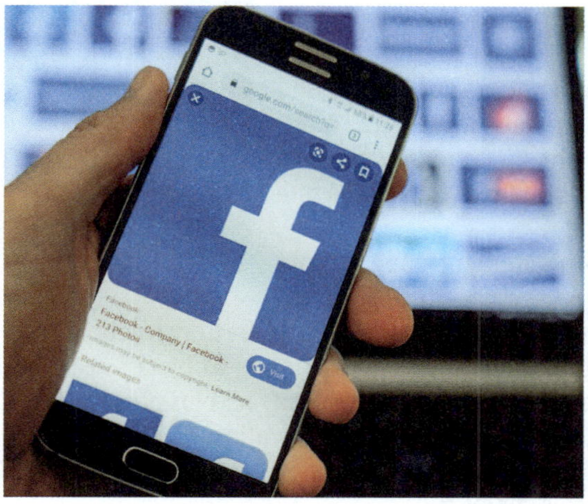

Ça y est, les résultats du classement annuel de Glassdoor.com ont été publiés. Cette année, Facebook prend la place de Google et s'impose à la première place du palmarès, c'est-à-dire comme l'entreprise où il fait bon travailler, le moteur de recherche aux quatre couleurs ayant été relégué à la 30e position. Culture d'entreprise, état d'esprit, relations hiérarchiques… quels sont les secrets de Facebook pour autant plaire en qualité d'employeur ? C'est la réponse que nous tentons d'apporter dans cet article.

Heureux qui comme un salarié Facebook… a des avantages au-dessus de la moyenne

Chez Facebook, l'acquisition et la rétention de talent se prend au sérieux. Un comité d'audit est ainsi chargé d'analyser les avantages offerts par les grandes entreprises à leurs salariés, de manière à rester compétitif et à continuer de séduire les meilleurs éléments.

Ainsi, un salarié Facebook bénéficie d'un régime de santé et retraite, de davantage de jours de congés payés (21, ce qui n'est pas une obligation aux États-Unis), une prime de 4 000 $ et un congé parental allant jusqu'à quatre mois pour les salariés à plein temps. Dès l'arrivée de leur enfant, ces derniers bénéficient également d'un remboursement capé de frais de garde jusqu'aux 5 ans du petit dernier.

Facebook ne se préoccupe pas seulement du bien-être de ses salariés sur le lieu de travail : le géant des réseaux sociaux encourage ses collaborateurs à la pratique du sport avec notamment un remboursement de 50 % sur un abonnement à un club de gym ; il leur simplifie le quotidien par le biais d'un service de conciergerie gratuit. Il montre également son engagement en faveur de l'environnement en contribuant aux frais de transport pour ceux qui ne disposent pas de la navette gratuite jusqu'à Palo Alto.

Chez Facebook, le lieu de travail devient un lieu de vie à l'instar d'un village de vacances où tout est compris, du petit-déjeuner au repas et au café et snacks variés à consommer sans modération au cours de la journée.

À côté des aspects matériels et tangibles que Facebook offre à ses salariés, ceux-ci apprécient particulièrement la flexibilité des horaires de travail ainsi que la possibilité de travailler depuis leur domicile.

Les salaires chez Facebook sont également conséquents, au même titre que les stock-options [actions de l'entreprise] proposés aux salariés, qui non seulement rétribuent leur engagement dans la société mais qui leur permettent également de prendre une partie de responsabilité dans la réussite de leur employeur.

Dans son organisation de travail, Facebook séduit également : des « Hackatons », réunions ressemblant à des brainstormings laissant libre cours à toutes les idées nouvelles quelles qu'elles soient, au concert surprise de Kanye West et au « Game Day », tournoi sportif annuel interne, le réseau social plébiscité par ses employés bichonne ceux et celles qui leur accordent leur temps et leurs compétences. En retour, des salariés heureux, libres et valorisés qui contribuent à l'expansion de l'entreprise américaine.

Une stratégie gagnante, dans la mesure où Facebook réussit aujourd'hui à acquérir de nombreux talents, dont certains puisés directement dans les effectifs de Google, à l'image de Paul Adams, responsable de l'expérience utilisateur chez Google, par exemple.

www.myrhline.com

4 Distinguer les facteurs de motivation

★★

1. Quels sont les risques psychosociaux auxquels sont exposés les salariés de l'entreprise Bouygues Construction ?
2. Quelles sont les actions de Bouygues pour prévenir ces risques ?
3. Expliquez comment la prévention des risques est un élément de la qualité de vie au travail dans l'entreprise.

DOC. 1 La prévention des risques chez Bouygues Construction

La principale richesse de Bouygues, ce sont nos collaborateurs.
Garantir leur santé et leur sécurité est donc notre priorité.
Le groupe Bouygues est présent dans des métiers particulièrement exposés aux risques d'accidents du travail. Il se donne pour objectifs de réduire le nombre et la gravité de ces derniers, et d'améliorer la santé de ses collaborateurs. La prévention du risque routier ou des risques psychosociaux fait ainsi l'objet d'actions dans tous les métiers.
C'est toutefois sur les chantiers, lieux recelant des dangers par nature, que la nécessité de la prévention est cruciale. Les filiales de la construction tant en France qu'à l'international déploient donc des efforts très intenses et s'appuient sur un réseau mondial de préventeurs. Elles obtiennent dans ce domaine des performances meilleures que les standards du secteur BTP.

Les **risques psychosociaux** sont définis comme des risques pour la santé physique et mentale des travailleurs. Leurs causes sont à rechercher tant dans les conditions d'emploi que dans les facteurs liés à l'organisation du travail et aux relations de travail.

[L'engagement pour la santé et la sécurité des collaborateurs est la priorité de Bouygues Construction avec un seul standard partout dans le monde : l'objectif « zéro accident ». Cette volonté s'exprime à travers plusieurs démarches : formation des équipes, amélioration continue des méthodes de construction, lutte contre les addictions, contrôles renforcés sur les sites…]
[…] En France, les politiques en matière de santé et de sécurité au travail sont déployées en concertation avec les CHSCT[1]. Enfin, la mise en place d'un système de management de la sécurité […] constitue la base organisationnelle des unités opérationnelles du groupe Bouygues.

1. Comité d'Hygiène, de Sécurité et des Conditions de Travail.

www.bouygues.com

DOC. 2 Safety Room : une innovation santé sécurité sur nos chantiers !

Dans un souci d'amélioration continue du management de la sécurité, les équipes de plusieurs chantiers de Bouygues Bâtiment Ile-de-France et Brézillon ont créé un nouveau lieu commun, ouvert à tous et dédié à la sécurité : la Safety Room ! Suivez le guide !
La santé et la sécurité de nos collaborateurs et de nos partenaires reste notre priorité absolue !
La Safety Room est un lieu où l'échange, le partage et la sensibilisation sont à l'honneur : un lieu commun dédié à l'harmonisation de nos standards de sécurité, convivial et ouvert à tous (chefs de chantier, compagnons, conducteurs de travaux, partenaires sous-traitants, clients…).
Constituée de bungalows proches de la base vie et toujours ouverte, la Safety Room est un passage obligé pour rentrer sur le chantier, tel un sas d'immersion.
L'endroit est constitué de plusieurs espaces thématiques s'appuyant sur une communication visuelle des règles vitales et le partage d'indicateurs santé sécurité. Véritable lieu collaboratif, chacun peut ajouter ou remonter des informations, poser des questions, s'informer ou encore vérifier ses connaissances.
« La safety room est un lieu de partage complet aussi bien en sécurité qu'en logistique, un vrai plus pour la compréhension ! »

www.bouygues-batiment-ile-de-france.com

5 Se préparer au bac

Identifier les modalités de coopération dans une organisation

★★

1. Quelles sont les actions mises en œuvre par EDF pour offrir la possibilité à ses salariés de proposer des projets ?
2. Montrez comment le travail sur ces projets favorise la créativité et la coopération entre les salariés.
3. Expliquez comment ce travail en équipe-projet permet de développer la motivation des salariés.
4. Pour quelles raisons EDF a-t-elle intérêt à favoriser ces projets ? Quels sont les bénéfices pour un salarié d'EDF de participer à un de ces projets ?

DOC. 1 Chez EDF, innover au travail en mode start-up… Oui, c'est possible

Depuis plusieurs années, le groupe EDF engage des actions pour améliorer la qualité de vie au travail et *in fine* apporter plus de performance aux collectifs. Cette démarche conduit les salariés à plus d'agilité et d'autonomie. Elle s'inscrit dans l'esprit des nouveaux modes de travail insufflés par les start-up. Environnement collaboratif, lieux d'innovation, nouvelles méthodes de travail, transversalité… Au-delà des dispositifs relatifs au télétravail ou aux espaces de coworking, le groupe EDF donne à ses salariés la possibilité de concilier épanouissement dans leur mission et performance en leur permettant de développer leur esprit d'entreprendre et de coopération au sein du groupe, d'expérimenter de nouvelles méthodes de travail, et de décloisonner les métiers pour créer de la valeur.
« Prendre en compte l'avis des équipes sur la vie de l'entreprise, les responsabiliser davantage sur leurs missions, susciter l'innovation… Ces démarches créent un essaimage positif et une émulation globale dont tirera profit de facto le collectif », explique Christophe Carval, directeur des ressources humaines chez EDF. Au sein du Groupe, de plus en plus de salariés, à tous les niveaux, expriment le souhait de développer leurs propres projets dans des logiques de start-up. Pionner de cette facilitation dans l'expression d'idées, le Challenge du nucléaire rassemble toutes les équipes du nucléaire du groupe : du parc en exploitation, du nouveau nucléaire, de l'ingénierie, de la division technique générale et de la R&D. Chaque année, les équipes proposent près de 200 innovations au service de la sûreté, de la sécurité et de la performance du parc nucléaire.
EDF offre aussi à ses salariés la possibilité de bénéficier, sur leur temps de travail, de moyens pour mener un projet innovant. Ils deviennent ainsi des intrapreneurs. C'est une opportunité de pouvoir, tout en gardant son poste et son salaire, s'investir dans des projets stimulants. Il peut ainsi développer de nouvelles compétences ainsi qu'alimenter et/ou construire son projet professionnel.
Dans les entreprises, de plus en plus de laboratoires, d'espaces et programmes d'innovation fleurissent. Leur but : apporter et diffuser de nouvelles méthodes de travail dans les équipes. Rester connecté aux tendances, se renouveler dans un monde qui évolue de plus en plus vite, donner envie aux salariés de s'épanouir dans leur mission, tels sont les objectifs de ces lieux d'expression.

www.edf.fr

DOC. 2 La Chocolaterie d'EDF

EDF Pulse la Chocolaterie est un espace et un programme d'accélération de projets. Les salariés y concrétisent leurs idées pour le Groupe tout en se formant aux postures des entrepreneurs. […] Sur les 4 premières années, plus de 14 000 salariés ont déjà franchi la porte de cet espace pour participer à des ateliers. Créativité, co-construction, improvisation, motivation… sont autant d'éléments au rendez-vous. Les participants aux programmes d'accélération bénéficient aussi d'accompagnements personnalisés pour faire préciser, construire et tester leurs idées. Ainsi, plus de 165 projets de nature business, technologique, organisationnelle, etc. ont déjà vu le jour.
EDF Pulse la Chocolaterie accompagne les salariés porteurs de projets pour le groupe en s'inspirant des designers. Elle reprend les trois dimensions-clés qu'ils utilisent : la faisabilité technique, la viabilité économique et la désirabilité de chaque projet, car l'utilisateur final reste au cœur des préoccupations tout le long du processus. Pour cela, La Chocolaterie fait appel à des coaches et des designers. Grâce à eux, chaque projet passe de l'idée au prototype, testé grandeur nature auprès de vrais utilisateurs. Les participants apprennent ainsi à s'ajuster, s'adapter… ou à recommencer, mais aussi à embarquer des partenaires et des sponsors.

www.edf.f

6 Se préparer au Grand oral

À l'aide de vos connaissances et en prenant appui sur des exemples d'entreprises pour illustrer vos arguments, répondez à la question suivante : « **Quels sont les facteurs de motivation des salariés ?** »

Synthèse

Coopération : mode de relation où les individus participent volontairement à un travail commun dans le but d'atteindre des objectifs en partageant leurs compétences.

- **Groupe-projet**
- **Réunion**
- **Technique de créativité**
- **Communautés de pratique**

Dispositifs numériques de la coopération : agendas partagés, messagerie instantanée, plateforme collaborative, intranet, extranet.

Motivation : ensemble d'actions menées par l'entreprise pour influencer le comportement des salariés et les inciter à s'investir pleinement et efficacement dans la réalisation et l'aboutissement de leurs tâches.

- **Facteurs de motivation internes**
- **Facteurs de motivation externes**

QVT : Qualité de Vie au Travail

- **Conditions de travail**
- **Ambiance**
- **Autonomie**
- **Responsabilisation**

Lexique

- **Coopération :** mode de relation où les individus participent volontairement à un travail commun dans le but d'atteindre des objectifs en partageant leurs compétences. Les modes d'action coopératifs sont : les groupes-projets, les réunions, les techniques de créativité, les communautés de pratique.
- **Facteurs internes (intrinsèques) de la motivation :** le salarié agit uniquement pour son intérêt et le plaisir qu'il trouve à réaliser une tâche, sans attente de récompense autre. Il est motivé par un besoin de reconnaissance, le fait d'être valorisé, le plaisir du travail accompli, le sens du travail bien fait ou de la performance.
- **Facteurs externes (extrinsèques) de la motivation :** le salarié agit sous l'influence d'une circonstance extérieure à lui, une punition ou une récompense.
- **Motivation :** fruit d'un ensemble d'actions menées par l'entreprise pour influencer le comportement des salariés et les inciter à s'investir pleinement et efficacement dans la réalisation et l'aboutissement de leurs tâches.
- **Qualité de vie au travail :** sentiment de bien-être au travail perçu par les salariés et qui dépend des conditions de travail, de l'ambiance générale, de l'intérêt au travail, de l'autonomie et de la responsabilisation de chacun.

Les transformations numériques, vecteurs d'amélioration de la relation avec les clients et les usagers ?

11

Capacité

• Décrire l'apport des technologies numériques aux relations entre l'organisation, ses clients ou ses usagers

Avant la classe

Vidéo : « Comment Darty réinvente l'expérience client ? »
liennathan.fr/7w9z5s

Quel est l'intérêt pour Darty de connaître les attentes de ses clients ?

Situation

Darty, créée par deux frères en 1957, est une enseigne spécialisée dans la vente de produits d'électroménager, TV, vidéo, Hi-Fi, téléphonie et multimédia.
Le réseau Darty compte aujourd'hui en France, 433 magasins, dont 210 franchisés.
La stratégie marketing de Darty repose depuis 1973 sur le « contrat de confiance », qui garantit des prix bas toute l'année, un large choix de produits, des grandes marques et la qualité du service avant, pendant et après la vente.
En 1999, l'enseigne ouvre son site Internet marchand : www.darty.com.
En 2016, la Fnac rachète Darty et mutualise ainsi un parc de 510 magasins en France. Le groupe continue aujourd'hui sa mutation vers un modèle omnicanal, où magasins physiques et virtuels sont en totale synergie.

1 Identifier l'apport du numérique dans l'amélioration de la connaissance client

DOC. 1 Le processus d'achat

Le processus d'achat client comprend toutes les étapes d'un achat depuis la prise de conscience du besoin jusqu'à l'achat lui-même. Il est dit « digitalisé » lorsque les consommateurs utilisent des canaux digitaux lors de toutes ces étapes : Internet, les achats en ligne ou les réseaux sociaux

DOC. 2 Le consommateur au cœur du processus d'achat

Le consommateur d'aujourd'hui est de plus en plus informé grâce aux informations disponibles sur le web et d'autres supports, grâce à la tribune que lui donne l'accès aux réseaux sociaux et aux communautés virtuelles, il a le pouvoir de nuire à la réputation d'une entreprise ou d'une marque, il a le pouvoir de donner des recommandations, des prescriptions (*buzz*, bouche-à-oreille électronique, commentaires sur Facebook et autres réseaux…) et d'influencer les décisions de ceux qui font partie de son entourage et qui peuvent lui faire confiance plus que n'importe quel autre message à caractère publicitaire. [La révolution numérique, avec l'utilisation permanente des ordinateurs, d'Internet et des réseaux sociaux, a donné du pouvoir au consommateur.]

Rachid Amin, « Le marketing face à l'évolution du comportement du consommateur », www.journaldunet.com.

DOC. 3 Les étapes du processus d'achat d'un ordinateur

À chaque étape du processus d'achat, Darty enregistre des traces numériques sur l'activité et l'identité de ses utilisateurs, soit automatiquement (utilisation des cookies) soit par un dépôt intentionnel des clients.

Lors de l'achat d'un ordinateur par exemple, après la première étape du processus d'achat qui est la prise de conscience de son besoin, le client va généralement consulter plusieurs sites Internet pour rechercher des informations et comparer les produits et les marques.

On nomme cela le ZMOT (*Zero Moment Of Truth*), c'est-à-dire le moment où le consommateur va se mettre à rechercher une série d'informations sur Internet sur le produit qu'il désire acquérir.

Darty profite de cette visite sur son site pour recueillir et analyser toutes les données de navigation : pages consultées, temps passé sur chaque page, produits vus, comparaison avec d'autres produits, délais entre la première visite et la commande…

Puis, lors de l'étape suivante du processus d'achat, celle de l'achat en ligne ou en magasin, Darty collecte des informations sur l'historique des produits achetés, sur la fréquence d'achat, sur le mode de livraison choisi, le mode de paiement, le montant des achats, l'adresse de livraison…

L'ouverture de l'espace client Darty et la création de la carte de fidélité connectée sont encore une occasion de collecter des informations sur les clients : noms, prénoms, adresses, âges, numéros de téléphone, adresses e-mail…

Enfin, lors de la dernière étape, après l'achat, Darty recueillera des informations du service client et du SAV (service après-vente) sur d'éventuels incidents de livraison ou sur des réclamations clients. L'enseigne peut aussi collecter des informations en analysant les commentaires et les réactions sur les réseaux sociaux : Instagram, Facebook, Twitter… Les produits « likés », les commentaires positifs ou négatifs, sont encore une source d'information pour l'enseigne.

Situation Chaque étape du processus d'achat digitalisé est une occasion pour Darty de recueillir des informations sur ses clients.

1 Expliquez pour quelles raisons la révolution numérique a placé les consommateurs au cœur du processus d'achat. Docs 1 et 2

2 Citez les différentes étapes du processus d'achat d'un ordinateur. Doc. 3

3 Expliquez de quelle manière Darty recueille des traces numériques sur ses clients. Doc. 3

4 Quelles sont les informations sur les clients recueillies par Darty lors de chaque étape du processus d'achat d'un ordinateur ? Doc. 3

5 Pourquoi peut-on dire que le processus d'achat chez Darty est digitalisé ? Doc. 3

6 Expliquez comment la digitalisation du processus d'achat chez Darty facilite le recueil d'informations sur les clients. Doc. 3

Faites le point ! STMG_Management_Term_ch11_point_partie1.pdf

2 Identifier l'apport du numérique dans l'analyse du comportement du consommateur

DOC. 4 Le comportement des consommateurs lors de l'achat d'un ordinateur

Le recueil de toutes ces informations a permis à Darty d'analyser le comportement de ses clients lors de l'achat d'un ordinateur. L'analyse des résultats permet de dégager les tendances suivantes :
– 85 % des clients achètent un ordinateur pour un usage personnel et 15 % pour l'offrir ;
– 60 % estiment qu'ils peuvent renoncer à l'achat d'un ordinateur à cause d'un prix trop élevé.
La grande tendance aujourd'hui est les petits ordinateurs portables. En effet, la grande majorité des clients recherchent des ordinateurs performants et légers et veulent évidemment qu'ils aient une grande autonomie. Pour la plupart des clients, la marque Apple reste un gage de qualité et de haute technologie, elle reste la marque préférée des consommateurs même si ces derniers n'achètent pas forcément un ordinateur Apple. La marque est fortement concurrencée aujourd'hui par les nouveaux ordinateurs Surface de Microsoft (augmentation des ventes de 39 % en 2019). D'autre part, dans un contexte de développement du e-commerce et de digitalisation du processus d'achat, 52 % des Français dont 68 % des millenials (18-24 ans) confirment aussi préférer se rendre en point de vente pour tester leurs produits et bénéficier de l'expertise des vendeurs.

DOC. 5 L'analyse du comportement du consommateur

Le besoin est un état de tension ou de désir ressenti par un individu. La pyramide de Maslow comporte cinq niveaux partant des besoins de base d'un individu (sécurité, besoins physiologiques) jusqu'à ceux les plus élaborés qui convergent vers la réalisation de soi.
Une **motivation d'achat** est une raison poussant le consommateur à acheter un produit. H. Joannis distingue : les motivations oblatives (faire plaisir aux autres), les motivations hédonistes (se faire plaisir) et les motivations d'auto-expression (s'affirmer, exprimer ce que l'on est).
Les **freins à l'achat** sont des pulsions négatives qui empêchent l'achat. Il peut s'agir de peurs réelles ou irraisonnées des risques liés à l'achat (ex. : les ondes du smartphone sont dangereuses), d'inhibitions (difficulté à agir, ex. : « Je n'arriverai jamais à me servir de cet ordinateur ») ou de doutes (ex. : « Ai-je vraiment besoin de cette nouvelle télévision ? »).
L'**attitude** se définit comme l'ensemble des éléments d'évaluation personnelle dont dispose un individu vis-à-vis d'une marque ou d'un produit. Elle se compose :
– d'éléments cognitifs, liés à ce que l'individu connaît ou croit connaître sur le produit ;
– d'éléments affectifs, regroupant les sentiments éprouvés à l'égard du produit ou de la marque ;
– d'éléments conatifs, qui se composent des intentions d'actions éprouvées à l'égard de la marque (essai, achat…).

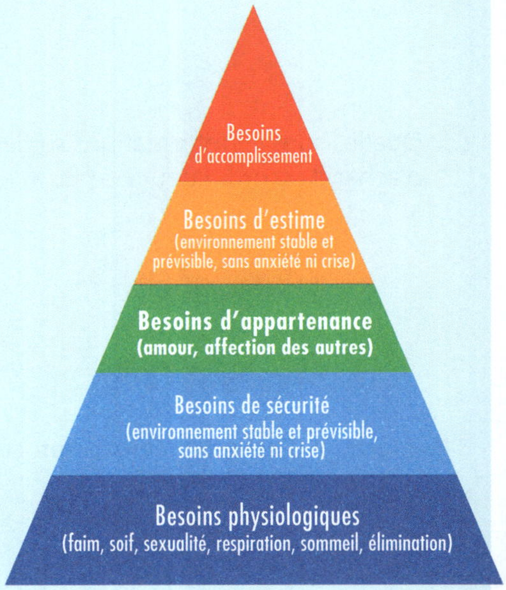

DOC. 6 Darty et Microsoft réinventent l'expérience client

Microsoft et Fnac Darty allient […] leur expertise pour offrir aux clients une expérience optimisée en magasin, pour répondre aux nouveaux besoins des consommateurs. Ainsi, 152 enseignes du groupe Fnac Darty présenteront l'offre des PC Windows de nouvelle génération [de Microsoft[1]] de manière simplifiée et clarifiée. Cet ambitieux concept de réorganisation physique – que le groupe Fnac Darty est le premier partenaire *retail* de Microsoft à déployer dans le monde – se traduira notamment par une segmentation des appareils par prix (du PC d'exception au PC à prix malin) et par usage pour plus de clarté, en donnant au consommateur plus d'espace pour tester et expérimenter les produits.

1. PC nouvelle génération : des PC fins avec une épaisseur de moins de 2 cm, légers (moins de 2 kg), avec une autonomie supérieure à 8 heures, avec des processeurs nouvelle génération et des écrans tactiles.

Capucine Simon, « Microsoft et Fnac Darty réinventent l'expérience client pour l'achat d'un PC », www.news.microsoft.com, 18 juillet 2019.

Situation L'ensemble des informations recueillies par Darty tout au long du processus d'achat digitalisé permet à l'enseigne d'avoir une connaissance plus approfondie du comportement de ses clients et d'adapter son offre à leurs attentes.

7 À quel besoin de la pyramide de Maslow correspond l'achat d'un ordinateur chez Darty ? Justifiez votre réponse. ▶ Docs 4 et 5

....

....

....

....

8 Comment pourrait-on qualifier la motivation de la majorité des clients de Darty lors de l'achat d'un ordinateur ? Quels sont les principaux freins ? Justifiez votre réponse. ▶ Docs 4 et 5

....

....

....

....

9 Quelle est l'attitude des consommateurs de Darty vis-à-vis de la marque Apple (éléments conatifs, cognitifs et affectifs) ? ▶ Docs 4 et 5

....

....

....

....

10 Expliquez comment le numérique facilite la connaissance du comportement du consommateur. ▶ Doc. 6

....

....

....

....

11 Quel est l'enjeu pour Darty de connaître le comportement de ses clients ? ▶ Doc. 6

....

....

....

....

12 Montrez comment Darty adapte son offre en fonction de l'analyse des comportements de ses clients. ▶ Doc. 6

....

....

....

....

Faites le point ! STMG_Management_Term_ch11_point_partie2.pdf

3 Décrire l'apport du numérique dans la gestion de la relation client

DOC. 7 Espace client Darty : une expérience personnalisée

Ayez le réflexe espace client Darty ! Créé lors de votre achat en magasin ou en ligne, il centralise toutes les informations concernant vos appareils. Avec l'espace client, vous accédez en un clic à une interface personnalisée en fonction de vos achats. Indispensable pour commander sur darty.com ou par téléphone, l'espace client vous permet aussi de suivre une commande en cours, suivre l'acheminement de votre colis, éditer vos factures, notices, faire une demande de remboursement de la différence de prix, éditer un formulaire de rétractation pour une commande darty.com, consulter votre contrat de confiance personnalisé ou encore suivre votre produit qui est en cours de réparation.

« Utiliser votre espace client Darty », www.darty.com.

La **gestion de la relation client (GRC)** est un ensemble de techniques et d'actions ayant pour but d'optimiser la relation avec le client et ainsi de le fidéliser.

DOC. 8 Le Bouton : appuyez, Darty vous dépanne !

Le Bouton Darty, c'est l'assistance Darty chez vous en un seul geste, 24 h/24 et 7 j/7. Inutile désormais d'appeler à l'aide un ami féru de nouvelles technologies pour brancher votre appareil photo à votre TV ou de lancer un SOS à son voisin bricoleur car votre machine n'essore plus correctement. Appuyez : un conseiller vous rappelle aussitôt pour vous dépanner à distance ou répondre à toutes vos questions, qu'elles concernent un produit acheté chez Darty ou ailleurs, sous garantie ou non. Il connaît vos équipements et pourra trouver la meilleure solution à votre problème, que ce soit une panne, une question d'utilisation, un achat ou le suivi d'une commande.

« Darty le Bouton », www.darty.com.

DOC. 9 Darty et les réseaux sociaux

Présent sur Facebook et Twitter, Darty vous propose d'y découvrir les dernières nouveautés en photos et vidéos, avec de multiples déballages et tests produits au programme. Vous pourrez également tenter de gagner le smartphone, l'ordinateur portable ou encore le robot cuiseur de vos rêves en participant à nos différents jeux-concours. Vous serez également informés des promos et bons plans en cours. Sur notre page Facebook dédiée à la cuisine, vous pourrez trouver toutes nos idées recettes (en photos et vidéos), les produits les plus innovants ainsi que des informations sur nos offres de cuisine sur mesure.

« De vous à nous », www.darty.com.

DOC. 10 La digitalisation de la relation client : une force pour Darty

La digitalisation de la relation client permet à Darty d'offrir à ses clients une offre personnalisée : avoir le bon produit au bon moment, au bon endroit. Elle permet aussi de faciliter leurs recherches, de gagner du temps, en leur assurant la disponibilité d'un produit. Elle offre aussi la possibilité de commander depuis un ordinateur ou en magasin ou sur son smartphone. Elle permet enfin de profiter de promotions et d'offres avantageuses qui répondent à un besoin précis à un moment précis.

Pour Darty, la GRC digitalisée est un outil qui lui permet dans un premier temps d'augmenter son chiffre d'affaires, mais aussi, dans un second temps, de maximiser l'expérience client et donc sa satisfaction pour, à terme, le fidéliser.

Situation La digitalisation du processus d'achat permet aussi à Darty d'améliorer sa gestion de la relation client.

13 Quels sont les outils utilisés par Darty pour gérer la relation avec ses clients ? Docs 7 et 10

14 Pourquoi peut-on dire qu'il s'agit d'une gestion de la relation client digitalisée ? Docs 7 et 10

15 Montrez comment cette gestion de la relation client permet une interactivité entre Darty et ses clients. Docs 7 et 10

16 Pourquoi peut-on dire que l'espace client Darty est un système d'information partagé ? Docs 7 et 10

17 Comment Darty utilise-t-il les réseaux sociaux pour être en interaction avec ses clients ? Doc. 10

18 Quels sont les avantages de la digitalisation de la relation client pour l'entreprise et pour le client ? Docs 7 et 10

Faites le point ! STMG_Management_Term_ch11_point_partie3.pdf

Applications

1 Testez vos connaissances

Répondez par vrai ou faux aux propositions suivantes.

1. Le processus d'achat est le chemin parcouru par un produit du producteur au client.
   ☐ Vrai ☐ Faux
2. La digitalisation du processus d'achat facilite la collecte d'informations sur les clients.
   ☐ Vrai ☐ Faux
3. Les mentions des nom, prénom et adresse laissées lors d'une commande en ligne peuvent être considérées comme des traces numériques.
   ☐ Vrai ☐ Faux
4. Une motivation d'achat hédoniste consiste à faire plaisir à un proche.
   ☐ Vrai ☐ Faux
5. Penser que Nike est une marque « jeune et branchée » est un élément conatif de l'attitude.
   ☐ Vrai ☐ Faux
6. Un des objectifs de la GRC est de fidéliser ses clients.
   ☐ Vrai ☐ Faux

2 Identifier l'apport du numérique dans l'amélioration de la connaissance client

★

1. Qu'est-ce qu'un logiciel de CRM ?
2. Quelles sont les principales fonctions d'un logiciel de CRM ?
3. Expliquez comment cette solution logicielle permet de répondre aux attentes des clients et donc de les fidéliser.

DOC. 1 Logiciel de CRM

Un logiciel de CRM (*Customer Relationship Management*, GRC en français) rassemble toutes les informations sur les clients (nom, prénom, adresse, e-mail, achats réalisés, fréquence des achats…) et, grâce à ces informations, permet de faire des offres personnalisées, par exemple : envoi d'une offre promotionnelle par e-mail adpatée au besoin du client et au moment où il en a besoin.

DOC. 2 Salesforce : le logiciel de CRM d'Afflelou

L'exploitation fine des données est plus que jamais au cœur de la stratégie digitale du groupe Afflelou. Alors que la fameuse marque de lunettes bascule sur Salesforce, tout l'enjeu du groupe est de bien embarquer ses franchisés dans cette petite révolution interne. […] L'objectif pour le groupe est clair : être à la pointe de la gestion de données afin de mieux fidéliser les clients existant et d'en capter de nouveaux, aussi bien en optique qu'en audio. Pour cela, Afflelou a décidé d'investir massivement. « Notre poste [de dépenses] le plus important porte sur le digital », relève [le PDG]. Ces investissements sont dans la lignée d'une augmentation significative du budget communication et digital du groupe ces dernières années : réseaux sociaux, applications mobiles, etc. « Aujourd'hui, nous nous attaquons au CRM », assure-t-il. Pour remplacer son ancien outil de CRM devenu obsolète, Afflelou s'est tourné vers le leader du marché Salesforce.

« La data, dans le visuer du group Afflelou », www.apax.fr.

Ce logiciel permet à l'enseigne de récolter de nombreuses informations sur les clients, de les traiter, de les recouper et d'envoyer ensuite des offres personnalisées par e-mail, par sms, sur le site Internet de l'entreprise ou encore sur les réseaux sociaux. Il s'agit pour l'entreprise de développer son chiffre d'affaires et de fidéliser ses clients en instaurant une relation de proximité permanente avec eux.

3 Identifier l'apport du numérique dans la relation avec les usagers

★★

1. Expliquez comment les services administratifs français utilisent les technologies numériques pour faciliter leur communication avec leurs usagers.
2. Montrez comment l'utilisation des nouvelles technologies permet aux services administratifs français de simplifier les démarches des usagers.
3. Expliquez comment les nouvelles technologies permettent à l'administration française d'être en conformité avec la loi sur la liberté d'accès aux documents administratifs de 1978.
4. Qu'est-ce que la fracture numérique ? Quelles sont les personnes les plus exposées à cette forme d'exclusion sociale ?

DOC. 1 La digitalisation des services administratifs français

Usager : personne qui utilise un service public.

Liberté • Égalité • Fraternité
RÉPUBLIQUE FRANÇAISE

La digitalisation des services administratifs est en marche. Le développement de la version 2.0 des services publics est devenu un enjeu particulièrement fort pour de nombreux élus comme pour les usagers. [...] Il est désormais possible de tout faire ou presque depuis son ordinateur, son smartphone ou sa tablette. L'e-administration est en train d'entrer dans les mœurs des Français, lentement mais sûrement.

L'obtention d'un acte de naissance en ligne est aujourd'hui une procédure simple et rapide grâce à des portails gouvernementaux, mais aussi des sites spécialisés. Plusieurs formalités réalisables en mairie ont suivi comme l'acte de décès, le renouvellement du passeport ou du CIN. Désormais, il est possible de réaliser des actes basiques comme le changement d'adresse jusqu'à des procédures plus complexes et plus pénibles comme la réclamation d'une aide sociale (prime d'activité ou encore RSA), la déclaration d'impôts ou encore la demande d'une bourse. Le centre fiscal est un service public qui ne peut plus désormais se passer de la déclaration de revenus en ligne. Il en est de même pour le ministère des Transports qui a mis en place le système de paiement ou de réclamations de contraventions en ligne. Les avancées technologiques et conceptuelles, comme le Big Data ou la centralisation des données, permettent de généraliser des actions. Il est par exemple possible de changer une adresse personnelle auprès de plusieurs organismes en une seule déclaration. Autrement dit, il suffit de changer son adresse sur le site du gouvernement dans la rubrique correspondante pour que les principaux organismes français soient avertis (ANPE, Sécurité sociale, La Poste, Pôle emploi, service des impôts, Caf, Caisse des retraites…). Les progrès ne s'arrêtent pas là puisque des *bots*[1] pourraient, très bientôt, remplacer les conseillers hotline sur les sites et seraient capables de répondre à des questions basiques.

Les queues interminables dans les bureaux des services publics, la lenteur administrative si légendaire et les va-et-vient indispensables aux paperasses administratives pourraient bien n'être plus que de mauvais souvenirs avec l'ère numérique. [...] Le développement de l'e-administration permet également de réduire les déplacements puisque les usagers n'auront plus besoin de se déplacer vers leur commune de naissance pour obtenir un acte d'état-civil par exemple. Les demandes sont déposées en quelques clics et les documents sont reçus en quelques jours par courrier ou récupérés en ligne.

1. *Bot* : logiciel opérant de manière autonome et automatique. Il est la contraction de « robot ».

Matthieu Espaze, « Digitalisation : au tour de l'administration », www.journaldunet.com.

DOC. 2 Loi sur la liberté d'accès aux documents administratifs de 1978

Les principes des modalités d'exercice du droit d'accès aux documents administratifs sont fixés par l'article 4 de la loi n° 78-753 du 17 juillet 1978 portant diverses mesures d'amélioration des relations entre l'administration et le public et diverses dispositions d'ordre administratif, social et fiscal.

« L'accès aux documents administratifs s'exerce, au choix du demandeur et dans la limite des possibilités techniques de l'administration, soit par consultation gratuite sur place, soit par courrier électronique et sans frais lorsque le document est disponible sous forme électronique, soit, sous réserve que la reproduction ne nuise pas à la conservation du document, par la délivrance d'une copie sur un support identique à celui utilisé par l'administration ou compatible avec celui-ci et aux frais du demandeur, sans que ces frais puissent excéder le coût de cette reproduction. »

« Accès aux documents administratifs », www.nord.gouv.fr.

DOC. 3 La fracture numérique

C'est un chiffre alarmant. En décembre 2017, le gouvernement lançait une « stratégie nationale d'inclusion numérique », destinée à venir en aide aux laissés-pour-compte du digital. Face à un État qui se veut toujours plus connecté, les citoyens devaient pouvoir être sur la même ligne. Patatras. Ce mardi 25 juin, le Syndicat de la presse sociale (SPS) publie un livre blanc sur « l'illectronisme », relayé par Le Figaro. On y apprend que cette situation concerne aujourd'hui 11 millions de Français, soit 23 % de la population.

Cette dénomination recouvre évidemment plusieurs réalités, comme le détaille Annie Ripon-Serre, coauteure du rapport. Les premiers concernés sont les plus âgés. « La fracture numérique concerne particulièrement les personnes âgées. Si 27 % des 60 ans n'utilisent jamais Internet, ce chiffre passe à 42 % pour les plus de 80 ans. » Pour autant, impossible de faire l'impasse sur les plus jeunes, chez qui la situation est loin d'être uniforme. « Pourtant nés avec ces nouvelles technologies et très à l'aise sur certaines applications, réseaux sociaux ou consoles de jeu, ils se trouvent désemparés dès que l'utilisation devient moins ludique », précise la spécialiste. Les personnes illettrées, qui représentent 7 % de la population française, sont aussi touchées. Enfin, les zones blanches, là où Internet ne parvient pas ou presque, constituent aussi des zones souvent touchées par l'illectronisme.

« Illectronisme » : la fracture numérique touche 11 millions de Français, www.lepoint.fr, 24 juin 2019.

4 Identifier les limites du numérique dans la relation avec les clients et les usagers

★★

À partir de l'exemple de YouTube et de Facebook, expliquez quels sont les risques de la collecte d'informations sur les clients.

DOC. 1 Amende record pour YouTube

YouTube, épinglé pour sa politique de collecte des données, a accepté de payer une amende record de 170 millions de dollars aux États-Unis.
En avril 2018, 23 organisations de défense des droits numériques et de protection de l'enfance avaient déposé une plainte. Elles accusaient YouTube de collecter les informations personnelles de mineurs (localisation, appareil utilisé, numéros de téléphone) sans que les parents le sachent, et de s'en servir pour permettre de la publicité ciblée. Les publicités taillées sur mesure, parce qu'elles s'appuient sur d'innombrables données collectées automatiquement sur les usagers, permettent à Alphabet (la maison-mère de Google et YouTube) d'engranger des milliards de dollars de bénéfices.

« Amende record pour YouTube qui s'engage à mieux protéger les données des enfants », www.leparisien.fr.

DOC. 2 Le nouveau scandale qui éclabousse Facebook

« Vingt dollars en chèques-cadeaux contre données personnelles » : ce pourrait être le titre du nouveau scandale qui éclabousse Facebook. D'après l'enquête [...], le réseau social a, entre 2016 et 2018, rémunéré des usagers âgés de 13 à 35 ans ayant accepté de télécharger l'application « Facebook Research ». Or, celle-ci donnait un accès très étendu aux données de leur appareil : e-mails, recherches sur Internet, SMS, photos et vidéos échangées, historique d'achats chez Amazon, localisation de l'utilisateur.

Laurence Neuer, « Protection des données : les abus de Facebook aboutiront-ils à un RGPD américain ? », www.lepoint.fr, 14 février 2019.

5 Se préparer au bac — Décrire l'apport du numérique dans la gestion de la relation client (GRC)

1. Quels sont les principaux outils de la GRC digitalisée utilisés par Sephora ?
2. Quels sont les avantages de la GRC digitalisée pour les clientes de Sephora ? et pour l'enseigne ?
3. Quels sont, pour Sephora, les perspectives de développement de la digitalisation de sa GRC ?

DOC. 1 My Sephora

Une stratégie phygitale [contraction de physique et de digital] de toute beauté. Tel est le reflet renvoyé par l'enseigne de produits cosmétiques Sephora. Celle-ci multiplie depuis quelques années les services digitaux dans ses magasins, pour « créer une expérience client sans couture », explique Elisabeth Sehmer, directrice marketing France, soit « un niveau d'expérience et de satisfaction des consommateurs similaire entre le magasin physique et l'e-store, avec l'objectif constant de ne pas créer de frictions ». Sephora se veut d'ailleurs « précurseur dans la compréhension du parcours client et la personnalisation de la relation ». D'où l'utilisation des technologies et des méthodes du digital dans ses boutiques, et ce, dès 2012. À cette date, l'enseigne teste et déploie dans son réseau, « My Sephora », application activée avec la carte de fidélité ou le nom de la cliente et installée sur les tablettes des conseillers beauté. Ces derniers disposent des informations CRM clés sur leurs clientes – historique d'achat et habitudes de consommation, notamment – sur lesquelles s'appuyer pour leur transmettre des recommandations de produits et d'offres, ou des conseils.

Floriane Salgues, « Comment Sephora réussit à ne plus jamais dire non aux clientes », www.emarketing.fr, 28 septembre 2018.

DOC. 2 Sephora Plus

La nouvelle arme secrète phygitale de Sephora, lancée il y a quelques mois, porte le nom de « Sephora Plus ». À partir de bornes connectées installées dans les magasins, la cliente, épaulée par un conseiller de ventes, accède à l'ensemble de l'offre de Sephora. « La très riche offre de produits de Sephora ne se traduisait pas dans chacun de nos magasins, notamment en raison de la taille de l'espace », contextualise la directrice marketing France du spécialiste de la beauté. Ainsi, en cas d'absence des produits dans les présentoirs – en raison de la capacité du magasin, mais, également, d'éventuelles ruptures de stock –, les commandes passées par les clientes sur les écrans digitaux sont livrées gratuitement à leur domicile, ou à l'adresse de leur choix, dans les 48 heures. « Cet outil change totalement l'expérience de shopping vécue par nos clientes, et également, par nos conseillers beauté, fait part Elisabeth Sehmer. Car le service, qui complète parfaitement l'offre en magasin, est une façon de ne plus jamais dire non à nos clientes ».

Au cœur des boutiques connectées, se situent le « Beauty Hub » et sa déclinaison de services clients autour de tests virtuels de looks beauté. Ainsi, un « look book » digital offre aux clientes la possibilité de trouver l'inspiration maquillage et d'élaborer un programme de beauté personnalisé quand le « Virtual Artist » permet de tester sur iPad ou miroir connecté plusieurs styles de maquillage et de produits, et de sélectionner les teintes les plus adaptées à sa physionomie.

Floriane Salgues, « Comment Sephora réussit à ne plus jamais dire non aux clientes », www.emarketing.fr, 28 septembre 2018.

DOC. 3 Sephora et Google

Et pour demain ? Sephora croit au conversationnel, toujours dans l'optique d'offrir de nouvelles expériences à ses clients... et d'entrer en contact avec eux. Elisabeth Sehmer témoigne en ce sens : « Google et Facebook ont connaissance de notre soif constante d'innovation et de notre motivation à rester pionnier, c'est pourquoi Google nous a sollicités pour être présent sur Google Home et l'assistant Google. Avec ce partenariat, nous ne nous sommes pas fixé d'autres objectifs que celui d'apporter plus de satisfaction aux clientes en utilisant ces nouveaux outils ». Au programme : la réservation d'un service beauté, maquillage ou épilation des sourcils par exemple, avec le bot conversationnel par un simple « OK Google... Je veux parler à Sephora ». Mais, également, la possibilité d'écouter sur Google Home deux minutes de podcast quotidien sur les secrets cosmétiques des influenceurs beauté.

Floriane Salgues, « Comment Sephora réussit à ne plus jamais dire non aux clientes », www.emarketing.fr, 28 septembre 2018.

6 Se préparer au Grand oral

À l'aide de vos connaissances et en prenant appui sur des exemples d'entreprises pour illustrer vos arguments, répondez à la question suivante : « **Quelle est l'influence du numérique sur le comportement du consommateur ?** »

Synthèse

Les nouvelles technologies du numérique permettent d'améliorer la connaissance client

- **Le consommateur est devenu le centre du processus d'achat**
- **Le processus d'achat est de plus en plus digitalisé**
- **La digitalisation du parcours d'achat facilite le recueil d'informations sur le client**

Les nouvelles technologies du numérique permettent d'améliorer la connaissance client

- **Connaissance des besoins :** pyramide de Maslow
- **Connaissance des motivations :** oblatives, hédonistes, auto-expression
- **Connaissance des freins :** peurs, inhibitions, doutes
- **Connaissance des attitudes :** éléments cognitifs, conatifs, affectifs

Les nouvelles technologies du numérique permettent d'adapter l'offre et d'améliorer la gestion de la relation client

- **Outils de la GRC digitalisée :** *chat*, réseaux sociaux, prise de commande en ligne…
- **Adaptation de l'offre** aux attentes et aux besoins des clients
- **Interactivité de la GRC avec des systèmes d'informations partagés**

Les nouvelles technologies du numérique permettent aussi aux administrations de communiquer plus facilement avec leurs usagers, de donner un accès aux documents administratifs et de simplifier leurs démarches

Lexique

- **Attitudes :** ensemble des éléments conatifs, cognitifs et affectifs d'évaluation personnelle dont dispose un individu à l'égard d'une marque ou d'un produit.
- **Besoin :** état de tension ou de désir ressenti par un individu (pyramide de Maslow).
- **Consommateur et usager :** un consommateur est une personne physique qui consomme des produits et services afin de satisfaire ses besoins. Un usager est une personne qui utilise un service public.
- **Digitalisation de la relation client :** la GRC est un ensemble de techniques et d'actions ayant pour but d'optimiser la relation avec le client et ainsi de le fidéliser. On parle de GRC digitalisée lorsque la relation client passe par des canaux digitalisés : Internet, réseaux sociaux, *chats*…
- **Frein :** pulsion négative qui empêche l'achat (peur, doute, inhibition).
- **Motivation :** raison poussant le consommateur à acheter un produit (oblative, hédoniste, auto-expression).
- **Processus d'achat :** il comprend toutes les étapes d'un achat depuis la prise de conscience du besoin jusqu'à l'achat lui-même.
- **Réseaux sociaux :** sites Internet et applications mobiles qui permettent aux utilisateurs de se constituer un réseau de relations et qui favorisent les interactions sociales (Facebook, Instagram, Twitter…).
- **Traces numériques :** ensemble des informations enregistrées sur l'activité ou l'identité des utilisateurs soit automatiquement, soit par le biais d'un dépôt intentionnel.

12 Comment une organisation communique-t-elle avec ses différents acteurs ?

Capacité

- Distinguer les différentes modalités de communication mobilisées par une organisation

Vers PIX

D.1.1. – Mener une recherche et une veille d'information

Avant la classe

Vidéo : « Le plus innovant avec la 5G, c'est ce que nous en ferons. »
liennathan.fr/5y9yj3

Quel est l'objectif de ce film publicitaire du groupe Orange ? À qui s'adresse-t-il ?

Situation

Avec un chiffre d'affaires de 42,3 milliards d'euros en 2020 et une implantation dans 26 pays, le groupe Orange est l'un des principaux opérateurs de télécommunications dans le monde. En 2020, le groupe possédait 142 000 salariés, dont 82 000 en France, et servait 259 millions de clients dans le monde. Fin 2019, le groupe Orange a présenté son plan stratégique Engage2025. Ce nouveau plan de croissance s'appuie sur l'ambition de construire une marque responsable et engagée. Et d'après la stratégie du groupe : « En 2025, il n'y aura pas de performance économique sans exemplarité sociale et environnementale ». Pour valoriser les actions de ses équipes qui concilient performance et approche durable, Orange a mis en place un challenge interne qui récompense leur engagement. Le groupe Orange souhaite aussi relever le défi des compétences et figurer parmi les employeurs les plus attractifs. Pour cela, Orange met en place des campagnes digitales de recrutement et surveille sa réputation sur le web. Et en tant qu'opérateur innovant, le groupe sensibilise le grand public aux nombreux nouveaux usages bientôt permis par la nouvelle génération de téléphonie mobile à travers une campagne intitulée « *Le plus innovant avec la 5G, c'est ce que nous en ferons* ».

1 Identifier les rôles de la communication

DOC. 1 Deux exemples de communication du groupe Orange

L'application « Orange et moi » permet aux clients du groupe Orange de gérer leur espace client depuis leur mobile.

Cube, le jeu sérieux collaboratif dédié à la culture et à la stratégie du groupe Orange.

Vidéo : « L'application "Orange et moi" ».
liennathan.fr/684xwu

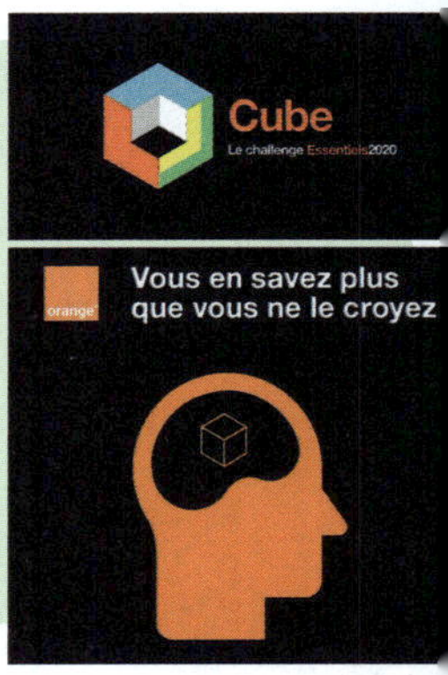

DOC. 2 La communication et ses rôles

La communication est la transmission d'un message (un contenu) d'un émetteur (la source) vers un récepteur (la cible) à travers un canal (un support : réunion, e-mail, site web, note, affichage, réseau social, publication…).

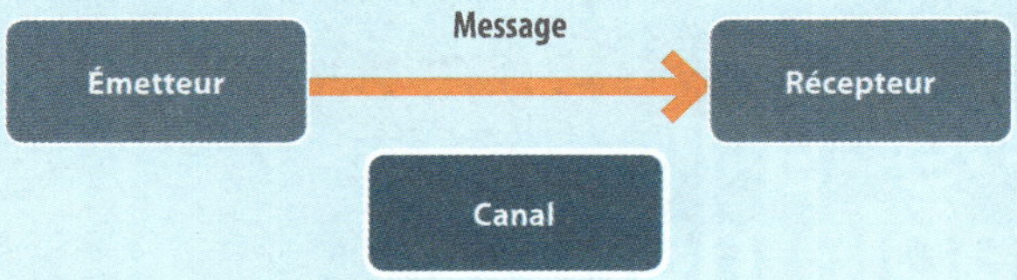

Lorsque la cible du message est interne à l'organisation, il s'agit d'une communication interne ; lorsqu'elle est externe, on parle de communication externe.
La communication d'une organisation joue un rôle essentiel pour :
- renforcer son image ;
- mobiliser autour de ses objectifs.

DOC. 3 France Télécom devient Orange

C'est la fin d'une époque : les Français doivent dire adieu lundi 1er juillet [2013] à France Télécom [...]. Exit les logos qui ornaient les vieux téléphones [...]. Le carré orange investit l'ensemble des activités du groupe, des factures des lignes fixes jusqu'aux navires qui posent les câbles sous-marins. « C'est un projet de longue haleine », explique au Point.fr Béatrice Mandine [...]. « Le processus [...] a commencé le 1er juin 2006, lorsqu'Orange est devenu la marque unique pour le mobile, la TV, l'Internet et les services digitaux », ajoute-t-elle. Puis l'étape majeure a eu lieu en 2012, lorsque la ligne fixe de France Télécom a adopté l'identité Orange.

Guerric Poncet, « Pourquoi Orange enterre France Télécom », www.lepoint.fr.

« L'objectif majeur de la communication est la cohérence, dans le temps comme avec les différents publics. Et à l'heure du digital et de l'immédiateté, la cohérence est encore plus essentielle. C'est évidemment vrai de la communication interne et externe qui doivent travailler ensemble. Toute l'entreprise doit partager les mêmes orientations pour créer de la cohésion, de l'adhésion, de la crédibilité. » Béatrice Mandine, directrice exécutive d'Orange en charge de la communication et de la marque.

Romain Hamard, interview de Béatrice Mandine, www.wearecom.fr.

DOC. 4 La stratégie de communication

La stratégie de communication d'une organisation est la manière dont elle organise des actions pour atteindre ses objectifs de communication. Pour harmoniser sa communication interne et externe, l'organisation doit mettre en œuvre une stratégie de communication globale. Les risques d'une mauvaise communication sont la perte de cohésion sociale et la perte de confiance des parties prenantes.

Situation Le groupe Orange compte 142 000 salariés, dont 82 000 en France. Présent dans 26 pays, l'opérateur sert 259 millions de clients dans le monde. Pour les accompagner, le groupe Orange a créé une application qui permet de disposer de son espace client depuis son mobile. Auprès de ses salariés, le groupe a lancé un véritable défi inter-pays et inter-métiers via une application en ligne. Quelle équipe aura le meilleur score ?

1 Identifiez le message, la cible et le support de l'application « Orange et moi ». Docs 1 et 2

....

....

2 Identifiez le message, la cible et le support du Cube du groupe Orange. Docs 1 et 2

....

....

3 Repérez les objectifs de ces deux outils de communication pour le groupe Orange. Précisez s'il s'agit de communication interne ou externe. Docs 1 et 2

....

....

Situation Le lundi 1er juillet 2013, l'opérateur téléphonique France Télécom a définitivement changé de nom pour devenir Orange. En effet, le mot « France » était porteur dans notre Hexagone, mais beaucoup moins à l'étranger, alors que la marque Orange a une dimension mondiale.

4 Quelle décision stratégique l'opérateur téléphonique a-t-il prise ? Doc. 3

....

....

5 Auprès de quelles cibles le groupe doit-il communiquer cette décision ? Docs 2 et 3

....

....

....

6 Repérez les supports de communication utilisés. Citez-en d'autres. Doc. 3

....

....

7 Pourquoi la stratégie de communication mise en place par le groupe Orange doit-elle être globale ? Docs 3 et 4

....

....

Faites le point ! STMG_Management_Term_ch12_point_partie1.pdf

2 Repérer les modalités de la communication interne

DOC. 5 Plazza, le réseau social d'entreprise (RSE) du groupe Orange

Quelques chiffres :

81 500 utilisateurs actifs

13 000 communautés actives

116 000 vues moyenne chaque jour

280 500 questions dont 75 % résolues sur Plazza

Depuis 2010, Plazza permet aux salariés :
- de communiquer rapidement et facilement avec d'autres membres du RSE ;
- de partager des expériences et des connaissances ;
- de travailler en groupe de projets ;
- de créer des communautés (groupes d'échanges) par métier, thème ou centre d'intérêt personnel.

Vidéo : « Plazza, le réseau social interne d'Orange »
liennathan.fr/a0plf6

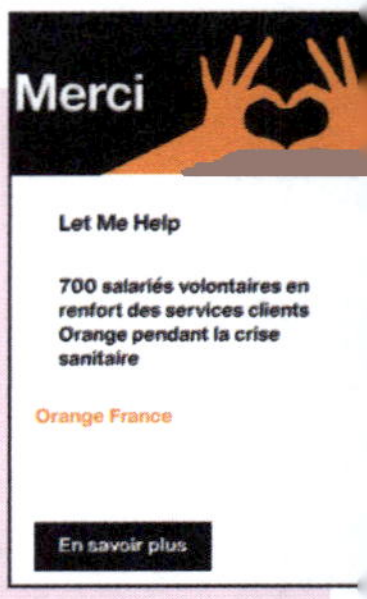

Sur Plazza, la communauté #LetMeHelp a été créée lors de la crise sanitaire. Son objectif est de permettre aux télétravailleurs à distance et en baisse d'activité, de venir, sur la base du volontariat, renforcer les équipes en surcharge d'activité. Cette communauté s'est créée en réponse à la situation de la crise sanitaire mais son activité est maintenue avec des pistes d'évolution qui portent sur 3 axes principaux :
- faciliter les collaborations et stimuler durablement l'entraide ;
- apprendre et se développer autrement ;
- bénéficier d'une période « d'observation réciproque » pour réussir une future mobilité et/ou confirmer son projet professionnel.

Vidéo : « Encourager la #solidarité entre les salariés, c'est l'objectif de la plateforme d'entraide #LetMeHelp »
liennathan.fr/vr968e

DOC. 6 La communication interne

La communication interne est dirigée vers les membres de l'organisation (salariés, direction, comité d'entreprise). Les rôles de la communication interne sont :
- de transmettre les instructions de travail, organiser et contrôler les activités ;
- de coordonner les tâches et d'assurer la coopération des membres de l'organisation. Elle permet de travailler en équipe, de canaliser les comportements et d'assurer une cohésion sociale ;
- de favoriser la motivation, l'implication des salariés pour les fédérer et les faire adhérer à l'organisation, ses objectifs et ses valeurs ;
- d'aider à la prise de décision.

DOC. 7 Salariés, mobilisez-vous pour voter et récompenser les équipes engagées !

Orange lance le Prix des Engagements *Makers* qui récompensera le 23 novembre 2021 les meilleures équipes du groupe engagées dans une des trois catégories : engagement pour le Net 0 carbone, engagement solidaire ou engagement pour l'égalité numérique. Un prix des Salariés et un Prix du Public seront remis dans chacune de ces catégories par les membres du Comité exécutif présidé par Stéphane Richard, Président-Directeur Général du Groupe. [Les votes sont clôturés depuis le 8 juillet 2021.]

DOC. 8 Les trois sens de la communication interne

La communication interne circule de différentes façons au sein de l'organisation :

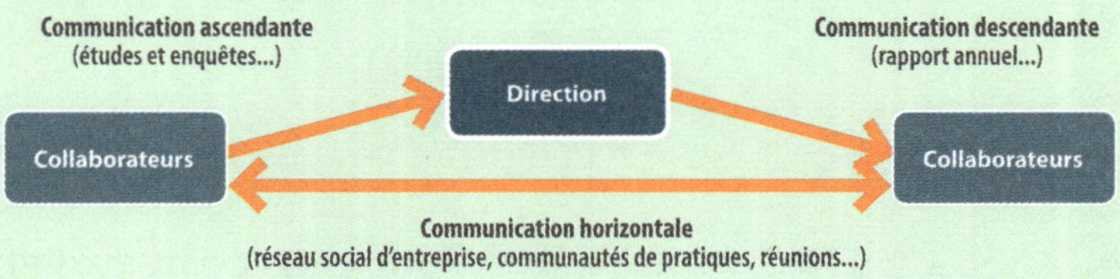

Situation Encourager la solidarité entre les salariés du groupe Orange, c'est l'objectif de la plateforme d'entraide #LetMeHelp qui permet à ceux qui le souhaitent de se porter volontaires pour soutenir leurs collègues qui ont besoin de renfort. Cette communauté favorise la collaboration, l'entraide, la prise d'initiative, le développement des compétences et permet de travailler différemment. Et d'après la stratégie du groupe Orange : « En 2025, il n'y aura pas de performance économique sans exemplarité sociale et environnementale ».

8 Repérez la cible, le message et le support de la communauté #LetMeHelp du groupe Orange. Doc. 5

....

....

....

9 Montrez que cette communauté #LetMeHelp favorise la cohésion des salariés au sein du groupe O range. Docs 5 et 6

....

....

10 Identifiez les rôles de Plazza dans la communication interne d'Orange. Docs 5 et 6

....

....

Situation Dans le cadre de son plan stratégique Engage 2025, le groupe Orange a lancé le 8 juin 2021 le Prix des Engagement *Makers* afin de valoriser et de récompenser les actions de ses salariés qui concilient performance économique et approche durable. Les salariés, les clients, les actionnaires ou les partenaires d'Orange ont pu voter pour leur équipe coup de cœur parmi 12 équipes de salariés finalistes réparties dans 3 catégories : engagement pour le Net 0 carbone, engagement solidaire ou engagement pour l'égalité numérique.

11 Identifiez le(s) sens de circulation des messages sur les comptes Twitter. Docs 7 et 8

....

....

12 Quels objectifs le groupe Orange poursuit-il à travers cette action de communication ? Docs 6 et 7

....

....

13 En quoi cette communication permet-elle d'impliquer les salariés et de les faire adhérer aux valeurs de l'organisation ? Docs 6 et 7

....

....

Faites le point ! STMG_Management_Term_ch12_point_partie2.pdf

3 Repérer les modalités de la communication externe

DOC. 9 La campagne « Le plus innovant avec la 5G, c'est ce que nous en ferons »

À l'occasion du lancement de cette campagne, Béatrice Mandine, Directrice Exécutive Communication, Marque et Engagement d'Orange a déclaré : « Pour Orange, la 5G est un progrès positif, car elle sera utile à notre société. Depuis son lancement, il a beaucoup été question de ses aspects techniques et fonctionnels. Nous avons souhaité dépasser cette dimension afin de sensibiliser le grand public à l'infinité des usages rendus possibles par ce réseau de nouvelle génération. Tous les secteurs d'activité bénéficieront des apports positifs de la 5G, qu'il s'agisse de la santé, du divertissement, de l'industrie, des transports etc. Le plus innovant avec la 5G, c'est ce qu'Orange et ses clients en feront. »

www.orange.com

DOC. 10 La communication externe

La communication externe s'adresse aux parties prenantes externes de l'organisation : clients, fournisseurs, associés, actionnaires, banques, organisations publiques, associations, médias, « grand public », etc.
On distingue deux types de communication externe :
- la **communication commerciale** pour faire connaître et vendre le produit, démontrer ses qualités et celles de la marque (publicité, packaging…) ;
- la **communication institutionnelle** pour promouvoir l'organisation, transmettre une image positive et communiquer sur les valeurs, le savoir-faire, les performances, etc. (site Internet, événements, sponsoring, communiqué de presse, rapport annuel).

L'efficacité d'un message est décuplée lorsqu'il est transmis de manière complémentaire par plusieurs canaux (presse, radio, TV, affichage, réseaux sociaux, newsletter…) tout en s'adaptant aux caractéristiques de chacun (format, style…). On parle alors de **communication intégrée.**

DOC. 11 La marque employeur et l'e-réputation d'Orange

« Chez Orange vous pouvez » : le groupe de télécommunications dévoile une nouvelle campagne employeur qui cible les diplômés et les jeunes actifs. Diversité des métiers, des parcours et équilibre entre vie personnelle et vie professionnelle sont au cœur de la nouvelle campagne du groupe Orange. L'opérateur de télécommunications souhaite, via cette campagne, montrer qu'il a profondément diversifié ses activités, s'ouvrant vers les domaines de l'IA, de la data ou encore de la cybersécurité. Sa cible ? Les diplômés et les jeunes actifs. Déployée dans 9 pays, cette campagne dont le slogan est « Chez Orange vous pouvez » sera diffusée dans la presse et sur les réseaux sociaux.

www.focusrh.com

Bienvenue dans la salle de commandement des médias sociaux chez Orange ! Cette salle connectée, surnommée la #SocialHub, est équipée de 18 écrans géants et permet à l'équipe de six personnes en charge de l'e-réputation de la marque […] de visualiser en un coup d'œil tout ce qui se passe en direct sur la toile et de gérer plus facilement la e-présence d'Orange.

« Orange : sa stratégie sur les réseaux sociaux », culture-formations.fr.

Vidéo : « Être une femme, être une Boss, chez Orange, vous pouvez ! »
liennathan.fr/334kri

DOC. 12 L'identité de l'organisation

La communication de l'organisation construit son identité auprès des parties prenantes : elle transmet son histoire, ses projets, ses valeurs, ses comportements, sa culture. Cette identité se manifeste notamment à travers :
– la marque employeur : l'image de l'organisation auprès des salariés potentiels et actuels ;
– l'identité numérique : l'ensemble des traces numériques laissées par l'organisation sur Internet ;
– l'e-réputation : les publications des internautes à propos de l'organisation (commentaires, articles…).

Situation Orange lance sa nouvelle campagne de communication axée autour des usages rendus possibles par le réseau 5G. Sa communication s'appuie sur le film « Le plus innovant avec la 5G, c'est ce que nous en ferons », diffusé en version de 30, 45 ou 60 secondes dans le cadre d'un dispositif complet (TV, presse et réseaux sociaux) afin de toucher le plus grand nombre et ainsi couvrir plus de 90 % de la population des 25-49 ans, touchés 8,8 fois au total par l'ensemble du déploiement. Cette campagne est déployée en Europe.

14 Identifiez le type de communication externe et le rôle de cette campagne de communication du groupe Orange. Docs 9 et 10

....

....

....

15 Montrez que le groupe a mis en place une communication intégrée. Docs 9 et 10

....

....

16 Pourquoi la communication institutionnelle peut-elle contribuer à créer une image positive de l'organisation ? Docs 9 et 10

....

....

....

Situation La révolution digitale a fait émerger de nouveaux besoins en compétences pour le groupe Orange. Dans le but d'attirer de nouveaux profils, le groupe a mis en place une campagne de marque employeur attractive. La révolution digitale a également multiplié les canaux et sources de communication. Pour s'efforcer de contrôler l'image et la réputation d'Orange sur le web, une équipe dédiée visualise en temps réel sur de grands écrans les publications et les réactions en ligne.

17 Relevez la cible de la campagne « Chez Orange vous pouvez ». Docs 11 et 12

....

18 Quel est l'objectif d'Orange en valorisant son image d'employeur attractif ? Docs 11 et 12

....

....

19 Précisez comment le groupe Orange surveille son e-réputation. Docs 11 et 12

....

....

20 Pourquoi une organisation cherche-t-elle à contrôler son identité ? Doc. 12

....

....

Faites le point ! STMG_Management_Term_ch12_point_partie3.pdf

4 Identifier les besoins d'information financière des parties prenantes

DOC. 13 La communication financière, une obligation pour Orange

Lors de la clôture de chaque exercice annuel, une société commerciale doit obligatoirement déposer ses comptes sociaux (bilan, compte de résultat, annexes, rapport de gestion…) au registre du commerce et des sociétés (RCS), afin d'en garantir la transparence. À réception par le greffe, les comptes annuels font l'objet d'une publication au Bodacc [Bulletin officiel des annonces civiles et commerciales].

Direction de l'information légale et administrative, ministère chargé de la Justice, www.service-public.fr.

De nombreuses autres obligations existent, comme :
- informer les représentants du personnel sur la situation économique et financière de l'entreprise ;
- informer de tout élément susceptible d'avoir un impact sur le cours boursier des actions de l'entreprise.

Par ailleurs, toute organisation qui sollicite un financement se verra demander un *business plan*, c'est-à-dire des informations sur le projet à financer (stratégie, comptes prévisionnels).

Quels sont vos principaux supports ? Vos temps forts dans l'année ?
– Le **communiqué de presse**
– Le **site institutionnel**
– Les **comptes sociaux corporate LinkedIn et Twitter**
– Les **interventions des dirigeants**
– Le **document de référence**
– L'**assemblée générale** […] des actionnaires
– Le **rapport annuel intégré**

Bertrand Deronchaine, directeur des relations actionnaires du groupe Orange.

DOC. 14 Les objectifs de la communication financière

L'information financière est la matière première servant aux investisseurs (et d'autres agents économiques, prêteurs, clients, employés, pouvoirs publics…) à prendre leurs décisions. La communication financière de l'organisation doit donc satisfaire les besoins d'information financière des parties prenantes internes et externes qui réclament une vision transparente, fiable et claire sur la santé, la performance et la stratégie de l'organisation.

DOC. 15 La production et le contrôle de l'information financière

Le respect des normes comptables
Comme toute société cotée en Bourse, le groupe Orange doit publier ses comptes conformément aux normes comptables internationales régies par l'IASB *(International Accounting Standards Board)*. Ces normes ont pour mission d'encadrer la communication financière, mais aussi de garantir une meilleure transparence et comparabilité des informations.

Le commissaire aux comptes (CAC)
Externe à l'entreprise […], il exécute des contrôles concernant les comptes de l'entreprise et sa situation financière […]. Disposer d'un CAC est un avantage pour la communication externe de l'entreprise envers les organismes financiers et les investisseurs. C'est une garantie de transparence des comptes de l'entreprise, dont la santé est contrôlée par le CAC.

« Transformer sa société : quel est le rôle du commissaire aux comptes ? », www.captaincontrat.com.

DOC. 16 La communication financière, un enjeu pour le groupe Orange

La communication [institutionnelle], c'est maintenant peut-être la capacité à raconter une histoire, le « storytelling ». Et surtout à prouver en quoi l'entreprise est utile au monde qui l'entoure et peut créer de la valeur financière et extra-financière… […] L'entreprise doit montrer son ancrage dans la société, son action au sein des environnements dans lesquels elle évolue. [La communication financière] est une opportunité de communiquer plus globalement sur ce que fait l'entreprise [et d'influer positivement sur sa réputation].

Éléonore Dumont, interview de Bertrand Deronchaine (directeur des relations actionnaires du groupe Orange), www.wearecom.fr.

Situation L'exigence de plus en plus forte de transparence des parties prenantes a modifié la place et le rôle de l'information financière. Devenue éminemment stratégique, la communication financière vise à promouvoir la performance de l'organisation. Cette information doit être fiable et claire pour intéresser et attirer les investisseurs. Ainsi, le groupe Orange publie régulièrement des communiqués de presse sur son site dès qu'une information est susceptible d'intéresser ses parties prenantes et, chaque année, un rapport annuel présente comment le groupe crée de la valeur, financière et extra-financière.

21 Repérez les informations financières que doit communiquer le groupe Orange. ▸ Doc. 13

....

....

....

....

22 Comment l'information financière est-elle diffusée ? ▸ Doc. 13

....

....

....

23 Imaginez une décision que peut prendre un actionnaire, un établissement bancaire ou un fournisseur d'Orange à partir d'informations financières diffusées par le groupe. ▸ Doc. 14

....

....

24 En quoi les informations transmises sont-elles utiles à un actionnaire qui a placé son capital dans le groupe Orange ? ▸ Docs 13 et 14

....

....

25 Expliquez pourquoi cette information doit être juste et transparente. ▸ Doc. 14

....

....

26 Comment la fiabilité de l'information financière peut-elle être garantie ? ▸ Doc. 15

....

....

....

27 Montrez que la communication financière a un intérêt stratégique pour une organisation. ▸ Doc. 16

....

....

....

Faites le point ! STMG_Management_Term_ch12_point_partie4.pdf

Applications

1 Testez vos connaissances

Retrouvez la définition correspondant à chacun des mots suivants : communication interne, communication externe, communication globale, *business plan*, e-réputation, marque employeur.

1. Réputation que possède une marque ou une organisation sur Internet.
2. Stratégie de l'image de marque de l'organisation à l'égard des salariés potentiels ou actuels.
3. Plan de développement détaillant le projet de création d'une entreprise ou d'une activité.
4. Actions de communication qui s'adressent aux parties prenantes externes.
5. Actions de communication destinées aux membres de l'organisation.
6. Harmonisation des actions de communication interne et externe d'une organisation.

2 Distinguer les différentes modalités de communication

Repérez pour chacun des trois documents ci-dessous :
– les parties prenantes concernées par le message ;
– la nature de la communication : interne ou externe ;
– le message transmis et le support utilisé.

DOC. 1 Journée du 5 octobre : la DRH vous informe

Face aux difficultés probables à se rendre sur son lieu de travail en raison de la grève des transports annoncée pour le 5 octobre prochain, chacun est appelé à suivre les recommandations suivantes :
– compréhension sur les heures d'arrivée et de départ ;
– possibilité de prise de congés payés et RTT ;
– faciliter le co-voiturage au sein des services ;
– possibilité de télétravail et de réunion à distance.

E-mail reçu de la DRH, Entreprise Run Energie, le 2 octobre 2021.

DOC. 2 Lettre aux Actionnaires du Groupe BIC, n° 52

« Chers actionnaires,
Cette fin d'année 2020 a été riche d'évolutions et d'informations sur notre Groupe. Après la publication des résultats du troisième trimestre, s'est tenu notre premier Capital Markets Day au cours duquel ont été dévoilées la mission et la Raison d'Être de BIC ainsi que les nouvelles orientations stratégiques du Groupe.
Nos valeurs ont aussi été revues et partagées avec tous nos collaborateurs. Vous retrouverez tous ces sujets, y compris celui de l'acquisition de RocketBook qui signe notre entrée dans le secteur prometteur de l'écriture digitale, dans cette lettre qui vous est destinée. »

www.bicworld.com, décembre 2020.

DOC. 3 Club de sport H2O Les Angles

3 Analyser la stratégie de communication de la Société Générale

1. Repérez les différentes modalités de communication mobilisées par la Société Générale.
2. Présentez les différents supports utilisés, les cibles et les rôles de cette communication.
3. Montrez que la communication mise en œuvre par la Société Générale est globale.
4. Montrez que cette communication vise à améliorer l'image de la Société Générale auprès de ses parties prenantes.

Vidéo : « C'est vous l'avenir – Publicité Société Générale »
liennathan.fr/l3s5j5

DOC. 1 Une nouvelle signature pour la Société Générale

Deux ans de réflexion, la mobilisation de plusieurs agences de communication (à commencer par Havas 04) et, au final, un slogan nouveau et bref : « C'est vous l'avenir ». La Société Générale présente [...] la devise à ses équipes, dans les 67 pays où la banque est implantée. Et mercredi, le spot de publicité qui accompagne ce nouveau gimmick marketing sera diffusé sur tous les écrans, de CNN à TV5 Monde, ainsi que dans la presse, sur le net et les réseaux sociaux.
L'ordre de présentation a son importance : le message, qui se veut optimiste, concerne les salariés de la banque, secoués par les incertitudes dans les activités de détail notamment, au moins autant que les clients et prospects. « Cette nouvelle signature a vocation à être particulièrement utile pour notre marque employeur, lorsqu'il s'agit de recruter des jeunes dans la tech, ces profils qui sont si recherchés sur le marché », explique Caroline Guillaumin, qui occupe la double fonction de directrice des ressources humaines et de directrice de la communication.
Pour autant, la maxime aura également un usage externe et visiblement utile : « Ce message donne l'impression que, d'un coup, la banque se souvient qu'elle a des clients, notamment des entrepreneurs, et qu'elle ne peut fonctionner sans eux », relève, un brin ironique, une spécialiste de la communication auprès des entreprises. Dans la presse écrite, la publicité sera d'ailleurs déclinée autour des jeunes (« L'avenir, c'est défaire et refaire le monde »), de l'export (« l'avenir, c'est vous qui l'emmenez plus loin »), etc. Sur fond de musique techno, le clip se termine d'ailleurs par les mots : « Ce n'est pas le monde qui avance, c'est vous qui le faites avancer. C'est vous l'avenir. »

Grégoire Pinson, « La Société Générale change de slogan pour tourner la page Kerviel », www.challenges.fr, 12 novembre 2018.

Portée par la promesse engageante « C'est vous l'avenir », cette signature marque les ambitions de croissance durable de la banque au service des clients, de l'économie et de la société.

www.societegenerale.com/fr

DOC. 2 Une nouvelle plateforme de marque à échelle mondiale

Cette nouvelle signature de marque se déploie à l'échelle mondiale, dans tous les métiers et toutes les filiales du groupe. « C'est vous l'avenir » regarde le futur avec détermination et optimisme et y appose une vision ouverte et volontariste, mobilisatrice pour les 147 000 collaborateurs partenaires de confiance de tous ceux qui ont envie d'entreprendre et d'avoir un impact positif sur le monde.
La nouvelle plateforme de marque est portée par un plan média en France et à l'international qui démarre le 14 novembre 2018 :
– un site Internet dédié pour partager les regards croisés des partenaires, des clients et des collaborateurs de Société Générale ;
– une campagne de preuves dans les médias nationaux d'influence et dans la presse régionale, affichage dans les agences de la banque, en ville et dans les transports en commun.
Société Générale a été accompagnée par l'agence Havas 04 pour la stratégie de communication, Brand Image pour la définition du territoire de marque (charte graphique et digitale, identité visuelle) et Carat pour le déploiement de la stratégie média.

« Société Générale : "C'est vous l'avenir" la nouvelle plateforme de la marque », www.zonebourse.com, 12 novembre 2018.

4 Développer sa marque employeur pour attirer des talents

1. Identifiez les raisons pour lesquelles la Sécurité sociale revisite sa marque employeur.
2. Quels sont les moyens de communication utilisés par la Sécurité sociale pour attirer de nouveaux talents ?
3. Comment les collaborateurs participent-ils à la construction de la marque employeur ?

DOC. 1 La Sécurité sociale lance une campagne de recrutement

L'Ucanss, fédération des employeurs des organismes de la Sécurité sociale dont l'Assurance Maladie fait partie, lance en ce début d'année 2021 sa première campagne nationale de recrutement à destination des 20-30 ans en recherche d'emploi. Entièrement digitale, cette campagne baptisée « **Je suis ce que je fais** », met en avant les métiers de l'institution et valorise **l'engagement de tous ses collaborateurs, fortement mobilisés depuis le début de la crise sanitaire**.

Face à la crise économique et sociale, l'Ucanss et les caisses nationales ont décidé de s'engager dans la **mobilisation nationale en faveur de l'emplo**i, notamment des plus jeunes. Avec **plusieurs milliers de postes à pourvoir en 2021**, consultables sur www.lasecurecrute.fr, la Sécurité sociale souhaite valoriser cet engagement et capter l'attention des demandeurs d'emplois vers ses différentes branches.

L'Assurance Maladie continue ainsi à recruter fortement pour **étoffer ses équipes** de *contact tracing* afin de casser les chaînes de transmission du coronavirus. Les postes sont par ailleurs ouverts aux étudiants.

Au-delà des missions liées à la gestion de la crise sanitaire, l'Assurance Maladie recherche, toute l'année, des profils diversifiés sur toute la France. En effet, les métiers de l'Assurance Maladie viennent appuyer diverses missions au service de l'accès aux droits, de l'amélioration de l'efficacité du système, de la préservation de la santé, du système d'information et de la performance de l'institution (fonctions supports).

www.assurance-maladie.ameli.fr, 14 janvier 2021.

DOC. 2 La Sécurité sociale revisite son image employeur

Afin de répondre à de forts besoins en recrutement – 10 000 embauches cette année[1] – la Sécurité sociale a décidé de mieux faire connaitre sa marque employeur auprès des futurs candidats. Alors qu'elle bénéficie d'une bonne image auprès de ses usagers, la Sécurité sociale peine à susciter le même engouement chez les candidats. L'objectif de la nouvelle campagne employeur est de faire connaître et d'attirer plus de candidats sur son site carrière LaSecuRecrute.

La campagne comporte un volet digital intitulé « **Je suis ce que je fais** » qui met à l'honneur 4 visages d'ambassadeurs représentant les 4 branches de la Sécurité sociale : Famille, Maladie, Retraite, Recouvrement.

La campagne s'est déroulée en deux temps : janvier et mars/avril. La première vague a dynamisé le trafic du site carrière avec + 210 000 visites et + 95 % de candidatures par annonce.

Le second volet porte sur la valorisation des collaborateurs : « **75 portraits de Sécu** » met en avant 75 salariés venus des quatre coins de la France et issus de toutes les branches.

Enfin, la Sécurité sociale s'engage dans l'opération « **1 jeune,1 solution** » en proposant 4 000 postes aux moins de 30 ans cette année.

www.focusrh.com, 13 avril 2021.

1. 10 000 recrutements prévus en 2021, 700 offres permanentes en moyenne annuelle dans toute la France (CDI, CDD, alternance).

5 Se préparer au bac

Analyser la stratégie de communication du *Figaro*

1. Repérez les messages défendus par le journal *Le Figaro* à travers sa communication.
2. Identifier les principaux supports de cette communication.
3. Montrez que cette communication vise à améliorer l'image du journal auprès de ses parties prenantes.

Vidéo : « *Le Figaro*, la culture de la liberté »
liennathan.fr/9u3v2c

DOC. *Le Figaro* célèbre la Liberté dans sa nouvelle campagne de marque

***Le Figaro* dévoile à partir du 11 octobre un film manifeste pour donner vie à sa nouvelle signature de marque, « La culture de la liberté ». Un film d'animation qui incarne avec force les valeurs de la marque.**

Référence en termes de fiabilité et de capacité à stimuler la réflexion, *Le Figaro* reprend la parole à un moment où l'information joue un rôle plus que jamais crucial. Sa campagne de marque lancée en juin 2021 s'enrichit avec un film d'animation. Conçu par Publicis Conseil et réalisé par Jungler, il illustre sa signature de marque ancrée dans son histoire, mais qui résonne profondément avec les enjeux de notre époque : « La culture de la liberté depuis 1826 ».
Ce film propose un voyage dans le temps à travers les Unes et articles du *Figaro* de différentes époques. De Dreyfus à la chute du Mur de Berlin, en passant par la conquête de l'espace ou la gastronomie, ce film symbolise toutes ces libertés que *Le Figaro* défend et célèbre depuis 1826 : liberté de penser, de s'exprimer, de créer, d'entreprendre et d'apprécier les bonnes choses de la vie. Dans la continuité de son repositionnement, *Le Figaro* adresse un message engagé qui reflète sa vision du monde et son identité. Cette campagne repose sur des réflexions stratégiques et créatives qui ont permis de redéfinir les valeurs pérennes de la marque : engagement, accessibilité, hédonisme, transmission…

Ce voyage dans le temps permet également de retracer les évolutions du *Figaro*, première marque d'information en France, qui s'est adapté aux nouveaux modes de consommation de l'information, mêlant journal papier et contenus digitaux, à travers ses différents titres (*Le Figaro*, *Le Figaro Magazine*, *Madame Figaro*).

www.lareclame.fr

La campagne de marque du *Figaro* sera déployée sur différents supports : presse, radio, bannières digitales et réseaux sociaux. Elle sera accompagnée de nouvelles offres d'abonnements numériques personnalisés, comme la « formule étudiante » et la « formule été ». Actuellement, *Le Figaro* compte 220 000 abonnés exclusivement numériques.

Claudia Cohen, www.lefigaro.fr, 8 juin 2021.

6 Se préparer au Grand oral

Question posée : « Comment une organisation peut-elle développer sa marque employeur ? » Vers PIX 1.1

À partir de cette question, construisez des arguments et réalisez une veille informationnelle.

Effectuez des recherches sur le métier de « responsable de la marque employeur » ou « développeur de talents » ou « chasseur de têtes ».

Synthèse

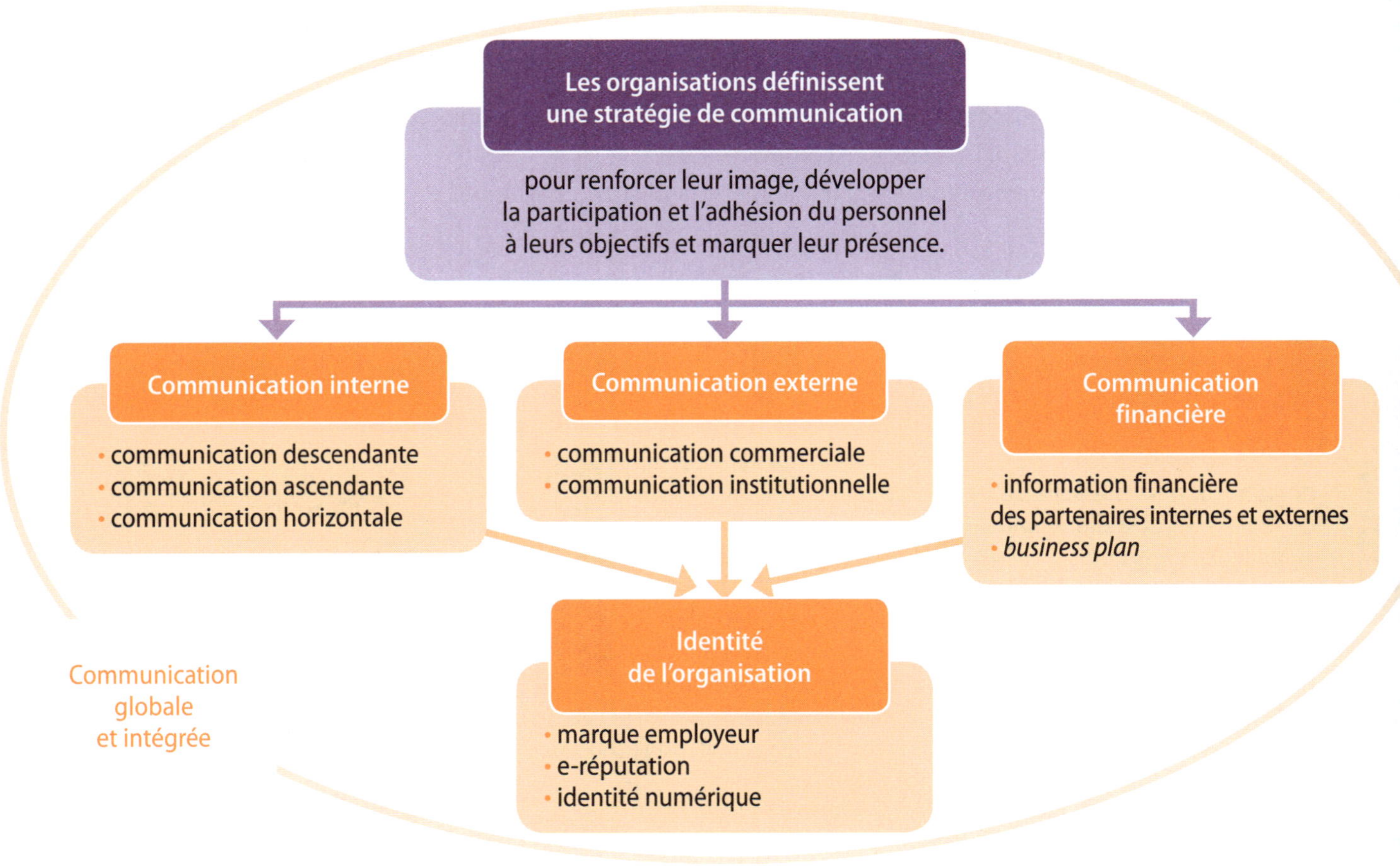

Lexique

- **Communication :** transmission d'un message d'un émetteur vers un récepteur à travers un canal.
- **Communication commerciale :** modalité de communication externe qui permet de démontrer les qualités du produit, de la marque, faire connaître et vendre le produit.
- **Communication externe :** actions de communication qui s'adressent aux parties prenantes externes de l'organisation (clients, fournisseurs, associés, banquiers, associations, médias, « grand public »…).
- **Communication financière :** actions de communication pour satisfaire les besoins d'information financière des parties prenantes sur la santé, la stratégie et la performance de l'organisation.
- **Communication globale :** harmonisation des actions de communication interne et externe d'une organisation.
- **Communication institutionnelle :** modalité de communication externe qui permet de promouvoir l'organisation, transmettre une image positive et communiquer sur ses valeurs et ses performances.
- **Communication interne :** actions de communication dirigées vers les membres de l'organisation (salariés, direction, comité d'entreprise…).
- **E-réputation :** réputation que possède une marque ou une organisation sur Internet.
- **Identité numérique :** ensemble des contenus publiés sur des médias numériques (sites Internet, blogs, forums, réseaux sociaux, commentaires…).
- **Marque employeur :** stratégie de l'image de marque de l'organisation à l'égard des salariés actuels ou potentiels avec pour objectif d'attirer et de fidéliser les talents.
- **Plan d'affaires *(business plan)* :** plan de développement détaillant le projet de création d'une entreprise ou d'une activité permettant d'informer les parties prenantes.
- **Stratégie de communication :** ensemble des actions de communication qui vont développer l'adhésion du personnel aux objectifs de l'organisation et renforcer son image.

Ikea

Ikea est une entreprise suédoise spécialisée dans la vente de meubles et d'objets de décoration. L'enseigne compte 420 magasins dans le monde, 160 000 collaborateurs et réalise, en 2020, un chiffre d'affaires de 23 milliards d'euros.

À l'aide de vos connaissances et des annexes 1 à 5, vous analyserez la situation de management proposée en répondant aux questions suivantes.

1. Caractérisez l'organisation Ikea.
2. Identifiez la stratégie globale du groupe Ikea.
3. Après avoir cité les différents acteurs internes à Ikea, vous montrerez comment l'entreprise fédère leurs intérêts respectifs.
4. Caractérisez les différents éléments de la culture d'entreprise d'Ikea et expliquez comment elle assure la cohésion entre les différents acteurs.
5. Construisez un outil permettant d'apprécier le style de direction et le degré de concentration du pouvoir chez Ikea. Vous préciserez l'intérêt de cet outil et ses limites.
6. Citez les différents outils utilisés par Ikea pour améliorer la qualité de vie au travail (QVT). Expliquez comment l'amélioration de la QVT est un facteur de motivation pour les salariés.
7. Vous êtes chef du rayon « Literie » au sein d'Ikea Vitrolles. Proposez des solutions pour améliorer la communication interne ascendante et descendante avec votre équipe. Justifiez vos choix.

ANNEXE 1 Comment Ikea fédère les intérêts de tous ses collaborateurs

Pour connaître la motivation et les sujets de mécontentements de ses salariés, Ikea réalise régulièrement des enquêtes anonymes. Différentes questions sont posées sur les conditions de travail, les salaires ou les horaires. Ikea demande aussi à ses collaborateurs comment ils perçoivent leurs responsables. Après l'analyse des résultats, la Direction propose des pistes d'amélioration.

Cette analyse des motivations s'étend aussi aux chefs de rayon et aux directeurs de magasin et permet au groupe de s'assurer que son personnel d'encadrement reste motivé et enthousiaste.

Des formations régulières leur sont destinés aussi pour leur montée en compétences.

Ces différentes actions permettent de satisfaire tout le monde : collaborateurs comme personnel d'encadrement.

www.ikea.com

« Nous faisons beaucoup de choses pour nos collaborateurs et collaboratrices, mais nous ne le disions pas. Aujourd'hui, nous voulons partager ce que nous faisons ! », avance Majda Vincent, DRH d'Ikea France. En clair, Ikea veut être reconnu comme une marque-employeur, et sa DRH entend bien le faire savoir. Elle l'assure, le leader de l'ameublement joue à fond la carte de la formation de ses quelque 10 000 salariés. Avec 4,91 % de la masse salariale investie dans le domaine – un chiffre dans la moyenne des acteurs du retail –, Ikea propose une panoplie de services à ses collaborateurs. Comme nombre de distributeurs, le groupe mise beaucoup sur la promotion interne, dont Majda Vincent est elle-même issue. Plus de 90 salariés seraient concernés par cet « ascenseur social » chaque année, en plus des 200 mobilités géographiques accordées en moyenne. [...]

Selon une enquête de satisfaction menée par l'organisme tiers Voice, ces efforts ont permis d'améliorer l'index de leadership au sein de l'enseigne : 79 % des collaborateurs se disent fiers de travailler chez Ikea, contre 74 % en 2013.

Julie Delvallée, « Les dessous d'Ikea France en matière de formation », www.lsa-conso.fr, 29 janvier 2018.

ANNEXE 2 Les valeurs-clés d'Ikea

Vous voyez les choses différemment ? Nous aussi.

Nous pensons que chaque personne a quelque chose d'unique à offrir. Nous sommes un groupe diversifié de personnes terre à terre et directes, passionnées d'aménagement de la maison. Nous venons des quatre coins du monde et partageons la vision d'inspirer et de permettre au plus grand nombre de vivre de manière plus durable et plus saine.

Nous faisons de cette vision une réalité en partageant nos valeurs, qui sont le fondement de notre culture d'entreprise ouverte et honnête. Nous travaillons ensemble, avec enthousiasme. Nous travaillons dur, mais nous y prenons plaisir. Nous sommes en permanence à la recherche de personnes qui partagent la même attitude positive et les mêmes valeurs que nous.

Nous sommes guidés par la vision Ikea : créer un meilleur quotidien pour le plus grand nombre. Et ce, pour nos clients, nos fournisseurs et nos collaborateurs.

Nous pensons que chaque personne a quelque chose d'unique à offrir et nous aspirons à avoir les mêmes valeurs dans le cadre de notre travail.

Ensemble est une valeur au cœur de la culture Ikea. Nous sommes forts quand nous nous faisons confiance, quand nous allons tous dans la même direction et que nous prenons plaisir à travailler ensemble. [...]

Simple, directe et réaliste, notre façon d'être nous vient de la région du Småland, au sud-ouest de la Suède. La simplicité consiste à être soi-même et à garder les pieds sur terre. Nous sommes des gens simples et réalistes, qui luttons contre la bureaucratie.

Nous cherchons constamment de nouvelles solutions et meilleures façons de faire. Quoi que nous fassions aujourd'hui, nous pouvons le faire mieux demain. Trouver des solutions à des défis supposés insurmontables contribue à notre succès et nous inspire pour le défi suivant.

Ikea n'est pas une entreprise comme les autres et nous ne voulons pas le devenir. Nous aimons remettre en question les solutions existantes, penser de manière non conventionnelle, essayer et ne pas avoir peur de faire des erreurs, toujours pour faire mieux.

Nous croyons dans le fait de rendre les personnes autonomes. Donner et prendre des responsabilités permet à chacun d'évoluer et de se développer. Faire confiance aux autres, être positifs et se tourner vers l'avenir : voilà ce qui nous encourage tous à contribuer au développement d'Ikea.

Pour nous, le leadership, c'est l'action, ce n'est pas un poste que l'on occupe. Nous recrutons d'abord sur les valeurs et seulement ensuite sur la compétence et la diversité. Chacun d'entre nous est un leader ; notre mission est de montrer l'exemple par notre comportement et nos actes. Ainsi, nous donnons le meilleur de nous-mêmes et nous faisons ressortir le meilleur de chacun.

« Qui sommes-nous ? », www.ikea.com.

ANNEXE 3 (Re)donner des responsabilités aux salariés pour le bien-être au travail et l'agilité d'entreprise : le cas Ikea

Faciliter la prise de responsabilité des collaborateurs pour leur propre bien-être et l'agilité de l'entreprise sont deux préoccupations croissantes. Mais comment allier ces deux dimensions ? Le partage des responsabilités serait-il au cœur du développement des femmes et des hommes, et de l'entreprise ? Le responsable développement des compétences chez Ikea France, nous expose comment Ikea fait vivre cette conviction, portée par son fondateur et sa vision d'entreprise.

Chez Ikea, notre culture d'entreprise s'inscrit dans une tradition scandinave, avec un esprit de responsabilité plus partagé et moins hiérarchique que celui du modèle français. Avec sept niveaux hiérarchiques dans tout le groupe, la pyramide décisionnelle et organisationnelle est assez courte. La prise de décisions, la responsabilité et l'action sont facilitées. Tout cela sert le développement des collaborateurs autant que le projet d'entreprise, car Ikea souhaite être agile et proche du terrain.

« Prendre des responsabilités est un privilège ! » : c'est l'un des piliers du « testament d'un négociant en meubles » rédigé il y a quarante ans par le fondateur d'Ikea, Ingvar Kamprad. [...] Dans ce texte, Ingvar Kamprad pose un regard actuel et engagé sur la responsabilité quand il affirme qu'il existe à tous les niveaux des individus qui préfèrent prendre leurs propres décisions plutôt que de se dissimuler derrière celles des autres. Il affirme que savoir prendre des responsabilités n'a rien à voir avec la formation, le niveau de rémunération ou le poste occupé. Il trouve des gens prêts à prendre des responsabilités, au dépôt, au bureau, parmi les acheteurs et les vendeurs, bref partout !

« (Re)donner des responsabilités aux salariés pour le bien-être au travail et l'agilité d'entreprise : le cas Ikea », www.youmater.world.

ANNEXE 4 La qualité de vie au travail chez Ikea

Les avantages des salariés Ikea sont nombreux : jours de congés supplémentaires, primes conséquentes, intéressement aux bénéfices, repas pris au self, tickets-restaurant, complémentaire retraite, mutuelle, prévoyance, salle de sport, parking, chèques vacances, tickets cinéma, subventions vacances, chèques cadeaux, culture et sport.

Et puis, chez Ikea on prend la pause-café deux fois par jour à 10h et à 15h, on partage des boissons chaudes et une collation, on fait un échauffement tous ensemble en début de journée.

Ces conditions de travail agréables et ces nombreux avantages permettent, selon la direction, d'améliorer la qualité de vie au travail et par là-même la créativité collective des salariés.

ANNEXE 5 La communication interne : outil de cohésion dans l'équipe

Les cadres jouent un rôle important voire décisif dans la transmission des informations et l'adhésion des salariés aux décisions stratégiques.

L'objectif de la communication interne est de rendre visible l'avenir de l'entreprise, de renforcer la cohésion des équipes, d'impliquer chaque collaborateur pour développer la qualité du service aux clients.

Élément significatif de la communication d'entreprise, la communication interne peut se définir comme l'ensemble des échanges (d'informations, affectifs…) qui établissent les relations entre les collaborateurs et qui leur permettent de coexister et de travailler ensemble. La communication interne se définit également par la fonction qui formalise et organise les échanges d'information auprès des différents publics internes de l'entreprise, et ce, en fonction de la stratégie de communication de celle-ci.

Les collaborateurs sont les premiers vecteurs d'image externe de l'entreprise. C'est pourquoi, le discours externe doit être similaire au discours interne. En effet, les risques de réputation et d'e-reputation négatives sont importants compte tenu de la légitimité reconnue aux collaborateurs de l'entreprise pour communiquer des informations conformes à la réalité.

La communication de l'entreprise concourt à l'attractivité de l'entreprise sur le marché de l'emploi. En effet, la force de la marque, sa visibilité, sa réputation en font une entreprise attractive et attirante. La communication interne permet de fidéliser ses collaborateurs et de créer un sentiment d'appartenance. […] La communication permet également de motiver ses collaborateurs en expliquant la stratégie de l'entreprise, son développement, ses résultats, etc.

« La communication interne joue un rôle de cohésion au profit du développement de l'entreprise », www.gpomag.fr.

Quels enjeux éthiques dans l'activité des organisations ?

13

Capacité

• Préciser les enjeux éthiques de l'activité d'une organisation, d'une entreprise

Avant la classe

Vidéo : « Campagne publicitaire "IAR 2020 – All Aboard the Food Revolution" »
liennathan.fr/7q53en

▸ **Quelles sont les questions de société abordées par cette campagne de Danone ?**

Situation

Au cours du siècle dernier, Danone est passé des yaourts vendus dans les pharmacies de Barcelone à une gamme d'aliments et de boissons appréciés aujourd'hui par des millions de personnes dans le monde. Au fil des années, de l'évolution des modes de vie et des goûts, [Danone] a continué à innover, à anticiper et à répondre à leurs besoins. Une chose n'a jamais changé : [son] engagement d'apporter la santé par l'alimentation au plus grand nombre. À travers [la] vision One Planet One Health, [Danone] reste fidèle aux valeurs qui ont inspiré le tout premier yaourt Danone – des produits de qualité fabriqués à partir d'ingrédients sélectionnés avec soin, visant à nourrir la santé des hommes – tout en protégeant la santé de notre planète. En [s'appuyant] sur [un] double projet historique de 1972, combinant réussite économique et progrès social, [Danone s'est engagé] pour créer de la valeur à long terme pour [ses] actionnaires et toutes [ses] parties prenantes.

www.danone.com

1 Repérer les questions éthiques posées par l'activité des organisations

DOC. 1 Des pratiques posant des questions d'ordre éthique

Facebook écope d'une amende de 225 millions d'euros pour WhatsApp

Après une enquête demandée par la Commission européenne concernant la protection des données personnelles, l'autorité numérique irlandaise a imposé à Whatsapp une amende record de 225 millions d'euros. [...] [Elle] « a également imposé un blâme » à Whatsapp et l'a enjointe « de se mettre en conformité » avec les règles européennes.

« Données personnelles : Whatsapp écope d'une amende record en Irlande», www.capital.fr, 2 septembre 2021.

UBS : blanchiment aggravé de fraude fiscale et démarchage bancaire illégal

Le parquet général a requis [...] une amende « d'au moins deux milliards d'euros » à l'encontre de la banque suisse UBS, lors de son procès en appel pour blanchiment aggravé de fraude fiscale et démarchage bancaire illégal. [....] [Confirmation pour] la filiale française, jugée pour complicité, [d'une] peine de 15 millions € [...], tout comme celles prononcées pour cinq anciens cadres, qui allaient jusqu'à 18 mois de prison avec sursis et 300 000 € d'amende.

« Fraude fiscale: une amende de 2 milliards requise en appel contre la banque UBS », www.lefigaro.fr, 22 mars 2021.

Roundup : Bayer-Monsanto, condamnations en série !

Depuis le rachat [de] Monsanto, productrice du célèbre herbicide *Roundup*, le géant Bayer a été confronté à de nombreux litiges. [...]

Fin juin [2021], en France, l'Inserm confirmait [...] « l'existence d'un risque accru de lymphomes non hodgkiniens [cancers du système immunitaire] avec une présomption moyenne de lien ». Ce que Bayer continue de nier. [Plus de 125 000 plaignants] se sont manifestés à la suite de cette classification. [...] Deux tiers des plaintes du même genre ont [...] été réglées à l'amiable [pour] 12 milliards $, mais depuis, les trois derniers litiges en date ont été perdus, coûtant à la firme 50 millions € pour chaque victime.

Elena Pougin, www.liberation.fr, 8 août 2021.

Indonésie, le fleuve victime de la mode des sous-traitans d'H&M et d'Uniqlo

Parmi les grands scandales environnementaux dans le monde : la contamination des fleuves, la pollution de l'air, la radioactivité, l'exploitation illégale des ressources, les déchets toxiques...

Vidéo : « Vert de rage : Indonésie, le fleuve victime de la mode »
liennathan.fr/h3wp24

McDo : Attention au *greenwashing*

Le « Happy Meal » passe au vert [...] [avec] des livres, des coloriages, des cartes à collectionner, ou encore des figurines en carton. « J'ai pris la décision de retirer le plastique partout où cela est possible, et nous avons beaucoup investi pour innover avec des réponses pertinentes pour nos clients et pour l'environnement », explique ainsi le PDG de McDonald's France. [...] Point de vue que ne partage pas l'association de lutte contre le gaspillage et la prolifération des déchets Zéro Waste France. « [...] car ils ne remettent pas en question le principe du jouet bas de gamme à usage unique qui pousse à la surconsommation et à la production de déchets ». [...] De fait, [McDonald's] anticipe aussi une obligation légale [...] [qui interdit] d'offrir des jouets en plastique dans les menus enfants au plus tard le 1er janvier 2022.

Lucie Alexandre, « Environnement : fini les jouets en plastique chez McDonald's », www.leparisien.fr, 10 février 2021.

Id-logistics, un univers impitoyable

Cadences infernales, pressions sur les employés et blessures physiques : *Envoyé spécial* a enquêté sur la face cachée des géants de la logistique.

Envoyé spécial France 2, « Entrepôts, un univers impitoyable », 28 janvier 2021.

Vidéo : « Entrepôts, un univers impitoyable »
liennathan.fr/8uyu82

DOC. 2 Éthique en entreprises : de l'origine à nos jours

Historiquement, la notion d'éthique des affaires a pris de l'essor dans la seconde partie du XXe siècle [...]. Quelques dates et scandales retentissants vont [...] forcer le monde de l'entreprise à s'interroger sur certaines de ses pratiques et sur la nécessité de trouver des garde-fous pour empêcher des dérives. [...] Les sanctions les pires viennent du marché : les entreprises craignent souvent bien plus le risque sur leur réputation que les amendes [...]. [Elles] peuvent en effet voir leurs ventes diminuer, leur cours de Bourse chuter et les liens tissés avec les parties prenantes remis en cause.

« Éthique en entreprises : un sujet toujours brûlant et d'actualité », www.cddd.fr.

L'éthique est une branche de la philosophie. Elle se préoccupe des principes propres à guider les choix humains en définissant des différences entre les bons et les mauvais comportements dans le cadre général de leur vie sociale.

L'éthique des affaires se préoccupe des principes séparant les bons des mauvais comportements dans le cadre spécifique de la vie des organisations.

La déontologie renvoie à l'étude des devoirs et de ce qu'il convient de réaliser dans l'exercice d'une profession. Le Code de déontologie spécifie les bonnes et les mauvaises pratiques.

D'après J. Pasqueno, « Éthique des affaires », *Dictionnaire critique de la RSE*, Septentrion, 2013 et G. Portocallis, J.-L. Avella Bagur, « Éthique : morale et déontologie : la place du coaching », revue-europeenne-coaching.com.

Situation

« Toute une génération attend du changement en matière d'alimentation. Chez Danone, nous pensons qu'à chaque fois que nous mangeons et nous buvons, nous votons en réalité pour le monde dans lequel nous voulons vivre. C'est pourquoi nous voulons développer des marques engagées – que nous appelons des « Manifesto brands » – qui deviendront de véritables activistes à travers les convictions qu'elles portent. Des marques qui offriront la meilleure expérience aux consommateurs tout en ayant un impact positif sur la santé et sur l'environnement. »

www.danone.com

Vidéo : « Découvrez la culture d'entreprise chez Danone »
liennathan.fr/9c58hx

1 « Toute une génération attend du changement en matière d'alimentation », selon vous à quel changement est-il fait référence ? Situation

2 Pour chaque organisation, identifiez la pratique choquante évoquée, ses répercussions, le domaine d'activité concerné. Doc. 1

3 Expliquez pourquoi la plupart des activités d'une entreprise posent des questions éthiques. Docs 1 et 2

4 Pourquoi la pratique de McDonald's est-elle qualifiée de *greenwashing* ? Doc. 1

5 Quelle(s) attitude(s) vis-à-vis des organisations ce genre de pratiques développent-elles dans la société ? Docs 1 et 2

6 Comment une profession peut-elle réfléchir à son activité et se fixer des principes ? Doc. 2

7 Précisez les risques encourus par les organisations qui adoptent des pratiques contraires à l'éthique. Doc. 2

Faites le point ! STMG_Management_Term_ch13_point_partie1.pdf

2 Identifier les moyens mis en œuvre pour plus d'éthique et de transparence

DOC. 3 Une approche inclusive de la diversité

Danone continue de travailler à la construction d'une entreprise diversifiée et inclusive. Danone pousse à accueillir et encourager les différences, visibles ou invisibles, comme l'âge, le sexe, la nationalité, le handicap, le parcours, la religion, la formation, le mode de pensée, la culture ou l'orientation sexuelle. Dans cette ambition de Diversité Inclusive, [...] trois priorités ont été fixées : le développement de comportements inclusifs sur le lieu de travail, une diversité de genre et de culture plus importante, ainsi que l'implication des personnes se situant à différents niveaux décisionnels de l'entreprise.

www.danone.com

Danone est incluse dans l'édition 2021 de l'indice Bloomberg Gender-Equality, qui distingue les entreprises engagées dans la transparence des rapports sur l'égalité des sexes et la promotion de l'équité femmes-hommes. [...]
Pour réduire les inégalités sociales et promouvoir une croissance inclusive, nous avons lancé avec l'OCDE la coalition « Business for Inclusive Growth » (B4IG) en 2019. [...] Chaque membre s'est engagé à faire respecter les droits de l'homme dans toute sa chaîne de valeur et renforcer l'inclusion dans ses écosystèmes internes et externes. La coalition internationale B4IG s'unit contre les inégalités aggravées par la pandémie COVID-19. Depuis le début de la crise, les entreprises du B4IG ont consacré plus de 38 milliards d'euros à des plans d'aide ou au soutien de leurs employés, communautés, clients et fournisseurs.

www.danone.com

DOC. 4 Politique en matière de respect de la vie privée

Danone sait que vous accordez de l'importance à la manière dont vos données personnelles sont traitées et reconnaît l'importance de la protection de votre vie privée. [Notre] politique vie privée et protection de vos données personnelles [...] contient des informations sur le type de données que nous collectons, comment nous les traitons, dans quelles finalités, de manière à rendre leur utilisation la plus adaptée à vos besoins. Contactez-nous [...] pour tout type de demande – requête – remarque, ou si vous voulez exercer l'un des droits se rattachant aux traitements de vos données.

« Politique protection de la vie privée », www.danone.com/fr

DOC. 5 Document d'enregistrement universel – Rapport Financier Semestriel 2021

Le document d'enregistrement universel (« DEU ») est [...] un outil de communication permettant au marché (analystes financiers, investisseurs, actionnaires individuels…) de disposer d'une information annuelle incluant tous les éléments nécessaires pour fonder son jugement sur l'activité, la situation financière, les résultats et les perspectives de l'émetteur ainsi que la structure de la gouvernance et de l'actionnariat. Il contient des informations juridiques, financières et comptables, des informations concernant les activités et l'actionnariat ainsi qu'une description de l'émetteur. Le document d'enregistrement universel participe à l'impératif de transparence du marché en contribuant à la confiance des investisseurs.

- L'**information économique et financière** est au cœur du bon fonctionnement des marchés financiers au travers de la production et la communication des comptes et des principales informations financières des entreprises.
- Les **normes comptables** sont toutes les règles qui définissent la gestion de la comptabilité d'une entreprise et qui améliorent la visibilité et la clarté de ses résultats.

« Guide d'élaboration des documents d'enregistrement universel », www.amf-france.org, février 2021.

« J'atteste, à ma connaissance, que les comptes résumés pour le semestre écoulé sont établis conformément aux normes comptables applicables et donnent une image fidèle du patrimoine, de la situation financière et du résultat de la société Danone et de l'ensemble des entreprises comprises dans la consolidation, et que le rapport semestriel d'activité [...]. »

La Directrice Générale, Véronique Penchienati-Bosetta

« DEU 2020 » et « Rapport Financier Semestriel 2021 », www.danone.com, 28 juillet 2021.

Situation

Notre ambition est de changer la donne en favorisant des solutions positives pour la planète. Nous nous engageons en faveur d'un approvisionnement durable pour tous nos ingrédients et d'une meilleure économie circulaire des emballages. Nous protégerons la santé des sols grâce à des pratiques d'agriculture régénératrice, développées avec nos partenaires et nous irons encore plus loin dans notre ambition de protéger les ressources en eau. Nous prenons part à la lutte contre le changement climatique en mettant en œuvre des solutions positives en matière de carbone, pour rendre la totalité de notre cycle neutre en carbone d'ici 2050.

www.danone.com

8 Quelles actions ont été prises par Danone pour lutter contre le changement climatique ? ▶ Situation

....

....

9 Comment le groupe Danone lutte-t-il contre les discriminations au travail ? ▶ Doc. 3

....

....

10 Quel est l'intérêt pour Danone de mener des actions contre les discriminations ? ▶ Doc. 3

....

....

11 Montrez que Danone œuvre pour le respect de la vie privée. ▶ Doc. 4

....

....

12 Quelles sont les parties prenantes concernées par les informations financières ? ▶ Doc. 5

....

....

13 Pourquoi ces dernières ont-elles besoin de recevoir ce type d'information ? ▶ Doc. 5

....

....

14 Pourquoi cette entreprise doit-elle assurer la transparence sur ses pratiques financières ? ▶ Doc. 5

....

....

15 Expliquez comment Danone prouve la fiabilité des informations financières transmises aux parties prenantes. ▶ Doc. 5

....

....

Faites le point !

STMG_Management_Term_ch13_point_partie2.pdf

3 Repérer les engagements et pratiques civiques des organisations

DOC. 6 Le pari gagné de l'éthique

En octobre 2005, Franck Riboud (alors le PDG de Danone) a rencontré Muhammad Yunus, fondateur de la banque de microcrédit Grameen et lauréat en 2006 du Prix Nobel de la paix. [...] Les deux hommes ont annoncé en mars 2006 la création de Grameen Danone Foods Ltd (GDFL), à Dhaka. GDFL vise à lutter contre la pauvreté et la malnutrition au Bangladesh et à créer, tout au long de son cycle de valeur, un impact social positif. Côté fournisseurs, l'entreprise soutient les petits agriculteurs locaux en achetant leur lait et, côté distributeurs, elle fait travailler les « Grameen Ladies », femmes pauvres des villages qui vendent les produits GDFL en zone rurale, contribuant à leur autonomisation. Après avoir obtenu la certification B CorpTM en 2018, Grameen Danone est devenu une B CorpTM « Best for the world » en 2019, dans la catégorie communautés, reconnaissant son impact positif vers une prospérité partagée et durable pour tous. Grameen Danone touche 300 000 enfants au Bangladesh, a apporté des revenus stables à 500 exploitants agricoles, 200 « Grameen ladies » et 117 conducteurs ambulants qui distribuent les produits.

Comme nous l'avons toujours fait, nous continuerons à nouer des alliances et à travailler main dans la main avec nos salariés, nos agriculteurs partenaires, nos fournisseurs, nos distributeurs, nos clients et partenaires, mais aussi avec la société civile, les gouvernements et les professionnels de la santé publique. Tous ensemble, nous voulons que l'on se souvienne de nous comme l'une des forces vives de la génération food. Notre ambition de devenir une B Corp[1] exprime notre engagement de longue date à créer durablement de la valeur et la partager avec tous, en ligne avec notre double projet économique et social.

www.danone.com

1.La communauté B Corp réunit dans le monde les entreprises à but lucratif qui souhaitent (ré)affirmer leur mission sociétale au cœur de leur raison d'être en démontrant leur impact positif par une évaluation de leur performance globale tous les 3 ans. Elles cherchent, via leur modèle économique, non pas à être les meilleures au monde mais bien les meilleures pour le monde ! (https://bcorporation.eu)

DOC. 7 La FRM remercie Danone pour son engagement

Danone souhaitait bâtir un mécénat pérenne en faveur de la nutrition. La [Fondation pour la recherche médicale] abrite et gère le Fonds Danone. Grâce aux produits financiers générés par celui-ci, Danone, par le biais de ses instituts et en collaboration avec la FRM, lance des appels à projets pour soutenir des équipes françaises. [...] [Le] prix de recherche pour les sciences de l'alimentation [...] sur le thème « Modes de vie, alimentation, nutrition », conjointement lancé entre l'Institut Danone France et la FRM, permettra de soutenir des projets de recherche pluridisciplinaires et non encore soumis à communication ou publication. En 2021, la dotation globale du prix est de 100 000 euros, permettant le soutien de deux projets au plus.

« Principaux partenaires et mécènes » et « Appel à projets sur le thème modes de vie, alimentation et nutrition », www.frm.org.

• Une **organisation civique** est une organisation qui contribue à la vie de la collectivité par des actions de mécénat ou la mise en œuvre d'une démocratie participative.
• Le **mécénat** se définit comme le soutien matériel apporté, sans contrepartie directe de la part du bénéficiaire, à une œuvre ou fà une personne pour l'exercice d'activités présentant un intérêt général.

DOC. 8 Le programme « une personne, une voix, une action »

La **démocratie participative** désigne l'ensemble des procédures, instruments et dispositifs qui favorisent l'implication directe des citoyens dans la gouvernance. Elle peut prendre plusieurs formes, selon le degré d'implication des citoyens (consultation, concertation, co-élaboration).

En nous appuyant sur notre héritage unique en matière d'innovation sociale, nous permettrons à chacun de nos salariés de participer à la définition de notre agenda stratégique et nos Objectifs 2030, tant au niveau local que global. [...] Ils peuvent apporter leur point de vue à la fois sur les priorités de l'entreprise et sur la définition de feuilles de route. [...] Chaque année, nous sélectionnons 26 volontaires pour porter la voix de nos 100 000 salariés auprès de membres du Conseil d'Administration et du Comité Exécutif. [...] En complément, [...] nous attribuons une action Danone à chaque salarié éligible, leur octroyant ainsi un droit de vote à l'Assemblée Générale Annuelle des actionnaires.

www.danone.com

Situation

De plus en plus de dirigeants sont désireux d'engager leur entreprise dans le soutien d'une grande cause. Mais le choix de cette dernière est difficile. Elle doit non seulement correspondre à l'ADN de l'entreprise, mais aussi emporter l'adhésion de ses salariés et répondre aux motivations de ses clients.
Souhaitant partager ses valeurs humanistes, le groupe Danone a engagé de multiples actions qui intègrent des préoccupations civiques.

16 Relevez les actions menées par Danone au Bangladesh. ▶ Doc. 6

....

....

....

17 Pourquoi ces actions révèlent-elles les valeurs humanistes du groupe Danone ? ▶ Doc. 6

....

....

18 Quel est l'avantage pour Danone d'obtenir la certification B Corporation ? ▶ Doc. 6

....

....

19 Que signifie pour une organisation être meilleure « pour le monde » ? ▶ Doc. 6

....

....

20 Montrez comment Danone participe à des œuvres conduites avec des partenaires de son écosystème engagés dans des actions d'intérêt général. ▶ Doc. 7

....

....

21 Qualifiez le soutien que Danone apporte à l'organisation FRM. ▶ Doc. 7

....

....

22 Comment Danone instaure-t-il la démocratie participative en son sein ? ▶ Doc. 8

....

23 Quel est l'intérêt pour Danone de développer son programme « une personne, une voix, une action » ? ▶ Doc. 8

....

24 Le groupe Danone peut-il être qualifié d'organisation civique ? Justifiez votre réponse.

....

....

....

Faites le point ! STMG_Management_Term_ch13_point_partie3.pdf

Applications

1 Testez vos connaissances

Associez à chaque situation la notion-clé du chapitre la plus adaptée : éthique, déontologie, principes de la normalisation comptable et information financière, transparence des pratiques, lutte contre les discriminations dans les relations de travail (égalité hommes-femmes), mécénat et démocratie participative.

Situation 1 : En matière médicale, des règles [...] régissent les rapports entre les soignants et les patients. Le code [mis en place] forme un ouvrage qui rassemble les droits et les devoirs qui s'imposent aux sages-femmes dans le cadre de leurs activités professionnelles.

Ordre des sages-femmes, « Code de déontologie », www.ordre-sages-femmes.fr.

Situation 2 : Chaque citoyen est légitime pour prendre part aux décisions. Nous allons ouvrir cette possibilité grâce à l'assemblée citoyenne [...] Ce sera un nouvel espace de construction collective. [...] L'autre vocation de la participation citoyenne est sa dimension pédagogique. [...] Il s'agit d'aider à mieux comprendre les décisions qui sont prises, l'importance aussi du fonctionnement démocratique dans notre société.

PoitiersMag – N° 286 – octobre 2021.

Situation 3 : Le premier [volet de notre charte], intitulé « Nos valeurs », décrit les cinq principes essentiels qui guident notre action. Le second a pour titre « Notre code de conduite » ; il décline de manière pragmatique les comportements quotidiens issus de ces valeurs. L'objectif [...] est de fédérer les hommes et les femmes de notre groupe autour de ces valeurs, d'être un des fondements de leur action et un vecteur de l'image de Dassault Aviation [...].

Dassault Aviation, « Charte d'éthique », www.dassault-aviation.com/fr.

Situation 4 : Au cours de l'exercice 2020/21, le chiffre d'affaires d'Alstom a atteint 8 785 millions d'euros [...] Pour pouvoir établir des états financiers consolidés conformes aux normes IFRS, la Direction est amenée à procéder à certaines estimations et à retenir des hypothèses qu'elle considère comme réalistes et raisonnables.

www.alstom.com

Situation 5 : QUADRIPACK - SAINT-BENOIT : Pour vous inscrire à une visite [de notre entreprise], vous pouvez vous connecter ou créer un compte. [...] Notre site est spécialisé dans la formulation et le conditionnement de produits d'entretien ménagers et cosmétiques sous la marque L'Arbre Vert. Nous souhaitons faire découvrir les métiers de l'industrie, mais aussi notre savoir-faire. Dans le cadre de notre démarche RSE, nous souhaitons également renforcer notre lien école-entreprise.

https://cgenial-connect.fr/profentreprise/321

Situation 6 : Le cabinet de conseil en stratégie digitale Leio a financé l'achat d'équipements sportifs pour l'association CEP Poitiers Aquatique. Cette action a permis de fournir un maillot de bain aux couleurs du club à toutes les joueuses et joueurs de la section waterpolo nouvellement créée et coachée par Damien Loël. Cette démarche personnelle du dirigeant de l'entreprise Léo Aubouin, par ailleurs membre du club, permet de donner un petit coup de pouce à l'association sportive en renforçant le sentiment d'appartenance au groupe.

www.leio.fr/a-propos-de-leio

Situation 7 : La communauté d'agglomération de Bourg-en-Bresse a été épinglée pour ne pas avoir respecté la parité et avoir nommé trop de femmes dans son équipe de direction. Elle va devoir s'acquitter d'une amende de 90 000 euros.

www.capital.fr, Sarah Ugolini, www.capital.fr, 29 août 2019.

2 Repérer les engagements et pratiques civiques des services de la ville de Poitiers

À l'aide de vos connaissances et des documents ci-dessous, répondez aux questions suivantes.

1. Expliquez le projet de budget participatif mis en place à Poitiers.
2. Déterminez le concept-clé qui est lié au budget participatif.
3. Relevez les moyens mis en œuvre pour mener à bien ce projet de budget participatif.
4. Indiquez à quelles questions de société répondent les projets proposés.

DOC. 1 La participation citoyenne à Poitiers

Mme Dagicour, adjointe chargée de Démocratie locale, de l'innovation démocratique et de l'engagement citoyen : « [...] La participation citoyenne permet de sortir du monopole décisionnel des élus et de faire appel à l'intelligence collective à laquelle nous croyons profondément. [...] Voter, tous les 6 ans pour nos représentants, ne suffit pas. [...] Nous voulons laisser aux citoyennes et citoyens un réel pouvoir d'agir pour coconstruire, aux côtés des élus, de nouveaux projets pour Poitiers. »

PoitiersMag – N° 286 – octobre 2021.

DOC. 2 Votons pour les projets de Nos quartiers ! #BudgetsParticipatifs

Cette année encore, la ville de Poitiers fait appel à vos idées et vous confie les clés d'une partie de son budget. La nouveauté cette année : les budgets participatifs font leur entrée sur la plate-forme https://jeparticipe-grandpoitiers.fr/[...] Elle permet aux Poitevin-es qui le souhaitent de proposer des projets d'intérêt général ayant vocation à renforcer le mieux vivre-ensemble à l'échelle des quartiers et de la ville, en concertation avec les élu.e.s et les agents de la collectivité. Les budgets participatifs de la ville de Poitiers constituent l'un des outils du renouvellement de la démocratie locale que souhaite engager la municipalité. Dans cette perspective, il s'agit d'offrir aux citoyens un moyen de s'investir dans la vie de son quartier, de sa ville, de lui donner du pouvoir d'agir, et de s'impliquer dans les choix budgétaires de la commune. Cet engagement fort contribuera à affiner les politiques locales et à impulser une dynamique de co-construction de notre espace urbain. La transparence et la sincérité guideront l'ensemble de la démarche, du dépôt des projets à leur mise en œuvre.

www.poitiers.fr

Vidéo : : « Budgets Participatifs à Poitiers : Comment ça marche ? »
liennathan.fr/23u5xn

DOC. 3 800 000 € investis au service de la qualité de vie à Poitiers

[Le budget participatif] est un dispositif qui permet aux Poitevines et aux Poitevins d'aménager l'espace public selon ses besoins, ses idées et ses envies. Chaque habitante et habitant a été invité à proposer un projet [autour de 3 grandes orientations : l'écologie, le vivre-ensemble et les solidarités] pour améliorer la qualité de vie dans son quartier. Boîte à livres, tables de pique-nique ou jardinières publiques... toutes les idées pouvaient être proposées.
En 2021-2022, une enveloppe de 800 000€ est dédiée aux projets soit **80 000 € par quartier**.
Entre février et avril 2021, **469 projets** ont été déposés (232 en 2020), grâce à un travail de sensibilisation mené par les différents acteurs engagés dans la vie de leur quartier : maisons de quartier, conseils citoyens, comités de quartier, associations, etc.
Pendant l'été, la Ville de Poitiers a examiné les projets proposés. Les élues et élus ont procédé à des « diagnostics en marchant », c'est-à-dire qu'ils ont visité chaque quartier avec les habitants et les services, afin de vérifier la faisabilité du projet en accord avec la réalité du terrain.
En septembre et octobre 2021, **190 projets** ont été proposés au vote des habitantes et des habitants de la ville de Poitiers, qui ont pu voter en ligne et dans les mairies de quartier. Une dizaine de réunions publiques ont été organisées [...]. Les porteurs de projets ont présenté leurs projets et répondu aux questions des habitants. **81 projets ont été retenus** et ont été dévoilés le 26 octobre 2021 [...].

www.poitiers.fr

3 Repérer les questions éthiques posées par l'implantation d'Amazon et les moyens de lutte des organisations publiques

À l'aide de vos connaissances et des documents ci-dessous, répondez aux questions suivantes.

1. Pourquoi l'installation d'Amazon à Mondeville pose-t-elle des problèmes éthiques ?
2. Repérez les actions entreprises pour lutter contre l'implantation d'Amazon à Mondeville.
3. Indiquez les motivations du maire de Marly quant à l'arrivée d'Amazon.

DOC. 1 Mondeville dit non à l'implantation d'Amazon

Vidéo : « Tous contre Amazon ? »
liennathan.fr/5ru9x2

La ville a appris il y a quelques jours que le géant mondial du commerce électronique souhaitait construire un entrepôt [...]. Il n'est pas le bienvenu, indique Hélène Burgat, maire de Mondeville, soutenue par le président de la communauté urbaine, Joël Bruneau. [...] « J'avais face à moi un aménageur qui envisageait de construire un entrepôt logistique. Il a fallu insister et se battre pour qu'il me dise enfin qu'il s'agissait d'Amazon. » Le géant mondial du commerce numérique a avancé masqué pour s'implanter en Normandie. Lui qui est majoritairement présent en région parisienne et dans le Nord de la France avait donc trouvé un terrain de 50 000 mètres carrés pour y construire un entrepôt de 10 000 mètres carrés destiné à desservir ses commandes sur la grande région caennaise et le Calvados. [...] Amazon annonce la création de 150 emplois nets. Un argument balayé par la maire de Mondeville. « On sait maintenant que pour un emploi créé par Amazon, deux emplois sont détruits dans le commerce physique traditionnel. J'ai un certain nombre de petites entreprises de messagerie, sans oublier le centre commercial régional Mondeville 2 et ses 2 000 emplois ou les commerçants de Caen. » [...] L'optimisation fiscale mais aussi les conditions de travail des salariés et l'impact environnemental [notamment causé par les 250 camionnettes qui circuleront par jour] sont d'autres arguments développés par Hélène Burgat pour justifier ce non. [...] Elle a consulté ses collègues maires, au premier rang desquels Joël Bruneau, maire LR de Caen et président de la communauté urbaine. Une mobilisation qu'elle espère suffisante pour que le géant américain fasse machine arrière. « On est sur une transaction privée, avec un acteur surpuissant. Le permis de construire est ficelé, et bien ficelé. » [...] Maintenant, est-ce qu'Amazon voudra venir dans un territoire qu'il sait hostile ? New York et Tremblay-en-France lui ont déjà dit non.

Jean-Luc Loury, « E-commerce. Mondeville dit non à l'implantation d'Amazon », www.ouest-France.fr, 26 novembre 2019.

DOC. 2 Amazon s'installe à Metz, en silence

Sur une ancienne base aérienne, le géant de l'e-commerce va faire construire son plus grand entrepôt en France [à Augny, petite commune mosellane de 1 900 âmes]. Trois ans de négociations, dans la plus grande discrétion. [...] [Ce] village pourrait bientôt devenir l'un des poumons européens du géant de l'e-commerce, Amazon. Après des années de prospection (Luxembourg, Sarre allemande...) pour établir sa base arrière logistique destinée à livrer la région et une partie de l'Europe de l'Est, le groupe de Jeff Bezos a enfin trouvé. C'est bien au sud de Metz, sur les pistes en friche de l'ancienne base aérienne 128, que la multinationale devrait ouvrir d'ici à deux ans son plus grand centre logistique hexagonal. Avec à la clé, 2 000 emplois promis aux élus locaux. Une sacrée bouffée d'oxygène : l'agglomération ne s'est jamais vraiment remise de la fermeture, en 2012, de la base aérienne. « Les militaires faisaient partie de la vie sociale du village. On a compté jusqu'à 4 000 personnes qui y travaillaient. On nous a dit que le site serait réhabilité, revitalisé, mais ça n'intéressait pas grand monde. Jusqu'à ce qu'on nous parle du projet Delta* », explique François Henrion.

* Delta : nom de code désignant le projet d'implantation d'Amazon dans le rapport de la MRAe Grand Est.

Sébastien Pommier, « Amazon s'installe à Metz, en silence », www.lexpansion.lexpress.fr, 5 novembre 2019.

4 Se préparer au bac — Repérer l'engagement et la pratique civique de l'association ASPTT Natation Poitiers

À l'aide de vos connaissances et des documents ci-dessous, répondez aux questions suivantes.

1. Identifiez le rôle de l'association ASPTT Poitiers Natation.
2. Présentez l'action menée par l'association ASPTT Poitiers Natation.
3. Montrez comment l'ASPTT Poitiers participe à une action d'intérêt général avec des partenaires de son écosystème.

DOC. 1 2021, 10e Meeting Masters Henry Théolat de l'ASPTT Natation Poitiers

La particularité de ce meeting est que l'ensemble des sommes récoltées (partenariats, inscriptions de chaque nageur, vente de gâteaux et boissons…) est entièrement reversé à « Un Hôpital pour les Enfants », association qui se situe au sein même du CHU de Poitiers et qui a pour but d'améliorer l'accueil et les conditions d'hospitalisation des enfants et adolescents malades, afin de rompre l'isolement lié à la maladie. Pour cette fin d'année 2021, nous avons pour objectif d'accueillir près de 200 nageurs de toute la France et même de Belgique, grâce aux liens d'amitiés qui se sont créés au fil des différentes compétitions régionales et nationales.

Christophe Pougeas, co-président de l'ASPTT Natation Poitiers.

Vidéo : Extrait du 12/13 Poitou Charentes du 10/12/2021
liennathan.fr/mu86z9

DOC. 2 La générosité ne s'est pas arrêtée en période de crise sanitaire

[...] Traditionnellement, en décembre, l'ASPTT Poitiers Natation organise son meeting « Masters Henri Théolat », un rendez-vous où sont collectés des fonds pour l'association « Un Hôpital pour les Enfants ». [...] [Ce] meeting [...] a su grandir et acquérir une notoriété nationale. D'une trentaine de nageurs au départ, l'Asptt Poitiers Natation accueille désormais chaque année plus de 130 nageurs de [plus] de 25 ans venus de la France entière. L'événement est devenu un rendez-vous incontournable pour les qualifications aux Championnats de France. Les fonds récoltés pendant la manifestation – sponsoring des partenaires, engagements des nageurs et ventes de la buvette – sont reversés au profit de l'association [...]. En 2020, avec la pandémie de Covid, le meeting a été annulé, mais malgré tout, EDF, partenaire de la première heure, a maintenu sa dotation. Avec les dirigeants du club de natation, ils ont décidé de reverser 1 000 euros [...]. Une somme qui viendra financer les actions en faveur des enfants hospitalisés, et dont les séjours sont rendus encore plus difficiles en ce moment avec les restrictions de visites.

C. Bodin, « À Poitiers, les nageurs de l'ASPTT mobilisés pour l'association « Un Hôpital pour les Enfants », www.france3-regions.francetvinfo.fr,15 janvier 2021.

DOC. 3 Donation de 2 000 € à l'association « Un Hôpital pour les Enfants » en 2019

Pour la 8e année consécutive, l'ASPTT Poitiers a organisé un meeting de natation caritatif à destination des nageurs de 25 ans et +, dont l'ensemble des bénéfices est reversé à l'association « Un Hôpital pour les Enfants » le 8 décembre [2019]. Cette édition a réuni quelques 140 nageurs ravis de nager pour la bonne cause. Le don [de 2000 euros] a été remis à l'association le 17 janvier en présence de Gilles Kéo, directeur de l'association, des membres de l'équipe de l'ASPTT Poitiers natation et de l'entraineur des nageurs masters, Maxime Ramel. Un grand merci à nos sponsors et partenaires d'un jour qui nous ont permis d'offrir de nombreux lots [...].

www.poitiers-natation.asptt.com, février 2020.

5 Se préparer au Grand oral

À l'aide de vos connaissances et en prenant appui sur des exemples d'organisations pour illustrer vos arguments, répondez à la question suivante : « **Les pratiques adoptées par une organisation sont-elles toujours conformes à l'éthique ?** »

- Réalisez une veille informationnelle sur l'éthique.
- Trouvez des exemples d'organisations confrontées à la question éthique.
- Proposez un plan pour répondre à la problématique.
- Préparez un exposé oral.

Synthèse

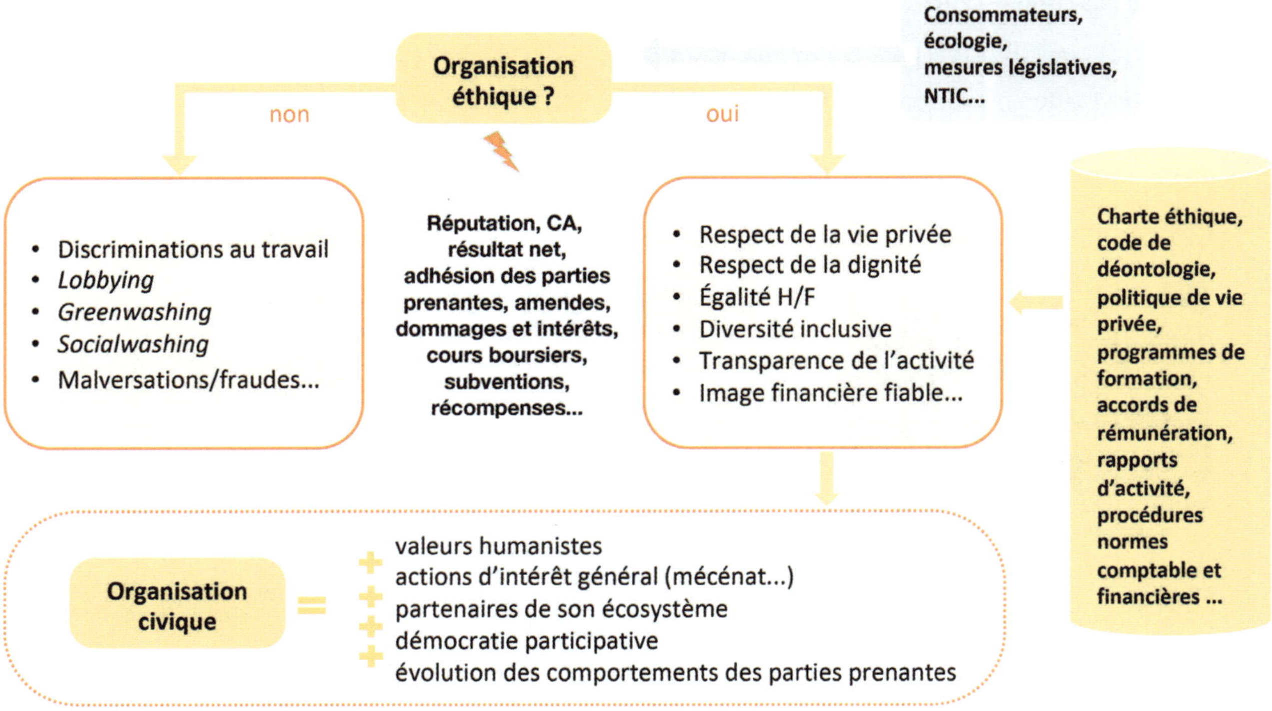

Lexique

- **Démocratie participative :** elle désigne l'ensemble des procédures, instruments et dispositifs qui favorisent l'implication directe des citoyens dans la gouvernance. Elle peut prendre plusieurs formes, selon le degré d'implication des citoyens.
- **Déontologie :** elle renvoie à l'étude des devoirs et de ce qu'il convient de réaliser dans l'exercice d'une profession. Le Code de déontologie spécifie les bonnes et les mauvaises pratiques.
- **Discrimination :** elle consiste à distinguer une personne ou un groupe des autres, et à lui appliquer un traitement spécifique, sans lien objectif (discrimination par l'âge, l'état de santé, le sexe, l'origine).
- **Éthique :** c'est une branche de la philosophie. Elle se préoccupe des principes propres à guider les choix humains en définissant des différences entre les bons et les mauvais comportements dans le cadre général de leur vie sociale.
- **Éthique des affaires :** elle se préoccupe des principes séparant les bons des mauvais comportements dans le cadre spécifique de la vie des organisations.
- **Information économique et financière :** elle est au cœur du bon fonctionnement des marchés financiers au travers de la production et la communication des comptes et des principales informations financières des entreprises.
- **Mécénat :** soutien matériel apporté, sans contrepartie directe de la part du bénéficiaire, à une œuvre ou à une personne pour l'exercice d'activités présentant un intérêt général.
- **Normes comptables :** ce sont toutes les règles qui définissent la gestion de la comptabilité d'une entreprise et qui améliorent la visibilité et la clarté de ses résultats.
- **Organisation civique :** organisation qui contribue à la vie de la collectivité par des actions de mécénat ou la mise en œuvre d'une démocratie participative.

14

Comment les organisations prennent-elles en compte les changements des modes de vie ?

Capacité

- Analyser les évolutions des modes de vie et de consommation à prendre en compte par le management des organisations

Avant la classe

Vidéo : « Blanzy : l'entreprise Michelin ouvre un restaurant pour ses employés »
liennathan.fr/80gjj9

- **Quels sont les objectifs du restaurant d'entreprise de Michelin ?**
- **Pourquoi le restaurant d'entreprise est-il un facteur de bien-être au travail ?**

Situation

Leader de l'industrie pneumatique, la mission de Michelin est de contribuer de manière durable à la mobilité des personnes et des biens. À ce titre, le groupe fabrique, commercialise et distribue des pneus pour tous les types de véhicules. Michelin propose également des services digitaux innovants, comme la gestion numérique de flottes de véhicules ou des outils d'aide à la mobilité. Il édite des guides touristiques, des guides hôtellerie et restauration, des cartes et des atlas routiers. Le groupe, dont le siège est à Clermont-Ferrand (France), est présent dans 170 pays, emploie 124 000 personnes dans le monde et dispose de 117 sites de production implantés dans 26 pays. Le groupe possède un centre de technologie en charge de la recherche et du développement implanté en Europe, en Amérique du Nord et en Asie.

Ces dernières années ont été marquées par des bouleversements dans les comportements des consommateurs et dans les attentes des salariés. Pour rester pérenne, le manufacturier doit sans cesse s'adapter aux changements des modes de vie.

1 Analyser les évolutions des modes de vie et leur impact sur le management des organisations

DOC. 1 Les nouvelles attentes des salariés

[Les modes d'organisation du travail définissent qui fait quoi et comment dans l'entreprise. Aujourd'hui, le mode d'organisation pyramidal ne semble plus en phase avec la nouvelle société post-confinement]. Les organisations du travail mises en place pour s'adapter à la crise sanitaire ont été l'occasion d'expérimenter de nouveaux modes de travail et de prendre du recul sur les pratiques professionnelles passées (100 % présentiel, management vertical, [organisation pyramidale], etc.). Une petite révolution dans le monde de l'entreprise, synonyme de libération au regard de règles qui semblaient hier encore gravées dans le marbre, mais aussi de nouvelles exigences des collaborateurs qui veulent prolonger ce qu'ils considèrent à présent comme des acquis, revendiquant plus de flexibilité et une meilleure qualité de vie au travail. [...] Synonyme de souplesse et d'un meilleur équilibre entre vie privée et vie professionnelle, le télétravail s'avère être un levier de recrutement mais aussi un vecteur de fidélisation pour l'entreprise. [...]

www.in-citu.fr, 14 septembre 2021.

Au-delà de la réponse aux impératifs sanitaires engendrés par la crise, les collaborateurs attendent que leur employeur prenne soin de leur bien-être et leur offre une expérience d'exception. 60 % des salariés réclament davantage d'espaces connectés à la nature, afin de pouvoir faire une pause dans leur journée de travail, déconnecter ou même s'inspirer. Demain, les entreprises devront miser sur des terrasses, des jardins, des potagers ou encore des espaces de travail intégrant la biophilie dans leurs concepts d'aménagements.

www.jll.fr, 28 mars 2021.

DOC. 2 Adapter les espaces en fonction des besoins professionnels et personnels

De nos usines à nos sites tertiaires, de Clermont-Ferrand à Shanghai, Michelin se distingue par une approche collaborative de modernisation des espaces de vie, de travail et de repos.
Le concept de la salle de créativité est pensé comme l'appartement d'un particulier, pour s'y sentir le mieux possible. [...] Les réunions ne s'y passent désormais plus comme avant : la parole est ouverte, les questions osent être posées, un dialogue s'installe, un climat de confiance s'empare du lieu et des personnes, et les décisions se prennent avec plus d'aisance.
Les espaces silencieux : confortablement installés dans des canapés insonorisés et enveloppants, cet espace permet aux collaborateurs de s'extraire de leur environnement quotidien pour faire une pause. En Roumanie, dans l'usine de Zalau, une salle de sport a été mise en place au cœur de l'usine.

« Nos environnements de travail », recrutement.michelin.fr.

DOC. 3 Le télétravail

Chez Michelin, le télétravail se pratique depuis 2009. L'accord « avait pour objectif de répondre aux évolutions de la société et aux demandes des salariés afin de mieux concilier vie professionnelle et vie personnelle », explique Sophie Balamry, directrice des relations sociales France. [...] Aujourd'hui, « nous avons deux modalités de télétravail : un télétravail récurrent avec un à deux jours télétravaillés par semaine sur la base du volontariat du salarié et avec l'accord de la hiérarchie ; et un télétravail occasionnel, qui ne nécessite pas d'avenant et qui répond à des problématiques personnelles plus ponctuelles ».

« Télétravail dans le Puy-de-Dôme : où en sont les entreprises et collectivités ? », www.lamontagne.fr.

DOC. 4 Le droit à la déconnexion

Depuis le 1er janvier [2017], le **droit à la déconnexion** prévu par la nouvelle **loi travail** est acté dans les entreprises. Il a pour but officiel de renforcer la séparation entre les sphères professionnelle et privée et de lutter contre le burnout. En pratique, il s'agit de donner à chaque travailleur la possibilité de ne pas se connecter aux outils numériques et de ne pas être contactables par leur employeur en dehors de leur temps de travail. [...] L'entreprise Michelin a intégré un outil numérique léger, mais très efficace, qui envoie une alerte à un employé lorsqu'il effectue plus de cinq connexions à distance hors de ses heures de travail. L'objectif affiché est de lutter contre la connexion inconsciente. Ainsi, l'entreprise espère que ces employés pourront se rendre compte soit d'un surmenage, et éviter le burnout, soit d'une attitude managériale néfaste pour d'autres travailleurs, qui confine au harcèlement.

Grégory Herbé, « Droit à la déconnexion : à chacun sa méthode », www.forbes.fr.

Situation Partant du constat que le monde extérieur évolue rapidement à travers une révolution de l'information, la montée en puissance d'Internet et la digitalisation, le groupe Michelin souhaite faire évoluer les modes de travail, notamment les méthodes et espaces, afin de répondre aux nouvelles attentes des employés pour qu'ils puissent vivre l'expérience la plus riche possible sur leur lieu de travail tout en préservant leur vie privée.

1 Pourquoi le mode d'organisation pyramidal ne répond plus aux attentes des salariés ? Doc. 1

....

....

....

....

2 Identifiez les autres attentes des salariés en matière de bien-être au travail. Doc. 1

....

....

....

....

3 Pourquoi la salle de créativité favorise-t-elle un management de proximité ? Doc. 2

....

....

....

4 Montrez que les autres aménagements d'espace mis en œuvre chez Michelin contribuent au bien-être des salariés. Doc. 2

....

....

....

5 À quel besoin des salariés répond le télétravail ? Doc. 3

....

....

....

....

6 Pourquoi le droit à la déconnexion permet-il de préserver l'équilibre entre vie professionnelle et vie privée ? Doc. 4

....

....

....

....

Faites le point ! STMG_Management_Term_ch14_point_partie1.pdf

2 Analyser les évolutions des modes de consommation et leur impact sur le management des organisations

DOC. 5 Michelin rachète Allopneus.com

Sur le web, les plateformes d'intermédiation mettent en relation une offre et une demande. Certaines proposent aux internautes des services utiles censés leur faciliter le quotidien. Il existe actuellement des centaines de plateformes dans des domaines aussi variés que le transport (Uber, BlaBlaCar…) ; l'hébergement (AirBnB, Booking…) ; les livraisons de repas (Delivroo…), etc. Sur le marché des pneumatiques, 13 % des achats effectués par les particuliers le sont directement en ligne (d'après Michelin), et non plus chez les revendeurs physiques. Pour éviter de laisser une plateforme d'intermédiation devenir maître du jeu, le groupe Michelin a racheté le leader français de la vente en ligne de pneus Allopneus.com, qui permet aux utilisateurs de rechercher la taille de leurs pneus, de sélectionner les pneus qu'ils souhaitent, de saisir leur code postal et de planifier un montage avec un magasin local dans leur région.

DOC. 6 Michelin entre au capital de Campanda

Michelin Travel Partner, une filiale du groupe Michelin, a investi 10 millions d'euros dans la start-up Campanda.
Chris Möller, le créateur de Campanda a découvert très tôt qu'il existe une forte demande vis-à-vis de la location de camping-cars. Il a eu l'idée de mettre en relation à la fois les entreprises de location de camping-cars et les propriétaires particuliers avec des voyageurs du monde entier.
Campanda s'est ainsi développée pour devenir le plus grand marché en ligne de location de camping-cars, et ce, à travers le monde. Sur Campanda, les utilisateurs peuvent rechercher des offres de location dans le monde entier ou proposer la location de leur propre camping-car à des clients potentiels. Le fondateur de Campanda, Chris Möller, n'est pas juste un entrepreneur, c'est aussi un champion de « l'économie collaborative », en pleine expansion. Dès le début de sa carrière, il s'est intéressé aux plateformes et réseaux en ligne, qui permettent le partage de biens personnels. Chris fait partie de la première génération d'entrepreneurs ayant reconnu le pouvoir d'Internet, qui tend à rassembler ceux qui sont prêts à prêter ou emprunter des choses utiles. Lorsque l'on considère que le camping-car est inutilisé pendant une bonne partie de l'année, posséder son propre véhicule n'a pas toujours de sens.

D'après www.jaimelesstartups.fr

L'**économie collaborative**, également appelée économie de partage, repose sur le **partage ou l'échange entre particuliers** de biens (voiture, logement, parking, perceuse, etc.), de services (covoiturage, bricolage, etc.), avec échange monétaire (vente, location, prestation de services) ou sans échange monétaire (dons, troc, volontariat), **par l'intermédiaire d'une plateforme numérique** de mise en relation.

DOC. 7 Michelin facture les kilomètres parcourus

Michelin propose à ses clients de la division poids lourds de louer leurs pneumatiques sur la base d'un tarif au kilomètre parcouru au lieu de les acheter. Le contrat propose des services pour optimiser les équipements en fonction des conditions d'utilisation, veiller au respect des pressions de gonflage qui ont une incidence sur la consommation de carburant et signaler toute anomalie qui peut engendrer une usure prématurée des pneus. La durée de vie des pneus est alors bien plus grande. Avec cette solution, Michelin a très sensiblement augmenté sa marge et les clients ont vu leurs coûts baisser de 36 % (comparaison du coût des kilomètres parcourus et des achats de pneus) et leurs coûts de carburant diminuer.

DOC. 8 L'art de préparer un pneu

Les pneus Michelin seront composés intégralement de matériaux durables d'ici 2050, a promis le géant français des pneumatiques. Ces pneus devraient être issus de déchets végétaux, de matières recyclées ou renouvelables.

Vidéo : « L'art de cuisiner un pneu durable »
liennathan.fr/a8ze99

DOC. 9 La stratégie des 4R

Réduire, Réutiliser, Recycler, Renouveler : avec sa stratégie des 4R, Michelin s'engage à développer l'économie circulaire dans toutes ses activités et ses opérations.
Depuis le premier pneu MICHELIN Energy Saver conçu pour réduire la consommation de carburant, jusqu'à des innovations de long terme comme le pneu VISION doté d'une bande roulement renouvelable et biodégradable, innover et travailler pour réduire notre impact sur la planète a toujours été au cœur des préoccupations de Michelin. Et cela, à chaque étape de la chaine de valeur, du sourcing de matières premières jusqu'au recyclage des pneus en fin de vie.

www.michelin.fr

Situation

Les clients, par leurs nouveaux modes de consommation, sont les pilotes de la révolution digitale – un grand bouleversement qui impose à toutes les entreprises en quête de croissance de s'adapter. Le consommateur est aujourd'hui ultra-informé, il dispose d'un choix immense et a la possibilité de passer ses commandes de n'importe quel endroit et à n'importe quel moment. Dans ce contexte, le consommateur est plus volatil et sa fidélisation nécessite de proposer de plus en plus vite des produits offrant une utilité réelle et faisant la différence. De plus, dans un contexte de changement climatique, les clients très préoccupés par la question écologique sont à la recherche d'une consommation responsable. Face à ces changements, Michelin a choisi de les incorporer activement à ses activités, et non de les subir.

7 Montrez que le site Allopneus.com est une plateforme d'intermédiation. Doc. 5

....

....

8 Justifiez le choix de Michelin de racheter Allopneus.com. Doc. 5

....

....

9 Expliquez le concept mis en œuvre par la start-up Campanda.
Montrez qu'elle agit dans le secteur de l'économie collaborative. Doc. 6

....

....

....

10 Pourquoi le groupe Michelin a-t-il investi dans la start-up Campanda ? Doc. 6

....

....

....

11 Quels sont les avantages de la facturation au kilomètre pour Michelin et ses clients du secteur poids lourds ? Doc. 7

....

....

12 Montrez que l'économie de la fonctionnalité consiste à remplacer la vente d'un bien matériel par une prestation de services. Doc. 7

....

....

13 Parmi les mesures mises en place par Michelin, identifiez celles qui agissent pour une consommation responsable. Docs 8 et 9

....

....

Faites le point ! STMG_Management_Term_ch14_point_partie2.pdf

Applications

1 Testez vos connaissances

Répondez par vrai ou faux aux propositions suivantes.

1. Le télétravail consiste à travailler depuis son domicile.
   ☐ Vrai ☐ Faux
2. Le droit à la déconnexion permet de ne plus utiliser son téléphone pendant 24 heures.
   ☐ Vrai ☐ Faux
3. Une plateforme d'intermédiation gère les litiges entre les entreprises et les consommateurs.
   ☐ Vrai ☐ Faux
4. L'économie collaborative repose sur le partage de biens ou de services entre particuliers.
   ☐ Vrai ☐ Faux
5. L'économie de la fonctionnalité consiste à ajouter des services payants à un produit.
   ☐ Vrai ☐ Faux
6. La consommation responsable a pour but de préserver la planète.
   ☐ Vrai ☐ Faux

2 Analyser le succès de la livraison des repas à domicile

1. Expliquez l'engouement des Français pour la livraison à domicile.
2. Montrez que les agrégateurs de restaurants et les agrégateurs-livreurs sont des plateformes d'intermédiation.

DOC. 1 Les Français changent leurs habitudes de consommation

Le secteur de la restauration est en pleine mutation, les usages évoluent et le digital prend une place de plus en plus importante dans la stratégie de vos établissements : réservation en ligne, réseaux sociaux, site Internet…
Dans cette dynamique, de nombreux services se sont développés et s'appliquent à répondre aux nouvelles habitudes de consommation des clients. C'est le cas notamment de la livraison de repas à domicile.
En France, le marché de la livraison de repas à domicile est estimé à 3,3 milliards d'euros, soit un peu plus de 5 % de la restauration commerciale en progression de 20 % par an. Pas moins de trois commandes sont passées chaque seconde dans l'Hexagone pour un panier moyen de 16 € pour un déjeuner et 17 € pour un dîner.
Cette croissance résulte d'un profond changement des habitudes de consommation des Français. 1 personne sur 3 prend son repas ailleurs que sur une table de salle à manger ou de cuisine. Et les jeunes (18-24 ans) sont les plus concernés par ce bouleversement du modèle alimentaire.
Pour les consommateurs, la livraison des restaurants permet de bénéficier d'un repas chez soi mais également sur son lieu de travail sans avoir à sortir le chercher.
La généralisation de l'usage du smartphone a également contribué à rendre ce service plus simple, immédiat et flexible.

www.adoria.com, 11 juin 2020.

DOC. 2 Les différents acteurs de la livraison à domicile

Les restaurants et les chaînes de restauration qui livrent eux-mêmes
Certaines enseignes du secteur ont historiquement un service de livraison intégré.
Exemples : Pizza Hut, Speed Burger, Sushi Shop…
Les agrégateurs de restaurants et commerçants proposant déjà un service de livraison
Ces plateformes réunissent des restaurants qui produisent leur offre et assurent la livraison à leurs clients. Elles n'ont qu'un rôle de mise en relation. Elles prennent une commission de 10 % à 15 % par commande, mais offrent toutefois aux restaurateurs et commerçants une présence digitale complète (Internet, application, réseaux sociaux).
Exemples : Just Eat, Chronoresto, Resto Malin…
Les agrégateurs-livreurs qui apportent aux clients les offres des restaurants et commerçants
Arrivées en France il y a 3 ans, ces plateformes assurent le service de livraison entre les professionnels et les clients. Elles facturent aux professionnels 25 % à 30 % du chiffre d'affaires, en tant qu'apporteurs d'affaires mais aussi en tant que prestataires de missions de livraison.
Les livraisons sont principalement effectuées à vélo (ou scooters), la plupart du temps par des auto-entrepreneurs.
…

...

Dans ce modèle, le professionnel ne s'occupe que de la production. Il profite d'une mise en avant de sa marque à travers ces plateformes aujourd'hui renommées.

Exemples : Deliveroo, Uber Eats, Resto-in, My RestoBox, Stuart, Glovo, CoopCycle...

« La livraison à domicile grignote du terrain », www.filiere-gourmande.fr, 5 avril 2018.

3 Analyser le statut de travailleur indépendant

1. Comment les sites de livraison de repas à domicile se rémunèrent-ils ?
2. Quelles sont les différences entre un salarié et un travailleur indépendant ?
3. Quel est l'intérêt pour les entreprises de livraison à domicile d'avoir recours à des travailleurs indépendants ?
4. Identifiez les avantages et les inconvénients du statut de travailleur indépendant pour le livreur.

DOC. La course effrénée des travailleurs indépendants

On peut aujourd'hui se faire livrer à peu près n'importe quel type de dîner, du sandwich au repas gastronomique, grâce à une flopée de coursiers mis à disposition des restaurants par des plateformes spécialisées.

« On a vu le nombre de livreurs doubler en peu de temps », constate, dépité, Sébastien, qui roule pour Deliveroo depuis trois ans. Le secteur a en effet explosé en quelques années. Alors que plusieurs plateformes comme Take Eat Easy, Tok Tok Tok ou Foodora sont restées sur le carreau, ce sont des mastodontes qui se partagent aujourd'hui le secteur : Take Away, Deliveroo, Uber Eats... Tous ces sites peinent toutefois à dégager des bénéfices, puisque leur rémunération provient de la commission prélevée sur chaque commande, après déduction de la part du livreur. Pour limiter les coûts, ces plateformes ont donc délaissé le salariat au profit de [travailleurs] indépendants payés à la course et en fonction de la distance parcourue. « On doit enchaîner un maximum de petites livraisons pour en vivre, explique Sébastien. Vu le nombre de coursiers, on n'hésite pas à prendre des risques pour rouler plus vite. »

La simplicité des démarches

En France, c'est le statut de micro-entrepreneur (ancien auto-entrepreneur) qui est utilisé par ces travailleurs. Pour l'adopter, une déclaration en ligne sur Autoentrepreneur.urssaf.fr ou Guichet-entreprises.fr suffit. Ajoutez une assurance responsabilité civile professionnelle, en l'occurrence fournie par les plateformes de livraison, et le tour est joué. Si vous gagnez plus de 10 000 euros deux années de suite, il faudra à ce moment-là ouvrir un compte bancaire dédié.

Rythme et stress

Les plateformes de livraison attirent des milliers de candidats grâce à des promesses d'indépendance et d'argent facile. « C'est un métier en plein air qui marie sport et écologie », témoigne Paul, 28 ans, livreur à temps plein chez Deliveroo depuis 2017. Au rythme de 38 heures par semaine, soit environ 400 livraisons par mois et 1 600 km parcourus à vélo, il gagne 1 500 euros nets. « J'adore rouler, et ce qui me plaît c'est de choisir mes horaires et mes jours de travail », renchérit son collègue Sébastien. Les mois où il pédale le plus, ce trentenaire atteint les 2 500 euros nets, contre l'équivalent d'un Smic en temps normal. « Mais j'en connais qui sont passés du vélo au scooter pour rouler plus de 55 heures par semaine et empocher 4 000 euros bruts mensuels », ajoute-t-il.

Si la perspective de gagner leur vie en passant leurs journées sur une bicyclette a séduit les deux hommes, leur optimisme est retombé : « On oublie souvent la précarité et l'engagement physique et psychologique de ce type de métier. Le stress lié au rythme des commandes, la circulation dense, l'obligation de travailler les soirs de week-end, le risque d'accident et la compétition entre livreurs sont le revers de la médaille », conclut Paul.

Julie Polizzi, « Livreurs de repas : la course effrénée des micro-entrepreneurs », www.20minutes.fr, 11 octobre 2019.

4 Étudier le concept locavore

1. Expliquez le principe du locavore.
2. Pourquoi la démarche locavore permet-elle de préserver l'environnement ?
3. Présentez les avantages économiques de la démarche locavore pour un restaurant.

DOC. **Un traiteur locavore**

Que signifie locavore ? « Locavore » désigne un consommateur qui a choisi de ne manger que des aliments produits à une distance inférieure à 150 kilomètres, selon des méthodes artisanales. Le terme s'est popularisé en 2005, lorsque des entreprises d'alimentation de San Francisco, en Californie, avaient lancé un défi locavore. L'idée consistait à ne manger que des produits locaux pendant un mois.

C'est aujourd'hui une tendance de plus en plus suivie par les consommateurs, qui cultivent leurs propres potagers, achètent des produits de kilomètre 0 et choisissent en toute logique des restaurants adeptes de cette philosophie. Au-delà de l'atout concurrentiel, le fait de cuisiner avec des produits locaux a aussi d'autres avantages pour les restaurants. [...]

Un restaurant locavore reçoit régulièrement des produits frais, récemment récoltés, passant directement de la ferme à l'assiette. La pureté de ces aliments, en termes de qualités nutritives et de saveurs, est maximale, ce qui introduit une grande différence dans la qualité des plats.

Autrement dit, même si vos concurrents proposent des plats similaires, ils ne pourront jamais égaler la saveur des vôtres.

La variété de votre offre attise la curiosité de vos clients et les incite à revenir dans votre restaurant pour découvrir vos nouvelles recettes. C'est pour cette raison que le taux de fidélisation des restaurants locavores est plus élevé. Outre leur envie de découverte, les clients se sentent en confiance du fait de la transparence de l'origine des aliments que vous leur servez. Ils préfèrent donc revenir au même endroit, où ils savent qu'ils trouveront à coup sûr l'offre gastronomique qu'ils recherchent, plutôt que d'improviser ou de se risquer à tester d'autres restaurants.

Les clients sont de plus en plus soucieux de leur alimentation et de l'environnement, et sont par conséquent disposés à payer plus pour pouvoir manger dans un établissement locavore. Ainsi, vous pouvez mettre vos produits en valeur et les vendre à un prix rentable.

C'est toujours un bonheur pour les restaurateurs de pouvoir proposer une offre gastronomique remarquable et de la commercialiser au juste prix, sans être soumis à l'obligation de diminuer la qualité pour faire des bénéfices. Cuisiner localement permet en outre de nouer de bonnes relations avec les producteurs de proximité et de créer des recettes délicieuses.

Côté marketing, la vente de produits frais en restauration a toujours été synonyme de haute qualité. Ce choix indique que l'établissement s'engage en faveur de la durabilité, qu'il fait de son mieux pour trouver en continu des solutions optimales, et qu'il a une équipe créative et efficace. Cette attitude se traduit par une excellente réputation.

www.theforkmanager.com

5 Se préparer au bac — Repérer les mesures pour lutter contre l'hyper-connectivité des salariés

★★

1. Qu'est-ce que l'hyperconnectivité ?
2. Quels sont les effets de l'hyperconnectivité sur le télétravail ?
3. Repérez les mesures prises par les entreprises pour déconnecter leurs salariés.
4. Pourquoi les entreprises souhaitent-elles déconnecter leurs salariés ?

DOC. 1 L'hyper-connectivité au travail

L'[hyper-connectivité] désigne l'utilisation excessive des nouvelles technologies, du numérique et du temps qui y est accordé. En contexte professionnel, elle se traduit par une sollicitation des salariés en dehors des heures de travail et par un envahissement sur leur vie privée. Les salariés restent connectés tout le temps et partout. Ils répondent à un mail professionnel en soirée, reçoivent des appels le dimanche, consultent leurs mails pendant leurs vacances… Les sources d'informations sont nombreuses : emails, SMS, messagerie professionnelle, réseaux sociaux, etc.

L'[hyperconnectivité] est aussi liée à la peur de manquer quelque chose, appelé FOMO, l'acronyme de « Fear of missing out ». Les salariés sont angoissés à l'idée de manquer quelque chose d'important, un évènement, une information, un projet. Ils vérifient alors sans cesse leurs mails, SMS et notifications. Ce syndrome provoque des effets néfastes chez les individus concernés : surmenage, dépression, diminution de la productivité, perte d'énergie.

www.pros-consulte.com, 18 février 2021.

DOC. 2 Les bonnes pratiques adoptées dans les entreprises

Ces dernières années, de nombreuses entreprises ont mis en place des initiatives pour favoriser le droit à la déconnexion. Objectif : protéger la santé des salariés, et les aider à conserver un équilibre entre leur vie personnelle et leur vie professionnelle, qu'ils travaillent au bureau ou à distance.

Des entreprises ont […] mis en place des journées sans e-mails pour permettre aux salariés de déconnecter des outils numériques. Par exemple, le groupe japonais Rakuten organise tous les mois une demi-journée sans e-mails pour encourager la communication physique entre les salariés.

Une approche plus radicale a été déployée au sein du groupe allemand Daimler. Depuis 2014, l'entreprise efface automatiquement les e-mails reçus pendant les congés des salariés. L'expéditeur en est informé, et est redirigé vers une autre personne qui peut répondre à sa demande. Ainsi, le collaborateur n'est plus tenté de lire ses e-mails pendant ses vacances, et ne perd plus de temps à les trier en revenant.

Plusieurs entreprises pratiquent des périodes de déconnexion à la fois pendant et en dehors des horaires de travail. Chez Orange, les salariés peuvent se déconnecter de leurs outils de communication numérique deux heures par jour, afin de ne pas être dérangés dans leur travail. Par ailleurs, les collaborateurs sont invités à ne pas utiliser le tchat pendant les réunions afin d'être mieux concentrés. Même chose pour le groupe Intel, qui a mis en place des moments de silence tous les mardis matin, pendant lesquels messagerie et téléphone portable sont coupés. Les salariés peuvent également mettre un panneau « ne pas déranger » devant la porte de leur bureau.

Dans certaines entreprises, les plages de déconnexion sont même imposées. C'est le cas chez Volkswagen, qui bloque l'accès à ses serveurs de 18h15 à 7h en semaine et le week-end. Une mesure efficace, mais qui ne convient pas forcément au besoin de flexibilité recherché par les collaborateurs.

Emmanuelle Abensur, https://blog.talkspirit.com/droit-a-la-deconnexion-initiatives-mises-en-place-dans-les-entreprises, Talkspirit, 19 mars 2021.

6 Se préparer au Grand oral

À l'aide de vos connaissances et en prenant appui sur des exemples d'entreprises pour illustrer vos arguments, répondez à la question suivante : « **Comment les entreprises répondent-elles aux nouvelles attentes des salariés ?** »

Synthèse

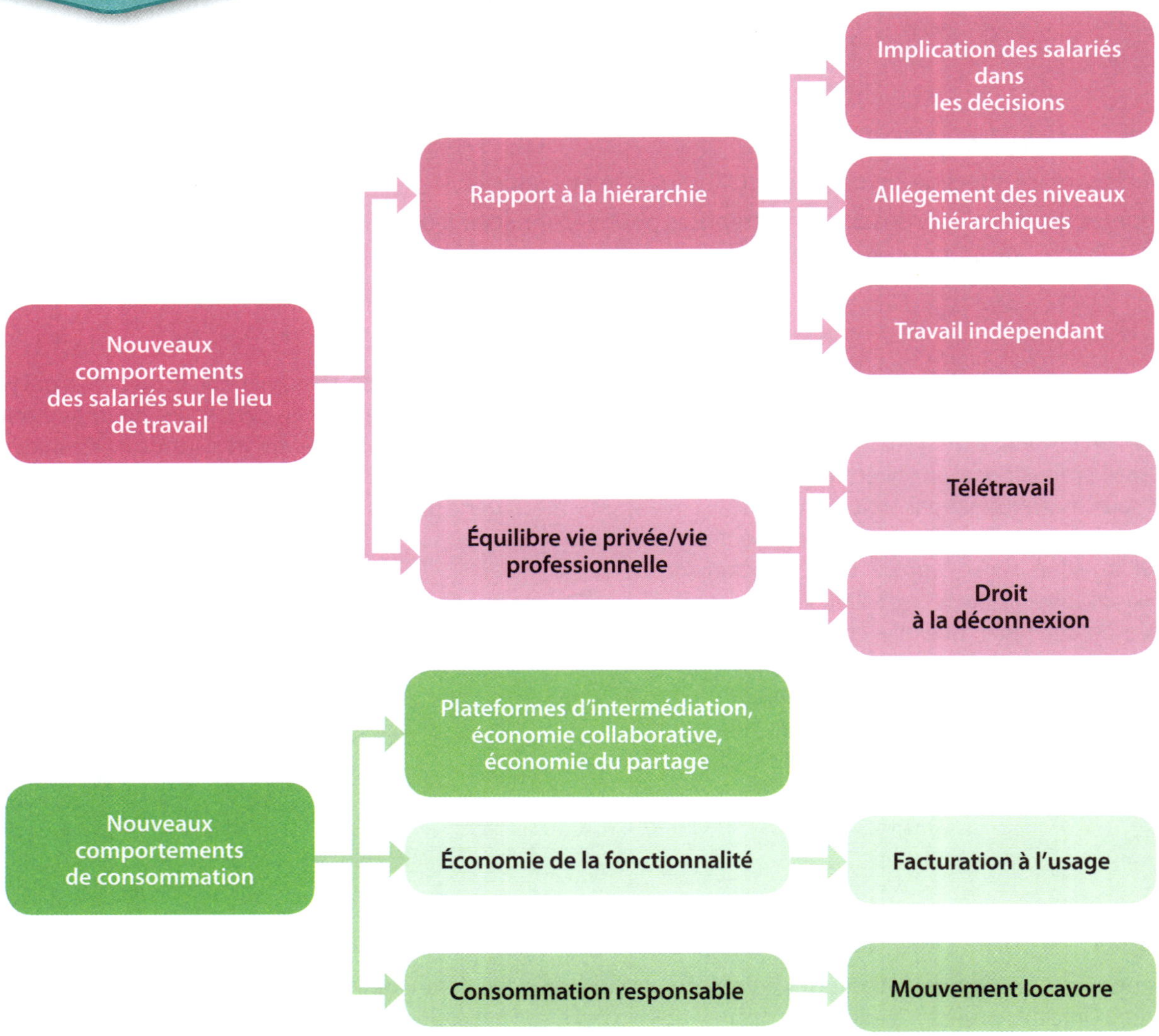

Lexique

- **Consommation responsable :** mode de consommation qui vise à respecter l'environnement.
- **Droit à la déconnexion :** droit donné à chaque travailleur de ne pas se connecter aux outils numériques et de ne pas être contactable par son employeur en dehors de son temps de travail.
- **Économie collaborative (ou économie du partage) :** repose sur le partage ou l'échange entre particuliers de biens ou de services par l'intermédiaire d'une plateforme numérique de mise en relation.
- **Économie de la fonctionnalité :** l'économie de la fonctionnalité remplace la notion de vente du bien par celle de la vente de l'usage du bien.
- **Hyper-connectivité :** état d'un individu qui est constamment connecté aux outils digitaux ou numériques.
- **Modes de consommation :** ensemble des usages et pratiques en termes d'achat de produits ou de services.
- **Modes d'organisation du travail :** ensemble des méthodes permettant de partager les tâches, de communiquer et de manager au sein d'une entreprise.
- **Mouvement locavore :** consiste à privilégier les producteurs locaux dans ses choix de consommation.
- **Plateformes d'intermédiation :** site Internet qui permet la rencontre d'une offre et d'une demande de manière dématérialisée.
- **Travail indépendant :** les travailleurs indépendants exercent à leur compte une activité économique.
- **Télétravail :** consiste à travailler pour son employeur depuis son domicile ou tout lieu autre que les locaux de l'entreprise.

15 Quelles responsabilités le numérique crée-t-il pour les organisations ?

Capacité

- Décrire l'apport des technologies numériques aux relations entre les organisations et les citoyens.

Vers PIX

D.1.1. – Mener une recherche et une veille d'information

Avant la classe

Vidéo : « Emploi Store en vidéo »
liennathan.fr/cg6b28

Citez un service proposé par l'Emploi Store de Pôle emploi.

Situation

Pôle emploi est un établissement public chargé de l'emploi en France. Dans son plan stratégique 2019-2022, l'organisation Pôle emploi a pour objectif d'innover au service de l'emploi. Elle souhaite notamment enrichir son offre de services et être au rendez-vous de la révolution digitale.
Pour cela, elle propose des services développés par Pôle emploi ou avec des partenaires :
– les services « La Bonne Boîte » ou la « Bonne Alternance » : des services en ligne destinés aux chercheurs d'emploi qui font des candidatures spontanées, qui leur permettent de trouver des entreprises avec un fort potentiel d'embauche ;
– la plateforme « Emploi Store » : un site Internet accessible depuis un ordinateur, une tablette ou un téléphone mobile, qui propose plus de 300 services qui permettent de booster la recherche d'emploi et de postuler autrement…
Comme toute organisation, Pôle emploi doit s'adapter aux transformations numériques. En effet, elle doit respecter le règlement général sur la protection des données (RGPD) et la loi pour une République numérique du 7 octobre 2016, qui réclame une transparence des algorithmes publics. Dans l'avenir, le recrutement devrait également être bouleversé par la technologie de la *blockchain*, qui permettra de sécuriser les échanges et les contrats d'embauche.

1 Qu'apportent les technologies numériques aux relations entre les organisations et les citoyens ?

DOC. 1 L'Emploi Store de Pôle emploi

L'Emploi Store est un site web qui réunit les meilleurs services digitaux de l'emploi et de la formation de Pôle emploi et de ses partenaires. Acteurs de l'emploi, grandes entreprises, start-up, organismes publics ou développeurs indépendants, Pôle emploi réunit ainsi en toute transparence pour les internautes ce qui se fait de mieux dans le domaine du digital. MOOC, serious games, sites Internet, applications mobiles, simulateurs d'entretien, vous trouvez tout ce dont vous avez besoin pour choisir un métier, vous former, préparer votre candidature ou trouver un emploi.

www.pole-emploi.fr

DOC. 2 Les données personnelles collectées par Pôle emploi

Pôle emploi collecte des données personnelles afin d'accompagner les individus à la recherche d'un emploi et mettre en relation les offres d'emploi des employeurs et les demandes d'emploi des individus.

www.pole-emploi.fr

DOC. 3 Pôle emploi : les données personnelles de 120 000 chômeurs ont fuité

Le 10 juin [2021], une annonce de vente d'une base de données provenant du site pole-emploi.fr avait été postée sur un forum spécialisé, pour un montant de 1 000 dollars, soit environ 840 euros. Dans l'annonce, le hacker affirmait posséder « *le nom* », « *l'âge* », « *le numéro de téléphone* », ou encore « *l'adresse mail* » de « *1,2 million d'entrées* ». Une annonce réfutée par Pôle Emploi : « *Les premiers éléments dont nous disposons laissent à penser que cette fuite concernerait dix fois moins de personnes qu'envisagé* ». Une enquête a été ouverte par l'organisme dès le vendredi 11 juin. [...]

Pôle Emploi a contacté les personnes touchées par cette fuite pour leur conseiller de redoubler de vigilance et éviter tout risque d'hameçonnage. « *Il est conseillé aux personnes concernées de rester vigilantes face aux offres d'emploi frauduleuses et aux propositions d'actualisation de leur situation par e-mail, SMS ou sites externes à Pôle emploi* », a fait savoir l'organisme. Les individus profitant des informations dont ils disposent sur les chômeurs pourraient en effet réaliser des tentatives d'escroquerie par SMS, mail ou voie postale.

Laetitia Lienhard, www.lefigaro.fr, 19 juin 2021.

DOC. 4 La protection des données à caractère personnel par le RGPD

Les données personnelles (adresse IP, coordonnées, goûts...) révèlent la vie privée des citoyens et doivent être protégées. La protection des données à caractère personnel est assurée par le règlement général sur la protection des données (RGPD). Ce règlement européen s'impose à toute organisation qui utilise des données personnelles de résidents européens. Il renforce le contrôle par les citoyens de l'utilisation qui peut être faite des données les concernant. En effet, ces données revêtent une importance stratégique pour les entreprises qui cherchent à connaître les habitudes d'achat et les centres d'intérêt des internautes pour définir leur profil et leur proposer de la publicité ciblée. Avec le RGPD, chaque personne bénéficie d'un droit d'information, d'accès, de rectification, de limitation et de suppression de l'utilisation de ses données à caractère personnel par les organisations.

Situation Les transformations numériques offrent de nouvelles occasions aux organisations. Ainsi, les nouvelles technologies permettent à l'État de transformer ses services publics et de modifier les relations entre les citoyens et les organisations. Par exemple, Pôle emploi a mis en place, depuis 2015, emploi-store.fr, un site Internet qui accompagne la recherche d'emploi à l'aide de plus de 300 services, comme des outils de création de CV ou des simulateurs d'entretien de recrutement. Cette plateforme propose des services utiles aux demandeurs d'emploi mais aussi aux jeunes, aux seniors, aux salariés en poste…

1 Quel est le but de l'utilisation du numérique par l'organisation Pôle emploi ? Situation et Doc. 1

…………………………………………………………………………………………

…………………………………………………………………………………………

2 Expliquez le fonctionnement du site Internet Emploi Store proposé par Pôle emploi. Situation et Doc. 1

…………………………………………………………………………………………

…………………………………………………………………………………………

Situation L'exploitation des données personnelles oblige les organisations à respecter le règlement général sur la protection des données (RGPD). Ce règlement, applicable depuis le 25 mai 2018, s'impose à toute organisation qui exploite des données personnelles. À ce titre, les citoyens utilisant les services du site Internet de Pôle emploi bénéficient d'un droit d'accès, de rectification, de limitation et de réclamation de leurs données à caractère personnel. Pour cela, ils doivent s'adresser au délégué à la protection des données de Pôle emploi ou à leur agence Pôle emploi.

3 Relevez les données personnelles recueillies par le site Internet Emploi Store. Doc. 2

…………………………………………………………………………………………

…………………………………………………………………………………………

4 Ces données personnelles ont-elles une dimension stratégique pour Pôle emploi ? Docs 2 et 4

…………………………………………………………………………………………

…………………………………………………………………………………………

5 Expliquez l'incident qui a concerné les données de demandeurs d'emploi du site Internet de Pôle emploi. Doc. 3

…………………………………………………………………………………………

…………………………………………………………………………………………

6 Pôle emploi respecte-t-il le règlement général sur la protection des données ? Situation et Doc. 3

…………………………………………………………………………………………

…………………………………………………………………………………………

7 Quel est le risque d'une protection défaillante des données personnelles par une organisation ? Doc. 4

…………………………………………………………………………………………

…………………………………………………………………………………………

Faites le point ! STMG_Management_Term_ch15_point_partie1.pdf

2 Repérer la transparence des algorithmes

DOC. 5 À quoi servent les algorithmes publics ?

Selon le Larousse, un algorithme est un « ensemble de règles opératoires dont l'application permet de résoudre un problème énoncé au moyen d'un nombre fini d'opérations. Un algorithme peut être traduit, grâce à un langage de programmation, en un programme exécutable par un ordinateur ».

Les usages des algorithmes dans les administrations

Usages	Exemples
Attribuer des droits, calculer des montants selon des règles prédéfinies.	Calcul des taxes et des impôts, attribution de prestations sociales (allocation d'aide au retour à l'emploi [ARE])…
Réaliser un appariement entre une « offre » et une « demande ».	Gestion de la mobilité des agents (RH), accès à l'enseignement supérieur (Parcoursup), attribution de places en crèches…
Prédire une situation ou un risque en analysant des données.	Prédire un risque de défaillance d'une entreprise (Signaux Faibles), cibler les contrôles de lutte contre la fraude fiscale…
Aider à la décision des usagers.	Aider les demandeurs d'emploi à cibler leurs candidatures spontanées (La Bonne Boîte), simuler le coût d'une embauche…

etalab.github.io

DOC. 6 L'exigence de transparence des algorithmes publics

La loi pour une République numérique de 2016 a introduit le principe de transparence des algorithmes publics. En pratique, il s'agit d'offrir aux individus (personnes physiques et morales) de nouveaux droits. Le texte prévoit trois obligations pour les administrations :
1/ la mention explicite : c'est-à-dire l'obligation d'indiquer aux intéressés qu'un algorithme est utilisé et quels sont leurs droits ;
2/ l'information générale : les administrations doivent publier les principes de fonctionnement des principaux traitements quand ils fondent des décisions administratives individuelles ;
3/ l'information individuelle : fournir à l'individu concerné un ensemble d'informations concernant l'algorithme, son fonctionnement en détail […] ainsi que les données traitées pour son cas spécifique.

dataanalyticspost.com

DOC. 7 La transparence de l'algorithme de Pôle emploi pour le calcul de l'ARE

Sur son site, Pôle emploi publie des informations présentant et expliquant le fonctionnement de l'algorithme de l'attribution et du calcul de l'allocation d'aide au retour à l'emploi (ARE). L'algorithme permet de vérifier les conditions d'attribution de l'allocation, son montant et la durée de l'indemnisation. Par exemple, voici l'algorithme du calcul de la durée d'indemnisation de l'ARE :

www.pole-emploi.fr

En application des articles L.311-3-1 et L.312-1-3 du Code des relations entre le public et l'administration, vous pouvez consulter, ci-dessous, les règles et grandes caractéristiques des algorithmes intervenant dans l'élaboration des principales décisions individuelles prises par Pôle emploi dans l'exercice de ses missions de service public. Ces algorithmes sont la traduction de la réglementation de l'assurance chômage, arrêtée par l'État.

Pour toute question concernant votre situation, vous êtes invité à contacter votre conseiller.

3. DURÉE DE L'INDEMNISATION

La durée de l'indemnisation est calculée de la façon suivante :

• Le nombre de jours travaillés au cours des 24 ou 36 mois qui précèdent la fin du contrat de travail (selon l'âge à la date de fin de contrat) est décompté (avec assimilation possible de certaines périodes de formation), sans remonter au-delà d'une précédente ouverture de droits ;

• Le nombre de jours travaillés est plafonné à 5 jours par semaine civile ;

• Le total est multiplié par 1,4 afin de déterminer la durée d'indemnisation ;

• La durée d'indemnisation est plafonnée à 730, 913 ou 1095 jours (selon l'âge à la date de fin du dernier contrat de travail). Elle ne peut être inférieure à 182 jours.

DOC. 8 Qui est concerné par la transparence des algorithmes ?

[Vous devez remplir les nouvelles obligations liées à la transparence des algorithmes si :]
– vous êtes une administration d'État, une collectivité, un organisme de droit public ou de droit privé intervenant dans le cadre d'une mission de service public […] ;
– vous utilisez un traitement algorithmique […] ;
– à l'aide de ce traitement, vous prenez des décisions administratives individuelles envers des personnes physiques ou morales, de droit public ou privé […] ;
– et que ce traitement n'est pas couvert par l'un des secrets définis par la loi : […] sécurité des personnes ou des systèmes d'information, recherche et prévention d'infractions […].

etalab.github.io

Situation Face à une algorithmisation croissante de l'Administration, la loi pour une République numérique du 7 octobre 2016, dite « loi Lemaire », et le règlement général sur la protection des données (RGPD) ont introduit de nouvelles dispositions concernant les algorithmes publics. Ces dispositions visent à introduire une plus grande transparence de l'Administration dans l'usage de ces systèmes, en particulier quand ils sont utilisés pour prendre des décisions qui affectent les individus (personnes physiques ou morales).

8 Quand l'Administration utilise-t-elle des algorithmes ? Doc. 5

....

....

9 Pourquoi l'État doit-il construire un droit à la transparence des algorithmes publics ? Doc. 6

....

....

10 Quelles sont les obligations des organisations utilisant des algorithmes publics pour prendre des décisions qui affectent les individus ? Doc. 6

....

....

Situation Les administrations ont pour obligation de publier les programmes informatiques qui vont décider de façon automatique de décisions individuelles, comme l'attribution d'aides, le calcul de certaines taxes ou impôts, l'affectation de fonctionnaires... Ainsi, Pôle emploi a mis en ligne, sur son site, l'algorithme qui vérifie si le demandeur d'emploi remplit les conditions d'attribution de l'allocation d'aide au retour à l'emploi (ARE).

11 Quelles sont les décisions prises par l'algorithme de Pôle emploi ? Doc. 7

....

....

12 Expliquez le fonctionnement de l'algorithme de Pôle emploi pour le calcul de la durée d'indemnisation de l'allocation d'aide au retour à l'emploi (ARE). Doc. 7

....

....

13 Justifiez si l'algorithme du calcul de l'ARE de Pôle emploi est concerné par la transparence des algorithmes. Doc. 8

....

14 Précisez si l'organisation Pôle emploi respecte l'obligation de transparence des administrations concernant l'algorithme du calcul de l'ARE. Doc. 7

....

Faites le point ! STMG_Management_Term_ch15_point_partie2.pdf

3 Repérer les enjeux de la chaîne de blocs

DOC. 9 Qu'est-ce que la *blockchain* ?

La *blockchain* est une technologie de stockage et de transmission d'informations, sécurisée et transparente, fonctionnant sans organe central de contrôle. Elle peut être publique (accessible et visible par tous) ou privée. Les échanges de données (transactions, stockages, transferts de propriété, etc.) sont sauvegardés dans des « blocs » liés les uns aux autres, d'où le terme « *blockchain* ». [...] C'est une base de données ultra sécurisée et architecturée. Elle est en outre partagée sans intermédiaire par ses différents utilisateurs, ce qui permet à chacun de vérifier la validité de la chaîne.

blockchainfrance.net

Vidéo : « 1 minute pour comprendre... la *Blockchain* en France »
liennathan.fr/w63xx7

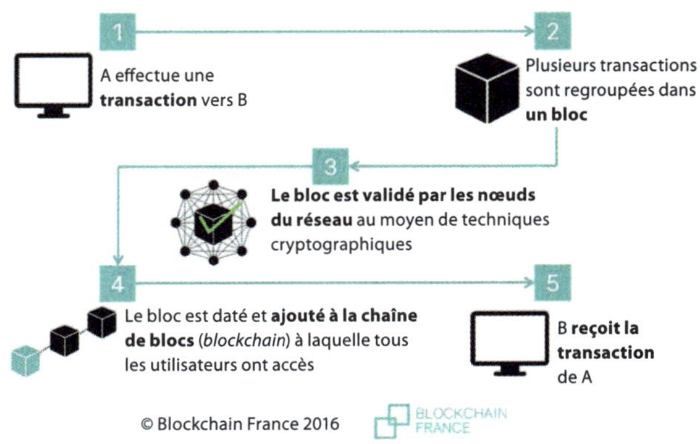

DOC. 10 La *blockchain* est-elle l'avenir des RH et du marché de l'emploi ?

Les applications de la *blockchain*, qui permettent des échanges facilités de pairs à pairs, sans intermédiaire et de façon quasi instantanée, constituent une potentialité intéressante pour de nombreux cas d'usages RH. En effet, la *blockchain* pourrait apporter des services transparents et centrés sur les volontés des collaborateurs, tout en leur assurant le respect de la confidentialité de leurs données personnelles, au service des fonctions RH. [...]

– **Garantir la traçabilité des relations contractuelles** : en permettant d'échanger des informations validées, fiabilisées voire même certifiées, la *blockchain*, au moyen d'un système cryptographique, pourrait stocker et transmettre des données numériques de façon sécurisée et gérer par exemple des relations contractuelles entre une organisation et un candidat. [...]

– **Valider et certifier des compétences** : la *blockchain* pourrait également vérifier la véracité des diplômes et la conformité des informations enregistrées dans les CV. Aussi, les employeurs auront la possibilité d'attester les fonctions assumées, les périodes d'exécution des missions d'un collaborateur au sein de l'organisation, ou encore de certifier des compétences techniques, appartenant à des référentiels communs ou encore des formations suivies par un collaborateur. Enfin, avec le développement des modes d'apprentissage collaboratifs, et l'évaluation entre pairs, la *blockchain* pourrait contribuer à reconnaître les progressions des parcours professionnels des collaborateurs, dont l'expertise est reconnue au sein de son organisation. En somme, grâce à la technologie *blockchain*, les informations récoltées et certifiées pourraient être publiées sur les réseaux sociaux afin de renforcer le degré d'employabilité.

– **Le recrutement des candidats** : avec la promesse de permettre un enregistrement numérique inaltérable et tracé, la *blockchain* permettrait d'accélérer et d'automatiser la façon dont les employeurs vérifient les informations relatives à l'identité de leurs futurs employés, pour une meilleure correspondance entre les candidats et les postes. Ce processus pourrait aussi bénéficier aux candidats, qui, par le biais de leur établissement éducatif, pourraient intégrer leur CV dans une *blockchain* afin de diminuer le temps passé par leur futur employeur à vérifier les références du candidat.

Guillaume Moret Bailly, www.cointribune.com, 18 juin 2019.

DOC. 11 La *blockchain* sécurise les échanges et les contrats

Les acteurs économiques et juridiques s'intéressent de plus en plus à cette technologie car elle permet d'augmenter la sécurité et l'authenticité du transfert d'information. Ce système décentralisé permet d'écarter des intermédiaires et d'automatiser des relations qui jusqu'alors avaient besoin d'un interprète. Il est désormais possible pour deux ou plusieurs personnes domiciliées à des milliers de kilomètres les unes des autres de posséder un compte commun (en bitcoin par exemple, la cryptomonnaie la plus répandue aujourd'hui), sans passer par un établissement bancaire, ni remplir de nombreux documents administratifs.

www.village-justice.com

Situation Tout comme Internet a réinventé la circulation de l'information, la technologie *blockchain* pourrait révolutionner l'organisation des entreprises, et en particulier le recrutement, en favorisant la traçabilité des informations fournies par les candidats. Selon Pôle emploi, cette technologie va certainement bousculer le fonctionnement du recrutement dans les services des ressources humaines des organisations.

15 Pourquoi le recrutement pourrait-il être bousculé par la *blockchain* ? Docs 9 et 10

....

....

16 Identifiez les acteurs qui pourraient être intéressés par l'utilisation de la *blockchain* lors d'un recrutement. Doc. 10

....

....

17 Repérez les avantages pour un demandeur d'emploi d'avoir recours à la *blockchain*. Doc. 10

....

....

18 Relevez les intérêts pour un recruteur d'avoir recours à la *blockchain*. Doc. 10

....

....

19 Précisez comment la *blockchain* pourrait faciliter le recrutement, et donc l'emploi. Doc. 10

....

....

Situation La technologie *blockchain* devrait transformer la façon de gérer les transactions et les contrats. Dans ce réseau de pair à pair, chacun peut librement s'exprimer et agir, et tous les contributeurs sont identifiés de façon certaine. Initialement prévue pour gérer les échanges de cryptomonnaie, la *blockchain* est en passe de devenir une mémoire et une sécurisation de toutes les transactions, mais aussi des contrats, des votes ou des échanges de données personnelles, sans avoir besoin de recourir à un intermédiaire.

20 Pourquoi les acteurs économiques s'intéressent-ils à la technologie *blockchain* ? Doc. 4

....

....

21 En supprimant les intermédiaires, montrez que la technologie *blockchain* pourrait également présenter un risque pour Pôle emploi. Docs 9 et 10

....

....

Faites le point ! STMG_Management_Term_ch15_point_partie3.pdf

Applications

1 Testez vos connaissances

Retrouvez la définition correspondant à chacun des mots suivants : RGPD, transparence, algorithme, données personnelles, *blockchain*.

1. Ensemble d'opérations devant être suivies dans l'ordre pour résoudre un problème.
2. Technologie de stockage et de transmission d'informations, sécurisée, fonctionnant sans intermédiaire ni organe de contrôle.
3. Ensemble d'informations permettant d'identifier une personne.
4. Règlement européen qui renforce l'encadrement des pratiques en matière de collecte et d'utilisation des données à caractère personnel des utilisateurs.
5. Fait de transmettre des informations et de rendre compte d'une activité dans l'objectif d'établir une relation de confiance.

2 Étudier un algorithme public

En travail individuel ou par groupes, vous allez réaliser une étude sur un algorithme public.

1. Rendez-vous sur le site de Pôle emploi, à la rubrique « Algorithmes » :

liennathan.fr/gi70e2

2. Consultez les différents algorithmes qui concernent le fonctionnement de l'allocation d'aide au retour à l'emploi (ARE) : admission, refus, reprise, rechargement…
3. À l'aide de l'outil numérique de votre choix (mur virtuel, carte mentale, diaporama…), présentez et expliquez le fonctionnement d'un des algorithmes.
4. Précisez les raisons pour lesquelles Pôle emploi publie sur son site les algorithmes de l'allocation d'aide au retour à l'emploi.

Algorithmes

Tout savoir sur les algorithmes publiés par Pôle emploi

En application des articles L.311-3-1 et L.312-1-3 du code des relations entre le public et l'administration, vous pouvez consulter, ci-dessous, les règles et grandes caractéristiques des algorithmes intervenant dans l'élaboration des principales décisions individuelles prises par Pôle emploi dans l'exercice de ses missions de service public.
Ces algorithmes sont la traduction de la réglementation en vigueur.
Pour toute question concernant votre situation, vous êtes invité à contacter votre conseiller.

ALLOCATION D'AIDE AU RETOUR À L'EMPLOI 2019

- Admission à l'allocation d'aide au retour à l'emploi (ARE)
- Refus de l'allocation d'aide au retour à l'emploi (ARE)
- Reprise du droit à l'allocation d'aide au retour à l'emploi (ARE)
- Rechargement de l'allocation d'aide au retour à l'emploi (ARE)
- Refus de rechargement de l'allocation d'aide au retour à l'emploi (ARE)
- Révision ARE suite à perte d'activité (ARE)

A CONSULTER

› Pour plus de précisions sur la réglementation de l'assurance chômage

www.pole-emploi.fr

3 Identifier les enjeux de l'utilisation des données personnelles

1. Repérez l'utilisation des données par l'organisation Google.
2. Précisez pourquoi les données personnelles constituent un patrimoine à protéger.

DOC. 1 Google, Facebook : ils monnaient vos opinions ou vos centres d'intérêt

L'an passé, les deux mastodontes américains ont trusté 56 % du marché publicitaire mondial. Leur méthode ? Via leurs multiples services, ils collectent vos données, même les plus intimes, afin d'établir un profil précis qu'ils revendent (anonymisé) aux annonceurs. Google, par exemple, vous marque à la culotte sur son moteur de recherche, son navigateur Chrome, ses diverses applications (Gmail…), mais aussi via son système Android, qui équipe 75 % des smartphones dans le monde. Même quand votre téléphone est en veille et que vous avez décoché l'option géolocalisation, ce mouchard lui envoie votre position des dizaines de fois par jour ! Selon une étude menée récemment par des chercheurs d'Oxford, en Angleterre, 90 % des applis disponibles sur Android transfèrent des données personnelles au géant de Mountain View, dont « les habitudes de shopping, la classe économique et sociale ou les opinions politiques ».
Plus fort, Google arrive à glaner des infos même si vous fuyez tous ses services : pour être correctement référencés sur le moteur de recherche, nombre de sites intègrent un cookie qui lui permet de vous tracer ! Son concurrent Facebook n'est pas en reste. Il analyse chacun de vos likes, chaque photo ou vidéo que vous regardez, scanne vos messages et ceux de vos amis, et récupère tous vos contacts, y compris les numéros de téléphone, quand vous l'y autorisez, le plus souvent sans avoir donné votre consentement explicite (tout est écrit en très petites lettres et certaines options sont difficiles à décocher). La firme de Palo Alto croise aussi ses datas avec celles de sa filiale Instagram et celles de ses nombreux partenaires. […] Le but de la manœuvre ? Permettre à ces deux géants du divertissement de proposer des films et de la musique en prenant en compte tous les goûts personnels.

www.photo.capital.fr

DOC. 2 Les manquements à la loi Informatique et Libertés de la page Google.fr

La formation restreinte, organe de la CNIL chargé de prononcer les sanctions, a relevé [des…] violations à l'article 82 de la loi Informatique et Libertés :
– Un dépôt de cookies sans recueil préalable du consentement de l'utilisateur : Lorsqu'un utilisateur se rendait sur la page google.fr, plusieurs cookies poursuivant une finalité publicitaire étaient automatiquement déposés sur son ordinateur sans action de sa part. Ce type de cookies ne pouvant être déposé sans que l'utilisateur ait exprimé son consentement, la formation restreinte a considéré que les sociétés n'avaient pas respecté l'exigence prévue par l'article 82 de la loi Informatique et Libertés de recueil préalable du consentement avant le dépôt de cookies non essentiels au service.
– Un défaut d'information des utilisateurs du moteur de recherche google.fr : Lorsqu'un utilisateur se rendait sur la page google.fr, un bandeau d'information s'affichait en pied de page, portant la mention suivante « Rappel concernant les règles de confidentialité de Google » en face de laquelle figuraient deux boutons intitulés « Me le rappeler plus tard » et « Consulter maintenant ».
Ce bandeau ne fournissait à l'utilisateur aucune information relative aux cookies qui avaient pourtant déjà été déposés sur son ordinateur, dès son arrivée sur le site. Cette information ne lui était pas non plus fournie lorsqu'il cliquait sur le bouton « Consulter maintenant ». La formation restreinte a donc estimé que l'information fournie par les sociétés ne permettait pas aux utilisateurs résidant en France d'être préalablement et clairement renseignés quant au dépôt de cookies sur leur ordinateur ni, par conséquent, des objectifs de ces cookies et des moyens mis à leur disposition quant à la possibilité de les refuser. […]
La formation restreinte a sanctionné la société GOOGLE LLC **d'une amende de 60 millions d'euros** et la société GOOGLE IRELAND LIMITED **d'une amende de 40 millions d'euros**, rendues publiques.

« Cookies : sanction de 60 millions d'euros à l'encontre de GOOGLE LLC et de 40 millions d'euros à l'encontre de GOOGLE IRELAND LIMITED », www.cnil.fr, 10 décembre 2020.

4 Repérer la transparence d'un algorithme public

1. Comment fonctionne l'algorithme de Parcoursup ?
2. Que permet de calculer l'algorithme de Parcoursup ?
3. Les informations dévoilées par le ministère de l'Enseignement supérieur permettent-elles de répondre à l'exigence de transparence des algorithmes publics ?

Vidéo : « Interview | Parcoursup : les dessous de l'algorithme », Claire Mathieu
liennathan.fr/xu46g2

DOC. 1 La transparence de Parcoursup

Mounir Mahjoubi
@mounir

Avec @VidalFrederique, on l'a dit, on le fait ! Aujourd'hui nous rendons public 100 % du code source de #Parcoursup et sa documenttaion scientifique. Notre engagement : garantir la transparence des algorithmes publics
framagit.org/parcoursup/alg...

944 12:23 - 21 mai 2018

Le gouvernement ouvre le code source de Parcoursup. [...] Sont ainsi accessibles à tous « *les algorithmes et le code Java permettant* » le calcul :
– de « *l'ordre d'appel* », c'est-à-dire celui dans lequel les propositions d'admission sont envoyées aux candidats ;
– des « *propositions de formations* » (pour les candidats retenus par la commission d'examen des vœux) ;
– des propositions d'hébergement en internat.

Si les différents fichiers mis en ligne parleront avant tout aux informaticiens chevronnés, le ministère a publié dans le même temps une notice (PDF) décrivant les principaux calculs effectués par la plateforme. « *La publication du code permettra à chacun de vérifier que le fonctionnement de la plateforme est conforme au droit* », se félicite le ministère au travers d'un communiqué. « *Elle favorisera également la pleine compréhension des mécanismes de la nouvelle procédure d'entrée dans l'enseignement supérieur : non-hiérarchisation des vœux, absence de contraintes ; délais de réponse qui permettent, lorsque chaque candidat fait son choix, de libérer des places qui seront immédiatement proposées à d'autres candidats.* »

Hugo Collin-Hardy, président de l'association Droit des lycéens, estime que cet effort de transparence est effectivement « une très bonne nouvelle ». « Il va néanmoins falloir qu'on se penche sur ce code source pour réagir sur son contenu », explique-t-il, contacté par nos soins. Et pour cause : les fichiers mis en ligne aujourd'hui ne correspondent pas aux algorithmes « locaux » qui aident les établissements de l'enseignement supérieur à trier les différents dossiers des candidats.

Autrement dit, il ne s'agit que d'un élément, plutôt accessoire, de la (lourde) machine Parcoursup. « *On espère que le ministère publiera ces algorithmes locaux prochainement, faute de quoi la publication d'aujourd'hui ne serait qu'une opération de com'* », prévient ainsi Hugo Collin-Hardy. Mounir Mahjoubi, le secrétaire d'État au Numérique, avait d'ailleurs promis mi-avril que le code source de Parcoursup serait rendu public.

Xavier Berne, www.nextinpact.com, 21 mai 2018.

DOC. 2 Les algorithmes de Parcoursup

La procédure d'affectation des candidats repose sur deux processus. Dans un premier temps, les algorithmes locaux sont à l'œuvre, c'est-à-dire que chaque formation définit des critères pour classer les candidats. Il s'agit d'un classement pédagogique effectué dans les commissions d'examen des vœux des différents établissements de l'enseignement supérieur.

Parmi ces critères figurent les notes de l'élève : notes de contrôle continu en classe de première et en classe de terminale, notes des épreuves anticipées du bac en français. Des critères extrascolaires peuvent être pris en compte : un engagement dans une association ou dans un club de sport. La lettre de motivation est également un élément de sélection.

Chaque formation a sa formule de classement, son algorithme, en fonction de l'importance donnée à tel ou tel critère. Ces critères correspondent plus ou moins aux « attendus » précisés dans les descriptifs des formations et que les candidats ont consultés avant de faire leurs vœux.

Par exemple, une formation dans le domaine du sport prendra comme critères les notes en EPS, en sciences mais aussi les activités sportives du jeune. Mais ces algorithmes locaux manquent encore de transparence et des questions restent en suspens.

Sonia Princet, www.franceinter.fr, 3 avril 2019.

5 Se préparer au bac

Repérer les enjeux du développement de la *blockchain*

1. Précisez pourquoi l'organisation Olympia Prod a recours à la technologie *blockchain*.

2. Repérez les apports de cette technologie pour la commercialisation des billets du concert d'Ed Sheeran.

DOC. 1 Ed Sheeran mise sur la *blockchain* pour son concert au Stade de France

Samedi 25 septembre [2021], 75 000 billets seront mis en vente pour le concert d'Ed Sheeran du 29 juillet 2022 au Stade de France. Comme le révèle *Le Parisien*, les personnes qui auront la chance d'obtenir le précieux sésame, moyennant 40 à 80 euros, vont participer à une première mondiale dans le domaine du spectacle, peut-être sans le savoir. Car leur billet sera quelque peu particulier : utilisant la technologie *blockchain*, il ne pourra pas être revendu à prix d'or au marché noir. Pour la première étape, l'achat sera classique : une preuve d'achat sera délivrée, avec nom, prénom, adresse mail et numéro de téléphone de la personne qui a acheté le billet.

Mais ce billet, dématérialisé, ne sera envoyé que sur smartphone quelques jours avant le concert. Un QR code, qui sera scanné à l'entrée du Stade de France, sera à télécharger : en clair, pas de smartphone, pas de concert. « Si le spectateur ne peut pas venir et veut revendre son billet, il ne pourra le faire avec son compte client que sur les sites officiels au prix marqué sur son billet », précise au Parisien David Rotschild, directeur de production du concert pour Olympia Prod. Il explique qu'il s'agit d'un « billet digital inviolable, car lié au téléphone portable du spectateur et donc à son numéro de téléphone ». « C'est le même système que les billets de train ou d'avion », ajoute David Rotschild.

Frédéric Sergeur, www.capital.fr, 23/09/2021.

DOC. 2 Une première utilisation pour des tickets de concert

Ce système a déjà été utilisé avec succès lors de l'Euro de football l'été dernier, pour les matchs au stade de Wembley, à Londres. Il représente la dernière innovation contre le fléau du marché noir. « Il est impossible d'imprimer le billet sur papier ni de faire une capture d'écran du QR Code, car ce dernier dit dynamique ne fonctionnera pas sur les scanners à l'entrée du show », assure le directeur de production du concert pour Olympia Prod. Afin de lutter contre les robots achetant en ligne des dizaines ou des centaines de places destinées à être revendues à prix d'or au marché noir, il ne sera pas possible pour une personne d'acheter plus de six tickets pour ce concert d'Ed Sheeran. À voir si cette initiative sera un succès : ce système pourrait ensuite être étendu à d'autres concerts ou spectacles à l'avenir.

Frédéric Sergeur, www.capital.fr, 23/09/2021.

6 Se préparer au Grand oral

Vers PIX 1.1

« Comment protéger les données personnelles sur les réseaux sociaux ? »

À partir de cette question, construisez des arguments et réalisez une veille informationnelle.

Effectuez des recherches sur le métier de « community manager ».

Internet : « Comment protéger ses données sur les réseaux sociaux et sur Internet ? »
liennathan.fr/iug246

Synthèse

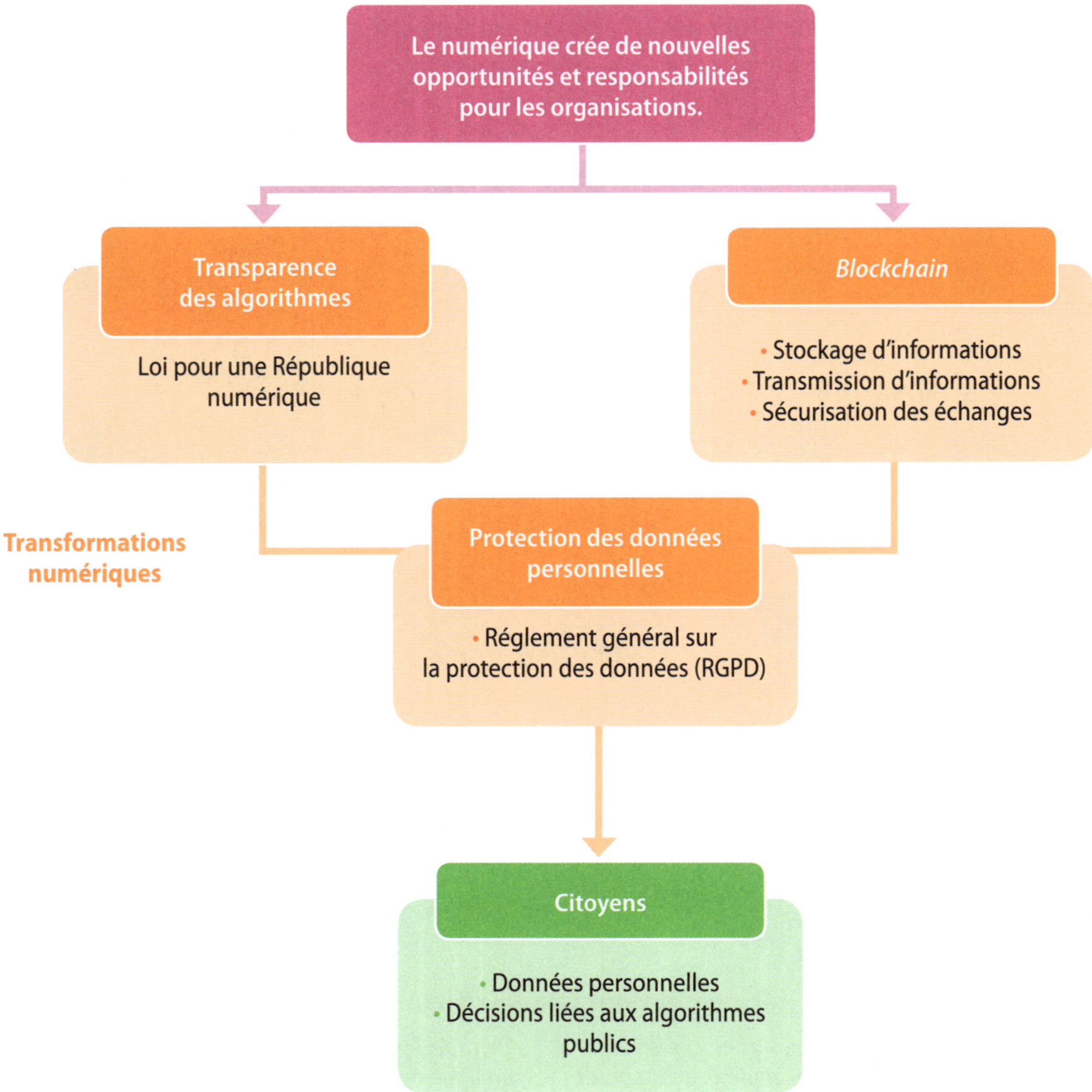

Lexique

- **Algorithme :** ensemble d'opérations devant être suivies dans l'ordre pour résoudre un problème.
- **Chaîne de blocs (*blockchain*) :** technologie de stockage et de transmission d'informations, transparente et sécurisée, fonctionnant sans intermédiaire ni organe de contrôle.
- **Données personnelles :** informations permettant d'identifier une personne (adresse IP, localisation, nom, prénom, numéro de téléphone, âge, sexe, numéro de Sécurité sociale, empreinte digitale, plaque d'immatriculation…).
- **RGPD :** le règlement général sur la protection des données du 25 mai 2018 est un règlement européen qui renforce l'encadrement des pratiques en matière de collecte et d'utilisation des données à caractère personnel des utilisateurs.
- **Transparence :** fait de transmettre des informations et de rendre compte d'une activité dans l'objectif d'établir une relation de confiance.

Quelles sont les relations des organisations avec leur écosystème ?

16

Capacité

- Distinguer les diverses relations existant entre une organisation et son écosystème

Vers PIX

D.1.1. – Mener une recherche et une veille d'information
D.1.2. – Gérer des données
D.3.1. – Développer des documents textuels

Avant la classe

Vidéo : « Toulouse : embarquement immédiat pour "Airbus Ville" »
liennathan.fr/5b93kf

Pourquoi peut-on qualifier le site Airbus de « ville » ?

Situation

Installé depuis 1970, le constructeur aéronautique Airbus compte près de 28 000 salariés sur l'agglomération toulousaine, où sont implantés son siège social, ses bureaux d'études et plusieurs sites d'assemblage.

Airbus est un leader mondial de l'aéronautique, de l'espace et des services associés. En 2020, le groupe européen a réalisé un chiffre d'affaires de 49,9 milliards d'euros, avec un effectif d'environ 131 000 personnes. Airbus propose la famille d'avions de ligne la plus complète. Par ailleurs, l'entreprise est également un leader de l'industrie spatiale. Enfin, dans le domaine des hélicoptères, Airbus propose les solutions civiles et militaires les plus performantes au monde.

Dans la région de Toulouse, l'aéronautique et le spatial, c'est du sérieux : plus de 90 000 emplois salariés sont répartis chez les équipementiers et les sous-traitants de la filière. Et depuis quelques années, la région a vu émerger de nouvelles expertises, comme la robotique et l'intelligence artificielle, qui sont des relais de croissance pour construire les transports du futur.

Toulouse est aujourd'hui un écosystème technologique et scientifique résolument tourné vers l'avenir.

1 Repérer l'influence du territoire dans la stratégie d'implantation des organisations

DOC. 1 Toulouse et sa région, une terre d'envol pour l'aviation

L'ingénieur Clément Ader, né à Muret, écrit le premier épisode de l'histoire mondiale de l'aviation en faisant décoller le 9 octobre 1890 un étrange monomoteur à hélice, inspiré par le vol des chauves-souris. [...] D'autres pionniers vont enrichir la relation de Toulouse et sa région avec l'aéronautique [...]. La fusion de Sud-Aviation et Nord-Aviation donne naissance en 1970 à l'Aérospatiale, premier constructeur aéronautique généraliste européen et ancêtre d'Airbus. L'écosystème régional profite aussi de l'implantation des écoles d'ingénieurs aéronautiques à Toulouse dans les années 1960 et s'ouvre à l'espace avec l'arrivée en 1968 à Toulouse du Centre national d'études spatiales (CNES). Aujourd'hui, le secteur aéronautique et le spatial constituent la première industrie d'Occitanie/ Pyrénées-Méditerranée avec plus de 1000 fournisseurs, sous-traitants, bureaux d'études ou sociétés de services et 98000 emplois. [...] La région est aussi le premier pôle français d'enseignement supérieur et recherche en aéronautique, les trois quarts des ingénieurs français y sont formés.

« Toulouse et l'Occitanie, terres d'envol de l'aéronautique et du spatial », www.laregion.fr, 26 février 2019.

DOC. 2 Airbus, un pôle aéronautique européen à Toulouse

L'organisation d'Airbus repose sur une seule chaîne de montage située à Toulouse. Ce choix d'implantation a été décidé dès les années 1970 par un ingénieur allemand, Félix Kracht, en raison du climat plus favorable en France aux essais en vol.
Pour assurer la commercialisation de l'Airbus, la construction d'un avion est répartie de la façon suivante :
- le caisson central, le tronçon avant et le cockpit sont fabriqués en France ;
- les ailes en Angleterre, spécialiste des voilures ;
- la partie arrière du fuselage, les gouvernes et la partie supérieure du caisson central en Allemagne.

Tous les éléments convergent ensuite vers Toulouse pour leur assemblage final.

DOC. 3 Toulouse, le choix d'Airbus pour son siège mondial

Adieu la direction bicéphale, à cheval entre Paris et Munich. En inaugurant son siège mondial [en juin 2016] à Blagnac, en périphérie de Toulouse, Airbus Group a regroupé en un seul lieu l'ensemble de son centre administratif et ses 1500 employés [...]. Ce nouveau site baptisé « Wings Campus » a coûté 100 millions d'euros à la maison mère de l'avionneur et a été financé grâce à la revente de ses deux sièges précédents de Paris et Munich. Ces nouveaux bâtiments de verre réalisés en 25 mois jouxtent l'aéroport de Toulouse-Blagnac « c'est-à-dire là où nos produits prennent leur envol. Il nous faut être proches de nos produits » a expliqué Tom Enders, le président exécutif d'Airbus Group. [Pour faciliter l'accès à ce site, les collectivités locales ont aménagé une route et un rond-point. Une 3e ligne de métro, « Toulouse Aerospace Express », sera mise en service entre 2025 et 2028.]

www.20minutes.fr

DOC. 4 Stratégie d'implantation

Pour une organisation, la décision de s'installer sur un territoire est fonction des ressources qu'il est en mesure de lui fournir : ressources humaines ou financières, services publics, organismes de formation, infrastructures de transport…

Situation Berceau de l'aviation avec Clément Ader, Pierre-Georges Latécoère ou l'Aéropostale, Toulouse et la région Occitanie/Pyrénées-Méditerranée sont devenues aujourd'hui le principal pôle européen de l'aéronautique. Ainsi, le Concorde et l'A380 ont réussi leurs premiers vols au-dessus de Toulouse. La ville accueille aussi de grandes écoles d'ingénieurs aéronautiques et le Centre national d'études spatiales chargé d'élaborer et de mettre en œuvre le programme spatial français.

1 Montrez que l'histoire de la région de Toulouse est liée au domaine de l'aéronautique et de l'espace.
Doc. 1

....

....

....

2 Relevez les différentes ressources procurées par la région de Toulouse à l'entreprise Airbus. Docs 1 et 2

....

....

....

Situation Le siège social mondial d'Airbus Group a été inauguré en 2016 à Blagnac. Auparavant, le siège du groupe aéronautique était partagé entre Ottobrunn près de Munich en Allemagne et Paris. Mais pour le président d'Airbus Group, « le cœur battant d'Airbus Group est à Toulouse ». C'est donc au cœur de la zone aéroportuaire de Blagnac, face aux usines qui assemblent les appareils, que se dresse le campus d'Airbus Group réservé aux employés du siège et au top management du groupe aéronautique.

3 Pourquoi le groupe Airbus a-t-il implanté son siège social à Blagnac ? Docs 3 et 4

....

....

....

4 Quels moyens sont apportés par la région de Toulouse ? Docs 3 et 4

....

....

....

5 Montrez qu'un territoire peut avoir une influence dans la stratégie d'implantation d'une organisation.

....

....

....

Faites le point ! STMG_Management_Term_ch16_point_partie1.pdf

2 Repérer l'influence des organisations sur leur écosystème

DOC. 5 Aéroscopia, un lieu culturel dédié à l'aéronautique

On y découvre – grâce, notamment, à des maquettes et écrans tactiles – les procédés de construction des avions, leurs équipements et outillages, leurs prouesses, mais aussi leurs échecs [...]. Le but d'Aéroscopia ? Mettre à l'honneur cette grande aventure qu'est l'aéronautique, savant mélange de science, de technique et d'humanité. Tout en suscitant, chez les plus jeunes, des vocations futures. La découverte de l'aéronautique est d'ailleurs vivement plébiscitée par le grand public. Chaque année, pas moins de 150 000 visiteurs viennent découvrir les sites industriels d'Airbus et la chaîne d'assemblage de l'A380.

« Aéroscopia à Toulouse-Blagnac », www.france.fr.

DOC. 6 Chiffres clés de la 3e ligne de métro

La 3e ligne de métro reliera les grands pôles d'emploi du territoire et 200 000 voyageurs sont attendus par jour. Du Nord-Ouest au Sud-Est, la 3e ligne de métro permettra de connecter les pôles majeurs du groupe Airbus. Le montant global de l'opération « 3e ligne de métro » est évalué à 2,7 milliards d'euros. La 3e ligne de métro sera à 80 % en souterrain. Non contraint par la circulation automobile, ce mode garantit les temps de déplacements et permettra un franchissement de la Garonne. La 3e ligne de métro fera 27 km de longueur, la ligne A en faisant 12 km et la ligne B, 15 km. Elle comportera 21 stations, de la gare de Colomiers à Labège La Cadène. 5 stations de la ligne A et B du tramway seront en correspondance et 5 gares SCNF et TER seront connectées.

www.lepetitjournal.net, 13 juin 2021.

Vidéo : « Toulouse Aerospace Express : 3e ligne de métro + ligne Aéroport Express » liennathan.fr/9wd43d

DOC. 7 Un écosystème Airbus à Toulouse

Autour de ce géant mondial qu'est Airbus, gravitent près de 700 entreprises de tailles diverses, pour un total remarquable de 85 000 emplois liés à l'aéronautique – auxquels on peut rajouter 400 sociétés et 12 000 salariés pour le spatial. En outre, deux sites principaux ont émergé dans cette zone, avec d'une part le campus de Toulouse Aerospace (sur 56 ha), et d'autre part Saint Martin du Touch, le plus grand site industriel dans l'Hexagone (sur 650 ha, et avec 40 000 personnes). Pour que ces pôles d'excellence puissent se déployer pleinement, ils ont tissé des liens étroits avec les établissements d'enseignement spécialisés que sont SUPAERO et l'ENAC, notamment. N'oublions pas non plus la présence à Toulouse, depuis plus de 50 ans, de l'IPSA et de son cursus Bachelor en 3 ans.

Dans la zone de Toulouse, près de 10 % des salariés sont employés par une entreprise évoluant dans le secteur de l'aéronautique – un ratio qui atteint même 33 % à Figeac. Le fait qu'il s'agisse d'une activité en pleine mutation doit donc être pris très au sérieux, mais si les menaces sont réelles, les opportunités de croissance le sont tout autant. Ainsi, le nombre de voyageurs aériens ne cesse d'augmenter, année après année, et tous les analystes sont formels, cette tendance structurelle n'est pas près de s'arrêter. Une crise économique pourrait la freiner temporairement, comme ce fut le cas en 2009, mais sur le long terme, le transport aérien reste promis à un bel avenir.

www.manageo.fr

DOC. 8 L'écosystème d'affaires

Un **écosystème d'affaires** regroupe un ensemble d'acteurs issus de différents domaines d'activités (entreprises, administrations, associations, individus...) qui interagissent à travers différentes relations (coopération, compétition...) sur un territoire commun.

Situation

Dédié à l'histoire de l'aéronautique, Aéroscopia a ouvert en 2015 à Blagnac. Rien de plus logique, la région de Toulouse a vu naître l'aviation, faisant de l'agglomération toulousaine et de Blagnac la première plateforme aéronautique d'Europe. Les curieux ou les passionnés pourront y découvrir l'A300B, le Concorde ou encore le Caravelle (premier avion civil à réaction, créé à la fin des années 1950). En 2019, la collection s'est enrichie d'un A380 grâce à Airbus. Le musée permet de renforcer l'attractivité du territoire dans un domaine qui constitue un de ses marqueurs : la culture scientifique.

6 Repérez l'impact culturel de l'activité d'Airbus sur le territoire de Toulouse. Doc. 5

....

....

7 Expliquez les relations entre le groupe Airbus et le musée Aéroscopia. Doc. 5

....

Situation

Airbus, l'empire de l'aéronautique, et Toulouse ont une histoire commune et continuent de grandir ensemble. À l'international, la présence du groupe Airbus fait le prestige de l'agglomération toulousaine. Sur le territoire de Toulouse, Airbus emploie plus de 25 000 personnes et en fait travailler autant chez ses fournisseurs, sous-traitants, sociétés de service…

8 Pourquoi l'agglomération de Toulouse a-t-elle décidé de construire la nouvelle ligne de métro Toulouse Aerospace Express ? Docs 6 et 7

....

....

9 Repérez l'impact de cette infrastructure sur le territoire toulousain. Docs 6 et 7

....

....

10 Identifiez les effets économiques de la présence d'Airbus sur ce territoire. Docs 6 et 7

....

....

11 Présentez les différents acteurs de l'écosystème Airbus à Toulouse. Docs 6, 7 et 8

....

....

12 Montrez que le groupe Airbus participe au développement de cet écosystème. Docs 6, 7 et 8

....

....

Faites le point ! STMG_Management_Term_ch16_point_partie2.pdf

3 Identifier les réseaux d'acteurs créés par les organisations

DOC. 9 La grappe d'entreprises ou le *cluster*

Un *cluster* est « un groupe d'entreprises et d'institutions partageant un même domaine de compétences, proches géographiquement, reliées entre elles et complémentaires » (Michael Porter, 1999).
Constituées et dirigées principalement par des TPE/PME, les grappes d'entreprises (ou *cluster*) ont un fort ancrage territorial et associent, selon les contextes, des grandes entreprises et des acteurs de la formation, de la recherche et de l'innovation. Elles apportent des services concrets aux entreprises, en particulier pour les aider à asseoir leur stratégie sur leurs marchés et à améliorer leur compétitivité. Elles favorisent les coopérations avec les autres acteurs publics et privés.

« Grappes d'entreprises », www.data.gouv.fr, 8 juillet 2013.

DOC. 10 Aerospace Valley lance un cluster dédié à l'aéronautique de demain

Maele. Voici la première ligne du carnet rose de la filière aéronautique post-Covid-19. Chamboulé depuis plusieurs mois par une crise sanitaire sans précédent, l'écosystème vient d'annoncer la création de ce cluster dédié à la mobilité aérienne légère et environnementalement responsable. Une initiative officialisée par le pôle de compétitivité dédié à l'aéronautique et au spatial Aerospace Valley, à l'occasion de la présentation des nouveaux dispositifs de soutien à la filière par le conseil régional d'Occitanie. « Maele sera un groupement d'entreprises qui ont une convergence d'intérêts sur le développement d'un avion léger complètement décarboné. L'idée est d'accompagner les sociétés vers cet objectif avec, pourquoi pas, l'ambition d'être des fournisseurs de systèmes et de sous-systèmes de l'Airbus de demain qui sera aussi décarboné », a notamment expliqué à cette occasion Yann Barbaux, le président du pôle fraîchement réélu. […] Le nouveau cluster pourra s'appuyer sur deux lieux repères dans les années à venir. Tout d'abord, la future Maison de la formation Aéronautique et Spatial Jacqueline Auriol, livrée en juin 2021 dans le quartier Toulouse Montaudran Aerospace. Ses 11 000 m², contre une facture jugée à 36 millions d'euros, accueilleront notamment un centre d'accélération vers l'industrie du futur et nul doute que cet édifice aura un intérêt dans l'émergence des compétences nécessaires à l'aéronautique de demain.

Pierre Merlet, www.toulouse.latribune.fr, 01 décembre 2020.

DOC. 11 Airbus fait atterrir un avion de façon autonome

A3, le centre d'innovation d'Airbus, […] a annoncé avoir réalisé des atterrissages autonomes avec un A350-1000 de démonstration. […] Pour réaliser ces atterrissages autonomes, le logiciel Wayfinder d'Airbus a été embarqué sur l'A350-1000 à la manœuvre […]. De manière plus globale, le projet, mené par le centre d'innovation d'Airbus, a pour mission de développer les solutions de vol et de *machine learning* pour permettre aux aéronefs de voler de manière autonome. […] Aujourd'hui, en réalisant des atterrissages autonomes, l'avionneur européen fait un pas de plus vers l'automatisation des avions. Cette automatisation plus poussée pourrait permettre à terme de n'avoir plus qu'un seul pilote dans les avions de ligne, mais aussi de développer des a éronefs autonomes pour mettre en place un service de taxis volants. Airbus a d'ailleurs conclu un partenariat avec le Groupe ADP et la RATP afin d'étudier l'intégration de véhicules eVTOL dans le transport urbain. Leur objectif est de développer un démonstrateur de taxi volant opérationnel lors des Jeux Olympiques qui se tiendront à Paris en 2024.

Léna Corot, www.usine-digitale.fr, 19 juin 2020.

DOC. 12 L'écosystème d'innovation

Un **écosystème d'innovation** désigne « un ensemble d'acteurs (organisations, entreprises, *start-up*, universités, investisseurs, personnes ressources) qui interagissent en faveur de l'innovation. »

« Le mot de la semaine : "Écosystème de l'innovation" », www.bpifrance.fr, 9 octobre 2017.

Situation Soutenu par la région, le Pôle de compétitivité Aerospace Valley lance MAELE (Mobilité AErienne Légère et Environnementalement responsable), un cluster rassemblant une communauté d'acteurs régionaux dans le domaine de la mobilité aérienne décarbonée. MAELE vise à rassembler les entreprises régionales innovantes ainsi que les infrastructures, écoles, laboratoires et plateformes de recherche autour d'intégrateurs régionaux, à favoriser les échanges au sein de cette communauté et à fédérer ces acteurs pour faire émerger des projets. Au démarrage, ce cluster va s'appuyer sur 10 intégrateurs, 25 équipementiers/industriels et 20 laboratoires/plateformes avec pour but de faire de la France l'un des pays les plus avancés dans les technologies de l'avion propre.

13 Quel est l'objectif de la création de ce *cluster* par le Pôle de compétitivité Aerospace Valley ? Docs 9 et 10

....

....

14 Précisez le rôle du *cluster* Maele pour ses adhérents et pour son territoire. Docs 9 et 10

....

....

15 Expliquez l'intérêt pour Airbus d'être en relation avec ce *cluster*. Docs 9 et 10

....

....

....

Situation Le groupe Airbus est engagé dans la recherche aéronautique. Pour cela, il s'est construit un écosystème d'innovation étendu. Idéalement situé dans la Silicon Valley, A3 est le premier centre d'innovation d'Airbus qui abrite les plus grandes entreprises et start-up de haute technologie au monde. Il stimule l'innovation de projets à fort impact pour permettre la prochaine ère de l'aviation.

16 Pourquoi Airbus a-t-il pris la décision de créer un centre d'innovation dans la Sillicon Valley ? Doc. 11

....

....

17 Quel objectif stratégique le groupe Airbus poursuit-il à travers ces innovations ? Doc. 11

....

....

18 Montrez que l'écosystème d'innovation d'Airbus s'étend au-delà de son territoire d'implantation. Docs 11 et 12

....

....

....

Faites le point ! STMG_Management_Term_ch16_point_partie3.pdf

Applications

1 Testez vos connaissances

Indiquez la ou les bonnes réponses aux propositions suivantes.

1. La stratégie d'implantation d'une organisation est :
   - ☐ influencée par les ressources procurées par le territoire.
   - ☐ indépendante des ressources procurées par le territoire.
2. Les organisations implantées sur un territoire :
   - ☐ ne produisent aucun effet sur ce territoire.
   - ☐ produisent de multiples effets sur ce territoire.
3. Un écosystème d'affaires inclut :
   - ☐ un ensemble d'entreprises en relation.
   - ☐ un ensemble d'acteurs de différentes natures en relation.
   - ☐ un ensemble d'associations en relation.
4. Un *cluster* est composé d'un réseau :
   - ☐ d'entreprises et d'institutions de différents domaines d'activité.
   - ☐ d'entreprises éloignées géographiquement.
   - ☐ d'entreprises et d'institutions d'un même domaine d'activité et proches géographiquement.

2 Étudier une grappe d'entreprises (ou *cluster*) Vers PIX 1.1, 1.2, 3.1

En travail individuel ou par groupe, vous devez réaliser une étude sur une grappe d'entreprises (*cluster*) située dans votre région.

1. Connectez-vous sur le site : france-clusters.clusterz.fr/annuaire.
2. Dans l'annuaire proposé par le site « France Clusters », sélectionnez une grappe d'entreprises de votre choix à l'aide de la géolocalisation ou des critères proposés : filière d'activité, zone d'action géographique, type d'acteurs…
3. Consultez le site Internet de la grappe d'entreprises retenue et synthétisez les informations trouvées en précisant le rôle de ce *cluster*.
4. À l'aide de l'outil Padlet (fr.padlet.com), créez un mur virtuel (construit en étagères) afin de présenter la grappe d'entreprises retenue ainsi que les sources utilisées. Illustrez votre mur à l'aide de photos et de vidéos.

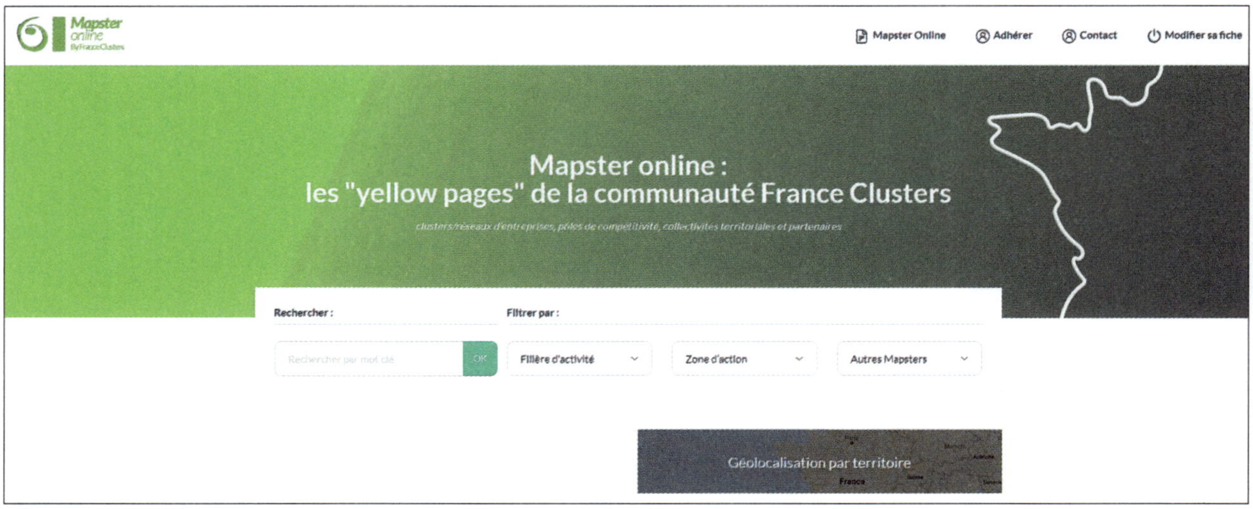

3 Repérer l'influence des pouvoirs publics sur un territoire

★

1. Repérez pourquoi l'accès à l'éducation est une ressource stratégique pour les entreprises.
2. Montrez que les pouvoirs publics jouent un rôle déterminant dans l'attractivité des territoires ruraux.

DOC. 1 Rajeunir un territoire grâce aux formations supérieures

Localement, le marché de l'emploi n'a jamais été aussi tendu. Le taux de chômage bas – 6 % environ – masque un espace en perte de vitesse, où la population vieillit. Plus de 20 % des 40 000 habitants de l'agglomération de Chaumont sont âgés de 60 ans et plus. Pis, la zone perd un millier d'habitants chaque année. Une situation qu'aggrave encore l'enclavement de la ville, située à 2 heures de Nancy ou de Reims, à une heure et quart de Dijon et à peine moins loin de Troyes. « La problématique de l'éloignement des établissements de formation supérieure se cumule avec la faiblesse du revenu moyen, à un déficit mobilité sociale », analyse Christine Guillemy, présidente de la communauté d'agglomération de Chaumont. Pour tenter de répondre à ces difficultés, [...] l'agglomération de Chaumont met en place des formations universitaires décentralisées. Comme Bar-le-Duc, elle a été choisie pour accueillir les premiers campus connectés , destinés à favoriser l'accès à l'enseignement supérieur dans les zones plus isolées.

Guillaume Roussange, www.lesechos.fr, 26 septembre 2019.

DOC. 2 Des campus connectés en milieu rural pour étudier près de chez soi

Concentrés dans les métropoles, les centres universitaires sont éloignés des jeunes qui résident dans les petites villes et les territoires ruraux. Pour ces jeunes, les freins sont triples : à la fois géographiques, psychologiques et financiers. Et leur permettre d'accéder aux études supérieures est un enjeu majeur de la politique du Gouvernement qui prône l'égalité des chances.

Le programme « Campus Connecté » est une opportunité pour les jeunes de suivre, près de chez eux, des formations à distance dans l'enseignement supérieur en bénéficiant d'un accompagnement, d'un emploi du temps, d'une carte étudiante... L'objectif de ces structures propices à une dynamique collective et à l'entraide, est de reconnecter aux études supérieures des jeunes qui sans cela n'auraient pas nécessairement entrepris ces études.

Le principe : étudier près de chez soi, dans « des tiers-lieux » socialisants, labellisés et dédiés à la poursuite d'études, avant de pouvoir rejoindre, le cas échéant, un cursus plus traditionnel dans un établissement d'enseignement supérieur. Le Gouvernement s'est engagé à déployer 100 campus connectés sur tout le territoire dont 33 dans les territoires ruraux.

www.gouvernement.fr

DOC. 3 Une pérennisation du projet pour réussir dans l'enseignement supérieur

Il était présent à titre expérimental depuis la rentrée 2019 et pour une durée de 3 ans, le campus connecté s'est vu recevoir le 1er décembre 2020, une aide de 50 000€ par an sur 5 ans (2021-2026) en tant que lauréat d'un appel à projet national. Cette aide provient directement du ministère de l'Enseignement Supérieur, de la Recherche et de l'Innovation. Le succès du Campus connecté (9 étudiants dès la rentrée de 2019 et 17 étudiants dès la rentrée 2020) va ainsi permettre de renforcer les liens du Campus connecté de Chaumont avec l'Université de Reims-Champagne-Ardennes (université de rattachement). Cela permettra aux étudiants présents sur le Campus de bénéficier des mêmes services que les étudiants présents sur le Campus de Reims (accès à des plateformes d'apprentissage des langues étrangères et du numérique notamment).

www.agglo-chaumont.fr

4 Identifier un écosystème d'innovation

★★

1. Présentez l'écosystème d'innovation créé par l'organisation Michelin : quel est son objectif ? Quels acteurs met-il en relation dans cet objectif ? Comment ?
2. Repérez l'influence de l'organisation Michelin sur cet écosystème d'innovation.

DOC. 1 Le Movin'On Lab de Michelin : répondre aux défis de la mobilité de demain

La mobilité est au cœur du projet du groupe Michelin depuis sa création. En 2017, le groupe a lancé Movin'On qui rassemble toutes les parties prenantes pour une mobilité durable, comme en témoigne Alexis Offergeld, directeur de Movin'On Lab au sein du groupe Michelin.

Quels sont les enjeux des nouvelles mobilités ?
Alexis Offergeld : Il faut savoir que le secteur des transports est l'activité qui contribue le plus aux émissions de gaz à effet de serre, à hauteur de 31 % en 2019 en France. [...] Aujourd'hui, le monde n'est plus le même et nous nous sommes rendu compte de la nécessité de l'action collective. En 1998, Michelin a créé le Michelin Challenge Bibendum qui réunissait tous les 2 ans tous les acteurs de la mobilité autour de thématiques cruciales. [...]

D'où la création de Movin'On ? Comment répond-il à ces enjeux ?
A. O. : Movin'On est donc né d'une conviction : aucun acteur unique ne pourra répondre seul aux enjeux de la mobilité. Notre écosystème rassemble plus de 300 acteurs (villes, pays, entreprises, société civile, organisations internationales...) et s'organise autour d'un noyau dur de 27 entreprises partenaires. Nous agissons au travers de Communautés d'Intérêt : pour un sujet choisi, nous mettons autour de la table 5 à 10 acteurs complémentaires pour faire avancer le sujet (entreprises, universitaires, villes, organisations internationales...).

Nous avons défini « 5 combats » prioritaires :
- la décarbonation et la lutte contre la pollution de l'air ;
- l'économie circulaire ou régénérative ;
- la mobilité multimodale des personnes ;
- la mobilité inclusive ;
- la mobilité des marchandises.

www.futura-sciences.com

DOC. 2 Le sommet annuel Movin'On pour la mobilité durable

Movin'On, le premier écosystème mondial de co-innovation pour une mobilité durable créé par Michelin en 2017, et réunissant aujourd'hui plus de 300 organisations privées et publiques, organise son événement annuel du 1er au 4 juin [2021]. La pandémie mondiale a accéléré l'évolution des modes de mobilité et transformé les équilibres du transport, rendant plus pressant encore le besoin d'agir ensemble vers une mobilité durable. C'est dans ce contexte que le Sommet Movin'On a bâti sa programmation, permettant à tous les acteurs et décideurs de s'inspirer, connecter et agir. Pendant 4 jours, en format phygital, 3 studios diffuseront depuis Paris, Montréal et Singapour près de 50 heures de direct, permettant aux participants connectés depuis le monde entier d'écouter 80 conférenciers internationaux et d'agir dans 40 sessions de travail.

www.movinonconnect.com, 19 mai 2021.

DOC. 3 Movin'On Summit 2021 : Michelin présente deux innovations

À l'occasion de Movin'On 2021, sommet mondial de la mobilité durable, Michelin passe de l'ambition à l'action en présentant deux innovations en lien avec les grands enjeux du futur de la mobilité. Portant sur l'efficacité du transport et la préservation des ressources, les solutions présentées par Michelin sont au cœur des combats menés par Movin'On et son écosystème, afin de favoriser une mobilité ayant moins d'impact sur la planète.

www.movinonconnect.com, 19 mai 2021.

5 Se préparer au bac — Analyser la stratégie de relocalisation du groupe Krys

1. Expliquez l'objectif stratégique poursuivi par Krys avec sa relocalisation. À quelle contrainte de son environnement répond-elle ?
2. Analysez la stratégie d'implantation du groupe Krys et ses conséquences.

DOC. 1 Le fabricant de lunettes Krys relocalise une partie de sa production dans les Yvelines

C'est le lancement d'une nouvelle gamme de verres à « très forte valeur ajoutée » qui a poussé Krys à rapatrier une partie de sa fabrication en France. Il veut maîtriser tous les processus de fabrication. Le lunetier veut éviter les retards de livraison, les malfaçons. Produire en France est une sécurité, une garantie d'efficacité. Et puis, ces dernières années, les salaires en Asie ont beaucoup augmenté, la main-d'œuvre n'est plus aussi bon marché qu'auparavant.
Krys va produire 300 000 verres de plus par an dans son usine de Bazainville, dans les Yvelines, plutôt qu'en Asie, et créer ainsi une vingtaine de postes. Et ce n'est qu'une première étape : d'ici deux ans, l'opticien envisage d'aller encore plus loin dans le « rapatriement » de ses activités avec, à la clef, une cinquantaine d'emplois en plus.
Krys n'est pas un cas isolé, la crise a mis au grand jour des problèmes de transport avec l'Asie, des risques de pénurie de produits, de dépendance économique. Sans oublier, la déperdition environnementale ou encore le comportement des consommateurs, qui sont de plus en plus sensibles au « made in France ». Tous ces éléments font réfléchir les chefs d'entreprises, et ils sont de plus en plus nombreux à franchir le pas, et à rapatrier leurs productions.

Fanny Guinochet, www.francetvinfo.fr, 12 février 2021.

DOC. 2 Réduire la dépendance à l'Asie et son empreinte carbone

Au-delà des difficultés d'approvisionnement depuis l'Asie à la fin du printemps – pour cause de fret aérien ralenti –, la réduction de ses émissions carbone a participé à la décision du groupe Krys de rapatrier une partie de ses verres correcteurs à forte valeur ajoutée dans son usine des Yvelines. Il devrait passer de 50 à 80 % de verres *made in France*. « *Et en réinternalisant la production, nous pouvons avoir des prix compétitifs* », assure Christophe Lallau, le directeur de Codir, l'usine du groupe d'optique à Bazainville (Yvelines), qui a bénéficié d'une aide de la région Île-de-France pour financer les 3,1 millions d'euros d'investissement nécessaires.

Solène Davesne, www.usinenouvelle.com, 19 janvier 2021.

6 Se préparer au Grand oral

« **Comment un territoire peut-il accompagner ou faciliter un projet de création d'entreprise ?** » À partir de cette question, construire des arguments et réaliser une veille informationnelle.

Effectuez des recherches sur le métier de « Chef de projet d'un Living Lab ».

Internet : « Description du métier de "project manager living lab" »
liennathan.fr/9g25zc

Synthèse

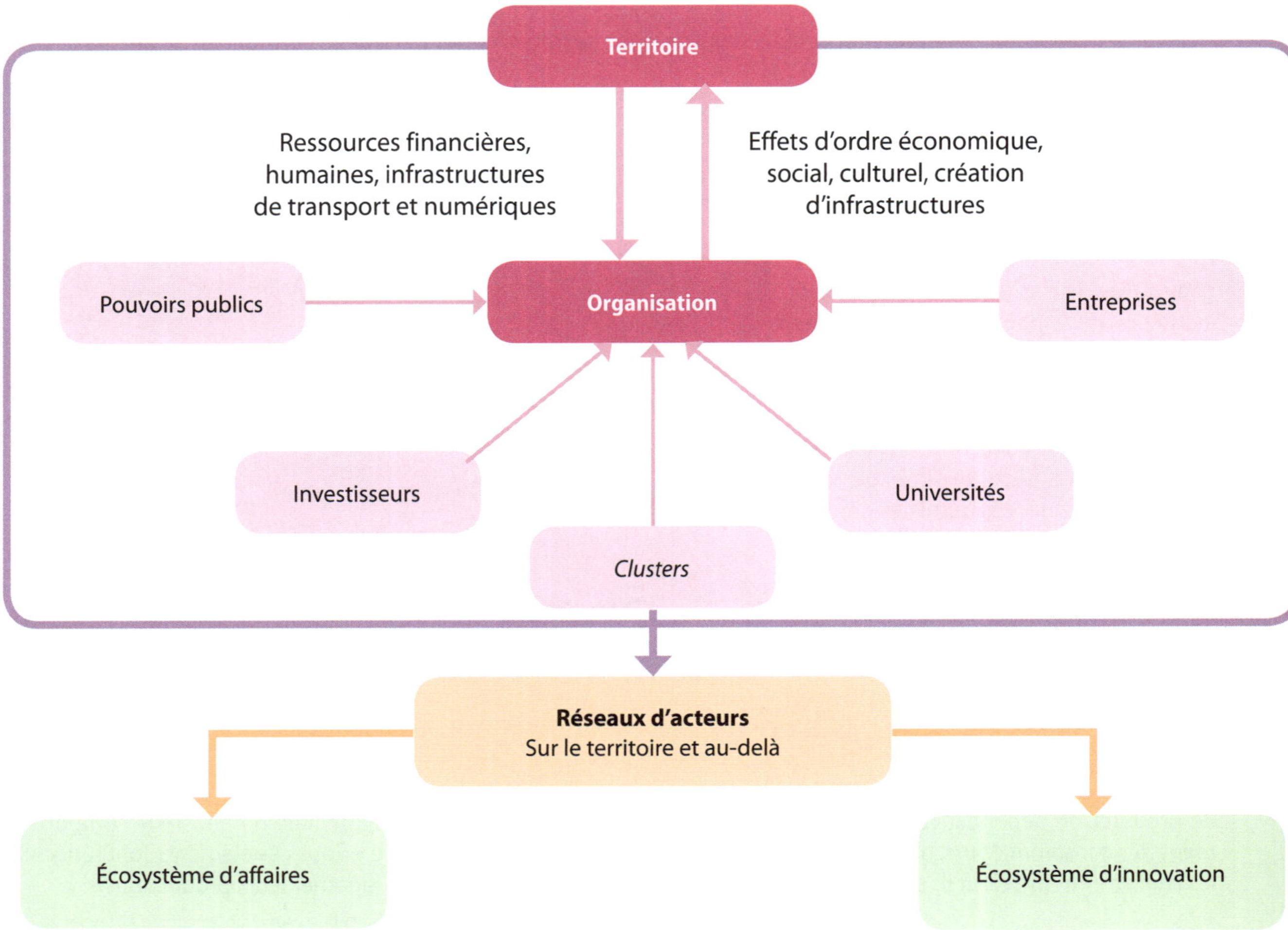

Lexique

- **Grappe d'entreprises (*cluster*) :** réseau d'entreprises et d'institutions (universités, centres de recherche, organisations professionnelles…) d'un même domaine d'activité ancrées sur un même territoire qui établissent des relations de différentes natures (coopération, partenariat…).
- **Écosystème d'affaires :** ensemble d'acteurs de différentes natures (entreprises, administrations, associations, individus…) issus de différents domaines d'activités qui interagissent à travers différentes relations sur un territoire commun.
- **Écosystème d'innovation :** ensemble d'acteurs (organisations, entreprises, start-up, universités, investisseurs, personnes ressources…) qui interagissent en faveur de l'innovation.
- **Réseau d'acteurs :** ensemble d'acteurs qui entretiennent des relations afin d'accomplir des actions dans un intérêt commun qu'il serait difficile à réaliser de façon individuelle.
- **Relation de partenariat :** association entre deux ou plusieurs organisations qui décident de coopérer en vue de réaliser un objectif commun.
- **Stratégie d'implantation :** décision prise par une organisation de s'installer sur un territoire en fonction des ressources locales qu'il lui offre.
- **Territoire :** espace géographique limité sur lequel interagissent différents acteurs économiques.

Entraînez-vous !

BlaBlaCar

BlaBlaCar est une entreprise française, aujourd'hui présente dans 22 pays. Elle est devenue le leader mondial du covoiturage et réunit un peu plus de 100 millions de membres actifs.

Créée en 2004 sous le nom de Covoiturage.fr, BlaBlaCar met en relation des conducteurs et des passagers qui souhaitent partager leur trajet et leurs frais de déplacement.

Les conducteurs indiquent le nombre de places disponibles dans leur véhicule et les passagers n'ont plus qu'à réserver leur trajet sur le site ou l'application mobile.

Cette mise en relation a été pendant longtemps gratuite. Depuis 2011, BlaBlaCar prélève des frais de prestation qui permettent de faire fonctionner le service, de garantir la présence d'une équipe relation membres 7 jours/7 ou encore de poursuivre l'amélioration de la plateforme.

Le montant des frais de service pour un covoiturage est compris entre 0 et 30 % (avec un minimum de 1 €) de la participation aux frais du conducteur et est calculé en fonction de différents facteurs, notamment de la longueur et du prix du trajet.

À l'aide de vos connaissances et des annexes 1 à 4, vous analyserez la situation de management et de gestion proposée en répondant aux questions suivantes.

Première partie : Analyse du contexte

1. Caractérisez l'organisation BlaBlaCar.
2. Montrez que BlaBlaCar est une plateforme d'intermédiation et qu'elle appartient à l'économie collaborative.
3. Identifiez les forces qui ont permis à BlaBlaCar de connaître une forte croissance jusqu'en 2016.

Deuxième partie : Identification du problème de management et de gestion et proposition de solutions

4. Identifiez et expliquez les problèmes de management et de gestion rencontrés par BlaBlaCar en 2016-2017.
5. Identifiez la stratégie de Blabacar mise en place à partir de 2018. Quelles sont les modalités de croissance choisies par l'entreprise ?
6. Montrez comment le nouvel algorithme de Blablacar va permettre de développer les trajets domicile-travail.

ANNEXE 1 Présentation de BlablaCar

En 2003, Frédéric Mazzella souhaitait rentrer chez lui, dans sa famille, pour Noël en Vendée. Il n'avait pas de voiture et les trains étaient complets. En dernier recours, sa sœur a fait un détour pour le chercher. En traversant la France, il remarqua que les routes étaient pleines de voitures presque vides. Une idée était née. Il réalisa qu'il y avait des millions de places disponibles, sauf qu'elles n'étaient pas dans les trains, mais dans les voitures !

Au cours de la décennie suivante, avec les cofondateurs Francis Nappez et Nicolas Brusson, le trio a concrétisé cette idée simple et a créé la plus grande communauté de covoiturage au monde, connectant ainsi des millions de personnes se rendant dans la même direction.

BlaBlaCar rassemble la plus large communauté de covoiturage longue distance au monde. La plateforme met en relation des conducteurs voyageant avec des places libres et des passagers se rendant dans la même direction. Ils partagent un trajet et les frais qui y sont liés [...]. BlaBlaCar souhaite devenir la place de marché de référence de la mobilité partagée sur la route. Pratique, économique, conviviale et responsable, partout où il y a une route, il y a un BlaBlaCar.

Quelques chiffres

100 millions
La communauté de BlaBlaCar compte 100 millions de membres dans le monde, dont 20 millions en France.

Deux
La communauté se développe à une vitesse impressionnante : un nouveau membre la rejoint toutes les deux secondes, soit en moyenne 15 millions d'utilisateurs supplémentaires par an.

60 %
Parmi les Français de 18-35 ans, six sur dix sont inscrits sur BlaBlaCar.

22
C'est le nombre de pays où est implantée la plateforme, et dans lesquels elle est leader. Parmi eux : le Brésil, le Mexique, l'Inde ou la Turquie.

30 millions
La Russie est le premier marché pour BlaBlaCar avec 30 millions de membres. À noter : la majorité de l'activité de BlaBlaCar a lieu hors d'Europe (70 %).

1 million
Le réseau de BlaBlaCar dessert chaque mois plus d'1 million de points de rencontre différents dans le monde (250 000 chaque mois en France).

13
BlaBlaCar a réalisé 13 acquisitions depuis sa création, dont les plus emblématiques sont Ouibus et Busfor.

700
Au total, la plateforme emploie 700 personnes dans 7 pays différents.

ANNEXE 2 De l'hypercroissance au net ralentissement

Créé en 2006 par Frédéric Mazzella, Nicolas Brusson et Francis Nappez, BlaBlaCar a su combiner la puissance du numérique – un site Internet puis une application mobile, la géolocalisation, un algorithme de mise en relation entre l'offre et la demande – avec l'appétence très française pour l'économie collaborative, pour propulser la pratique du covoiturage d'abord en France, puis dans le monde. Grâce à des prix défiant toute concurrence et à une communication axée sur la « convivialité » d'un modèle CtoC (consumer to consumer), BlaBlaCar s'est imposé comme « la » plateforme de mise en relation entre des conducteurs cherchant à réduire leurs frais et des passagers en quête d'un trajet à moindre coût, prélevant au passage une commission de 20 % sur chaque course.
Pionnier dans son domaine, BlaBlaCar évangélise d'abord le marché à la fin des années 2000 puis explose au début des années 2010. [...] Entre 2012 et 2016, BlaBlaCar s'implante dans 22 pays, rachète 8 sociétés et devient la deuxième licorne française après vente-privee.com.
Problème : le moteur s'enraye à partir du deuxième semestre de 2016.

En France, la raison du ralentissement est concurrentielle : la libéralisation du marché du transport par autocars en 2016 et le lancement des trains low-cost Ouigo de la SNCF ont rebattu les cartes : « La guerre des prix féroce menée par les cars Flixbus et Ouibus, mais aussi les trains Ouigo de la SNCF, ont apporté une concurrence que nous n'avions pas vu venir. Ils nous ont vraiment challengés et noyés dans la masse, on n'avait plus vraiment de différenciation. Quelle est la valeur de BlaBlaCar face aux autres offres de transports low-cost ? Il fallait trouver la réponse pour rebondir », explique le dirigeant.

Sylvain Rolland, www.latribune.fr, 03 octobre 2018.

ANNEXE 3 Blablacar fait évoluer son modèle

Après des années 2017 et 2018 difficiles marquées par des fermetures de bureaux en Inde, au Mexique et en Turquie, BlaBlaCar, une des premières licornes françaises, a bien rebondi. Pour se réinventer, l'entreprise a diversifié ses activités, notamment avec le lancement de BlaBlaCar Bus (ex-BlaBlaBus) pour élargir sa clientèle et s'étendre à l'international (Russie, Ukraine, Brésil...). Un élargissement du périmètre d'action rendu possible par le rachat fin 2018 de Ouibus, l'activité de cars longue distance de la SNCF. À cette occasion, le groupe ferroviaire était entré au capital de BlaBlaCar lors d'une levée de 101 millions d'euros.

BlaBlaCar, historiquement positionné sur le segment du covoiturage longue-distance, a également décidé de miser sur la micro-mobilité avec les trottinettes électriques de la start-up suédoise Voi et de se lancer dans le covoiturage courte-distance avec BlaBlaCar Daily (ex-BlaBlaLines), une application destinée aux trajets entre le domicile et le travail.

À ce jour, BlaBlaCar revendique plus de 90 millions de membres dans 22 pays. Et si la société a vu son activité freinée par la pandémie de Covid-19, en passant de 70 millions de passagers transportés en

2019 à 50 millions en 2020, au lieu des 100 millions attendus, elle se montre assez optimiste quant à la sortie de crise qui se dessine. Et c'est surtout à l'international que la licorne française a trouvé des moteurs de croissance, notamment en Russie et en Ukraine où elle a racheté Busfor, spécialiste de la vente en ligne de billets de bus dans ces deux pays, et Octobus, une start-up ukrainienne spécialisée dans la numérisation des services des opérateurs de cars.

C'est aussi en Inde, au Brésil et au Mexique que BlaBlaCar se développe, en tant que marketplace, pour agréger des liaisons proposées par des transporteurs locaux. Une approche multimodale, dite aussi de « Mobility-as-a-Service (MaaS) », qui ne cesse de se répandre parmi les acteurs de la mobilité, consistant à rassembler plusieurs modes de déplacement sur une seule et même plateforme.

www.frenchweb.fr, 30 juin 2021.

ANNEXE 4 La nouvelle application Blablacar Daily

BlaBlaCar Daily fournit la solution la plus adaptée pour rendre possible une adoption massive du covoiturage domicile-travail, grâce à ses algorithmes de mise en relation adaptée aux problématiques de déplacements domicile-travail. Le covoiturage sur de tels trajets pourra permettre de réduire la congestion aux abords et dans les centres villes et d'avoir un impact significatif sur les émissions de $CO2$ dans les centres urbains.

Après avoir démocratisé la pratique du covoiturage longue distance, BlaBlaCar souhaite à présent optimiser le covoiturage domicile-travail au travers de BlaBlaCar Daily.

BlaBlaCar Daily met en relation conducteurs et passagers sur leur chemin et s'occupe de la logistique (rendez-vous, paiement, etc.), et permet aux conducteurs de partager les frais de leurs trajets pendulaires ou tout simplement de trouver une alternative à leur propre voiture lorsqu'il n'en existe pas d'autre.

www.francemobilites.fr, 07 septembre 2021.

BlaBlaCar Daily propose aux utilisateurs de localiser en direct les covoitureurs et les passagers sur la carte. Il est aussi possible de voir les différentes étapes de l'itinéraire et lancer la navigation sur l'application GPS de son choix. Des fonctionnalités issues du rachat de la start-up Less en 2018. Peut-être qu'à terme BlaBlaCar viendra aussi proposer une option pour essayer de trouver un covoiturage en direct ?

BlaBlaCar Daily a été repensé pour identifier automatiquement les covoitureurs avec lesquels les passagers prennent des habitudes de déplacement. L'idée étant de faciliter la recherche d'un trajet et l'organisation des trajets sur la semaine en proposant des trajets qui n'ont plus qu'à être confirmés.

Léna Corot, www.usine-digitale.fr, 26 avril 2021.

Épreuve de management, sciences de gestion et numérique

Épreuve écrite | Durée : 4 heures

Le 27 juillet 1976, Michel Leclercq ouvre un magasin de type grande surface de vente d'articles de sport, dans la zone commerciale Auchan d'Englos-les-Géants, à Englos (près de Lille). Decathlon est né. L'idée est de proposer, sous un même toit, une large gamme de produits sportifs en libre-service et aux meilleurs prix.

Decathlon connaît un essor important dans les années 1980 avec la création de Decathlon Production (1986), assurant ainsi la conception et la production d'articles signés Decathlon, puis l'inauguration (1986) du premier magasin à l'international, en Allemagne.

À partir de 1996, l'enseigne se lance dans le développement de ses marques propres : Tribord pour les sports d'eau et Quechua pour les sports de montagne. D'autres marques propres existent : Domyos, BTWin, Kipsta, Nabaiji, Wedze, Simond, Kalenji, Newfeel, Artengo…

Au fil des années, Decathlon se transforme en une entreprise aux multiples activités, qui comprend la distribution, la conception et la logistique. Parmi les concurrents, on compte le Groupe Go Sport, Sport 2000 et Intersport. Sa forme juridique actuelle est une société par actions simplifiée.

www.decathlon.fr

Comment l'organisation s'est-elle développée sur le marché ?

Liste des dossiers

Dossier 1 : Decathlon sur son marché (documents 1 à 4)

Dossier 2 : Decathlon, une dimension financière contrastée (document 5)

Dossier 3 : Une entreprise qui vit avec son temps (documents 6 à 9)

Liste des documents à exploiter

Document 1 : À propos de Decathlon en France et à l'international

Document 2 : Decathlon, toujours entreprise la plus admirée des Français en 2021

Document 3 : Ventes 2020 en baisse de 6 % dans le monde pour Decathlon à 11,4 mds EUR

Document 4 : Decathlon : une première grève nationale pour une hausse des salaires

Document 5 : Documents de synthèse Decathlon France : compte de résultat et bilan

Document 6 : Decathlon Travel : que vient donc faire l'enseigne sportive dans le tourisme ?

Document 7 : La co-création chez Decathlon

Document 8 : Comment Decathlon innove aussi pour la course au large

Document 9 : Le Sailing Lab de La Rochelle

Entraînement à l'épreuve

Dossier 1 Decathlon sur son marché

Decathlon, entreprise parmi les leaders des enseignes d'articles de sport, fait preuve de compétitivité face à ses concurrents.

Travail à faire à l'aide des documents 1 à 4 :

1.1. Caractérisez l'organisation Decathlon France.

1.2. Dressez le diagnostic interne du groupe Decathlon.

1.3. Expliquez les problèmes de management rencontrés par Decathlon.

1.4. Identifiez les parties prenantes de Decathlon (internes et externes) et précisez l'influence qu'elles exercent sur l'entreprise.

Dossier 2 Decathlon, une dimension financière contrastée

Decathlon : une année 2020 à toute épreuve.

Travail à faire à l'aide du document 5 :

2.1. Déterminez si Decathlon crée de la valeur financière entre 2019 et 2020 à partir des indicateurs financiers.

2.2. Présentez le modèle économique de Decathlon.

Dossier 3 Une entreprise qui vit avec son temps

L'innovation et la co-création au cœur de la stratégie Decathlon.

Travail à faire à l'aide des documents 6 et 9 :

3.1. Identifiez et présentez les choix stratégiques effectués.

3.2. Déterminez l'approche marketing adoptée.

3.3. Qualifiez le type d'innovation portée par Decathlon.

3.4. Montrez que Decathlon répond aux nouveaux comportements de la société.

DOCUMENT 1 À propos de Decathlon en France et à l'international

Decathlon, entreprise leader sur le marché du sport, regroupe deux activités : la création de produits sportifs et leur distribution en ligne et en magasins.

Basé sur un modèle intégré, Decathlon maîtrise toutes les étapes de vie de ses produits : de la recherche et développement à la vente en passant par la conception, la production, et la logistique. Présentes en France et à l'international avec plus de mille points de vente, les équipes des services, marques et magasins travaillent depuis 1976 avec une ambition constante : innover dans tous les domaines pour rester le principal partenaire de jeu de tous les sportifs. [...]

L'année 2020 fut sportive à tous les niveaux. Le contexte sanitaire inédit a demandé beaucoup d'agilité. Malgré les divers moments d'incertitude, les équipes ont continué à aller de l'avant en testant des choses, toujours dans le but d'accompagner au mieux les Français dans le cadre de leur pratique sportive. Cette période particulière a poussé l'entreprise à repenser sa façon de faire du commerce et ainsi à développer plus rapidement certains savoir-faire. Cette crise est, pour Decathlon France, un réel accélérateur de transformations.

CHIFFRES CLÉS DÉCATHLON FRANCE

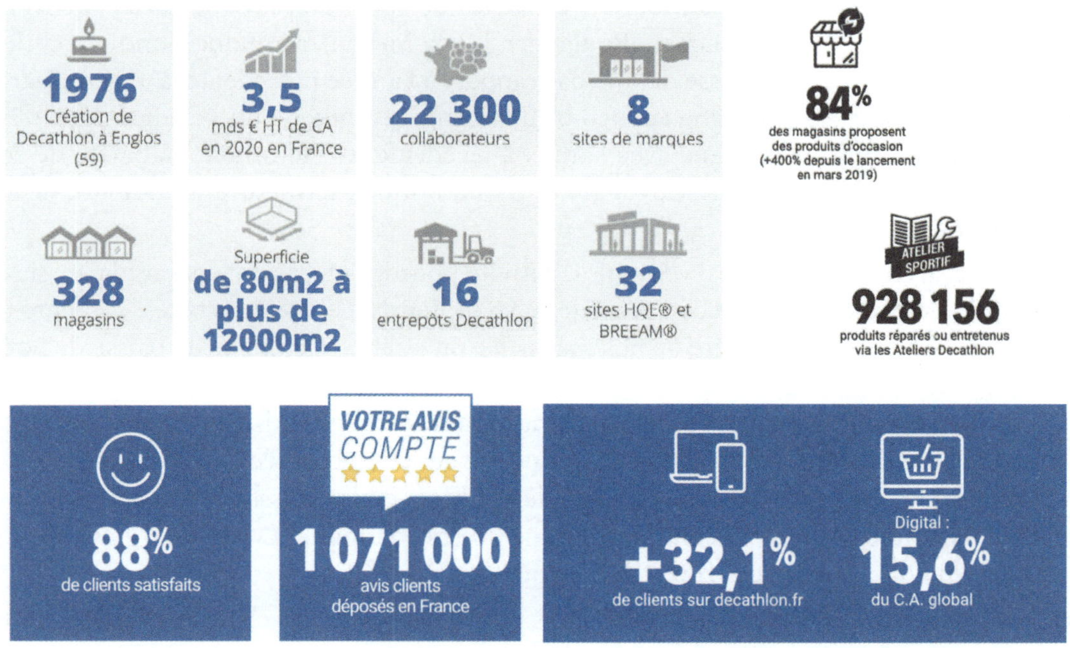

DOCUMENT 2 Decathlon, toujours entreprise la plus admirée des Français en 2021

Decathlon encore en haut du palmarès. Le dernier classement des entreprises les plus admirées des Français, réalisé par l'Ifop pour Eight Advisory et le *Journal du Dimanche* et publié ce dimanche, consacre l'entreprise d'articles de sport comme l'enseigne la plus admirée par les Français comme l'an dernier. Decathlon devance dans cette édition 2021 Peugeot et Leclerc. Le distributeur fait ainsi son entrée dans le Top 3.

Rappelons que ce classement se base sur six critères : performance, utilité au quotidien, marque employeur, innovation, responsabilité environnementale et image renvoyée pour la France. « La domination de Decathlon s'avère toutefois être un peu moins hégémonique dans la mesure où l'entreprise ne l'emporte que sur 2 des 6 classements par critère (contre 3 l'année dernière) : l'innovation et la marque employeur. Decathlon bénéficie néanmoins d'une présence sur le podium de 5 des 6 classements. [...] L'enseigne semble bénéficier de sa stratégie d'accélération de la digitalisation de la relation client, notamment à travers son système de Drive boosté par la crise sanitaire », peut-on lire.

Olivier Chicheportiche, www.bfmtv.com, 14 novembre 2021.

DOCUMENT 3 Ventes 2020 en baisse de 6 % dans le monde pour Decathlon à 11,4 mds EUR

Le groupe de production et de distribution d'articles de sport Decathlon, qui appartient à l'Association familiale Mulliez (Auchan, Boulanger, Leroy Merlin), a annoncé lundi un chiffre d'affaires mondial en 2020 en baisse de 6 % par rapport à l'année précédente, à 11,4 milliards d'euros. Au niveau global, l'enseigne au logo bleu et blanc revendique un bénéfice net de 550 millions d'euros, « presque en ligne avec l'année précédente ». Elle impute la baisse de son chiffre d'affaires à la pandémie de Covid-19, qui a entraîné la fermeture de nombre de ses magasins pendant plusieurs mois.

En France, Decathlon évoque ainsi « 9 mois d'activité pour les magasins » pesant là aussi sur les ventes qui s'établissent, à l'échelle nationale, à 3,5 milliards d'euros hors taxes. « Malgré les deux longues périodes de fermeture de nos magasins, on a réussi à contenir la baisse de notre chiffre d'affaires à -9 % », a déclaré Arnaud Gauquelin, le directeur général France dans un podcast lundi. L'épidémie a fait bondir la part de ventes réalisées en ligne, de 8 % en 2019 à 19 % à 2020 à l'échelle mondiale. « Cette progression peut être observée dans presque tous les pays où Decathlon opère, à l'exception notable de la Chine, où la croissance des ventes numériques a été plus modeste », note l'entreprise dans un communiqué. En France, les ventes en ligne ont pesé pour 15,6 % du chiffre d'affaires total.

À noter : le top 5 des activités sportives « les plus plébiscitées » par les clients de Decathlon en 2020 consacre, dans cet ordre, la randonnée, le fitness, les pilates et yoga, le trekking et enfin le cycle, traduisant notamment l'engouement pour le grand air une fois les clients déconfinés… Et pour l'activité sportive à domicile quand il n'existait pas d'alternative. En revanche, les sports collectifs, sports en salle et natation ont souffert, selon Arnaud Gauquelin. Le groupe créé en 1976 à Englos (Nord), revendique 97 000 collaborateurs à fin décembre 2020, dont 22 300 en France (18 600 en CDI, précise l'entreprise) [...].

www.lefigaro.fr, 15 mars 2021.

DOCUMENT 4 Decathlon : une première grève nationale pour une hausse des salaires

La CFDT, troisième syndicat du groupe de production et de distribution d'articles de sport, appelait à la grève pour des hausses de salaires dans un contexte de « bénéfices record en 2021 ». Selon son délégué syndical central Sébastien Chauvin, près de 800 salariés ont participé au mouvement, en faisant grève au moins une heure samedi. « Eu égard au jeune âge et à la faible ancienneté des salariés, on est agréablement surpris pour une première grève », a-t-il assuré, promettant d'autres mobilisations. [...]
Selon la direction, l'appel à la grève n'a donné lieu qu'à « quelques débrayages (le plus souvent d'une heure) avec une participation de 1,13 % des effectifs », soit environ 250 personnes. [...] Decathlon appartient à l'Association familiale Mulliez, comme Auchan, Boulanger ou encore Leroy Merlin.
« Depuis le déconfinement, il y a eu des conditions de travail terribles, avec record sur record en matière de fréquentation et de chiffres d'affaires », a pointé auprès de l'AFP M. Chauvin.
« La plupart des salariés sont à 1 700-1 800 bruts, juste au-dessus du Smic, donc ne bénéficient pas de la hausse du Smic, et pendant ce temps, 350 millions d'euros de dividendes ont été versés aux actionnaires familiaux, avec des résultats en hausse de 30 % sur l'année », a-t-il poursuivi.
À La Garde, magasin où la grève a été suivie par une quarantaine de salariés sur environ 130, le délégué CFDT Christophe Levier décrit « le ras-le-bol des salariés (...) face au refus de répercuter la hausse de 2,2 % du Smic sur l'ensemble des salaires ».
Dénonçant le recours à des contrats courts, M. Levier a stigmatisé une entreprise où « tout est fait pour générer un turnover naturel » parmi le personnel. « La bonne ambiance, les soirées pizzas avec un DJ, c'est une chose, mais ce n'est pas ce qui aide à rembourser un emprunt », s'est-il agacé.
La direction fait valoir un accord salarial ratifié à l'unanimité en juillet, « qui diminuait la part du variable pour augmenter la part fixe, avec une majoration de 4 % des salaires ».
« Decathlon est une des rares entreprises à avoir signé un accord augmentant fortement les salaires de base alors même qu'une crise économique majeure est toujours en cours », souligne-t-elle.

www.lavoixdunord.fr, 17 octobre 2021.

DOCUMENT 5 Documents de synthèse Decathlon France : compte de résultat et bilan

Bilan Actif Decathlon France

Date de clôture	31-12-2020	31-12-2019	Variation
Durée de l'exercice	12 mois	12 mois	12 mois
Devise	€	€	---
Actif immobilisé net	**179 509 600**	**201 012 000**	**- 10,70 %**
Immobilisations incorporelles	5 993 200	6 261 700	- 4 ,29 %
Immobilisations corporelles	169 765 900	190 960 000	- 11,10 %
Immobilisations financières	3 750 600	3 790 300	- 1,05 %
(amortissements et provisions)	Non renseigné	Non renseigné	Non renseigné
Actif circulant net	**709 642 700**		**10,88 %**
Stock et en-cours	247 576 400	270 771 100	- 8,57 %
Créances	417 936 300	299 823 200	39,39 %
Disponibilités (trésorerie)	38 680 500	69 439 400	- 44,30 %
(Provisions)	Non renseigné	Non renseigné	Non renseigné
Total Actif	**904 599 900**	**859 640 200**	**5,23 %**

Bilan Passif Decathlon France

Date de clôture	31-12-2020	31-12-2019	Variation
Durée de l'exercice	12 mois	12 mois	12 mois
Devise	€	€	---
Capitaux propres	**250 928 800**	**223 125 800**	**12,46 %**
Écarts, réserves et autres fonds propres	Non renseigné	Non renseigné	Non renseigné
Provisions	**9 131 20**	**8 895 000**	**2,66 %**
Dettes	**643 626 500**	**626 824 500**	**2,68 %**
Dettes financières et emprunts	16 400	16 200	1,23 %
Dettes fournisseurs	472 452 3000	456 422 300	3,51 %
Dettes fiscales et sociales	165 221 600	166 049 700	-0,50 %
Autres dettes (comptes courants, ...)	5 936 200	4 336 300	36,90 %
Compte de régularisation passif	**913 300**	**794 800**	**14,91 %**
Total Passif	**904 599 900**	**859 640 200**	**5,23**

Compte de résultat Decathlon France

Date	31-12-2020	31-12-2019	Variation
Durée	12 mois	12 mois	12 mois
Devise	€	€	---
Chiffre d'affaires	**2 875 453 600**	**3 146 023 400**	**- 8,60**
dont export	1 074 600	1 276 1000	- 15,79
Production	**51 636 500**	**46 858 2000**	**10,20 %**
Valeur ajoutée (VA)	**574 963 400**	**667 965 500**	**- 13,92 %**
Charges de personnel	**Non renseigné**	**Non renseigné**	**Non renseigné**
Excédent d'exploitation (EBE)	**133 424 000**	**160 994 000**	**- 17,12 %**
Résultat d'exploitation	65 064 800	95 246 800	- 31,69 %
RCAI (résultat courant avant impôt)	65 012 800	95 242 500	- 31,74 %
Impôts, participation salariale	Non renseigné	Non renseigné	Non renseigné
Résultat net	28 941 400	37 821 000	- 23,48 %
Effectif moyen	15 262	15 255	0,05 %

D'après www.societe.com

DOCUMENT 6 Decathlon Travel : que vient donc faire l'enseigne sportive dans le tourisme ?

Lancée à la fin du mois de juillet [2021], cette plateforme digitale, qui s'adresse avant tout aux sportifs débutants, permet à Decathlon d'élargir son offre de services. Tout ce qu'il faut savoir.

Près de vingt ans après une première expérience dans le voyage, avec l'ouverture de six agences qui ont fermé au début des années 2000, le leader de l'équipement sportif français fait son retour dans le domaine du tourisme. Fin juillet [2021], l'entreprise Decathlon a en effet lancé, en partenariat avec la société d'investissement Genairgy, une nouvelle plateforme de réservation de voyages sportifs, baptisée Decathlon Travel. « Nous sommes partis d'un double constat : une inactivité physique grandissante de la population française, comme le montre une étude publiée par Santé Publique France en juin 2020, et une difficulté à organiser des voyages dits actifs », souligne Estelle Verdier, directrice générale de la filiale. Fidèle à la mission de l'entreprise qui souhaite rendre les bienfaits du sport accessibles à tous, cette plateforme digitale permet à Decathlon d'enrichir son panel de services et d'accompagner ses clients dans la pratique de leurs sports. « Le voyage sportif est aujourd'hui un marché de niche que l'on souhaite rendre plus accessible en sélectionnant les meilleures offres du marché en France, comme à l'international », explique Estelle Verdier.

À ce jour, près de 250 circuits sont référencés dans 22 pays sur les segments randonnée, glisse, vélo, plongée et ski à destination des sportifs débutants et initiés, mais pas forcément experts. Cette plateforme fonctionne sur le modèle d'une marketplace qui met en avant des offres de séjours élaborées par une vingtaine d'acteurs locaux, le client pouvant ajuster ces propositions pour créer ses propres circuits quasiment sur mesure (en particulier sur les destinations de sports d'hiver).

40 % du séjour dédié à une activité physique en extérieur

Si Decathlon Travel possède un agrément d'agence de voyages ainsi qu'une licence Atout France, l'entreprise ne crée pas pour le moment ses propres voyages mais distribue des offres déjà existantes en phase avec l'ADN de l'entreprise. Parmi les séjours proposés, au moins 40 % du voyage doit être consacré à une activité physique, notamment en extérieur. « On évite de proposer des circuits avec beaucoup de temps passé dans des musées ou pour des transferts », précise la directrice générale. La responsabilité sociale, économique et environnementale des réceptifs locaux (politique zéro déchet, sensibilisation de la population locale aux questions environnementales, calcul des émissions de CO_2, compensation carbone…) fait également partie des critères leur permettant d'être référencés sur la plateforme.

Afin de rassurer et d'accompagner ses clients, Decathlon Travel se pose « en tiers de confiance », l'entreprise s'engageant à repositionner le voyageur sur un autre séjour ou à le rembourser si le partenaire n'est pas à la hauteur de ses attentes. Concrètement, lorsqu'un internaute sélectionne un circuit, il reçoit un devis sur son espace personnel sur la plateforme de la part du partenaire local. Lorsqu'il le valide, il règle les frais de son séjour sur Decathlon Travel qui se charge ensuite de rémunérer le réceptif.

« Nous travaillons avec des acteurs du voyage sportif qui ne sont pas forcément connus en France et auprès de qui les voyageurs pourraient hésiter à réserver directement un circuit », souligne Estelle Verdier. Basée sur un modèle économique d'affiliation, la plateforme devrait s'enrichir ces prochains mois d'avantages pour les clients qui pourraient se voir accorder des réductions sur des équipements ou des programmes de fidélité. Avec pour objectif d'apporter de plus en plus de valeur à l'expérience client et de développer des synergies avec l'univers Decathlon.

Mélanie Rostagnat, www.lefigaro.fr, 6 octobre 2021.

DOCUMENT 7 La co-création chez Decathlon

La plateforme de co-création ?
C'est un lieu d'échanges qui vous est dédié, à vous sportifs passionnés, qui souhaitez-vous impliquer avec nous dans la conception des produits Decathlon.

Pourquoi co-créer ?
Chez Decathlon nous vous observons tous les jours pour concevoir les produits sportifs qui répondent le mieux à vos attentes. Nous sommes convaincus que c'est avec vous que nous pourrons aller plus loin, enchanter vos expériences sportives, en co-créant des produits toujours plus performants, accessibles et adaptés à vos besoins et à vos envies.
Nous vous donnons la parole !
Vous avez ainsi l'opportunité de collaborer à une ou plusieurs étapes du processus de conception, vous pourrez aussi suivre l'avancement des projets dans lesquels vous êtes impliqués.

Comment cela se passe ?
1. Pour les projets de produits qui vous intéressent, vous pouvez commencer par partager vos expériences sportives, raconter vos envies, vos rêves, proposer des idées et commenter celles des autres membres de la communauté.
2. Nous nous mettons ensuite au travail pour imaginer et vous proposer des premiers concepts de produits. Il s'agira alors de donner votre avis.
3. Si cela vous tente, vous pouvez ensuite tester les premiers prototypes sur le terrain, partager vos ressentis aux équipes de conception pour les améliorer et finalement les valider.

https://cocreation.decathlon.fr/about

DOCUMENT 8 Comment Decathlon innove aussi pour la course au large

Dans son nouveau centre de recherche et d'innovation de La Rochelle, l'enseigne française imagine les vêtements de mer de demain en collaboration avec Yannick Bestaven.

Elle vient d'être élue, pour la 3e année consécutive, entreprise « la plus admirée » des Français dans un sondage réalisé par l'Ifop. Plébiscité notamment pour sa capacité « à proposer des produits ou des services innovants » comme sa célèbre tente « 2 seconds » Quechua ou son masque de snorkeling Easybreath qui a même servi aux soignants au début de la crise du Covid-19, Decathlon ne lésine pas sur les moyens pour être à la pointe. Y compris en mer.

Dans son Sailing Lab, structure flambant neuve de 3 000 m² installée sur le port de plaisance des Minimes à La Rochelle, la marque de sport travaille, avec une quarantaine de collaborateurs, sur les produits de demain, comme son nouveau gilet de sauvetage conçu avec la SNSM ou la prochaine version du Tribord 5S, son dériveur gonflable imaginé avec Tanguy de Lamotte, architecte naval et « finisher » du Vendée Globe en 2013. [...]

Au départ des Sables d'Olonne l'année dernière, le mastodonte norvégien Helly Hansen et le Britannique Musto, les deux marques leaders du marché désormais sous pavillon canadien (Canadian Tire), équipaient les deux tiers des skippers contre aucun pour Decathlon. « Notre objectif premier n'est pas de se bagarrer avec ces belles marques ou de leur prendre des parts de marché mais de faire de bons produits », évacue-t-on chez Tribord, qui ne sera pas tout à fait un nouveau venu sur le Vendée Globe en 2024. En 2013, Tanguy De Lamotte avait bouclé la boucle (10e) habillé en Decathlon. Avant qu'il largue les amarres, le patron d'une vénérable institution française, qui doutait fortement de la qualité du produit, lui avait remis une panoplie complète de sa propre maison pensant qu'il en aurait besoin. De Lamotte l'avait embarquée… avant de la ramener sous vide aux Sables d'Olonne.

Huit ans plus tard, une simple visite au Sailing Lab de La Rochelle — dont les ateliers sont ouverts au public (15 000 visiteurs attendus en 2021) — permettra aux concurrents de constater le chemin parcouru par Decathlon. Impressionné par la « rain room » (« chambre de pluie »), rectangle de verre abritant un vrai monocoque soumis à différents types de précipitations (dont la pluie tropicale) pour tester l'imperméabilité des vêtements, le Rochelais Bestaven s'éclate à imaginer sa future panoplie à deux pas de chez lui. « J'y travaille sérieusement car c'est moi qui vais la porter ! Ce qui me plaît, c'est l'échange et la réactivité dont ils font preuve. Ils nous équipent, on sort sur l'eau pour tester et on rentre le soir même avec nos remarques sur une fermeture éclair qui gratte ou une poche mal placée. Et ils trouvent vite des solutions. » De retour de Martinique après 21 jours de Transat, le skipper de Maître CoQ a de la matière pour un bon débriefing.

Guillaume Loisy, www.lefigaro.fr, 9 décembre 2021.

DOCUMENT 9 Le Sailing Lab de La Rochelle

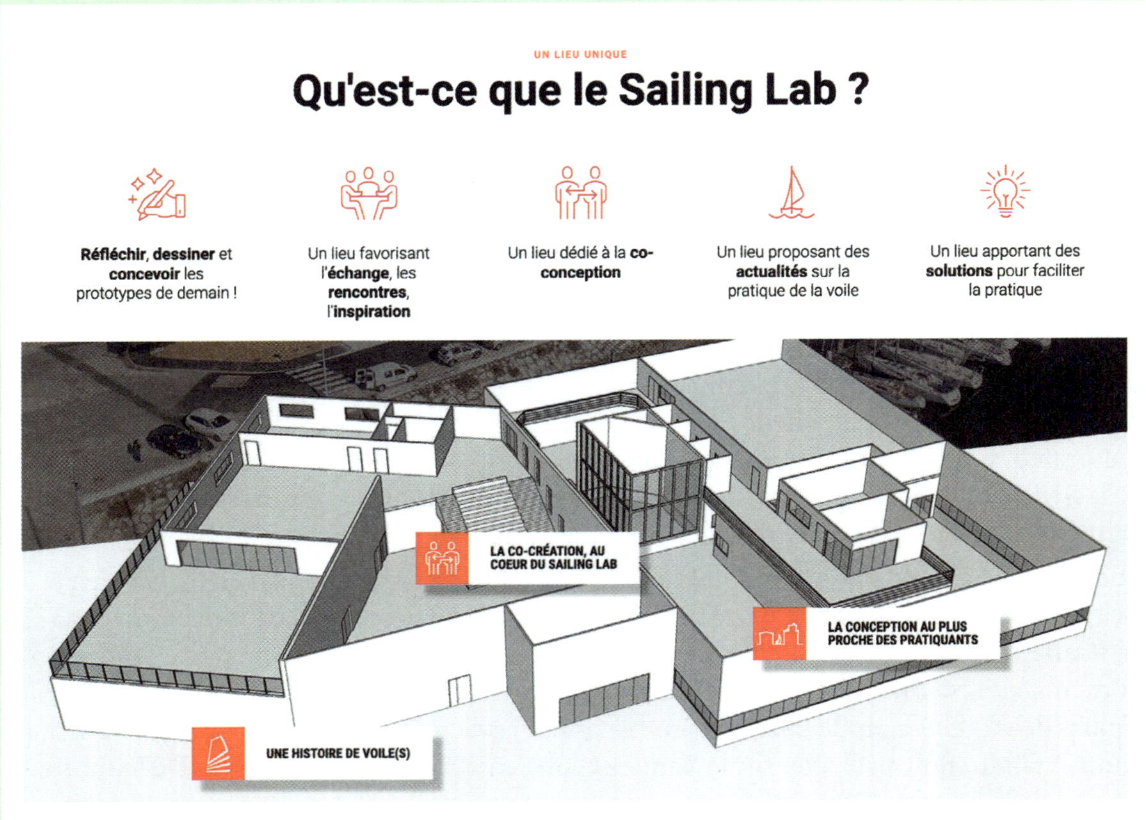

La co-création

Chez Decathlon, les retours des pratiquants sont essentiels. Les avis laissés – sur le site ou en magasin, les échanges avec les collaborateurs… nourrissent les équipes de conception.
Decathlon, avant même la (re)mise en rayon des produits, embarque également les utilisateurs grâce à sa plateforme de co-création, pour des tests de produits en cours d'amélioration / nouveau.
L'objectif : co-créer ensemble des produits toujours plus performants, accessibles et adaptés aux besoins et aux envies de chacun.

https://www.decathlon.media/reportages/2021/tribord-sailing-lab

Dossier ETLV Se préparer à l'épreuve

I L'Enseignement Technologique en Langue Vivante (ETLV)

L'ETLV est étudié dès la classe de première et représente 1 heure par semaine en co-enseignement des disciplines :

- de LVA,
- de spécialité technologique (management, sciences de gestion et numérique, droit économie).

Cet enseignement prend appui sur le programme de LVA avec des apports provenant de la spécialité technologique.

Au cours des années de première et de terminale, des objets d'étude sont traités :

Ils mobilisent des notions de spécialité et des éléments de culture des pays concernés.
Exemple : étude d'Oxfam et de ses missions.

Ils s'appuient sur le numérique.
Exemple : recherches Internet, utilisation de logiciels de traitement de texte…

Ils favorisent la collaboration.
Exemple : travail en groupes.

Ils privilégient la communication orale.
Exemple : présentations, entretiens, débats…

II La présentation de l'épreuve

L'évaluation de l'ETLV se fait dans le cadre de l'**épreuve orale du contrôle continu en langues vivantes.**

L'épreuve d'ETLV

Quelle durée ?
L'épreuve dure 10 minutes, sans temps de préparation :
– 5 minutes de présentation,
– 5 minutes d'entretien.

Quel type d'épreuve ?
Épreuve orale qui se subtitue à celle de LVA.

Quand ?
À la fin de l'année de terminale, au 2e semestre ou 3e trimestre.

Par qui ?
2 examinateurs : un enseignant de spécialité et un enseignant de LVA.
Aucun des deux enseignants n'a l'élève en classe.

Quoi ?
L'élève présente l'un des objets d'études sur lequel il a travaillé en classe de première ou de terminale.

Quel coefficient ?
L'épreuve orale d'ETLV donne lieu à une note qui est incluse dans la moyenne des notes obtenues lors de l'ensemble des épreuves communes de contrôle continu, toutes disciplines confondues (coeff. 40).

III) Les supports d'évaluation

Pour son épreuve orale, l'élève peut apporter un **support de présentation** (ex. : diaporama) et tous les documents (ex. : image, copie d'écran…) qu'il souhaite présenter aux examinateurs.

Le support de présentation ne doit pas faire plus de trois pages ou diapositives. S'il comporte un texte, celui-ci ne doit pas représenter plus d'un tiers du support.

Le support ne fera pas l'objet d'une évaluation car seuls la présentation orale et l'entretien qui suit seront évalués.

Attention : l'élève n'est pas autorisé à lire un texte rédigé.

IV) Les critères d'évaluation

La grille permettant d'évaluer l'épreuve d'ETLV est la **grille de référence de LVA**, présentée en 4 colonnes :

Expression orale en continu	Interaction orale	Correction de la langue orale	Richesse de la langue
Première partie de l'épreuve (5 minutes) : l'élève fait sa présentation orale et donne son point de vue sans être interrompu.	**Deuxième partie de l'épreuve (5 minutes) :** l'élève interagit avec le jury qui lui pose des questions afin de compléter ou nuancer sa pensée.	**Pendant toute la durée de l'épreuve :** les propos de l'élève doivent être clairs et intelligibles.	**Pendant toute la durée de l'épreuve :** le vocabulaire utilisé doit être varié et précis.
↓ Présentation organisée, contenus et supports pertinents. Exposer clairement la problématique de la spécialité technologique.	↓ Capactité à argumenter et à convaincre. Connaître la langue vivante et le thème de la spécialité technologique présenté.	↓ Syntaxe des phrases. Prononciation des sons de la langue vivante.	↓ Lexique de la langue vivante. Capacité à communiquer en langue vivante.

Dossier ETLV

Utiliser les termes anglais de management

L'ETLV nécessite de connaître le vocabulaire approprié en langue anglaise lorsque l'objet d'étude travaillé prend appui sur les notions de management.

I La définition du management

Management consists in taking decisions. There are four management functions:
- Setting goals
- Organizing
- Mobilizing employees
- Controlling results

II Les principaux termes du management traduits en anglais

Termes en français	Termes en anglais
But lucratif	Lucrative purpose/for profit
But non lucratif	Non-profit /not-for-profit
Ressources humaines	Human resources: **Examples:** salaried employees, volunteers, civil servants
Ressources financières	Financial resources: **Examples:** contributions, loans, subsidies/grants
Ressources matérielles	Material resources: material goods **Examples:** machines, premises, raw materials
Ressources immatérielles	Intangible resources: elements with no physical existence **Examples:** patents, corporate identity/brand image
Responsabilité Sociétale des Entreprises (RSE)	Corporate Social Responsability (CSR): Practices put in place by companies in order to promote sustainability/social, ethical and environmental issues.
Stratégies	Strategies: Calculated choices to reach objectives requiring decisions which impact the future of the organization.
Décisions stratégiques	Strategic decisions: Important decisions, long term, costly, and rare.
Décisions opérationnelles	Operational decision: Less important decisions, short term, inexpensive, and made on a daily basis.
Parties prenantes	Participating Parties: Economic and social agents interested in the activity and the performance of the company.

III Les types d'organisations

Entreprise privée Private company	Organisations publiques Civil services	Organisation de la Société Civile (OSC) Civil Society Organization (CSO)
Examples: – Tesco (*groupe de distribution*) – Vodafone (*groupe de télécommunications*) – Sainsbury's (*chaîne de supermarchés*) – Prudential plc (*compagnie d'assurances*)	**Examples:** – Parliament of the United Kingdom of Great Britain and Northern Ireland (*Parlement*) – London Assembly (*organe de l'Autorité du Grand Londres chargé de contrôler l'action du maire de Londres*) – Department for Education (*ministère de l'Éducation*)	**Examples:** – Oxfam (*ONG qui lutte contre la pauvreté*) – Keen London (*association caritative pour soutenir l'activité sportive des enfants*) – Mind (*association caritative qui soutient les personnes atteintes de problèmes de santé mentale*)

IV Quelques conseils…

- Ne pas hésiter à rechercher dans un dictionnaire franco-anglais ou sur Internet la traduction des termes recherchés. Attention cependant aux risques d'une traduction littérale !
Exemple : www.linguee.fr

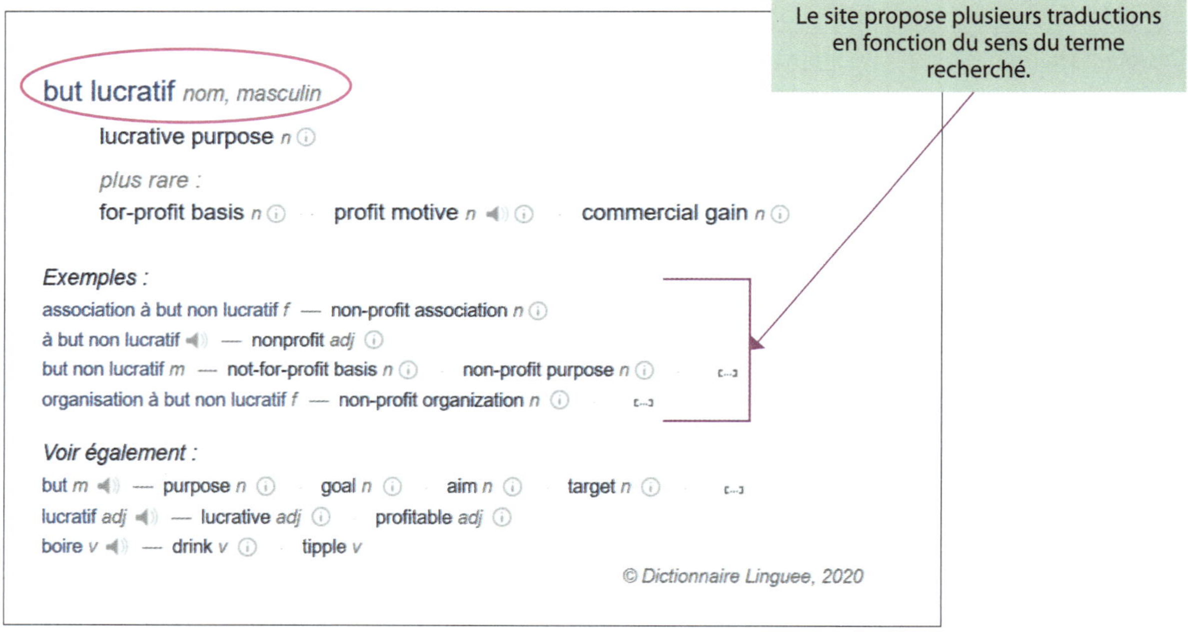

but lucratif *nom, masculin*

lucrative purpose *n*

plus rare :

for-profit basis *n* · profit motive *n* · commercial gain *n*

Exemples :

association à but non lucratif *f* — non-profit association *n*
à but non lucratif — nonprofit *adj*
but non lucratif *m* — not-for-profit basis *n* · non-profit purpose *n* [...]
organisation à but non lucratif *f* — non-profit organization *n* [...]

Voir également :

but *m* — purpose *n* · goal *n* · aim *n* · target *n* [...]
lucratif *adj* — lucrative *adj* · profitable *adj*
boire *v* — drink *v* · tipple *v*

© Dictionnaire Linguee, 2020

Le site propose plusieurs traductions en fonction du sens du terme recherché.

- Ne pas hésiter à consulter le site anglais de l'organisation, il est riche en informations.
Exemple : www.keenlondon.org/what-is-keen

Case study 1

Axes in English	Management notions
• Axis 1. Identities and exchanges • Axis 2. Private space and public space • Axis 6. Innovations and responsibility	• Démarche marketing (*marketing approach*) • Finalités/but (*goals and purpose*) • Style de direction (*leadership style*) • Culture (*culture*)

McDonald's

McDonald's was founded in the 1940s by Patrick McDonald. His two sons, Richard and Maurice, on taking over the business, found that most of their income came from burgers. They, therefore decided to reduce their offer to the products that customers consumed most often: hamburgers, sodas, fries, coffee and cakes. All offered at a reduced price. Today McDonald's is more than 36,000 restaurants around the world...

Answer the following questions. You can use website and the appropriate annexes.

1. Write a short text to introduce the history of McDonald's company. Annex 1
2. Explain why the firm is often criticized. What is it doing to improve its image?
3. Present Ray Kroc. Identify his leadership style. Justify. Annex 2

The company's marketing approach allows it to adapt its offer to local needs and consumption habits.

4. Connect McDonald's offer to the country it is intended for. Annex 3 and 4

ANNEX 1 McDonald's Corporation

The first McDonald's restaurant was opened in 1940 by brothers Maurice ("Mac") and Richard McDonald in San Bernardino, California. […]

Appliances for McDonald's were purchased from a salesman named Ray Kroc, who was intrigued by their need for eight malt and shake mixers. In 1954 he visited the restaurant to see how a small shop could sell so many milk shakes. […] In 1961 Kroc bought out the McDonald brothers. Kroc developed exacting standards for how each McDonald's should be run, from food preparation to cleaning. […] In addition, he eventually changed the format of the restaurants, adding counter staff to take orders, and in 1975 a McDonald's in Arizona opened the chain's first drive-through window, a feature that soon became ubiquitous.

[…] In 1963, the public face of the company was introduced, a clown named Ronald McDonald; Perhaps the most notable addition occurred in 1968, when McDonald's added the Big Mac to its national menu; the iconic hamburger went on to reportedly become the company's top-selling item after french fries. In addition, during the 1960's the chain refined its logo, eventually debuting the famous double-arch M design, which became its enduring symbol and one of the most famous logos in the world; it was inspired by the tall yellow arches that had dominated earlier McDonald's restaurant rooftops. […] The chain continued to expand domestically and internationally. […] Growth was so swift in the 1990s that it was said a new McDonald's opened somewhere in the world every five hours. It effectively became the most popular family restaurant, emphasizing affordable food, fun, and flavors that appealed to children and adults alike. Over the years McDonald's also expanded its menu. […] In addition, restaurants in foreign countries also adapted their menus to appeal to local customs and tastes. […]

The success of McDonald's brought increased criticism, much of which concerned its perceived association with a global increase in obesity. In the early 2000's various lawsuits were filed against the company in the United States, alleging that its food caused health problems. Although none of the plaintiffs prevailed, a number of states passed bills banning obesity lawsuits

ANNEX 1 *Continued*

against fast-food companies. McDonald's also experienced a backlash following the popular documentary *Super Size Me* (2004), in which the filmmaker saw his health drastically decline while on a diet of only McDonald's foods.

McDonald's responded to the criticism by adding healthy items to its menu, and it began developing a vegan "hamburger," variations of which would appear under such names as McVegan, P.L.T., and McPlant. In 2017 the company released its first plant-based hamburger, though it was only available in certain markets. Two years later it began testing another vegan hamburger. In addition, in 2018 McDonald's announced that it had stopped using preservatives in most of its hamburgers. During this time the company also eliminated supersized portions, and its U.S. and Canadian restaurants stopped using trans fat in a number of items. [...]

www.britannica.com

ANNEX 2 What is Ray Kroc's Leadership Style?

Even though he was always open to suggestions, McDonald's core leadership style was autocratic. Ray Kroc took all the decisions with his top management. No feedback from the employees was taken. He had an ambitious mindset and was ready for changes even when he wasn't looking for it. He ensures that only the right decisions are being made. [...] Even though he was one of the autocrat leaders, every one of his employees respected him for making the right decision at the right time.

Ratul Sinha, www.thestrategywatch.com.

ANNEX 3 McDonald's menu items from around the world

The fast-food giant carefully tailors its menus to cater to the diverse communities it serves — often ending up with some pretty exciting results. Staples like the Big Mac still remain at most of the chain's global locations, but unexpected twists on existing fare — along with surprising new additions — have also become the norm.

Website: 21 McDonald's menu items from around the world we wish we could try
liennathan.fr/r95a7b

ANNEX 4 Link the menu to the right country

China	●	●	The pie is deep-fried and filled with a root vegetable popular in Asian cuisine.
Japan	●	●	A chicken patty, healthy heaping of extra vegetables.
Malaysia	●	●	Purple McShake was made with murasaki imo, a variant of purple sweet potato that's savory in taste.
Egypt	●	●	Rice porridge with chicken strips, ginger, onion, and chilies.
India	●	●	Tortilla wrap stuffed with three pieces of falafel, tomatoes, lettuce, onion, and pickles.
Finland	●	●	Spaghetti served with tomato sauce, shredded cheese, and pieces of sausage.
The Philippines	●	●	The Nordic chicken salad.

Case study 2

Axes in English	Management notions
• Axis 1 Identities and exchanges • Axis 6. Innovations and responsibility • Axis 7. Diversity and inclusion	• Objets connectés (*connected objects*) • Automatisation (*automation*) • Intelligence artificielle (*artificial intelligence*) • Algorithmes (*algorithms*) • Personnalisation de l'offre de services ou produits (*personalization of the service or product offer*)

Stitch Fix

Stitch Fix is a company founded in 2011 by Katrina Lake. The company offers an online personal styling service that uses AI algorithms and human stylists working in combination to make recommendations to customers on clothing, shoes or accessories.

So, by combining artificial and human intelligence, the company provides customers with a "Fix" — a box sent in the mail containing five personalized clothing choices — that closely match their style, size and price preferences. They can keep the choices or send them back at no charge.

Answer the following questions. You can use the appropriate annexes.

1. Present the benefits of using Stitch Fix for customers. — Annex 1
2. dentify examples of situations in which AI cannot replace the human. to answer, you can use examples from Tatsiana Maskalevich and Caitlin Yacopetti. — Annex 2
3. Do you think that men will be replaced by machines in the company? Propose arguments for or against.
4. What is your style? To identify your style, take the online test. — Annex 3

ANNEX 1 Stitch Fix: Style Made Easy

Video: Stitch Fix : style made easy
liennathan.fr/3yj28u

ANNEX 2 The Future Of Work now: AI-assisted Clothing Stylists At Stitch Fix

Stitch Fix has grown rapidly since its inception, and now offers men's and children's clothing as well as women's, and serves U.S. and U.K. customers. There are now 5,000 stylists across the U.S. There are also almost 150 data scientists at the company. Data science and algorithms were at the company's core from the beginning, and they remain so. Stitch Fix was perhaps the first company to have a Chief Algorithms Officer (Eric Colson, now CAO Emeritus).

[...] Tatsiana Maskalevich is director of data science at Stitch Fix. The styling algorithms team, she says, works closely with stylists. [...] Stylists are always able to override the recommendations of algorithms. The main advantage human stylists have over algorithms is that they know the context of the clothes. General statements such as "I don't like pink shirts" or "I want a floral dress" can be interpreted by a natural language processing (NLP) algorithm and acted upon, such as adding a floral dress to the initial recommendation or deliberately removing pink shirts. However, client statements on request notes like, "My husband is returning from being stationed overseas for 12 months," "I'm going to a wedding that my ex will also be at," or "I'm just about to start a new job and need to dress to impress" are so nuanced and infrequent that NLP algorithms have neither the sample size nor the compassion to adequately address

ANNEX 2 *Continued*

them. But the stylist is able to truly understand the importance of these contextual comments. They may lead the stylist to override the recommendation of the algorithms. [...] Stylists with long tenures, she says, typically become very good at their jobs, but the algorithms improve over time as well.

Caitlin Yacopetti is a Styling Supervisor at Stitch Fix. [...] She also described the art component of the job: "But what the algorithms can't do is interpret the nuanced preferences or feedback a client might have, or interact with clients in a personal way like people can. That's the art of it. For example, I have clients I have styled for six years; we've been through pregnancies, first marathons and marriages together. It feels like a pen pal relationship, where we know each other. Especially during these times, people are craving that human connection to provide a bright spot in the day. That's something an algorithm can't offer!"

She feels that the algorithms give stylists the ability to make better and more efficient choices — "They help to remove our own personal style biases so that we don't get distracted by the item that might catch our eye that matches our own personal taste, and instead focus on the items that are right for the client, which is of course the most important thing. The algorithms also provide the efficiencies that enable personalization at scale. For example, taking out pink if a client has told us they don't like the color on them, or homing in on the pair of jeans that we know will fit just right, are both huge time savers.

Yacopetti says that in the day to day work of styling there is no need to know anything technical about the algorithms, but it's important that all stylists understand the context of algorithms in the styling process and so trust the algorithm and its recommendations.

When asked how she saw the stylist role evolving in the future, she commented: "We have more than 5,000 expert stylists who have built the trusted relationships we know our clients value and enjoy. We see a huge opportunity to deepen that human connection a stylist can provide, whether through offering live video calls with stylists or through regular style tips in the Stitch Fix app."

Human stylists are an integral part of the Stitch Fix business model, and it seems unlikely that the need for both client/stylist relationships and interpretation of unusual client comments will be satisfied by artificial intelligence. Thus there seems to be little likelihood that clothing stylists will be fully automated any time soon. In the meantime, Stitch Fix will further optimize its blend of art and science in the service of its clients buying and wearing stylish clothes.

Tom Davenport, www.forbes.com, March 12, 2021.

ANNEX 3 What is your style?

Test online: Test for men
liennathan.fr/ek7b46

Test online: Test for women
liennathan.fr/u587ts

Case study 3

Axes in English	Management notions
• Axis 2. Private space and public space	• Culture d'entreprise (*corporate culture*) • Facteurs de motivation (*motivation factor*) • Qualité de vie au travail (*quality of life at work*) • Conditions de travail (*working conditions*) • Bien-être au travail (*well-being at work*) • Rapport au travail : équilibre vie privée/vie professionnelle (*relationship to work : work/life balance*)

Well-being at work

Employees are key players in the organization and contribute to the creation of value. Today, all organizations are faced with the challenge of attracting, motivating and retaining talent in an increasingly turbulent, changing and competitive environment.

Each year, Great Place to Work publishes its Best Workplaces awards, distinguishing the companies that invest the most in quality of life at work.

Answer the following questions. You can use the annex.

1. Identify the steps taken by the companies presented in annex 1 to improve the quality of life at work for their employees. Annex 1
2. In your opinion, why do companies have an interest in improving the working conditions of their employees?
3. Propose other (3 or 4) solutions to improve the workers well-being and retain talent.
4. Make a word cloud with 10 terms representative of well-being at work. You can use the Wordclouds site. Annex 2
5. Which companies would be entitled to an award in France? Classify them and say why.

ANNEX 1 Examples of companies in the best workplace awards

Hilton

Hilton is an American hotel group. It employs 15,000 people in 85 countries.

Rank 1 UK's best workplaces

Hilton is committed to continuous learning and supporting employees at all stages of their careers. It organizes events to show its appreciation and rewards its employees. It gives them the opportunity to go on vacation with their families in the hotels of the group at lower costs.

ANNEX 1 *Continued*

Cisco Systems is an American computer company specialized in servers. It employs nearly 76,000 people.

Rank 2 UK's best workplaces

The company offers its employees five days off per year for volunteer activities.
All employees are free to work remotely or in the office, as they prefer, it is a hybrid work mode.

Salesforce is an American software company with over 60,000 employees worldwide.

Rank 3 UK's best workplaces

At Salesforce, the management committee is composed of 50% men and 50% women. The company is committed to respecting the balance between the private and professional lives of its employees. Each employee can take 7 days per year to help an association of their choice. They are paid by Salesforce to do so. The company has a very low turnover rate.

DHL International GmbH is a parcel and courier company founded in the USA. It employs 380,000 people worldwide.

Rank 4 UK's best workplaces

DHL's culture is based on the two R's: Respect and Results – the company values its employees and provides them with opportunities to succeed, enabling them to drive results. It conducts an annual employee opinion survey. It brings together people from different social and cultural backgrounds.

ANNEX 2 Word cloud example

Case study 4

Axes in English	Management notions
• Axis 4. Citizenship and virtual worlds • Axis 6. Innovations and responsibility • Axis 7. Diversity and inclusion	• Marque (*brand*) • Éthique (*ethics*) • Diversité (*diversity*) • Réseaux sociaux (*social networks*)

Nike's use of social networks

Nike is an American company created in 1971 by Philip Knight and Bill Bowerman. Located in Oregon, it specializes in the manufacture of sporting goods (shoes, clothing and sports equipment).

A video advertising Nike, posted on social networks to denounce racism in Japan has caused a controversy in Japan. Some Japanese have called for a boycott of the sports brand. The film has exceeded 25 million views.

Answer the following questions. You can use the annex and the video.

1. Propose a title for each paragraph of this text. Annex 1
2. Explain in 5 lines why the video posted on social networks has generated a debate in Japan. Annex 2
3. What was the impact of this video on Nike's sales?

Social networks are now tools used by most companies: to communicate to customers, develop their e-reputation, recruit employees... But a bad use of social networks can also be harmful to the company.

4. Does the use of social networks have positive or negative impacts on companies? Propose a positive and a negative impact.
5. Match the words with their appropriate definition. Annex 3

ANNEX 1 A diversity ad published by Nike sparked heated debate in Japan

Paragraph 1: Nike released a video showing "young footballers from mixed backgrounds". This video has had 25 million views on the networks.

Paragraph 2: The Japanese do not tend to talk openly about sensitive topics such as racial issues. This video has led to a heated debate.

Paragraph 3: To defend themselves, Nike Japan explained that the video presents "how men overcome their daily struggles and conflicts to progress towards a better future through sport". But comments on social media highlight the fact that Nike exaggerates the extent of discrimination in Japan. Japanese users have even threatened to boycott Nike products.

Paragraph 4: Other comments specify on the contrary that Nike highlights the problem of racism. That's a real problem. This controversy may result in lower sales of Nike products. But it can lead, on the contrary, to an increase in sales due to the fact that the media have often referred to advertising to talk about racism.

ANNEX 2 Nike Japan Anti-Racism Ad Sparks Debate

Video: Nike Japan Anti-Racism Ad Sparks Debate
(arrêter la vidéo à 1 minute 30)
liennathan.fr/r346rp

ANNEX 3 Definitions

racial discrimination ●	● Distinguish an individual on the basis of skin color or ethnic origin.
ethics ●	● Existence of different cultures within an organization or a company.
diversity ●	● The repeated use of threats or violence in an attempt to harm or intimidate others.
social network ●	● A set of moral principles for good behavior.
bullying ●	● Website allowing individuals to share information with their friends.

Case study 5

Axes in English	Management notions
• Axis 3. Art and power • Axis 5. Fiction and realities	• Finalité (*finality*) • Innovation de produit (*product innovation*) • Innovation de procédé (*process innovation*) • Business model (*buisiness model*)

The history of Netflix

Netflix is an American multinational company founded in 1997 by Reed Hastings and Marc Randolph. It offers a video on demand service and produces its own original creations: films and series.

Reed Hastings came up with the idea of creating Netflix after returning a movie rented to a video club late in 1996: "It cost me 40 dollars in penalty." He then imagined being able to rent a movie without having to travel from his home...

Homework: prepare the lesson. Listen to the video with annex 2.

Answer the following questions. You can use the annex and the video.

1. Present in 8 lines the history of the creation of Netflix by highlighting the main dates. Complete annex 3.

Annex 1
Annex 2
Annex 3

2. Present the business model and innovations of Netflix.

Many other companies or NGOs have a particular history, such as Coca Cola or Airbnb.

3. Using a slideshow, present an Anglo-Saxon company of your choice:
   – the story of its creation;
   – its activity, its business model;
   – its possible innovations;
   – key figures today.

ANNEX 1 About Netflix

Use the Netflix website.

Website: About Netflix
liennathan.fr/6f4v6w

ANNEX 2 Netflix and Why They're So Successful

Video: The Story of Netflix
liennathan.fr/7mx52v

ANNEX 3 Netflix timeline

1997:	1999/2000:	2007:	2009:	2015:	20021:
....	....	....	....	....	....
....	....	....	....	....	....

Sommaire

Fiche méthode

1 Présentation de l'épreuve Management, sciences de gestion et numérique

Durée : 4 heures **Coefficient : 16**

Le succès au baccalauréat STMG suppose de réussir l'épreuve de Management, sciences de gestion et numérique dont le coefficient est important.
Cette épreuve écrite d'une durée de 4 heures nécessite de mobiliser des connaissances et des savoir-faire méthodologiques.

Description de l'épreuve

L'épreuve de Management, science de gestion et numérique est une épreuve écrite d'une durée de 4 heures.
Le sujet remis au candidat se présente sous la forme de plusieurs dossiers composés de documents accompagnés de questions portant sur un ou plusieurs des thèmes abordés :
– dans le programme de « Management » de la classe de Première ;
– dans le programme de « Sciences de gestion et numérique » de la classe de Première ;
– dans la partie « enseignement commun » du programme de « Management, sciences de gestion et numérique » de la classe de Terminale.

Structure

Le sujet s'appuie sur une situation professionnelle contextualisée à partir d'un cas d'organisation réel ou inspiré de la réalité.

Pour chaque question, une réponse construite et argumentée est attendue.

Les compétences à évaluer

L'épreuve vise à évaluer la capacité du candidat à analyser une ou plusieurs situations liées au fonctionnement et au management d'une ou plusieurs organisations réelles, c'est-à-dire :
– exploiter une documentation concernant ces organisations ;
– caractériser les situations managériales et/ou de gestion proposées ;
– proposer, présenter et justifier une solution ;
– mettre en œuvre les méthodes, techniques et outils appropriés ;
– montrer l'intérêt et les limites des méthodes, techniques et outils employés.

Fiche méthode 2 Préparer le Grand oral du baccalauréat

Présentation de l'épreuve

1. Caractéristiques de l'épreuve

Cette épreuve orale prend appui sur la présentation de deux questions que vous aurez travaillées pendant l'année de terminale et qui s'appuient sur les enseignements de spécialité de la filière STMG.

Durée de l'épreuve : 40 minutes **Préparation :** 20 minutes **Passage devant jury :** 20 minutes **Évaluation :** Note sur 20 points Coefficient 14	**Critères évalués :** – Qualité d'élocution, de la prise de parole en continu – Qualité et construction de l'argumentation – Niveau de savoir dans le domaine de spécialité – Capacité à mettre en lien les savoirs – Capacité à convaincre, qualité de l'interaction – Qualité du lien question/orientation

2. Déroulement de l'épreuve en 3 temps

1 Présentation des questions : vous présentez vos deux questions au jury, qui en sélectionne une.

2 Préparation (20 min) : pendant ce temps de préparation, vous avez la possibilité, pour organiser au mieux vos idées, de créer un support d'une page, que vous remettrez au jury mais qui ne sera pas évalué.

3 Présentation d'une question (20 min) :

Exposé sans notes (5 min) : explication du choix de la question, développement des arguments et réponse.	**Échange avec le jury (10 min) :** explications, argumentation, approfondissement de la pensée et des connaissances liées à la spécialité.	**Entretien relatif au projet professionnel (5 min) :** lien avec la question, démarches déjà entreprises, cursus choisi, écoles demandées…

Le choix des questions et le lien avec le projet professionnel

1. Choix des questions

Les questions présentées au Grand oral doivent être en corrélation avec le projet mené dans le cadre de votre enseignement spécifique (étude approfondie). Il est essentiel d'approfondir un domaine lié à votre appétence pour des sujets liés à votre futur parcours d'études supérieures et votre objectif professionnel.

2. Exemples de questions

• Si vous souhaitez gérer votre propre entreprise, votre étude peut porter, par exemple, sur une question telle que : « À l'occasion d'investissements, faut-il toujours privilégier l'autofinancement ? ».

• Si vous souhaitez vous orienter vers un métier lié à la communication commerciale, vous pouvez, par exemple, réaliser une analyse telle que : « Les outils digitaux annoncent-ils la fin des modes de communication commerciale traditionnels ? »

• Votre intérêt pour les ressources humaines peut aussi donner lieu à un contexte d'étude, par exemple : « Quel est le rôle des réseaux sociaux dans le recrutement ? ».

Fiche méthode 3 Appréhender l'épreuve Management, sciences de gestion et numérique

Découvrir la structure du sujet

Le sujet de Management, sciences de gestion et numérique prend appui sur une situation professionnelle contextualisée, c'est-à-dire un cas d'organisation réel ou inspiré de la réalité.
Le sujet se structure de la façon suivante :
– une introduction présentant l'organisation et mettant l'élève en situation avec une présentation rapide des missions à réaliser ;
– une liste des annexes ;
– une série de questions permettant de structurer et d'orienter le travail à réaliser ;
– un dossier documentaire constitué des différentes annexes.

Lire le sujet

Pour prendre le sujet en main, il convient de réaliser une première lecture du sujet afin de :
– prendre connaissance de l'organisation étudiée et de s'imprégner du contexte ;
– découvrir la ou les problématiques de l'organisation ;
– lire l'ensemble des questions et les annexes ;
– préparer la rédaction des réponses.

La lecture du sujet doit être active

– Surlignez ou soulignez les éléments qui vous semblent importants.
– Annotez les questions et les documents :
  - entourez les verbes clés dans les questions ;
  - notez au brouillon les définitions des mots-clés que vous rencontrez dans les questions ou les annexes ;
  - si une question ou une annexe vous fait penser à des notions vues en cours, notez-les au brouillon pour ne pas les oublier.

Fiche méthode

4 Comprendre les questions et analyser les ressources

L'épreuve vise à évaluer les compétences du candidat à analyser une situation d'organisation présentée dans une base documentaire. Le candidat est également évalué sur sa capacité à proposer des solutions et à exposer des analyses et propositions de manière cohérente et argumentée.

Pour toute question relevant du domaine managérial, le candidat devra suivre une méthodologie qui lui permettra de construire une réponse argumentée.

Comprendre les consignes

La lecture des questions va permettre de repérer les verbes pour délimiter les réponses attendues et de mettre en évidence les mots-clés et les définir.

Verbes	Éléments de réponse attendus
Décrire/ caractériser/ présenter	Donner des détails descriptifs
Montrer/expliquer	Donner des éléments de compréhension et/ou de justification
Identifier/repérer	Recenser des éléments sur un point précis
Distinguer	Donner des points de différence entre plusieurs éléments
Réaliser un diagnostic	Présenter les forces, faiblesses (diagnostic interne) ; menaces, opportunités (diagnostic externe) ; PESTEL (étude de l'environnement)…

Analyser les ressources

L'analyse des ressources va permettre d'identifier des éléments de réponse aux questions.

Les documents présentés en annexe peuvent être de différentes natures : un texte, un graphique, un tableau.
Ces documents peuvent être issus de diverses sources :
- un site officiel ;
- des articles de journaux, de magazines ou des sites Internet ;
- des documents rédigés par les auteurs ;
- des ouvrages théoriques ;
- des ressources produites par l'organisation ;
- le site Internet de l'organisation étudiée.

Les annexes ont pour but de donner :
- des informations sur l'organisation étudiée ;
- des informations sur l'environnement de l'organisation étudiée ;
- des éclairages sur des notions théoriques.

Fiche méthode

5 Construire une réponse argumentée en management

Lire la consigne et les documents

QUESTION :

Montrez, en argumentant votre réponse, que l'analyse des ressources et des compétences permet à l'organisation d'avoir un avantage concurrentiel.

DOCUMENT :

L'organisation Dupont, implantée à Avignon dans le sud de la France, fabrique des chocolats de manière artisanale. Le diagnostic interne réalisé a mis en évidence la qualité des matières premières utilisées lors de la fabrication des chocolats, la notoriété de l'entreprise dans toute la ville due non seulement à la qualité et la fraîcheur des chocolats fabriqués, mais aussi au renouvellement de ses gammes. Ce succès est principalement la conséquence de l'expérience et du savoir-faire des six maîtres chocolatiers de l'entreprise, dont cinq sont présents et très impliqués dans l'entreprise depuis sa création.

L'entreprise réalise aujourd'hui un chiffre d'affaires de plus de 150 000,00 € et détient 70 % des parts de marché sur la seule ville d'Avignon.

Rédiger la réponse

1 Définir les mots-clés de la question

Pour construire une réponse argumentée destinée à soutenir une idée, il est nécessaire de définir au préalable les mots-clés de la question. Cela permet de s'assurer que la réponse rédigée est pertinente.

DÉFINITIONS :

Pour répondre à la question, il faut faire l'analyse des ressources et compétences, puis définir la notion d'avantage concurrentiel.

2 Construire la réponse

Argumenter : « *Présenter un ensemble d'arguments pour soutenir, étayer une idée.* » (Larousse)

Une simple phrase ne suffit pas. Une réponse argumentée nécessite de démontrer la réflexion menée lors de la construction de la réponse.

Cette construction peut se faire en trois étapes :
- **Étape 1 :** affirmer ;
- **Étape 2 :** expliquer ;
- **Étape 3 :** donner un exemple (si possible).

RÉPONSE :

L'analyse des ressources et compétences a déjà été réalisée. Il faut à présent argumenter :

Étape 1	Étape 2	Étape 3
Affirmer : Le savoir-faire de ses maîtres chocolatiers procure un avantage concurrentiel à l'entreprise Dupont (source marché).	**Expliquer :** Les maîtres chocolatiers, quasiment tous présents depuis la création de l'entreprise, sont reconnus pour leur expérience et leur savoir-faire. Cela a permis à l'entreprise d'acquérir une notoriété sur la ville d'Avignon.	**Donner un exemple :** La notoriété due au savoir-faire des maîtres chocolatiers permet à l'entreprise Dupont de détenir 70 % des parts de marché.

Fiche méthode

6 Caractériser une organisation

Comprendre la question et mobiliser ses connaissances

QUESTION :

Caratérisez l'organisation Club Nautique du Pradet.

Pour caractériser une organisation, il convient de bien comprendre la consigne en mobilisant ses connaissances de cours.
Dans cette question, il s'agit dans un premier temps d'identifier le type d'organisation étudiée : entreprise privée, organisation publique ou organisation de la société civile (OSC).
Il convient ensuite de se rappeler les éléments du cours qui permettent de caractériser chacune de ces organisations.

Les caractéristiques d'une entreprise privée

Caractéristiques à identifier	Connaissances à mobiliser
Les finalités de l'entreprise	La finalité de l'entreprise peut être lucrative (faire du profit) et non lucrative (responsabilité sociale et environnementale).
Le secteur d'activité	L'entreprise peut appartenir au secteur d'activité primaire, secondaire ou tertiaire.
La taille de l'entreprise	Le nombre de salariés va permettre de classer l'entreprise dans une des catégories suivantes : TPE, PME, ETI, GE.
Le type de production	Le type de production va dépendre de ce que produit l'entreprise : production de biens ou production de services.
Le champ géographique	Le champ d'activité peut être : local, régional, national ou international.

Les caractéristiques d'une organisation publique

Les finalités de l'organisation publique	Les organisations publiques ont pour finalité de satisfaire l'intérêt collectif de l'ensemble de la population. Les administrations et les collectivités territoriales ont une finalité non lucrative. Les entreprises publiques ont une finalité lucrative.
Le secteur : privé/public	Les organisations publiques appartiennent au secteur public.
Le type d'organisation publique	Les organisations publiques regroupent : – les administrations et collectivités territoriales : administrations publiques centrales, administrations publiques locales (collectivités territoriales), établissements publics administratifs ; – les entreprises publiques : établissements publics à caractère industriel et commercial (EPIC), sociétés nationales, sociétés d'économie mixte (SEM).
Biens marchands ou non marchands	Les organisations publiques fournissent des services non marchands.
Le mode de financement	Les modes de financement des administrations publiques peuvent provenir de recettes fiscales ou de recettes non fiscales.
Le champ géographique	Le champ géographique peut être local, territorial ou national.

Les caractéristiques des organisations de la société civile (OSC)

Les finalités des OSC	Les OSC ont une finalité non lucrative.
Le secteur privé/ public	Les OSC appartiennent au secteur privé.
Le type d'OSC	– Association (de fait, déclarée type 1901, reconnue d'utilité publique) – ONG – Syndicat – Fondation
Le mode de financement	Les OSC se financent grâce aux subventions, aux dons, aux legs, aux cotisations des adhérents, au sponsoring, au mécénat, aux produits de leurs activités.
Les ressources humaines	Les OSC mobilisent des salariés (rémunérés) et des bénévoles (non rémunérés).
Le champ géographique	Le champ géographique peut être local, régional, national ou international.

Lire les documents

La lecture des documents va permettre de repérer en les surlignant les éléments caractéristiques d'une organisation.

DOCUMENT :

Situé sur la commune côtière du Pradet, dans le Var, le Club Nautique du Pradet (CNP) est une association loi 1901 qui a été fondée le 2 janvier 1964 par des passionnés de voile et a rejoint la Fédération française de voile dès 1973. Son objectif est d'organiser et de développer les sports nautiques au Pradet, mais aussi de créer des liens entre les adhérents.

Créé en 1964, le club a su garder son ambiance familiale tout en favorisant l'apprentissage de ses pratiquants.

En effet, l'association souhaite garder cette image de petit club où règne une bonne entente et où il fait bon vivre.

D'un effectif de deux salariés en hiver, le club passe à dix moniteurs de plus en été.

Pour financer ses activités, le club reçoit des subventions de la mairie du Pradet et perçoit les cotisations de ses adhérents. La structure propose également des stages payants à des enfants et des adultes, mais aussi à des colonies de vacances, des centres aérés et des comités d'entreprise.

Structurer la réponse

La réponse doit être rédigée sous forme de tableau de manière à être bien structurée. Chaque caractéristique de l'organisation devra être justifiée.

RÉPONSE :

	Caractéristiques de l'organisation « Club Nautique Du Pradet »
Type d'organisation	Le Club Nautique du Pradet est une organisation de la société civile (OSC).
Finalités de l'OSC	Finalité non lucrative : organiser et développer les sports nautiques au Pradet, mais aussi créer des liens entre les adhérents.
Secteur privé/public	Secteur privé (fondée par des passionnés de voile).
Type d'OSC	Association de type loi 1901.
Mode de financement	Subventions, adhésions, stages de voile payants.
Ressources humaines	L'association emploie deux salariés à l'année et dix moniteurs de plus lors de la saison estivale.
Champ géographique	Le champ d'activité de l'organisation est local : le club souhaite développer la pratique des sports nautiques dans la commune du Pradet.

Fiche méthode

7 Réaliser un diagnostic stratégique

Comprendre la question et mobiliser ses connaissances

QUESTION :

Réalisez le diagnostic stratégique de l'entreprise Johns.

La réalisation d'un diagnostic stratégique nécessite d'effectuer un diagnostic interne et un diagnostic externe de l'organisation étudiée.
Le diagnostic stratégique s'effectue à l'aide d'un outil d'aide à la décision appelé FFOM (forces, faiblesses, opportunités, menaces) ou SWOT en anglais (*Strenghts, Weakness, Opportunities, Threats*).
Pour le diagnostic interne, il faut recenser les ressources et les compétences de l'organisation et identifier celles qui constituent des forces et des faiblesses.

Les forces et les faiblesses peuvent être classées dans un tableau :

Diagnostic interne

		Forces (*Strenghts*)	Faiblesses (*Weakness*)
Ressources moyens détenus par une organisation	**FINANCIÈRES**	Ressources ou compétences de l'organisation qui lui permettent de réussir dans son domaine d'activité.	Points de vulnérabilité de l'organisation qui peuvent nuire à sa pérennité.
	HUMAINES		
	MATÉRIELLES		
	IMMATÉRIELLES		
Compétences capacités d'une organisation à mobiliser et combiner ses ressources en vue d'atteindre un objectif	**PROFESSIONNELLES**		
	ORGANISATIONNELLES		
	COMMERCIALES		

Pour le diagnostic externe, il faut repérer les éléments de l'environnement qui constituent des opportunités ou des menaces pour l'organisation.

Diagnostic externe

		Opportunités (*Opportunities*)	Menaces (*Threats*)
MACRO-ENVIRONNEMENT	**Politique**	Changements positifs de l'environnement que l'organisation doit saisir pour en tirer un effet bénéfique.	Perturbations de l'environnement qui peuvent nuire à la pérennité de l'organisation.
	Économique		
	Socioculturel		
	Technologique		
	Écologique		
	Légal		
MICRO-ENVIRONNEMENT	**Concurrence directe**		
	Produits de substitution		
	Nouveaux entrants		
	Pouvoir de négociation des fournisseurs		
	Pouvoir de négociation des clients		

Lire les documents

La lecture des documents va permettre de repérer en les surlignant les forces et faiblesses de l'entreprise et les opportunités et les menaces qui l'influencent.

DOCUMENT :

> Créer et fabriquer des vêtements en France est un défi difficile à relever face à la concurrence des fabricants asiatiques qui tirent les prix vers le bas. C'est le pari pris par l'entreprise Johns, située en Bretagne, depuis plus d'un siècle. Sur les hauteurs de Vannes, dans le Morbihan, une centaine de salariées confectionne des pull-overs, bonnets et écharpes de manière artisanale. Très expérimentées, les ouvrières excellent dans l'art de coudre les différentes parties des vêtements avec des machines parfois vieilles de plus de cinquante ans. Un savoir-faire et une technicité qui expliquent la qualité des pièces labellisées « Made in France », mais aussi leur prix. Pour vendre ses produits, la marque Johns s'appuie sur son site de e-commerce et sur un réseau de plus de 150 boutiques situées en France et dans des grandes capitales à travers le monde.
>
> « Nous avons fait le choix de produire en France », déclare Erwan Lagalec, le dirigeant, de l'entreprise familiale qui a réalisé plus de 50 millions d'euros de chiffre d'affaires en 2021 (+5 % par rapport à 2020). Aujourd'hui, l'origine française d'un produit est devenue un critère de choix pour 70 % des Français d'après une étude CRÉDOC.
>
> « Face à l'engouement des consommateurs, notre difficulté n'est plus de vendre, mais de trouver du personnel qualifié », déclare Erwan Legalec. En effet, si le CA du secteur textile a progressé de 1,7 % en 2021, l'État a fermé toutes les écoles de formation depuis plusieurs années.

Structurer la réponse

La réponse doit être rédigée sous forme de tableau de manière à être bien structurée.

	Diagnostic interne	**Forces (*Strenghts*)**	**Faiblesses (*Weakness*)**
RESSOURCES	**FINANCIÈRES**	Chiffre d'affaires : 50 millions d'euros (+ 5 % en 2021)	
	HUMAINES	100 salariées expérimentées	
	MATÉRIELLES	Machines (conversation des techniques de fabrication assurant : la qualité de produit	
	IMMATÉRIELLES	Label « Made in France »	
COMPÉTENCES	**PROFESSIONNELLES**	Savoir-faire des ouvrières	Difficultés pour trouver du personnel qualifié
	ORGANISATIONNELLES	Production artisanale Fabrication en France	
	COMMERCIALES	Réseau de vente mondial Site e-commerce	

	Diagnostic externe	**Opportunités (*Opportunities*)**	**Menaces (*Threats*)**
MACRO-ENVIRONNEMENT	**Politique**		Fermeture des écoles de formation
	Économique	Le chiffre d'affaires du secteur textile a progressé de 1,7 % en 2021	Concurrence mondiale
	Socioculturel	Engouement des Français pour le « Made in France »	
	Technologique		
	Écologique		
	Légal		
MICRO-ENVIRONNEMENT	**Concurrence directe**		
	Produits de substitution		
	Nouveaux entrants		
	Pouvoir de négociation des fournisseurs		
	Pouvoir de négociation des clients		

Fiche méthode

8 Repérer et analyser les stratégies des entreprises

Comprendre la question et mobiliser ses connaissances

QUESTION :

Analysez la stratégie du Club Med.

Analysez les stratégies des entreprises consiste à :
– repérer la stratégie globale de l'entreprise ;
– repérer la stratégie de domaine de l'entreprise ;
– repérer la modalité de développement de l'entreprise.

1. Repérer la stratégie globale de l'entreprise consiste à analyser le périmètre de l'ensemble des activités de l'entreprise :

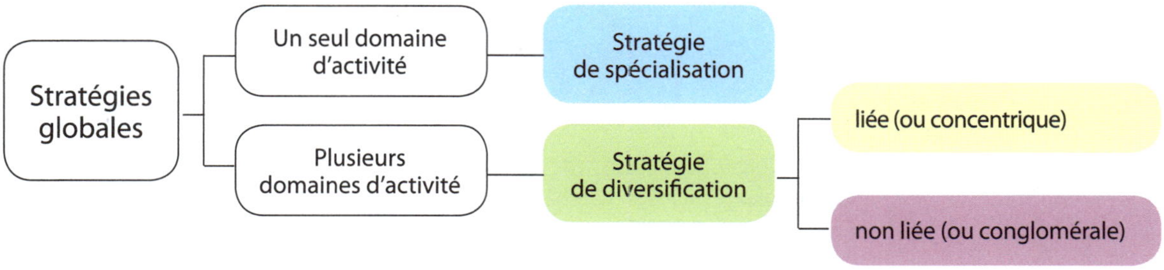

2. Repérer la stratégie de domaine de l'entreprise consiste à analyser la stratégie que l'entreprise va conduire pour chacune de ses activités :

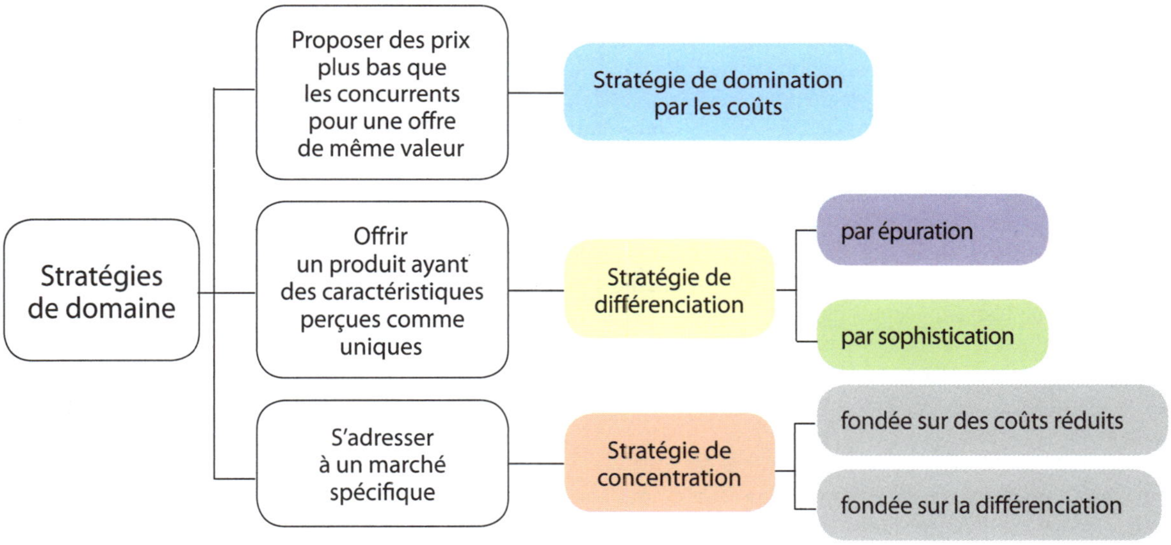

3. Repérer la modalité de développement de l'entreprise consiste à analyser la voie retenue par l'entreprise pour développer son activité :

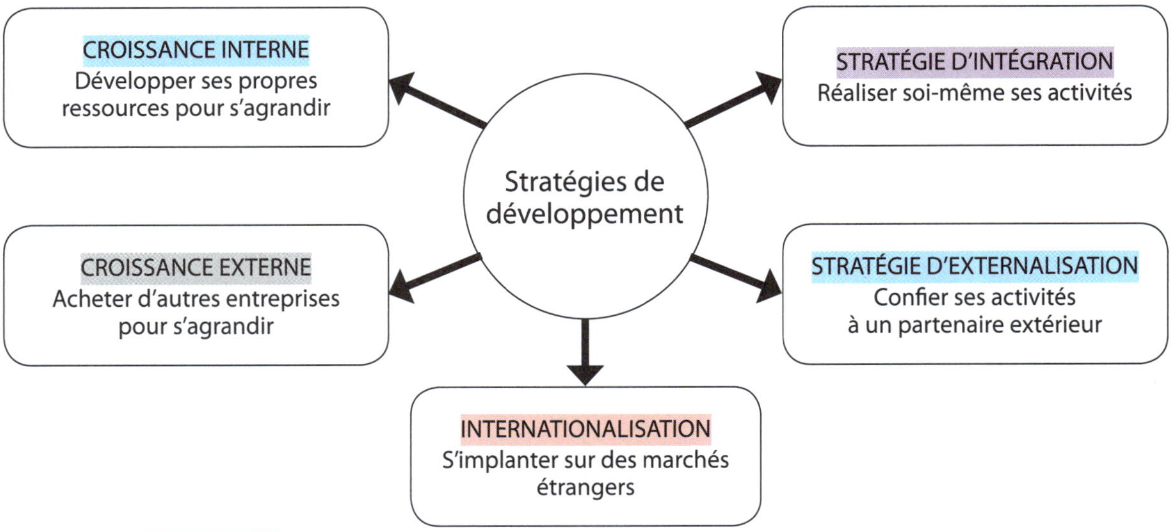

Lire les documents

La lecture des documents permet de repérer (en les surlignant) les informations utiles à la rédaction de la réponse.

DOCUMENT 1 :

Créé dans les années 1950, le Club Med s'est transformé pour devenir le spécialiste mondial des vacances tout compris, haut de gamme. Depuis 2004, le Club Med a opéré une montée en gamme pour répondre aux nouvelles exigences de sa clientèle. Cette stratégie s'est traduite par un investissement d'un milliard d'euros pour rénover son parc de villages et les transformer en sites d'exception. La réussite de cette stratégie repose aussi sur le talent de ses ressources humaines et la formation qui représente un puissant levier. Ainsi, chaque année, l'Université des talents Club Med accueille dans son village-école de Vittel des salariés du groupe encadrés par 90 référents métiers. Des Universités des talents Club Med sont aussi implantées à Paris, Lyon, Miami, Singapour et Rio.

Pour se développer, le Club Med s'est implanté sur les cinq continents, à la mer comme à la montagne, notamment en Asie où il a ouvert des villages montagne au Japon et en Chine. Aujourd'hui, le leader mondial des vacances tout compris haut de gamme à la montagne en Europe et en Asie ambitionne de l'être également en Amérique avec l'ouverture de son premier village montagne au Canada. Depuis quelques années, le Club Med accélère ses ouvertures de villages, son principal levier de croissance pour atteindre son objectif prévisionnel de chiffre d'affaires d'un milliard d'euros.

Structurer la réponse

Le Club Med a pour activité de proposer des séjours tout compris dans ses villages de vacances. Le groupe est donc spécialisé sur un seul domaine d'activité, il a adopté une stratégie de spécialisation.

Le Club Med se démarque des autres entreprises en offrant des séjours haut de gamme à ses clients. Il a donc choisi une stratégie de différenciation par sophistication.

En créant son propre centre de formation, l'Université des talents, le Club Med a opté pour une stratégie d'intégration afin de pouvoir former lui-même ses salariés.

Le Club Med a choisi de se développer par croissance interne en investissant un milliard d'euros dans la rénovation de ses villages et en ouvrant de nouveaux villages.

Enfin, le Club Med a choisi une stratégie d'internationalisation en s'implantant sur les cinq continents.

Fiche méthode

9 Repérez et analysez les choix stratégiques des organisations de la société civile (OSC)

Comprendre la question et mobiliser ses connaissances

QUESTION :

Analysez les choix stratégiques des OSC présentées dans les documents.

Après avoir lu la question, il s'agit de se rappeler les éléments du cours permettant d'y répondre.

Une fois son objet social choisi, une organisation de la société civile peut décider d'œuvrer dans un seul domaine d'activité ou au contraire posséder plusieurs domaines d'activité.
Les OSC mettent en place une démarche stratégique dans le but de :
– pérenniser leurs ressources financières et humaines ;
– développer leur activité dans un seul domaine ou dans de nouveaux domaines ;
– développer une activité marchande ;
– et/ou nouer un partenariat avec une structure privée ou publique.

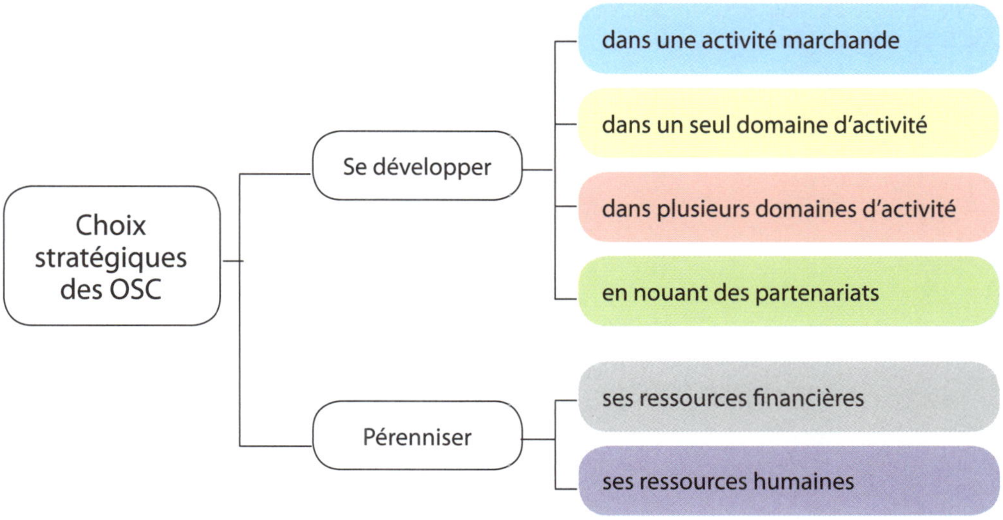

Lire les documents

La lecture des documents permet de repérer (en les surlignant) les informations utiles à la rédaction de la réponse.

DOCUMENT :

Créée en 1984, France Parkinson est une association reconnue d'utilité publique dédiée aux personnes touchées par la maladie de Parkinson. Animée par plus de 460 bénévoles et 17 salariés au siège à Paris, cette association poursuit plusieurs missions : assister les malades et leurs proches, informer et former sur la maladie, financer et encourager la recherche, sensibiliser l'opinion et les médias et enfin mobiliser les pouvoirs publics. Pour faciliter la recherche médicale, l'association a noué des liens avec la Fédération pour la recherche sur le cerveau, qui participe ainsi à la recherche sur la maladie de Parkinson en cofinançant des projets sélectionnés par le Comité scientifique de France Parkinson. Pour poursuivre ses missions avec la montée en puissance de la digitalisation, France Parkinson recherche un stagiaire en communication qui sera en charge notamment d'animer les réseaux sociaux et d'administrer le site Internet de l'association.

Rédiger la réponse

Il est nécessaire de définir les termes et/ou rappeler les éléments du cours avant de rédiger la réponse concernant les OSC étudiées.

RÉPONSE :

Les OSC adoptent plusieurs choix stratégiques pour pérenniser leurs ressources humaines et financières ; se développer dans un seul domaine ou plusieurs, dans une activité marchande ; avec l'aide ou non de partenariats.

L'association France Parkinson est présente dans plusieurs activités (le soutien, le financement, la recherche, l'information...). Elle noue des partenariats avec notamment la Fédération pour la Recherche sur le Cerveau, cherche à pérenniser ses ressources financières avec le soutien financier de cette fédération et ses ressources humaines en recrutant un nouveau salarié en charge de la communication.

Fiche méthode

10 Repérez et analysez les choix stratégiques des organisations de la société civile (OSC)

Comprendre la question et mobiliser ses connaissances

QUESTION :

Quelles sont les spécificités de la stratégie des lycées d'enseignement public ?

Après avoir lu la question, il s'agit de se rappeler les éléments du cours permettant de repérer les spécificités de la stratégie d'une organisation publique.

La stratégie des organisations publiques s'analyse au regard de la finalité de service public, de son inscription dans le cadre des politiques européennes, quel que soit le niveau d'intervention de l'action publique (national ou territorial), du mode de gestion choisi, et du contrôle exercé.

Stratégies des organisations publiques

- **Une stratégie au service de quelle finalité ?**
  - Satisfaire l'intérêt général
  - Respecter les principes du service public :
    – Continuité
    – Adaptabilité
    – Égalité
- **Quel niveau d'intervention pour la stratégie ?**
  - Cadre européen
  - Politique nationale
  - Compétence territoriale
- **Quel mode de gestion au service de la stratégie ?**
  - Gestion directe
  - Concession/Délégation de service public
  - Partenariat public-privé
- **Quel contrôle de l'action publique ?**
  - Contrôle des fonds publics
  - Surveillance des conflits d'intérêts
  - Évaluation de la performance

Lire les documents

La lecture des documents permet de repérer (en les surlignant) les éléments concernant la finalité de service public, le niveau d'intervention, le mode de gestion et le contrôle de l'action publique. Il faut ensuite annoter les notions correspondantes à ces éléments de réponse.

DOCUMENT :

La finalité de service public de votre lycée

La stratégie de votre lycée s'inscrit dans le cadre de la politique nationale d'éducation (réformes, programmes…) et se décline dans le projet d'établissement. Celui-ci lui permet de proposer une politique particulière en fonction de son public scolaire. Notre système d'enseignement est fondé, entre autres, sur le principe de l'obligation d'instruction. Cette obligation d'instruction répond aux besoins d'intérêt général de la population et s'impose aux Français comme aux étrangers, écartant toute discrimination à l'accueil des élèves. L'État se doit d'y répondre sans interruption autre que celles prévues par la réglementation en vigueur (heures de cours, vacances…).

L'éducation est un service public national dont l'organisation et le fonctionnement sont assurés par l'État, auquel sont associées les collectivités territoriales selon les compétences qui leur sont attribuées. Dans le cas de votre lycée, c'est la région qui est compétente pour sa construction, son entretien, les manuels scolaires… Il en va de même du service de restauration qui est obligatoire. Votre lycée peut soit gérer directement lui-même la préparation des repas, soit en confier la gestion à une société de restauration collective qui livre les repas préparés dans une cuisine centrale.

Le contrôle administratif et financier de votre lycée relève aussi bien des autorités académiques, du préfet de région, du conseil régional, de l'inspection générale de l'administration de l'Éducation nationale et de la recherche, de la Chambre régionale des comptes.

Annotations :
- Politique nationale
- Intérêt général
- Principe d'égalité
- Principe de continuité
- Compétence régionale
- Gestion directe ou délégation de service public
- Contrôle des fonds et de l'action

Fiche méthode

11 Identifier et justifier le mode de production

Comprendre la question et mobiliser ses connaissances

QUESTION :

Identifier et justifier le mode de production de l'entreprise Isover.

Après avoir lu la question, il s'agit de se rappeler les éléments du cours permettant d'y répondre.

Le mode de production d'un bien ou d'un service va dépendre de la nature du produit, de la quantité à produire et des méthodes de fabrication nécessaires pour obtenir le produit fini.

- Les différents modes de production
  - Différenciation ou non du produit
    - **Fabrication en série :** réaliser des produits identiques
    - **Fabrication à l'unité :** réaliser un produit unique ou en très faible quantité
  - Interruption ou non de la production
    - **Fabrication en discontinu :** la production peut être interrompue
    - **Fabrication en continu :** la production ne peut pas être interrompue avant d'aboutir au produit

Lire les documents

La lecture des documents permet de repérer (en les surlignant) les informations utiles à la rédaction de la réponse.

DOCUMENT :

Créée en 1937, l'entreprise Isover est aujourd'hui le leader mondial de l'isolation dans le monde. Son produit phare est la laine de verre. En France, Isover comprend 900 salariés et trois sites industriels dédiés à la production de la laine de verre : Orange (84), Chalon-sur-Saône (71) et Chemillé (49). L'usine Isover d'Orange fonctionne sans interruption 365 jours par an avec cinq équipes qui font fonctionner le four électrique de 133 m² 24 heures sur 24 pour produire 120 000 tonnes de laine de verre par an. Le four alimente trois lignes de production qui vont produire des rouleaux de laine de verre (75 %), des panneaux de laine de verre (13 %) ou de la laine de verre à souffler (12 %). Ces produits sont destinés essentiellement au marché de l'habitat et distribués chez des revendeurs (Point P, Leroy Merlin, Castorama...). L'usine Isover conçoit également des isolants sur mesure en faible quantité pour l'industrie de pointe comme l'aéronautique ou le TGV.

Rédiger la réponse

Il est nécessaire de définir les termes et/ou de rappeler les éléments du cours avant de rédiger la réponse concernant le mode de production choisi.

DOCUMENT :

L'entreprise Isover conçoit et produit de la laine de verre, un produit destiné à l'isolation. Le mode de production est la méthode de fabrication retenue par l'organisation selon la nature du produit qui consiste à produire à l'unité, en série, de manière continue ou en discontinu.

La fabrication de la laine de verre est réalisée sans interruption dans un four électrique. Il s'agit d'une fabrication en continu en raison de la nature du produit. Ensuite, Isover adopte des modes de production qui diffèrent selon la quantité à produire. Elle fabrique en série de la laine de verre destinée à l'isolation de l'habitat et à l'unité ou en très faible quantité des isolants destinés à des marchés plus spécifiques et techniques comme l'aéronautique.

Fiche méthode

12 Identifier le rôle des technologies numériques dans la production

Comprendre la question et mobiliser ses connaissances

QUESTION :

Identifiez le rôle des technologies numériques dans la production.

Après avoir lu la question, il s'agit de se rappeler les éléments du cours permettant d'y répondre.

L'organisation intègre les technologies numériques dans ses activités pour optimiser ses processus de production.

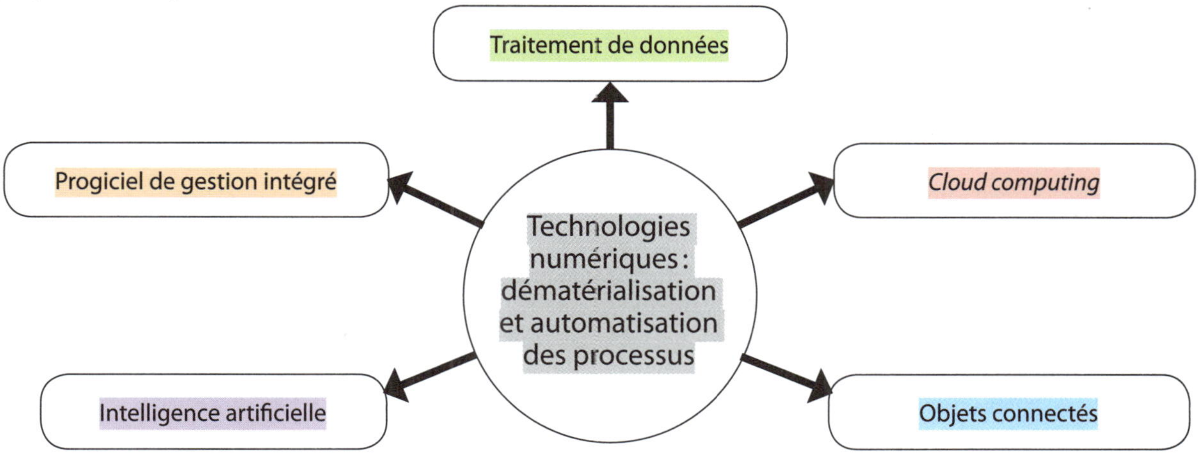

Lire les documents

La lecture des documents permet de repérer (en les surlignant) les informations utiles à la rédaction de la réponse.

DOCUMENT :

La Warner Bros, une des plus grandes sociétés de production et de distribution au monde dans le cinéma et la télévision, a signé un contrat avec la start-up Cinelytic, spécialisée dans l'élaboration d'intelligences artificielles. Cinelytic développe des intelligences artificielles dont l'objectif est d'automatiser des décisions cinématographiques, comme la meilleure date de sortie d'un film.

La jeune société a recours au *machine learning* (apprentissage automatique) en se basant sur un historique des performances commerciales des films sortis en salle. Un décideur peut ainsi mesurer la probabilité de rencontrer le succès en fonction de l'acteur choisi pour le rôle principal et selon le scénario retenu.

Ce système permet de réduire les tâches répétitives de faible valeur et de se concentrer plutôt sur des activités à forte valeur ajoutée, comme la communication du film. Il permet aussi de calculer en quelques secondes ce qui prenait des jours à évaluer par l'homme en ce qui concerne l'évaluation d'un budget de film.

Rédiger la réponse

Il est nécessaire de définir les termes et/ou rappeler les éléments du cours avant de rédiger la réponse propre aux organisations étudiées.

RÉPONSE :

La Warner Bros, une société de production de films, a intégré les technologies numériques dans ses processus de productions cinématographiques afin de les optimiser. En effet, elle s'est associée à une jeune entreprise, Cinelytic, qui utilise l'intelligence artificielle pour estimer le succès potentiel d'un film à partir de données comme les acteurs ou le scénario, définir sa rentabilité et élaborer le budget global nécessaire à sa production. Ce système permet également de prévoir la meilleure date de sortie du film.

Fiche méthode

13 Distinguer et justifier le type d'organisation du travail

- **Organisation du travail rigide**
  - **Division horizontale du travail** (spécialisation)
  - **Division verticale du travail** (ligne hiérarchique)
  - **Salaire au rendement** pour améliorer la productivité
- **Organisation du travail souple**
  - **Polyvalence** favorisant l'enrichissement des tâches
  - ***Lean management*** pour réduire les gaspillages
  - **Production en « juste-à-temps »** favorisant la flexibilité et la réactivité

Comprendre la question et mobiliser ses connaissances

QUESTION :

> Distinguez et justifiez le type d'organisation du travail choisi.

Après avoir lu la question, il s'agit de se rappeler les éléments du cours permettant d'y répondre.

Afin d'atteindre ses objectifs, toute association, entreprise ou administration va mettre en place une organisation du travail plus ou moins souple ou rigide.

Lire les documents

La lecture des documents permet de repérer (en les surlignant) les informations utiles à la rédaction de la réponse.

DOCUMENT :

> À la caisse primaire d'Assurance maladie (CPAM) des Yvelines, les codes de l'entreprise traditionnelle ont disparu, comme les horaires rigides pour les salariés et la pyramide des chefs. Le premier outil mobilisé fut le *lean management* dans le but d'accroître l'autonomie des salariés. Les services de la CPAM ont été formés à cette démarche qui prône la chasse au gaspillage, l'élimination des tâches superflues, la maîtrise des délais, la réduction des coûts de fonctionnement… Chaque collaborateur a été invité à améliorer tout ce qui pouvait l'être dans son environnement. Cette démarche a permis de réduire les délais de paiement des indemnités aux assurés. Ensuite, deux niveaux de hiérarchie ont été supprimés pour passer de six à quatre. Les salariés ont pu avoir de nouvelles responsabilités, comme devenir parrain ou marraine pour faciliter l'intégration des nouveaux salariés ou encore participer à l'évaluation de leurs collègues. La plateforme de services de 65 personnes, chargée de répondre aux appels téléphoniques et aux e-mails, gère elle-même son organisation. Un salarié a eu l'idée d'instaurer une gestion autonome des plannings quotidiens et des horaires, devenus variables. Les salariés ont pu concilier leurs contraintes personnelles : commencer plus tard, partir tôt pour aller chercher leurs enfants à l'école… Ce service qui affichait un turnover et un absentéisme records a amélioré sa réactivité et le taux d'appels décrochés est passé de 75 % à 90,2 %.

Rédiger la réponse

Il est nécessaire de définir les termes et/ou de rappeler les éléments du cours avant de rédiger la réponse concernant le type d'organisation du travail choisi par l'organisation.

DOCUMENT :

> Pour atteindre ses objectifs, la CPAM des Yvelines a mis en place une nouvelle organisation du travail. Elle a choisi une organisation du travail souple en ayant recours au *lean management*. Grâce à cela, elle a pu faire la chasse au gaspillage, réaliser des économies et réduire les délais de traitement des dossiers. Elle a aussi amélioré la flexibilité et la réactivité de son fonctionnement en supprimant des niveaux hiérarchiques et en accordant davantage d'autonomie et de responsabilités à ses salariés. En enrichissant leurs tâches avec des missions de parrainage ou d'évaluation, ses salariés sont davantage polyvalents. Cette organisation du travail a permis d'améliorer la performance de la CPAM des Yvelines.

Fiche méthode

14 Décrire les mécanismes de coordination

Comprendre la question et mobiliser ses connaissances

QUESTION :

Décrivez les mécanismes de coordination mis en place.

Après avoir lu la question, il s'agit de se rappeler les éléments du cours permettant d'y répondre.
Pour assurer une cohérence de son activité, l'organisation installe une coordination du travail :

Les six mécanismes de coordination

- **Ajustement mutuel :** la coordination est effectuée par communication informelle.
- **Supervision directe :** la coordination est réalisée par un responsable qui donne des ordres à ses subordonnés.
- **Standardisation des procédés de travail :** la coordination est effectuée grâce à des procédures de travail définies avec précision.
- **Standardisation des résultats :** la coordination est effectuée par la fixation d'objectifs à atteindre.
- **Standardisation des qualifications :** la coordination est réalisée par les qualifications de celui qui exécute le travail et qui lui permettent d'exécuter son travail en autonomie.
- **Standardisation des normes :** la coordination est réalisée par les normes auxquelles adhèrent les membres de l'organisation.

Lire les documents

La lecture des documents permet de repérer (en les surlignant) les informations utiles à la rédaction de la réponse.

DOCUMENT :

Depuis son ouverture, le cabinet médical de pédiatrie de Saint-Cyr-l'École s'est développé et se compose aujourd'hui d'une équipe médicale de sept personnes et administrative de quatre personnes. Il est dirigé par deux pédiatres associés qui exercent du lundi au samedi. L'équipe médicale s'est étoffée de nouveaux membres : un ostéopathe, une psychologue, une sophrologue, un nutritionniste et une consultante en lactation. Ainsi, lors de chaque consultation, à la demande du patient ou sur conseil du pédiatre, une consultation avec un de ces spécialistes peut être effectuée. L'emploi du temps du personnel administratif, réparti sur des matinées ou sur des après-midi durant toute la semaine, est fixé par les deux pédiatres. Ainsi, une secrétaire est toujours disponible pendant l'ouverture du cabinet et il y a un chevauchement des horaires le midi afin de pouvoir échanger sur les urgences à traiter. À chaque consultation, la procédure est identique : le patient est accueilli par une secrétaire qui prend les mesures (poids, taille), remplit le carnet de santé, saisit les données dans le dossier informatisé et prépare la consultation. Cette organisation optimise le fonctionnement du cabinet.

Rédiger la réponse

Il est nécessaire de définir les termes et/ou de rappeler les éléments du cours avant de rédiger la réponse concernant le type d'organisation du travail choisi par l'organisation.

DOCUMENT :

Pour assurer une cohérence de son travail, le cabinet médical a mis en place des mécanismes de coordination. Les pédiatres coordonnent essentiellement le travail de l'équipe administrative par supervision directe. Pour sa part, l'équipe administrative se coordonne le plus souvent par ajustement mutuel. La coordination du travail au sein du cabinet est également réalisée grâce à des procédures de travail définies avec précision et il existe aussi une standardisation des qualifications qui permet à l'équipe médicale d'exercer son activité en toute autonomie.

Fiche méthode

15 Identifier les choix de financement possibles

Comprendre la question et mobiliser ses connaissances

QUESTION :

Après avoir lu la question, il s'agit de se rappeler les éléments du cours permettant d'y répondre.

Pour développer son activité, l'organisation a des besoins de financement qui sont liés à son cycle d'exploitation ou à son cycle d'investissement :

Cycle d'exploitation
↓
Besoins de financement à court terme

Ressources internes :	**Ressources externes :**
– autofinancement – diminution des stocks	– découvert bancaire – allonger les délais de règlement fournisseurs – raccourcir les délais de règlement clients

Cycle d'investissement
↓
Besoins de financement à long terme

Ressources internes :	**Ressources externes :**
– autofinancement – augmentation de capital	– subvention – emprunt – crédit-bail – financement participatif

Lire les documents

La lecture des documents permet de repérer (en les surlignant) les informations utiles à la rédaction de la réponse.

DOCUMENT :

En 2010, le groupe Unilever délocalise sa production d'infusions de l'usine Fralib près de Marseille en Pologne. En 2014, après 1 336 jours de lutte, des salariés décident de reprendre l'entreprise en créant une SCOP (société coopérative et participative) où les salariés sont des associés majoritaires. La coopérative SCOOP TI (ex-Fralib) est créée et vend ses produits sous les marques 1 336 (en souvenir des jours de grève) et SCOOP TI. L'affaire tourne, mais en 2019, le besoin de trésorerie se situe entre 1,5 et 2 millions d'euros. Pour y remédier, la coopérative décide d'allonger les délais de règlement de ses fournisseurs et de réduire ses stocks de produits. Au démarrage de la SCOP, l'entreprise a fait appel au capital versé par les coopérateurs, ce qui a représenté un total de 3 millions d'euros, et au Crédit Mutuel, qui a accordé un emprunt à la SCOP de 200 000,00 euros. Mais ce capital a fondu rapidement du fait des investissements et la SCOP lance en 2017 une campagne de financement participatif. Avec plus de 2 300 contributeurs, la SCOP recueille 279 000,00 euros en 2019.

Rédiger la réponse

Il est nécessaire de définir les termes et/ou de rappeler les éléments du cours avant de rédiger la réponse concernant le type d'organisation du travail choisi par l'organisation.

RÉPONSE :

Pour assurer ses activités et son fonctionnement, la SCOP a des besoins de financement à sa création et lors de son développement. Elle doit alors choisir des solutions de financement adaptées. La SCOP a des besoins de financement liés à ses investissements qu'elle finance grâce à des ressources internes (apports de ses associés qui s'élèvent à 3 millions d'euros) et à des ressources externes (emprunt de 200 000,00 euros du Crédit Mutuel et financement participatif de 279 000,00 euros). La SCOP a également des besoins de financement liés à son cycle d'exploitation (besoin de trésorerie de presque 2 millions d'euros) qu'elle finance par des ressources internes (diminution des stocks) et des ressources externes (allongement des délais de règlement de ses fournisseurs).

Fiche méthode 16 Repérer les moyens d'une politique de management des compétences et d'adaptation aux besoins de l'organisation

Comprendre la question et mobiliser ses connaissances

QUESTION :

Repérez les moyens d'une politique de management des compétences et d'adaptation aux besoins de l'organisation.

Après avoir lu la question, il s'agit de se rappeler les éléments du cours permettant d'y répondre.

Dans la démarche de GPEC, l'organisation met en œuvre des moyens pour ajuster ses ressources humaines à ses besoins sur le plan quantitatif et sur le plan qualitatif :

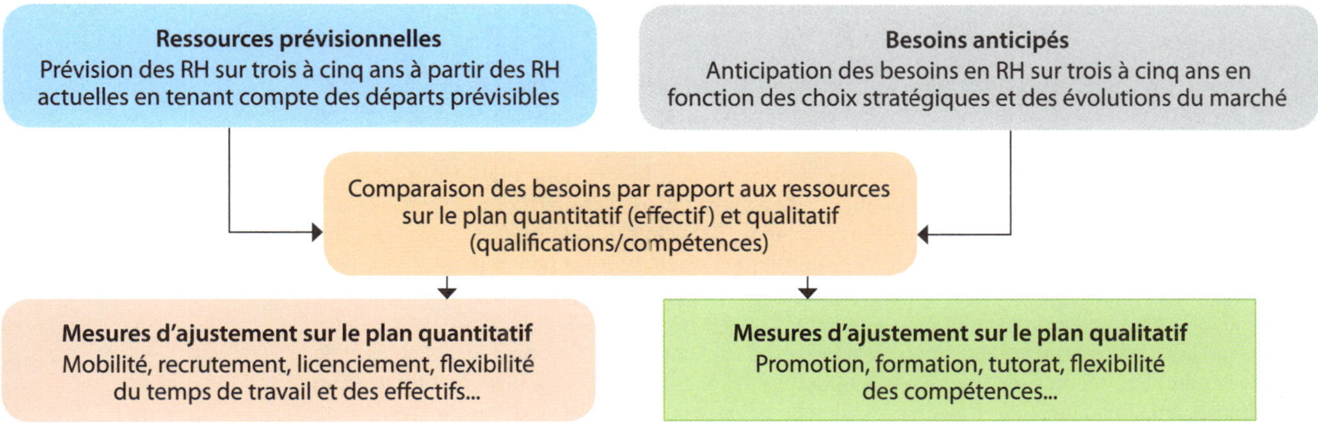

Lire les documents

La lecture des documents permet de repérer (en les surlignant) les informations utiles à la rédaction de la réponse.

DOCUMENT :

Le Club Med a une activité saisonnière qui génère, dans ses villages de vacances des cinq continents, une rotation deux fois par an de son personnel. De plus, la très grande majorité du personnel est en CDD et 40 % des effectifs ne reviennent pas après une première saison. L'un des enjeux du Club Med est d'améliorer la mobilité de ses salariés afin que ces derniers fassent carrière au sein du groupe et deviennent des ambassadeurs de l'entreprise. Chaque année, à l'automne, le Club Med lance une vaste campagne de recrutement pour la saison hiver. Le groupe recherche plus de 2 000 personnes dans plus de 100 métiers dont 1 800 seront affectés sur l'un des nombreux villages alpins de septembre à février. Afin de faciliter l'insertion professionnelle des jeunes et leur accès à l'emploi, le Club Med a notamment recours à l'alternance et à des dispositifs qui permettent de former 150 demandeurs d'emploi peu qualifiés ou peu expérimentés avec Pôle emploi pour les métiers d'employé de chambre, de restaurant, de commis de cuisine, d'employé plonge et de magasinier.

Rédiger la réponse

Il est nécessaire de définir les termes et/ou de rappeler les éléments du cours avant de rédiger la réponse concernant les moyens d'une politique de management des compétences et d'adaptation aux besoins.

DOCUMENT :

Le Club Med propose des séjours tout compris dans ses villages de vacances. Afin d'organiser son activité, il met en œuvre une démarche d'anticipation de ses besoins en ressources humaines sur le plan quantitatif et qualitatif pour les comparer aux ressources disponibles prévisibles et procéder aux ajustements nécessaires.

Chaque année, le Club Med, du fait de son activité saisonnière, a des besoins importants en ressources humaines sur le plan quantitatif et qualitatif. En effet, la majorité de son personnel est en CDD et 40 % des effectifs ne reviennent pas la saison suivante. Il a donc mis en place des mesures quantitatives comme des vastes campagnes de recrutement, le recours à l'alternance ou la mobilité au sein du groupe. Il met également en place des mesures qualitatives comme la formation.

Fiche méthode

17 Identifier les différents acteurs de l'organisation et leurs intérêts respectifs

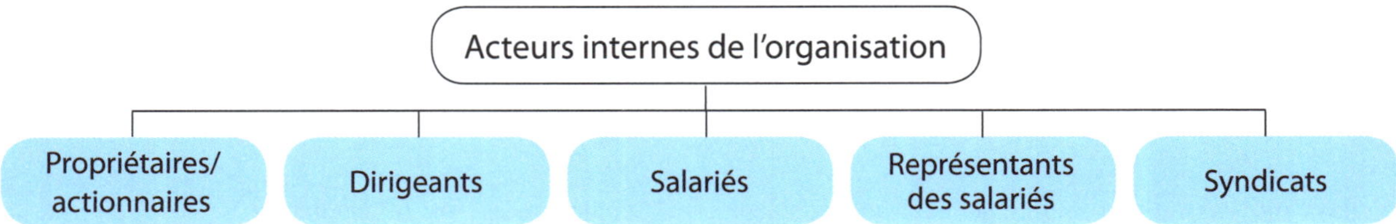

Lire la consigne et les documents

QUESTION :

Quels sont les différents acteurs de l'organisation et quels sont leurs intérêts ?

DOCUMENT :

L'entreprise Fabre, spécialisée dans la fabrication de meubles, est détenue par deux associés, Thomas et Vincent. Ces derniers dirigent ensemble l'entreprise et leur rôle est d'assurer son développement en recherchant de nouveaux clients et de nouveaux marchés. En tant qu'associés, ils perçoivent les bénéfices réalisés par l'entreprise, ils ont donc tout intérêt à ce que l'entreprise fasse le plus de ventes possible tout en s'assurant de la satisfaction de leurs clients, ce qui permettra de les fidéliser. L'entreprise compte 25 cadres dont la finalité est de fixer des objectifs, organiser le travail des équipes, contrôler les résultats et les faire remonter aux deux dirigeants. Ils ont intérêt à ce que les équipes soient performantes, ils doivent aussi s'assurer de fidéliser les collaborateurs et éviter tout conflit entre les salariés et entre ces derniers et les dirigeants. L'entreprise compte aussi 50 salariés qui sont chargés de fabriquer les meubles et de les vendre. Les salariés ont intérêt à travailler dans les meilleures conditions possibles avec un salaire correspondant à leur travail et à leurs compétences. Les salariés sont représentés par un délégué du personnel qui fait part aux dirigeants de toute réclamation individuelle ou collective en matière d'application de la réglementation du travail (Code du travail, salaires, conditions de travail…). Son rôle est de représenter au mieux les intérêts des salariés.

Rédiger la réponse

1. **Lire le document.**
2. **Lister les différents acteurs internes à l'organisation.**
3. **Identifier leur rôle.**
4. **Identifier leurs intérêts respectifs.**
5. **Classer ces différentes informations dans un tableau à double entrée.**

RÉPONSE :

La lecture du document permet de repérer (en les surlignant) les informations utiles à la rédaction de la réponse.

Acteurs	Rôles	Intérêts
Associés	– Diriger l'entreprise – Rechercher de nouveaux clients et de nouveaux marchés	– Maximiser les bénéfices – Satisfaire les clients et les fidéliser
Cadres	– Fixer des objectifs – Organiser le travail des équipes – Contrôler les résultats et les faire remonter aux deux dirigeants	– Assurer la performance des équipes – Fidéliser les collaborateurs – Éviter tout conflit entre les salariés et entre les salariés et les dirigeants
Salariés	– Fabriquer et vendre des meubles	– Travailler dans de bonnes conditions – Percevoir un salaire correspondant à leur travail et à leurs compétences
Délégué du personnel	– Transmettre aux dirigeants toute réclamation individuelle ou collective en matière d'application de la réglementation du travail (Code du travail, salaires, conditions de travail…)	– Représenter les intérêts des salariés

Fiche méthode

18 Repérer les styles de direction et apprécier le degré de concentration du pouvoir de décision

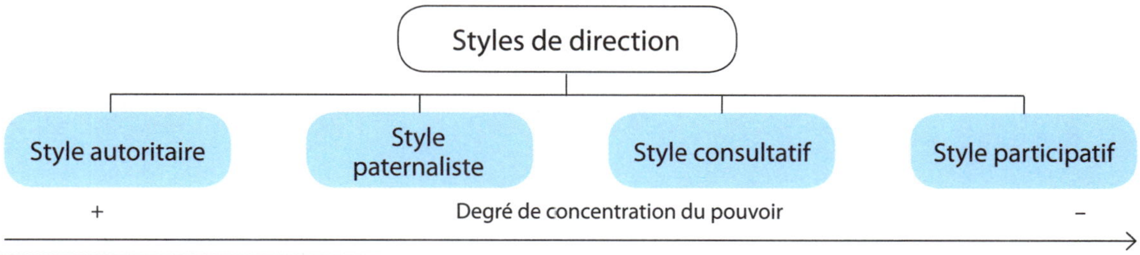

Lire la consigne et les documents

QUESTION :

Quel est le style de direction du dirigeant de l'organisation et le degré de concentration du pouvoir de décision ?

DOCUMENT :

L'entreprise Laurens, spécialisée dans la fabrication de montres connectées, est dirigée par Yannis Salabert. Depuis quelques années, il a mis en place des groupes de travail autour de différents projets pour encourager les salariés à proposer des idées et pour les inciter à participer activement à la prise de décisions.

Ces groupes de travail sont très autonomes, ils peuvent par exemple prendre de véritables décisions concernant la fabrication ou la commercialisation des montres connectées. Les salariés se sentent ainsi très motivés et très impliqués dans le développement de l'activité de l'entreprise.

D'autre part, chaque année, les salariés perçoivent une part des bénéfices réalisés par l'entreprise.

Rédiger la réponse

1. **Lire le document.**
2. **Évaluer le degré d'autonomie des salariés sur une échelle de 1 à 4.**
3. **Évaluer le degré de responsabilité des salariés sur une échelle de 1 à 4.**
4. **Évaluer le degré d'implication des salariés dans la prise de décision sur une échelle de 1 à 4.**
5. **Évaluer le degré de participation des salariés aux résultats de l'entreprise sur une échelle de 1 à 4.**
6. **Classer ces différentes informations dans un tableau à double entrée.**
7. **Conclure sur le style de direction du dirigeant de l'organisation et sur le degré de concentration du pouvoir.**

RÉPONSE :

La lecture du document permet de repérer (en les surlignant) les informations utiles à la rédaction de la réponse.

	Style autoritaire	Style paternaliste	Style consultatif	Style participatif
Degré de concentration du pouvoir	+++	++	+–	–
	1	2	3	4
Autonomie des salariés				x
Responsabilité des salariés				x
Implication des salariés dans la prise de décision				x
Participation des salariés aux résultats				x

CONCLUSION :

Le style de direction de Yannis Salabert est participatif et le pouvoir est très déconcentré. En effet, les salariés travaillent de façon autonome, ont des responsabilités, peuvent prendre des décisions et perçoivent un intéressement aux bénéfices de l'entreprise.

Fiche méthode

19 Identifier les modes de coopération

Mode de coopération
- Groupes de projet
- Réunions
- Techniques de créativité
- Communautés de pratique
- Outils collaboratifs

Lire la consigne et les documents

La coopération est un mode de relation où les individus participent volontairement à un travail commun dans le but d'atteindre des objectifs en mettant en commun leurs compétences.

QUESTION :

Quels sont les modes de coopération mis en œuvre dans l'organisation ?

DOCUMENT :

La start-up français X-treme propose des vêtements techniques pour le sport intégrant de nouvelles technologies : des bonnets connectés, des vêtements de running totalement imperméables au vent et à la pluie ou encore des vêtements thermorégulateurs pour le ski. L'entreprise emploie des ingénieurs, des spécialistes du marketing et des webmasters. En ce moment, trois groupes travaillent sur trois projets différents : un maillot de bain anti-UV, des sous-vêtements anti-transpirants et des semelles connectées. Dans ces groupes-projets formés de collaborateurs de différents métiers ayant des compétences diverses, chacun donne des idées et propose des solutions. Cette intelligence collective permet de travailler en coopération et de créer de véritables synergies, c'est-à-dire que le résultat du groupe de travail sera plus important que si chacun avait travaillé de son côté et qu'on avait réuni leur travail à la fin. Elle permet aussi de motiver davantage les salariés et de renforcer la cohésion dans le groupe.

Les dirigeants de X-treme ont aussi l'habitude de faire travailler leurs salariés en utilisant des techniques de créativité, notamment le *brainstorming*, qui réunit un groupe de personnes qui vont chacune faire part de leurs idées sur un sujet. L'avantage de cette technique est qu'elle permet à chaque participant de proposer des idées et de rebondir sur l'idée d'un autre. Cette technique de créativité permet aussi de résoudre ensemble des problèmes.

Rédiger la réponse

1. **Lire le document.**
2. **Repérer les différents modes de coopération.**
3. **Décrire le fonctionnement du mode de coopération.**
4. **Citer les avantages du mode de coopération.**
5. **Classer ces différentes informations dans un tableau à double entrée.**

RÉPONSE :

La lecture du document permet de repérer (en les surlignant) les informations utiles à la rédaction de la réponse.

Mode de coopération	Fonctionnement du mode de coopération	Avantages du mode de coopération
Groupes de projet	Groupe de travail réunissant différents métiers et différentes compétences pour travailler ensemble autour d'un projet commun	– Création de synergies – Motivation des salariés – Cohésion de l'équipe
Techniques de créativité	*Brainstorming* : réunion de personnes qui proposent des idées sur un sujet donné	– Propositions et partage d'idées – Résolution de problèmes

20 Distinguer les facteurs de motivation

Facteurs de motivation

Facteurs internes : contenu du travail, bien-être et plaisir au travail, reconnaissance, accomplissement personnel, responsabilités, promotion

Facteurs externes : récompenses ou sanctions, conditions de travail, relations interpersonnelles…

Lire la consigne et les documents

QUESTION :

Quels sont les facteurs de motivation des salariés ?

DOCUMENT :

Interview de Bruno Hernandez, chef de rayon chez Carrefour.

– Comment concevez-vous votre métier de chef de rayon ?

– Bruno Hernandez : J'aime le travail bien fait ! J'ai plaisir à travailler quand le rayon dont je m'occupe est propre et quand les produits sont bien rangés. Je suis soucieux des détails et je contrôle souvent dans la journée la bonne tenue du rayon, c'est essentiel pour moi ! Parfois, je suis le seul à voir tous ces détails, ni le chef de secteur ni le directeur du magasin ne les remarquent, mais ce n'est pas important, je ne travaille pas pour la hiérarchie, je travaille pour être en accord avec ma conscience professionnelle. Et quand je vois que mon rayon fait partie des plus performants du magasin, je suis récompensé !

– Vous n'avez aucune prime quand votre rayon dépasse les objectifs fixés ?

– Si, quand même, je ne travaille pas que pour la gloire ! Si mon rayon dépasse les objectifs mensuels de plus de 110 %, j'ai une prime de 90 euros.

Rédiger la réponse

1. **Lire le document.**
2. **Identifier les différents facteurs de motivation du salarié.**
3. **Préciser s'il s'agit de facteurs de motivation internes ou de facteurs de motivation externes.**
4. **Classer ces différentes informations dans un tableau à double entrée**

RÉPONSE :

La lecture du document permet de repérer (en les surlignant) les informations utiles à la rédaction de la réponse.

Facteurs de motivation	Facteurs internes	Facteurs externes
Plaisir du travail bien fait	x	
Conscience professionnelle	x	
Recherche de la performance	x	
Prime sur objectifs		x

Fiche méthode

21 Décrire l'apport des technologies numériques aux relations entre l'organisation, ses clients ou ses usagers

Technologies numériques

- Connaissance des clients et des usagers
- Connaissance du comportement du consommateur numérique
- Gestion de la relation client

Lire la consigne et les documents

QUESTION :

Quel est l'apport des technologies numériques dans la relation avec les usagers et les clients ?

DOCUMENT :

« Nous voyons dans le digital une formidable opportunité pour réinventer la banque dans toutes ses facettes. Notre conviction est que le digital va augmenter la relation humaine et de confiance tissée historiquement avec nos clients », annonce Laurent Goutard, directeur de la Banque de détail Société Générale.

La Société Générale est en train de réinventer la relation bancaire autour d'un modèle de banque omnicanale alliant le meilleur de l'humain et du digital. La banque multiplie les nouveaux services web et mobiles pour offrir à ses clients plus d'autonomie, de simplicité et de conseils et les aider à gérer efficacement leur budget. Pour prévenir le client d'opérations ou d'événements à venir (prélèvements, dépenses, solde, prêt immobilier, cartes, sécurité…), la Société Générale propose à ses clients une quarantaine d'alertes personnalisées et gratuites. Par exemple, en cas de dépassement de seuil, les clients seront alertés et pourront relever le plafond de leur carte bancaire en toute autonomie et de manière quasi immédiate.

Désormais, les clients ont le choix d'utiliser leur canal préféré (téléphone, Internet ou agence) pour souscrire un crédit à la consommation. Ce choix leur sera également proposé prochainement pour ouvrir un livret d'épargne ou contracter une assurance. Ces opérations peuvent se faire de manière totalement dématérialisée grâce à la gestion électronique de documents et la signature électronique. Plus de simplicité et d'efficacité à la clé. Les clients seront aussi beaucoup plus autonomes.

Source : www.societegenerale.com

Rédiger la réponse

1. **Lire le document.**
2. **Repérer comment les nouvelles technologies du numérique permettent à la Société Générale d'améliorer la gestion de sa relation client et identifier les avantages pour le client.**

RÉPONSE :

La digitalisation de la Société Générale permet de multiplier les services auprès de sa clientèle :

– aider les clients à gérer leur budget ;

– avertir les clients pour les prévenir d'opérations ou d'événements ;

– souscription à des prêts, à des assurances ou ouverture de livrets d'épargne en ligne sur Internet ou par téléphone ;

– gestion électronique de documents ;

– signature électronique.

Les avantages pour le client sont : plus de rapidité, d'efficacité et d'autonomie.

Fiche méthode

22 Distinguer les différentes modalités de communication

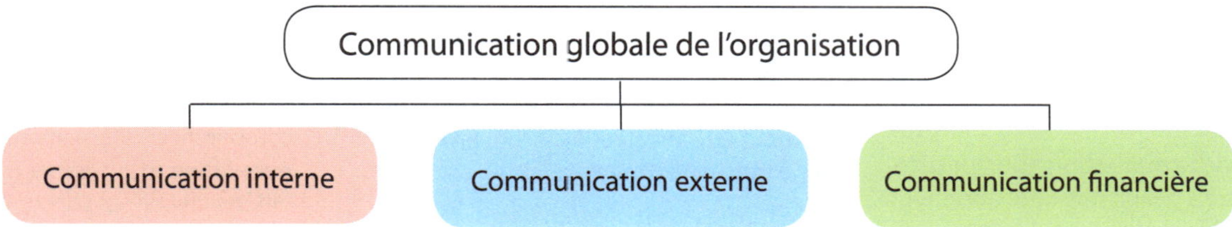

Lire la consigne et les documents

QUESTION :

Quelles sont les différentes modalités de communication de l'organisation ?

DOCUMENT :

Maeva est une enseigne de vente de produits cosmétiques bio qui compte 110 salariés. Maeva a créé depuis l'an dernier un réseau social d'entreprise qui lui permet d'envoyer des informations à ses salariés, qui permet aux salariés de communiquer entre eux et qui leur permet aussi de proposer des idées ou des pistes de développement à la direction. Pour communiquer auprès de ses clients Maeva envoie des SMS, des e-mailings et poste chaque jour des publications sur ses comptes Twitter, Facebook et Instagram. Elle envoie aussi chaque mois une *newsletter* à ses abonnés. Une fois par an, Maeva communique son chiffre d'affaires à ses salariés et sur les réseaux sociaux.

Rédiger la réponse

1. **Lire le document.**
2. **Identifier les différentes modalités de communication de l'entreprise.**
3. **Préciser s'il s'agit de modalités de communication internes, externes ou de communication financière.**
4. **Classer ces différentes informations dans un tableau à double entrée.**

RÉPONSE :

La lecture du document permet de repérer (en les surlignant) les informations utiles à la rédaction de la réponse.

Modalités de communication	Communication interne	Communication externe	Communication financière
Réseau social d'entreprise	x		
SMS		x	
E-mailing		x	
Réseaux sociaux		x	
Communication du CA			x

Lexique

A

Algorithme : ensemble d'opérations devant être suivies dans l'ordre pour résoudre un problème.

Approche marketing anticipatrice : consiste à définir une offre qui répond à un besoin non encore identifié.

Approche marketing créative : consiste à proposer une offre qui crée un nouveau besoin non encore exprimé.

Approche marketing médiatrice : consiste à faire participer le consommateur à l'élaboration de l'offre.

Approche marketing réactive : consiste à proposer une offre qui répond à un besoin exprimé et existant.

Attitudes : ensemble des éléments conatifs, cognitifs et affectifs d'évaluation personnelle dont dispose un individu à l'égard d'une marque ou d'un produit.

Automatisation des processus : consiste à faire exécuter des tâches par des machines avec une intervention humaine nulle ou partielle.

Avantage concurrentiel : permet à l'entreprise de créer davantage de valeur que ses concurrents.

B

Besoin : état de tension ou de désir ressenti par un individu (pyramide de Maslow).

BFR : besoin en fonds de roulement = actif circulant – passif circulant. Si le BFR est négatif, c'est une ressource en fonds de roulement.

Big data : ensemble des données récoltées par les organisations.

Bilan fonctionnel : créé à partir du bilan comptable, le bilan fonctionnel fait apparaître les cycles d'investissement, de financement et d'exploitation de l'entreprise.

C

Chaîne de blocs (*blockchain*) : technologie de stockage et de transmission d'informations, transparente et sécurisée, fonctionnant sans intermédiaire ni organe de contrôle.

Charges directes : charges directement imputables à un coût (coût d'achat, de production, de revient).

Charges fixes : charges indépendantes de l'activité de l'entreprise.

Charges indirectes : charges concernant plusieurs coûts qui doivent être retraitées pour être affectées à un coût en fonction d'une unité d'œuvre choisie.

Charges variables : charges dépendantes de l'activité de l'entreprise.

Coalition d'individus : regroupements de personnes ayant des aspirations disparates, des attentes différentes et contradictoires.

Communication : transmission d'un message d'un émetteur vers un récepteur à travers un canal.

Communication commerciale : modalité de communication externe qui permet de démontrer les qualités du produit, de la marque, faire connaître et vendre le produit.

Communication externe : actions de communication qui s'adressent aux parties prenantes externes de l'organisation (clients, fournisseurs, associés, banquiers, associations, médias, « grand public »…).

Communication financière : actions de communication pour satisfaire les besoins d'information financière des parties prenantes sur la santé, la stratégie et la performance de l'organisation.

Communication globale : harmonisation des actions de communication interne et externe d'une organisation.

Communication institutionnelle : modalité de communication externe qui permet de promouvoir l'organisation, transmettre une image positive et communiquer sur ses valeurs et ses performances.

Communication interne : actions de communication dirigées vers les membres de l'organisation (salariés, direction, comité d'entreprise…).

Compétences : combinaison du savoir, du savoir-faire et du savoir-être dans une situation de travail donnée.

Compétences : ressources (connaissances, capacités, comportements) mobilisées par une personne afin d'atteindre des résultats dans une situation professionnelle. Il y a trois catégories de compétences – savoirs, savoir-faire, savoir-être – développées dans une logique d'adaptation et d'employabilité.

Compétences distinctives : compétences difficilement imitables permettant à l'entreprise de se différencier de ses concurrents.

Consommateur et usager : un consommateur est une personne physique qui consomme des produits et services afin de satisfaire ses besoins. Un usager est une personne qui utilise un service public.

Consommation responsable : mode de consommation qui vise à respecter l'environnement.

Contre-pouvoir : individu ou groupe d'individus pouvant influencer la réalisation des objectifs de l'entreprise (inclut les concurrents et les parties prenantes d'une entreprise).

Coopération : mode de relation où les individus participent volontairement à un travail commun dans le but d'atteindre des objectifs en partageant leurs compétences. Les modes d'action coopératifs sont : les groupes-projets, les réunions, les techniques de créativité, les communautés de pratique.

Création de valeur : flux financiers permettant de garantir une rentabilité pour les entreprises privées ou un équilibre budgétaire (couverture des coûts) pour les organisations publiques et les organisations de la société civile.

Croissance conjointe : augmentation de la taille d'une entreprise par l'association avec d'autres organisations.

Croissance externe : augmentation de la taille d'une entreprise par l'acquisition d'une autre entreprise pour accélérer son propre développement.

Croissance interne : augmentation de la taille d'une entreprise par ses propres moyens.

Culture d'organisation : la culture d'organisation peut être définie comme un ensemble de valeurs, de mythes, de rituels et de symboles qui participent à la cohérence de tous les acteurs internes à l'entreprise en suscitant leur adhésion et leur permettant de se reconnaître et de se mobiliser autour d'objectifs communs.

Lexique

Cycle d'exploitation : ensemble des opérations relatives à l'activité de l'entreprise (des achats à la vente).

Cycle d'investissement : biens matériels et immatériels qui vont rester durablement dans l'entreprise dans le but d'améliorer son activité.

Cycle de financement : financement supérieur à un an qui provient de l'entreprise ou d'un agent extérieur.

D

Décision stratégique : décision prise par l'entreprise en vue de réaliser ses objectifs afin d'assurer sa rentabilité, son développement, sa pérennité.

Démarche entrepreneuriale : volonté d'une ou plusieurs personnes de créer ou de reprendre une entreprise.

Démarche managériale : capacité du manager à gérer de manière optimale les compétences et ressources de l'entreprise pour assurer sa pérennité.

Démarche marketing : consiste à concevoir une offre qui répond aux besoins exprimés ou non des clients ou usagers.

Démarche stratégique : façon de mettre en œuvre la stratégie, qui est différente selon qu'il s'agit d'une PME ou d'une grande entreprise, d'une entreprise mono ou multi-activités.

Dématérialisation : consiste à remplacer les supports matériels par des supports immatériels informatisés.

Démocratie participative : elle désigne l'ensemble des procédures, instruments et dispositifs qui favorisent l'implication directe des citoyens dans la gouvernance. Elle peut prendre plusieurs formes, selon le degré d'implication des citoyens.

Déontologie : elle renvoie à l'étude des devoirs et de ce qu'il convient de réaliser dans l'exercice d'une profession. Le Code de déontologie spécifie les bonnes et les mauvaises pratiques.

Diagramme de flux : représentation graphique d'un processus.

Différenciation : consiste, pour une entreprise, à proposer une offre dont la valeur est différente de celle des offres des concurrents pour se démarquer d'eux (soit une offre haut de gamme, soit une offre low cost).

Digitalisation de la relation client : la GRC est un ensemble de techniques et d'actions ayant pour but d'optimiser la relation avec le client et ainsi de le fidéliser. On parle de GRC digitalisée lorsque la relation client passe par des canaux digitalisés : Internet, réseaux sociaux, chats…

Discrimination : elle consiste à distinguer une personne ou un groupe des autres, et à lui appliquer un traitement spécifique, sans lien objectif (ex. : discrimination par l'âge, l'état de santé, le sexe).

Diversification : consiste, pour une entreprise, à offrir de nouveaux produits ou services en s'engageant dans de nouveaux domaines d'activité stratégique.

Domaine d'activité stratégique (DAS) : sous-partie d'une entreprise qui se confronte à un marché spécifique, des conditions concurrentielles spécifiques, et qui doit mener une stratégie concurrentielle particulière.

Domination par les coûts : consiste, pour une entreprise, à réduire les coûts pour proposer des prix plus bas que ceux de la concurrence pour une offre de même valeur.

Données ouvertes : données auxquelles l'accès est totalement public et libre de droit, au même titre que l'exploitation et la réutilisation.

Données personnelles : informations permettant d'identifier une personne (adresse IP, localisation, nom, prénom, numéro de téléphone, âge, sexe, numéro de Sécurité sociale, empreinte digitale, plaque d'immatriculation…).

Droit à la déconnexion : droit donné à chaque travailleur de ne pas se connecter aux outils numériques et de ne pas être contactable par son employeur en dehors de son temps de travail.

Dynamique de groupe : Kurt Lewin définit la dynamique de groupe comme un système d'interdépendance entre les membres d'un groupe, dont la cohésion est assurée par un sentiment d'appartenance, des solidarités, des échanges et des décisions communes. Le rôle du leader est essentiel à cette dynamique.

E

Économie collaborative (ou économie du partage) : repose sur le partage ou l'échange entre particuliers de biens ou de services par l'intermédiaire d'une plateforme numérique de mise en relation.

Économie de la fonctionnalité : l'économie de la fonctionnalité remplace la notion de vente du bien par celle de la vente de l'usage du bien.

Écosystème d'affaires : ensemble d'acteurs de différentes natures (entreprises, administrations, associations, individus…) issus de différents domaines d'activités qui interagissent à travers différentes relations sur un territoire commun.

Écosystème d'innovation : ensemble d'acteurs (organisations, entreprises, start-up, universités, investisseurs, personnes ressources…) qui interagissent en faveur de l'innovation.

Enrichissement des tâches : le salarié réalise des tâches d'un contenu plus qualifié et responsable.

Équilibre financier : stabilité du rapport entre les ressources financières et les emplois d'une entreprise. La règle de l'équilibre financier minimum exige que les capitaux permanents soient suffisants pour financer les actifs à long terme. Cela implique que le fonds de roulement soit positif.

Équité : sentiment de justice par rapport à une situation donnée, qui fait référence à une approche identique pour tous.

E-réputation : réputation que possède une marque ou une organisation sur Internet.

Éthique : c'est une branche de la philosophie. Elle se préoccupe des principes propres à guider les choix humains en définissant des différences entre les bons et les mauvais comportements dans le cadre général de leur vie sociale.

Éthique des affaires : elle se préoccupe des principes séparant les bons des mauvais comportements dans le cadre spécifique de la vie des organisations.

Étude de marché : menée ponctuellement, l'étude de marche consiste à récolter des informations sur les caractéristiques du marché.

Externalisation : stratégie aussi appelée outsourcing, qui correspond au transfert d'activités d'une entreprise vers un prestataire externe spécialisé (par exemple un sous-traitant).

Lexique

F

Facteurs clés de succès (FCS) : éléments à caractère commercial ou technologique que l'entreprise doit maîtriser pour réussir dans une activité donnée.

Facteurs externes (extrinsèques) de la motivation : le salarié agit sous l'influence d'une circonstance extérieure à lui, une punition ou une récompense.

Facteurs internes (intrinsèques) de la motivation : le salarié agit uniquement pour son intérêt et le plaisir qu'il trouve à réaliser une tâche, sans attente de récompense autre. Il est motivé par un besoin de reconnaissance, le fait d'être valorisé, le plaisir du travail accompli, le sens du travail bien fait ou de la performance.

Finalité : raison d'exister de l'entreprise.

Finalité économique : permet de garantir la pérennité de l'entreprise, et dépend de sa capacité à dégager des profits.

Finalité sociale : concerne l'impact sur la société (formation, emplois…).

Finalité sociétale : concerne la prise en compte des préoccupations sociales et environnementales dans ses activités, et dans ses interactions avec les parties prenantes.

Flexibilité : capacité de l'organisation du travail à s'adapter pour mieux répondre aux sollicitations de son environnement.

Flexibilité du travail : mode de gestion des ressources humaines permettant à l'organisation d'adapter rapidement ses ressources humaines aux variations de son activité et à son environnement.

Flux de travaux (J) : représentent l'ensemble des tâches nécessaires et les acteurs impliqués dans la réalisation d'un processus.

Flux physiques : transfert de matières, de fournitures, de biens ou services aux différents acteurs internes et externes de l'organisation.

Flux poussés : pilotage de la production à partir de prévisions de demande favorisant la constitution de stocks aux différents stades de la production.

Flux tendus : pilotage de la production qui réduit les stocks et les délais de fabrication pour satisfaire la demande au moment où elle se manifeste et dans la quantité demandée.

Focalisation : consiste, pour une entreprise, à proposer une offre qui ne s'adresse qu'à une partie de la clientèle pour éviter la confrontation directe avec la concurrence. Elle se limite à un segment de marché très spécifique.

Formation : investissement immatériel réalisé par une organisation pour maintenir et développer les compétences de ses salariés.

FR : fonds de roulement = ressources stables – emplois stables.

Frein : pulsion négative qui empêche l'achat (peur, doute, inhibition).

G

Gestion du cycle de vie des produits : actions consistant à prendre en compte le développement durable dans le processus de production des produits et lors de la fin de vie des produits.

Gestion prévisionnelle des emplois et des compétences (GPEC) : démarche qui vise à adapter les ressources humaines aux besoins des entreprises.

Grappe d'entreprises (*cluster*) : réseau d'entreprises et d'institutions (universités, centres de recherche, organisations professionnelles…) d'un même domaine d'activité ancrées sur un même territoire qui établissent des relations de différentes natures (coopération, partenariat…).

H

Hyper-connectivité : état d'un individu qui est constamment connecté aux outils digitaux ou numériques.

I

Identité numérique : ensemble des contenus publiés sur des médias numériques (sites Internet, blogs, forums, réseaux sociaux, commentaires…).

Indicateur : critère d'évaluation permettant de suivre l'état d'avancement des résultats par rapport aux objectifs fixés.

Indicateur de création de valeur : donnée chiffrée qui permet de mesurer la création de valeur d'une organisation dans le cadre de son activité.

Information économique et financière : elle est au cœur du bon fonctionnement des marchés financiers au travers de la production et la communication des comptes et des principales informations financières des entreprises.

Informatique en nuage (*cloud computing*) : permet d'accéder à un ensemble de données à distance via Internet. Cela désigne le stockage et l'accès aux données par l'intermédiaire d'Internet plutôt que via le disque dur d'un ordinateur.

Innovation : recherche de l'amélioration de l'existant, ou création d'une nouveauté commercialisable.

Innovation de procédé : méthode de production ou de distribution nouvelle ou sensiblement améliorée.

Innovation de produits (bien ou service) : création d'un produit nouveau (bien ou service) ou amélioration importante d'un produit déjà existant ou intégration d'un nouveau service à l'offre de biens.

Intégration : consiste à regrouper des activités au sein d'une même entreprise pour maîtriser le savoir-faire technique, commercial ou financier, et accroître la productivité.

Intelligence artificielle : ensemble de techniques mises en œuvre pour simuler l'intelligence humaine.

Intérêts convergents : relations partenariales entre les acteurs internes.

Intérêts divergents : relations conflictuelles entre les acteurs internes.

Internationalisation : consiste, pour une entreprise, à se développer au-delà de son marché national d'origine. Elle peut aller de l'exportation à l'investissement direct dans une unité de fabrication ou commercialisation à l'étranger.

L

***Lean management* :** (*lean* : « maigre, sans gras ») participation de l'ensemble des salariés à la lutte contre le gaspillage en éliminant toutes les activités non rentables de l'entreprise.

Ligne hiérarchique : cadres assurant la liaison entre la direction générale et les exécutants.

Logistique : ensemble des activités qui gèrent les flux physiques et les flux d'informations tout au long de la chaîne de production.

M

Macro-environnement : environnement global de l'entreprise constitué des facteurs qui influencent l'entreprise aux niveaux politique, économique, social, technologique, légal, écologique.

Marque employeur : stratégie de l'image de marque de l'organisation à l'égard des salariés actuels ou potentiels avec pour objectif d'attirer et de fidéliser les talents.

Mécanismes de contrôle : permettent d'évaluer les résultats réalisés en les comparants aux objectifs et aux standards prédéterminés. L'analyse des écarts par rapport aux prévisions montre si on doit mettre en œuvre des mesures correctrices.

Mécanismes de coordination du travail : modes de répartition des tâches entre les membres de l'organisation visant à assurer la cohérence de l'ensemble du travail.

Mécanismes de coordination : permettent l'articulation des tâches qui ont été divisées et réparties. Il en existe cinq : supervision directe, standardisation des tâches, standardisation des compétences, standardisation des résultats, ajustement mutuel.

Mécénat : soutien matériel apporté, sans contrepartie directe de la part du bénéficiaire, à une œuvre ou à une personne pour l'exercice d'activités présentant un intérêt général.

Méthode du coût complet : méthode consistant à calculer le coût de revient d'un produit à partir des charges directes et indirectes et en mettant en évidence le coût d'achat des matières et le coût de production des produits.

Méthode du coût spécifique : méthode consistant à mettre en évidence la marge sur coût variable, la marge sur coût spécifique puis le résultat d'un produit à partir de la distinction entre charges variables et charges fixes.

Méthode PESTEL : outil d'analyse de l'environnement, qui permet de répartir les influences en six grandes catégories (politique, économique, sociologique, technologique, écologique, légal).

Micro-environnement : environnement immédiat de l'entreprise constitué des différents partenaires de l'entreprise sur son marché (concurrents, client, fournisseurs, produits de substitution…).

Mobilité : changement apporté aux conditions de travail du salarié (catégorie professionnelle, fonction, lieu de travail…).

Mode de production : méthode de fabrication selon la nature du produit qui consiste à produire à l'unité, en série, de manière continue ou en discontinu.

Modèle économique (business model) : a pour fonction de décrire la manière dont l'organisation crée de la valeur pour assurer sa pérennité.

Modes d'organisation du travail : ensemble des méthodes permettant de partager les tâches, de communiquer et de manager au sein d'une entreprise.

Modes de consommation : ensemble des usages et pratiques en termes d'achat de produits ou de services.

Motivation des salariés : fruit d'un ensemble d'actions menées par l'entreprise pour influencer le comportement des salariés et les inciter à s'investir pleinement et efficacement dans la réalisation et l'aboutissement de leurs tâches.

Motivation d'achat : raison poussant le consommateur à acheter un produit (oblative, hédoniste, auto-expression).

Mouvement locavore : consiste à privilégier les producteurs locaux dans ses choix de consommation.

N

Normes comptables : ce sont toutes les règles qui définissent la gestion de la comptabilité d'une entreprise et qui améliorent la visibilité et la clarté de ses résultats.

O

Objet connecté : objet équipé d'un capteur ou d'une puce qui peut recevoir et transmettre des données et/ou des instructions en se connectant à un réseau.

Organisation civique : organisation qui contribue à la vie de la collectivité par des actions de mécénat ou la mise en œuvre d'une démocratie participative.

Organisation du travail rigide : organisation dans laquelle le pouvoir est centralisé avec une division du travail importante et généralement associée à un environnement stable.

Organisation du travail souple : organisation dans laquelle le pouvoir est décentralisé avec un faible nombre de niveaux hiérarchiques et généralement associée à un environnement instable et incertain.

P

Partenariat : association entre deux ou plusieurs entreprises qui décident de coopérer pour réaliser un objectif commun.

Partie prenante : individu ou groupe d'individus pouvant affecter ou être affecté par l'activité de l'entreprise.

Performance : capacité d'une organisation à atteindre les objectifs qu'elle s'était fixés.

Plan d'affaires (business plan) : plan de développement détaillant le projet de création d'une entreprise ou d'une activité permettant d'informer les parties prenantes.

Plateformes d'intermédiation : site Internet qui permet la rencontre d'une offre et d'une demande de manière dématérialisée.

Polyvalence : aptitude d'un salarié à effectuer des activités différentes au sein d'une même organisation.

Pouvoir : capacité d'une personne à obtenir d'une autre personne qu'elle fasse quelque chose qu'elle n'aurait pas fait sans son intervention.

Pouvoir centralisé : la direction générale prend seule toutes les décisions dans l'organisation.

Pouvoir décentralisé : la direction générale délègue la prise de décision tout au long de la ligne hiérarchique. Il nécessite un système de contrôle (reporting).

Processus d'achat : il comprend toutes les étapes d'un achat depuis la prise de conscience du besoin jusqu'à l'achat lui-même.

Processus : enchaînement ordonné d'activités interactives, qui permettent de transformer des éléments d'entrée en éléments de sortie.

Productivité : organisation de la production qui permet à une entreprise d'utiliser au mieux les ressources dont elle dispose pour fabriquer des biens et des services.

Q

Qualifications : aptitude d'un salarié à exercer un emploi selon ses fonctions, ses diplômes et son expérience.

Lexique

Qualité de vie au travail : sentiment de bien-être au travail perçu par les salariés et qui dépend des conditions de travail, de l'ambiance générale, de l'intérêt au travail, de l'autonomie et de la responsabilisation de chacun.

R

Réactivité : capacité de l'organisation du travail à répondre rapidement à la demande.

Recrutement : permet de répondre à un besoin quantitatif ou qualitatif de ressources humaines de l'organisation.

Relation de partenariat : association entre deux ou plusieurs organisations qui décident de coopérer en vue de réaliser un objectif commun.

Réseau d'acteurs : ensemble d'acteurs qui entretiennent des relations afin d'accomplir des actions dans un intérêt commun qu'il serait difficile à réaliser de façon individuelle.

Réseaux sociaux : sites Internet et applications mobiles qui permettent aux utilisateurs de se constituer un réseau de relations et qui favorisent les interactions sociales (Facebook, Instagram, Twitter…).

Ressources : actifs, tangibles ou intangibles, détenus par l'entreprise qui lui permettent de mener à bien son activité.

Ressources intangibles : ressources matérielles (physiques, humaines, financières).

Ressources tangibles : ressources immatérielles (technologiques, organisationnelles, mercatiques).

RGPD : le règlement général sur la protection des données du 25 mai 2018 est un règlement européen qui renforce l'encadrement des pratiques en matière de collecte et d'utilisation des données à caractère personnel des utilisateurs.

S

Satisfaction : niveau de conformité de l'individu suite à la correspondance entre le travail et ses attentes (sa rémunération, type de travail, relations humaines…).

Spécialisation : consiste, pour une entreprise, à se concentrer sur un domaine d'activité stratégique.

Spécialisation des postes : le salarié réalise un nombre réduit de tâches répétitives.

Stratégie : consiste à déterminer les finalités et les objectifs de l'entreprise à long terme, de mettre en place les actions et d'affecter les ressources nécessaires pour les atteindre.

Stratégie d'implantation : décision prise par une organisation de s'installer sur un territoire en fonction des ressources locales qu'il lui offre.

Stratégie de communication : ensemble des actions de communication qui vont développer l'adhésion du personnel aux objectifs de l'organisation et renforcer son image.

Stratégie délibérée : stratégie planifiée et formalisée, qui implique que les cadres doivent veiller à appliquer les décisions retenues.

Stratégie effective : combinaison de la stratégie délibérée et de la stratégie émergente.

Stratégie émergente : stratégie qui se décide au jour le jour, sans formalisme, en fonction des contraintes et des opportunités de l'environnement, dans un contexte où l'information est limitée et où la nécessité d'adaptation est permanente.

Structure : combinaison d'éléments et de mécanismes qui permettent de répartir, coordonner et contrôler les activités de l'entreprise, afin d'atteindre avec efficacité et efficience les objectifs stratégiques.

Styles de direction : façon d'exercer le pouvoir pour un dirigeant d'entreprise. Rensis Likert distingue quatre grands styles de direction : autoritaire, paternaliste, consultatif et participatif.

Styles de management : différentes manières dont un dirigeant peut manager ses collaborateurs. Il en existe quatre : autoritaire, paternaliste, consultatif, participatif.

Supply chain management : ensemble des ressources et méthodes destinées à piloter le plus efficacement possible la chaîne globale d'approvisionnement du fournisseur jusqu'au client final.

Système d'information : ensemble organisé de ressources qui permet de collecter, stocker, traiter et distribuer de l'information.

T

Tableau de bord : outil d'évaluation de l'entreprise, comportant plusieurs indicateurs, qui permet d'avoir une vision synthétique de la situation de l'entreprise.

Talent : combinaison rare de compétences rares.

Télétravail : consiste à travailler pour son employeur depuis son domicile ou tout lieu autre que les locaux de l'entreprise.

Territoire : espace géographique limité sur lequel interagissent différents acteurs économiques.

TN : trésorerie nette = FR – BFR ou trésorerie active – trésorerie passive.

Traces numériques : ensemble des informations enregistrées sur l'activité ou l'identité des utilisateurs soit automatiquement, soit par le biais d'un dépôt intentionnel.

Transformation digitale : consiste pour une organisation à intégrer les technologies digitales dans l'ensemble de ses activités. La transformation digitale se traduit par une automatisation des processus et une dématérialisation.

Transparence : fait de transmettre des informations et de rendre compte d'une activité dans l'objectif d'établir une relation de confiance.

Travail collaboratif : organisation du travail fondée sur la collaboration de nombreuses personnes, notamment grâce aux technologies de l'information et de la communication.

Travail indépendant : les travailleurs indépendants exercent à leur compte une activité économique.

V

Valeur ajoutée : indicateur économique de création de richesse d'une entreprise qui mesure le supplément de valeur qu'elle est capable d'apporter à un bien ou à un service provenant d'un tiers grâce à son activité.

Veille marketing ou commerciale : ensemble des moyens permettant à l'organisation de collecter de manière permanente des informations sur son marché.

:rédits photographiques

:ouverture : © Rawpixel.com - shutterstock.com; **p. 5 :** © Pascal SITTLER/REA; **p. 6 :** rh2010 - stock.adobe.com ; **p. 8, doc. 4 :** © Rognan; **doc. 6 :** Marcin stock.adobe.com; **p. 10 : doc. 2 haut :** mahod84 - stock.adobe.com; **doc. 2 bas :** Le Do - stock.adobe.com; **p. 11 :** muratart - stock.adobe.com; **p. 12 :** Monique Pouzet - stock.adobe.com; **p. 13 :** vania_zhukevych - stock.adobe.com; **p. 15 :** Keitma - shutterstock.com; **bas :** © Lime; **p. 16, doc. 2 :** AA+W stock.adobe.com, mahod84 - stock.adobe.com, NicoElNino - stock.adobe.com, helivideo - stock.adobe.com; **p. 18, doc. 5 gauche :** nexusby - stock. dobe.com; **doc. 5 droite :** Daniel Berkmann - stock.adobe.com; **doc. 7 :** Ljupco Smokovski - stock.adobe.com; JuanCi Studio - stock.adobe.com; nsario - shutterstock.com; bongkarn - stock.adobe.com; ARTYOORAN - shutterstock.com; **p. 21 :** © Freegan Pony; **p. 22 :** M.studio - stock.adobe.com; **. 23 :** Paul Gueu - shutterstock.com; **p. 24 :** RMC42 - stock.adobe.com; **p. 25 :** Prostock-studio - stock.adobe.com; **p. 27 :** BearFotos - shutterstock.com ; **. 28 :** Michael Nivelet - stock.adobe.com; **p. 32 :** Wolfilser - stock.adobe.com; **p. 35 :** catinsyrup - stock.adobe.com; **p. 37 :** Rido - stock.adobe.com; **p. 40 :** 'acle Fotodesign - stock.adobe.com; **p. 44 haut :** tadamichi - shutterstock.com; **p. 44 milieu :** Coloures-Pic - stock.adobe.com; bas : Andrey Popov - tock.adobe.com; **p. 45 :** Guillaume Besnard - stock.adobe.com; **p. 47 :** Frederic Legrand - COMEO - shutterstock.com; **p. 49 :** Francois - stock.adobe. om; **p. 52, doc. 6 :** Nestor Rizhniak - shutterstock.com; **p. 56 :** Przemysław Szabłowsk - stock.adobe.com; **p 58 :** maskalin - stock.adobe.com; M.studio stock.adobe.com; alarico - shutterstock.com; Ververidis Vasilis - shutterstock.com; **p. 59 :** Delphotostock - stock.adobe.com; **p. 60 :** @ Léna Corot ; **. 61 :** D.Bond - shutterstock.com; **p. 63 :** bnenin - stock.adobe.com; **p. 64 :** © innocent; **p. 66 :** sonyakamoz - stock.adobe.com; **p. 68, doc. 10 :** Dash - tock.adobe.com; **doc. 11 :** Talaj - stock.adobe.com; **p. 70 :** marvviolet - stock.adobe.com, Pixel-Shot - stock.adobe.com; **p. 71 :** airborne77 - stock.adobe. om; **p. 72 :** karika - stock.adobe.com; **p. 73 :** puhhha - stock.adobe.com; **p. 74 :** coco - stock.adobe.com; **p. 77 :** Subbotina Anna - shutterstock.com; **. 80, doc. 7 :** Valua Vitaly - stock.adobe.com; **p. 82 :** rvlsoft - shutterstock.com; **p. 84 :** ZRyzner - shutterstock.com; **p. 85 :** joey333 - stock.adobe.com; **. 87 :** metamorworks - stock.adobe.com; **p. 88 :** kanpisut - stock.adobe.com; **p. 90 :** everettovrk - stock.adobe.com; © DR CLB; **p. 92, doc. 7 :** ivanko80 - tock.adobe.com; **doc. 8 :** W PRODUCTION - stock.adobe.com; Tof Locoste - stock.adobe.com; auremar - stock.adobe.com; Ilyafs - shutterstock.com; eagreez - stock.adobe.com; Syda Productions - stock.adobe.com; **p. 94 :** metamorworks - stock.adobe.com; **p. 96 :** xartproduction - stock.adobe.com; BlaBlaCar; .shock - stock.adobe.com; Prostock-studio - stock.adobe.com; **p. 97 :** valeriy eydlin - shutterstock.com; **p. 98 :** cate_89 - shutterstock.com; **. 105 :** Photomario - shutterstock.com; **p. 106 :** © Decathlon; **p. 108 :** © Decathlon; **p. 110 :** auremar - stock.adobe.com; **p. 112 :** Sundry Photography shutterstock.com; **p. 113 :** Ricochet64 - stock.adobe.com; **p. 114 :** Ricochet64 - stock.adobe.com; **p. 115 :** © BlaBlaCar; **p. 117 :** Valua Vitaly - stock. dobe.com; **p. 118 : doc. 1 :** Pressmaster - shutterstock.com; **doc. 2 :** @ L'Oréal ; **p. 120 :** Vasyl - stock.adobe.com; **p. 122 :** sylv1rob1 - shutterstock. om; **p. 123 :** sylv1rob1 - shutterstock.com; **p. 124 :** Photocreo Bednarek - stock.adobe.com; **p. 127 :** Vera Larina - shutterstock.com ; **p. 128, doc. 1 :** ylv1rob1 - shutterstock.com; **doc. 2 :** Hadrian - shutterstock.com; **p. 130 :** .shock - stock.adobe.com; **p. 132 :** © Darty; **p. 134 :** Anatolii - stock.adobe. om; **p. 135 :** ricochet64 - shutterstock.com; **p. 136 :** strichfiguren.de - stock.adobe.com; **p. 137 : doc. 1 :** Africa Studio - shutterstock.com; **p. 139 :** Orange; **p. 142, doc. 5 :** @ Orange; **doc. 6 :** tadamichi - stock.adobe.com; **p. 146 :** © Orange; **p. 149 :** Kiev.Victor - shutterstock.com; **p. 157 :** © Danone; **p. 158 :** atali - stock.adobe.com; **p. 162 :** @ Danone; **p. 166 :** Frederic Legrand - COMEO - shutterstock.com; **p. 167 :** @ flopics.swim; **p. 169 :** ricochet64 - shutterstock. om; **p. 170 :** master130 - stock.adobe.com; **p. 174 :** elenabsl - stock.adobe.com; **p. 175 :** viewimage - shutterstock.com; **p. 176 :** hyperstocker - stock. dobe.com ; **p. 177 :** Julien Eichinger - stock.adobe.com; **p. 179 :** mavoimages - stock.adobe.com; **p. 187 :** Monster Ztudio - shutterstock.com ; **p. 189 :** andy Miramontez - shutterstock.com ; **p. 191 :** Skycolors - shutterstock.com; **p. 192, doc. 1 :** EQRoy - shutterstock.com; **doc. 2 :** Lars - stock.adobe. om; **p. 194 :** ColorX - shutterstock.com; **p. 196 : doc. 11 :** Sandro Pavlov - shutterstock.com ; **p. 200 :** Sebastian stocking - shutterstock.com; **p. 201 :** mphoto - stock.adobe.com ; **p. 224 gauche :** Victoria Chudinova - shutterstock.com ; **p. 224 droite :** kiuikson - shutterstock.com ; **p. 226 bas :** oris15 - shutterstock.com.

Édition : Julie Besné, Florence Penaud, Géraldine de Saint Palais
Conception maquette : Anne-Danielle Naname
Conception couverture : Vincent Rioult
Mise en pages : Graph'M
Fabrication : Christine Aubert, Laura Milhomme
Illustrations : Christophe Vallée

ISBN : 978-2-09-167642-5

N° projet : 10279544 - Dépôt légal : Avril 2022
Achevé d'imprimer en Mars 2022 en Italie par L.E.G.O. S.p. A., Lavis (TN)